思想的・睿智的・獨見的

經典名著文庫

學術評議

丘為君　吳惠林　宋鎮照　林玉体　邱燮友
洪漢鼎　孫效智　秦夢群　高明士　高宣揚
張光宇　張炳陽　陳秀蓉　陳思賢　陳清秀
陳鼓應　曾永義　黃光國　黃光雄　黃昆輝
黃政傑　楊維哲　葉海煙　葉國良　廖達琪
劉滄龍　黎建球　盧美貴　薛化元　謝宗林
簡成熙　顏厥安（以姓氏筆畫排序）

策劃　楊榮川

五南圖書出版公司 印行

經典名著文庫

學術評議者簡介（依姓氏筆畫排序）

- 丘為君　美國俄亥俄州立大學歷史研究所博士
- 吳惠林　美國芝加哥大學經濟系訪問研究、臺灣大學經濟系博士
- 宋鎮照　美國佛羅里達大學社會學博士
- 林玉体　美國愛荷華大學哲學博士
- 邱燮友　國立臺灣師範大學國文研究所文學碩士
- 洪漢鼎　德國杜塞爾多夫大學榮譽博士
- 孫效智　德國慕尼黑哲學院哲學博士
- 秦夢群　美國麥迪遜威斯康辛大學博士
- 高明士　日本東京大學歷史學博士
- 高宣揚　巴黎第一大學哲學系博士
- 張光宇　美國加州大學柏克萊校區語言學博士
- 張炳陽　國立臺灣大學哲學研究所博士
- 陳秀蓉　國立臺灣大學理學院心理學研究所臨床心理學組博士
- 陳思賢　美國約翰霍普金斯大學政治學博士
- 陳清秀　美國喬治城大學訪問研究、臺灣大學法學博士
- 陳鼓應　國立臺灣大學哲學研究所
- 曾永義　國家文學博士、中央研究院院士
- 黃光國　美國夏威夷大學社會心理學博士
- 黃光雄　國家教育學博士
- 黃昆輝　美國北科羅拉多州立大學博士
- 黃政傑　美國麥迪遜威斯康辛大學博士
- 楊維哲　美國普林斯頓大學數學博士
- 葉海煙　私立輔仁大學哲學研究所博士
- 葉國良　國立臺灣大學中文所博士
- 廖達琪　美國密西根大學政治學博士
- 劉滄龍　德國柏林洪堡大學哲學博士
- 黎建球　私立輔仁大學哲學研究所博士
- 盧美貴　國立臺灣師範大學教育學博士
- 薛化元　國立臺灣大學歷史學系博士
- 謝宗林　美國聖路易華盛頓大學經濟研究所博士候選人
- 簡成熙　國立高雄師範大學教育研究所博士
- 顏厥安　德國慕尼黑大學法學博士

經典名著文庫164

什麼是所有權

Qu'est-ce que la propriété?

皮耶－約瑟夫・普魯東 著
(Pierre-Joseph Proudhon)
蕭育和 譯

經典永恆・名著常在

五十週年的獻禮・「經典名著文庫」出版緣起

總策劃 楊榮川

五南，五十年了。半個世紀，人生旅程的一大半，我們走過來了。不敢說有多大成就，至少沒有凋零。

五南忝爲學術出版的一員，在大專教材、學術專著、知識讀本出版已逾壹萬參仟種之後，面對著當今圖書界媚俗的追逐、淺碟化的內容以及碎片化的資訊圖景當中，我們思索著：邁向百年的未來歷程裡，我們能爲知識界、文化學術界做些什麼？在速食文化的生態下，有什麼值得讓人雋永品味的？

歷代經典・當今名著，經過時間的洗禮，千錘百鍊，流傳至今，光芒耀人；不僅使我們能領悟前人的智慧，同時也增深加廣我們思考的深度與視野。十九世紀唯意志論開創者叔本華，在其〈論閱讀和書籍〉文中指出：「對任何時代所謂的暢銷書要持謹慎的態度。」他覺得讀書應該精挑細選，把時間用來閱讀那些「古今中外的偉大人物的著作」，閱讀那些「站在人類之巔的著作及享受不朽聲譽的人們的作品」。閱讀就要「讀原著」，是他的體悟。他甚至認為，閱讀經典原著，勝過於親炙教誨。他說：

「一個人的著作是這個人的思想菁華。所以，儘管一個人具有偉大的思想能力，但閱讀這個人的著作總會比與這個人的交往獲得更多的內容。就最重要的方面而言，閱讀這些著作的確可以取代，甚至遠遠超過與這個人的近身交往。」

為什麼？原因正在於這些著作正是他思想的完整呈現，是他所有的思考、研究和學習的結果；而與這個人的交往卻是片斷的、支離的、隨機的。何況，想與之交談，如今時空，只能徒呼負負，空留神往而已。

三十歲就當芝加哥大學校長、四十六歲榮任名譽校長的赫欽斯（Robert M. Hutchins, 1899-1977），是力倡人文教育的大師。「教育要教眞理」，是其名言，強調「經典就是人文教育最佳的方式」。他認為：

「西方學術思想傳遞下來的永恆學識，即那些不因時代變遷而有所減損其價值的古代經典及現代名著，乃是眞正的文化菁華所在。」

這些經典在一定程度上代表西方文明發展的軌跡，故而他爲大學擬訂了從柏拉圖的《理想國》，以至愛因斯坦的《相對論》，構成著名的「大學百本經典名著課程」。成爲大學通識教育課程的典範。

歷代經典・當今名著，超越了時空，價值永恆。五南跟業界一樣，過去已偶有引進，但都未系統化的完整舖陳。我們決心投入巨資，有計劃的系統梳選，成立「經典名著文庫」，希望收入古今中外思想性的、充滿睿智與獨見的經典、名著，包括：

- 歷經千百年的時間洗禮，依然耀明的著作。遠溯二千三百年前，亞里斯多德的《尼各馬科倫理學》、柏拉圖的《理想國》，還有奧古斯丁的《懺悔錄》。
- 聲震寰宇、澤流遐裔的著作。西方哲學不用說，東方哲學中，我國的孔孟、老莊哲學，古印度毗耶娑（Vyāsa）的《薄伽梵歌》、日本鈴木大拙的《禪與心理分析》，都不缺漏。
- 成就一家之言，獨領風騷之名著。諸如伽森狄（Pierre Gassendi）與笛卡兒論戰的《對笛卡兒沉思錄的詰難》、達爾文（Darwin）的《物種起源》、米塞斯（Mises）的《人的行爲》，以至當今印度獲得諾貝爾經濟學獎阿馬蒂亞・

森（Amartya Sen）的《貧困與饑荒》，及法國當代的哲學家及漢學家余蓮（François Jullien）的《功效論》。

梳選的書目已超過七百種，初期計劃首爲三百種。先從思想性的經典開始，漸次及於專業性的論著。「江山代有才人出，各領風騷數百年」，這是一項理想性的、永續性的巨大出版工程。不在意讀者的眾寡，只考慮它的學術價值，力求完整展現先哲思想的軌跡。雖然不符合商業經營模式的考量，但只要能爲知識界開啓一片智慧之窗，營造一座百花綻放的世界文明公園，任君遨遊、取菁吸蜜、嘉惠學子，於願足矣！

最後，要感謝學界的支持與熱心參與。擔任「學術評議」的專家，義務的提供建言；各書「導讀」的撰寫者，不計代價地導引讀者進入堂奧；而著譯者日以繼夜，伏案疾書，更是辛苦，感謝你們。也期待熱心文化傳承的智者參與耕耘，共同經營這座「世界文明公園」。如能得到廣大讀者的共鳴與滋潤，那麼經典永恆，名著常在。就不是夢想了！

二〇一七年八月一日　於

五南圖書出版公司

導讀

社會主義理論的阿基米德支撐點

臺大政治系教授 陳思賢

自十八世紀以降，近代西方最大的政治變革不外乎二端——民主革命持續發生與社會主義的興起。在這兩類事件中，都不乏一些出身平民或中產階級的理論家著書立說，鼓動潮流，或是推翻了「封建社會」的政治結構，或是挑戰「所有權私有」的經濟傳統，深深地影響了二十世紀的風貌。但在這些理論家中，竟也有來自社會底層之人，他們若非家世寒微、未受什麼正規教育，就是本爲百工各業職人出身、與學院無涉，但卻都能憑著辛勤自學與驚人天賦，得以躋身文士之林而引領風騷，前者以法國盧梭與英國潘恩爲例，而後者大概就是法國的普魯東（一八〇九－一八六五）了。

十九世紀初時，家貧之普魯東雖獲資助勉強得以入學就讀，卻也飽受富家子弟同學嘲弄輕蔑，但他奮力不輟，三十一歲時就出版了《什麼是所有權》一書，這本書可謂是替後來的社會主義思想注入了強心劑：在面對資本主義堡壘靠著「所有權」構築之銅牆鐵壁時，一個足以「攻城克地」之理論基礎出現了。普魯東對於社會主義（或是社會主義式無政府主義）的貢獻是無以倫比的。

其實盧梭、潘恩與普魯東等人，對當代政治思潮的貢獻，不只在於他們提出的理論本身，還可能在於他們共同屬於社會弱勢階級的出身，感召了成千上萬的普羅大眾對自身認同之情感，也鼓舞其追求公平社會的決心。出身低微的子弟，面對近代社會巨大變動所作的反應，用現代的話語來說，是「最接地氣」的，他們在十八、十九世紀當時所發表的「激進」看法，卻成爲二十世紀的主流思想（雖然社會主義已失敗，但是在「自由民主制」內打破「所有權神聖」迷思的社會民主與福利國家政策此刻卻風行）。從這層意義看來，現代政治思想可說是來自於庶民與回到庶民的一種政治思想。

不似大部分理論家，普魯東並非學院象牙塔中之菁英，但其若干思想卻開風氣之先，例如說他就是無政府主義的先驅之一，連「無政府主義者」（anarchist）這個詞都是他首先使用的。而對「所有權」的全盤性系統討論更是前所未有，恩格斯著名的《家庭、所有權與國家的起源》（*The Origin of the Family, Private Property and the State*, 1884）晚了他將近半世紀。對於資本主義或是反資本主義的社會主義與無政府主義而言，所有權理論必然是攻防的最核心重點；對前者言，如果所有權觀念無法確立，則所有經濟行爲與市場交易的標的物就不明確，那麼，財產要如何保障、如何累積？而對於反資本主義陣營而言，如果所有權是個虛假錯誤的概念，則因貧富差距帶來的諸多巨大社會影響——這也是社會主義出現的初衷——就容易解決了。總而言之，所有權理論大概是近世政治理論的重中之重了。

但是令人訝異的是，這麼重要的理論，在西方政治思想中卻是一直到十七世紀才有了長足的發展。也就是說，人類從遠古時代起應該就有了「所有權」的現實：我們可以想像，即使早在原始社會中，誰磨石製作的工具應該就歸誰所有，誰上樹採到的果實也應該他來享用。「所有權」的現象已這麼久遠，爲何「所有權」理論產生是近代才有的事？這大抵歸因兩個因素，一是以物易物或是只有簡單商業交易的農業社會，所有權與財產的觀念是直觀地附於實物之上，並不需要特別存在；另一則是基督教出現後，「上帝創造萬物給人類共享」，個人不能獨占上帝的創造，而且「追求俗世的財貨」不應勝於「追求敬愛上帝」，所以「所有權」觀念一直被打壓。

但是大家都知道，自古以來人類就有私有財產，那麼這事實與基督教的教義間就形成尷尬局面，而這問題要到了十三世紀聖湯瑪斯（Thomas Aquinas）時才獲得紓解。他提出了「使用權」概念來解釋私有財產，認爲個人「暫時」擁有某物之所有權其實是好的，因爲可以讓這物獲得more productive management，也算是對上帝的創造物盡到好好管理之責。但此畢竟是一種迴避，只是名詞的轉換。到了十六世紀時，荷蘭的格老秀斯（Hugo Grotius）提出了「所有權」作爲一種正式「自然權利」的概念，因爲當時商業社會已然成形，交易頻繁且貨幣使用造成「物權」迅速轉移與大量累積，這個剛萌芽的資本主義世界的確需要一個「概念」來代表商業交易的「標的物」。然而「所有權」快速累積造成了貧富差距急速惡化，他如何面對基督教義中的慈善責任？因此格老秀斯發明了一個方法，就是在「所有權」中撥列出一小塊「仁慈的保留」（benigh reservation），對這「特殊部分」所有權人並不能主張絕對權利，到了飢荒時這部分就必須拿出來賑濟。格老秀斯自認這種做法可能是他的時代下最周全的方案了。

然而稍後的德國法學家普芬朵夫（Samuel Pufendorf）對此並不滿意。他認爲：如果「所有權」是一種受法律保障的權利，那就應是絕對的權利，任何理由不能穿透，即使宗教責任也不例外。這時他提出一個我們今天沿用的「所有權」概念：「所有權」就是對於物件的「絕對主張權利」，這是perfect right；而對同胞的慈善之心乃是人道主義下的imperfect duty，它屬於私人倫理範疇。絕對權利乃屬於國家法律範疇下之事物，應獲完全保護，不可侵奪瓜分。至此，近代「所有權」理論已臻完成。

將此「所有權」理論推向頂峰的是十七世紀英國的洛克（John Locke），因爲他甚至以此爲基礎推翻了「君權神授」說而創建自然權利契約論，我們今日立基於資本主義與私有財產的「自由民主制」（liberal democracy）就是由他的理論所支撐。從洛克開始，「所有權」成爲民主政治的基石，因爲「所有權」賦予人民推選政府的權利，政府施政的目標也旨在保護「所有權」（此處「所有權」是廣義的，包含個人生命、自由與對物件的所有）。

而在另一陣營，十九世紀開始興盛的社會主義自然對於「所有權」極力反對，繼十八世紀盧梭之後，社會主義者認爲「財產」乃是人類「不平等的起源」，爲群體生活帶來許多連鎖、滾雪球式的弊害。普魯東《什麼是所有權》一書之出版，雖較（普芬朵夫與洛克等）資本主義方的理論晚了近一個半世紀之久，但是其嚴謹度與體系性絲毫不遜色，可謂是近代社會理論的經典作品。

普魯東在本書中最重要的旨趣在於論證「所有權就是竊盜」！因爲「所有權」並不存在，也不能存在，所以對它作主張就是強占原本社會共有的東西！十七世紀建構「所有權」的理論家，不管是格老秀斯、普芬朵夫或是洛克，都認爲它是一種「自然權利」。而十八世紀末法國大革命時發表的「人權宣言」也把自由、平等、所有權與安全列爲人們自然、不因時效而消滅的權利。但是普魯東卻認爲，所有權與其他三種權利不同，「所有權」是一種社會以外的權利，因爲人們爲了自由、平等與安全結合成社會，但是「所有權」卻讓我們與社會對立：「如果所有權是一種自然權利，那麼這種自然權利就不是社會的，而是反社會的。所有權和社會是兩件絕對不相容的事。結合兩者就像把兩塊磁鐵同性電極接連起來一樣不可能。不是社會必須滅亡，就是必須消滅所有權。」他堅決反對「所有權」，但是他認爲「占有」與「占有權」是合理的替代概念，它們足以讓社會經濟運作：人們「占有」一些物資與土地，以便從事社會分工的生產，這樣的社會分工與合作方式，最後保障了社會中每個人的「自由」與「平等」。

此處有一個政治思想上的重要分歧（或是說創見）。普魯東之論點顯然是出自「社群性」（communitarian）的世界觀，認爲人類是一體的，「原子化的個人」觀念以及依它而成立的「所有權」觀念都是一種有害於社會凝聚的立場，因此他以「反社會」稱之。往昔十七世紀英國的霍布斯、洛克以「原子化的個人」觀點建構出了「自然權利」，但現在類似普魯東這樣的「反所有權」思想家卻用不同的思維帶出人類「自然權利」之理據。他認爲，「自然權利」的來源乃是「共生社會」與「合理社會」的出現，在這樣的群體生活中，每個人都有「自由」與「平等」的「自然權利」。也就是說，「社會」先於「個人」，良序社會的建立提供了個人的「自然權利」，而不是反之——霍布斯與洛克都認爲個人「神聖的」「自然權利」提供了建構社會的基礎。

這樣的學說在近世以私有財產與資本主義爲基礎的「自由民主制」傳統下，是注定要被忽視與打壓的。但是，我們千萬不要忘記這曾是一個充滿理論深度與對正義抱持無比熱情的社會哲學，只是因爲它屢次在關鍵時刻上，不被決定歷史走向的「中產階級」垂青，所以現在只能留駐在圖書館的書架上，靜靜地等待後世理論家有一天可能爲它翻案。最後，我們且再來回顧幾項普魯東親自寫下的基本命題吧：

一、個人的占有是社會生活的條件，私有制是社會的自殺。占有是一種權利，私有制是反對權利。如果取消私有制而保留占有，那麼只需透過原則上簡單的變動，就可以改革法律、政治、經濟和制度；就可以把禍害從地球上驅逐出去。

二、占有權既然對於所有的人都是平等的，占有就隨著占有者的人數而常常發生變動；所有權就不能形成。

三、人類的一切勞動必然是一個集體生產力的結果，基於同樣的理由，一切財產就變成集體、不可分割。更精確地說，勞動毀滅所有權。

四、僅限於在生產工具上及交換的等值性上，維持平等的自由聯合——自由——是唯一可能、唯一合乎正義和唯一眞實的社會形式。

五、政治學是自由的科學，無論用什麼名目僞裝，人統治人的制度是壓迫，具有高度完善性的社會，存在於秩序和無政府狀態的結合中。

第五點說明了普魯東是無政府主義者，他整個社會理論的核心是——自由！所有權因破壞了平等，就出現了壓迫，於是破壞了自由。從對所有權持疑慮的盧梭到潘恩，到堅決反對它的普魯東，我們看到了近代另一支以自由、平等爲念的「小老百姓政治經濟學」的傳統，但這是一個失落的傳統。

序 言

普魯東在寫作他的那篇《關於星期日的講話》時，已經看到一個關於討論和研究的整個計畫呈現在他的面前。問題正是要去「發現並證實那些為了維持地位之間的平等，而限制所有權和分配勞動的經濟法則」。如果要締造平等，首先是必須打倒所有權，於是他立即著手進行這個工作。一八三九年十二月間，他在寫給朋友的信中，就隱約談到這項新的工作。一八四〇年二月，他正處在熱衷於編著的高潮中。他向貝爾格曼指明了什麼是他未來的工作計畫和方法。

「請看我工作的簡要進程，全部著作的主題：確定正義的觀念、它的原理、它的性質和它的公式。」

「方法。確定所有權中的正義觀念；並且1.關於占用權，我透過分析，證實了哲學家、法學家等，所想像的一切理論都不言而喻地把平等當作是必要的。平等是必然的定律，絕對的形式；在一切關於所有權的學說中，所有的人甚至在背離它的時候，都不知不覺地在服從著它。」

「2.確定以勞動為基礎的所有權中，合乎正義的東西。我用同樣的分析方法證明，經濟學家們所談的勞動權，無論他們對它具有何種方式的理解，並且按照他們自己的論據，結果勞動權是平等。但是現在平等並不存在，甚至有人主張它是不可能的。我卻證明不可能的是所有權本身；之所以不可能不是因爲它被濫用（per abusumrel），而是由於它的本質（m se）；我證明所有權是荒謬的、毫無價值的，這個名詞中包含著矛盾，導致無數形而上學的胡說和不可能的事；總之，所有權是事實，但卻是不可能的。」

「這裡是：按照以上所獲得的一切眞理，關於社會性、平等、自由、正義和法權的原理所作的陳述。」

「隨後是：透過那種方法而得到的形而上學的定律或公式，在政治經濟學、民法、政治學上的應用以及對這些科學的批判。」

「最後是：對歷史哲學和人類進程的研究。」

「第一次在哲學上採用了一種眞實的方法，並且用一種適當的分析法，眞實地說明了用直覺或摸索所永遠找不到的事理，因爲直覺和摸索是什麼也不能證明的。」

「總之，在這一切之中，我一點也沒有把屬於我的東西放進去；我尋覓，並且爲了尋覓得更好，我爲自己造了一個工具，我爲自己製造了一個嚮導，在我將深入的迷宮門上，繫上了一根線。然後，我絕不爭論，我對誰也不加駁斥，我認可一切的見解，但求找到這些見解中所蘊含的東西。而在這些見解中所必然蘊含的東西，對我來說，就是一個眞實的原理、一個定理；我就在一個自然的事實中，去確實地找出這個原理的理由，然後從這個原理出發，以我爲了確定那個原理，開始歸納整理時，所秉持的嚴格精神，來進行我的科學研究。」

「……至於這本著作的寫作方式，雖然我絕對抽象地（in abstracto）來推論一切事物，可是我希望文體和理論的發揮既不致於缺乏生氣，也不致於失去獨特性。這一切，在一個爲大家所熱烈討論的問題上，必然會造成一本奇特的著作。」[1]

幾天以後，他寫信給阿蓋爾曼說：「今天我寫完了構成全部作品十分之一的第一章……。」

「著作的文體將是粗獷的、激烈的；這種文體將使人感到過多的譏諷和憤怒；這是無可救藥的毛病。當獅子餓的時候，牠是會吼叫的。此外，我要盡可能避免落入雄辯和文雅的文體中；我推論、我總結、我區別、我駁斥：我不必再求助於修辭學，主題本身必然會引起一切人的興趣，即使是萬事不關心的人也會如此，不管他們願意與否。在哲學上，毫不存在像我這樣的著作。但願所有權遭到不幸！遭殃吧！」

「……在一場激烈的決鬥中，我必須消滅不平等和所有權。如果我不是瞎了眼，我相信所有權在我將要給它的打擊下，一定會一蹶不振，永遠也起不來了。」[2]

我們在這幾句話裡可以感受到一種浪漫的、馬靴跟上刺鐵的鏗鏘聲；這說明最獨特的思想家也不能完全避免被那個時代影響，而且他當時正全力以赴寫作，所以寫信的措辭比較隨意，這可能也是一個原因。普魯東急於要把他認爲已經體會的眞理向全世界呼喊出來，他拚命趕寫，那本手稿只用了六個月就完成了。五月三日，他雀躍不已，用他自己的話來說，就是得意萬分。

「我的著作已經完成，並且坦白說，我對它感到滿意……。」

「你看到我這樣的自信，大概會覺得好笑吧！我的朋友，這是因爲我覺得，在科學上，讀了我的著作後所產生的效果，是前所未有的。我認爲只要這本著作被人閱讀，不需要被領會，舊社會就從此完蛋……。」[3]

六月底，他就分送了只印二百本的最初版本。普魯東開始猜測他的書會不會使他成名？會不會不被注意？或者會不會使他受到檢察機關的起訴。這本著作使普魯東贏得少數的讀者，其中少數是友好的，大多則是敵對的。敵對者中，應該把他的母校貝桑松學院列在第一位。

不知是爲了討好學院，還是爲了開學院玩笑——我們不大清楚，姑且說兩者都有——普魯東用一封刊載在前言的信，直接寫明他的那篇論文是獻給哪個學院。這種使該學院最重要官員受到牽累的做法，使他們惱怒並通過了一些嚴厲的決議。他們聲明和那本著作毫無關係，並要求在以後的版本中取消那封信上的題辭。我們會在第二版的前言中，看到普魯東以怎樣傲慢的態度答覆。但是不僅止於此；部分學院的人員建議停止給他獎學金，學院要求普魯東解釋，於是他寄了一封信，可說是一篇答辯和解釋，但同時也是還擊和威嚇。我們可以在附件中看到那篇原文。

可是，在巴黎、在內閣會議上，人們討論是不是要下令沒收這本著作，並起訴該作者。這次，他得到經濟學家布朗基[4]的拯救，布朗基不僅向道德和政治科學學院提出了一個報告，承認那篇論文具有科學研究的性質，並且遊說司法部大臣維弗揚，希望他免予追究。在一八四一年七月十九日的信中，可以看到他也曾遊說商業部大臣庫能．格里台納；在普魯東方面，他寫信給內政部大臣杜夏台爾[5]，希望「當局了解他，不要爲難他」。從一八四〇年八月到一八四一年七月，差不多有一整年的時間，他是冒著危險，在威脅之中度過。

普魯東的每本著作，尤其是開始的部分，對於還沒習慣的讀者來說，是極爲複雜的，因爲他不但沒有簡化提綱，或是爲了明晰起見而犧牲多餘的部分；相反地，他採用類推、演繹和所有能放進去的一切東西。天賦異稟的普魯東，自認十分輕視文學這個職業，對編輯者來說該刪除潤飾的他都不贊同。他要把所想到的一切都放到著作中，不怕重複，甚至不怕矛盾。

在第一篇論文中，這點特別顯著；這篇文章具有很多年輕作品的特徵。在發表《關於星期日的講話》以前，人們曾經責備這位初出茅廬的作家，文字有點「累贅」，他也曾經「自我譴責」。這一次，評論家沒有對他提出意見。但是不必對此有所抱憾；雖然讀者可能不得不比平常稍費心力，但可以從書中卓越而豐富多彩的插曲，以及論戰的激昂中得到補償。這是一種荷馬史詩般的戰鬥，其中不乏對於敵方的訓誡，甚至謾罵。

閱讀第一篇論文的困難，不在於內容過多，最麻煩的是因爲常用的一些名詞如所有權、占有、租金等，在書中都改變了原本的意思，但是作者卻沒有在適當的時候，把精確的定義告訴讀者。

「所有權就是盜竊；所有權是不能存在的，它是殺人的行爲，如果它存在，社會就將自取滅亡。在消費它的收益時，它喪失了它們；在把它們儲蓄起來時，它消滅了它們；在把它們用作資本時，它使它們轉過來反對生產……。」當人們讀這些透露出想要使資產階級感到驚愕和恐懼的用語時，就會引起人們想遠離一個喜歡吵鬧和闡述前後矛盾怪論的狂熱分子的意圖。坦白說，這本書的編寫並不是要吸引膽小的讀者。

但是，普魯東曾經對一些人寫道：「我與你們芸芸眾生一樣，是眞理的追求者。」人們如果在這些人中，那麼只要跟著走幾步路，就無法再離開了；就被捲了進去，並且不能立即覺察，在這個思想意識的爭論中，脫離了實際；他們必須使自己甦醒過來，才能注意到自己被戰鬥中飛揚起來的塵土模糊了視覺；在爲沸騰的狂熱所激動時，他會狠狠地打朋友幾下。他確信有一些應該由理智去發現的社會規律存在著，並以此作爲他的行動基礎。可是他卻毫不遲疑地指出：「人類只有在努力觀察之下才會變得能幹……在思考時，會有錯覺；在推理時，會弄錯而自以爲是對的……。」他又說：「我不應該隱瞞這樣的事實：在私有制或共產制（這是他無論如何不願意要的）以外，沒有人認爲可能有其他種社會制度……。」矛盾？這好像難以否認，雖然不是無法加以解釋，但是自相矛盾是那些以這樣多的眞誠和同樣多的熱情去追求眞理的人的命運。米蓋爾・德・烏納穆諾[6]在談到帕斯卡[7]時注意到有這種情況，同時也影射到普魯東：「……他的邏輯（這是指帕斯卡的）不是一種辯證法，而是一種爭論；他在正題和反題之間不去找出一個合題來；他是像普魯東那樣處於矛盾之中；後者是一個具有他自己風格的帕斯卡派。」[8]可是，爲了從矛盾中解脫出來，普魯東有一種方法：鬥爭，爲了求得眞理而戰鬥，既不對休戰的需要讓步，也不對懷疑讓步，懷疑是具有聰明頭腦的人會在它上面安睡的、柔軟的枕頭。普魯東的這種態度使得人們在閱讀他的著作時，會感到興趣盎然並且會有所收穫；但這些卻不能使他的著作變得容易理解。

在這裡，給那些對於洩露祕密的嚮導人並不抱有不可克服的厭惡成見的讀者指出幾點標記，以便讓他們更快地且省力地到達終點；當然這種嚮導可以節省讀者的時間，但是也會妨礙讀者自由領會過程中的一切奇遇；總之，我們願意為他們服務，如同幾年前，貝爾多先生的那本著作給我們服務一樣[9]。

普魯東的著作沒有教條。由於他愛好戰鬥的性格，他寫作時總是針對著某個人。在第一篇論文中，他所攻擊的是保衛私人財產基本原理的理論家，其中有幾頁、幾句惡言則是反對聖西門[10]派和傅立葉[11]派的社會主義者。但是因為他們受到的抨擊，主要是在第二篇論文中，所以這裡只談那些對於保守分子的鬥爭。

作為平等的保衛者和擁護者，普魯東曾經看到擺在他面前的所有權是一切不平等的根源。他曾研究那些法學家和經濟學家，以前如何證明所有權是正當的。普魯東在他們的著作中所發現的東西使他感到憤怒；於是他以一種天真的熱情——照經濟學家布朗基所說就是「以一種可怕的憨直」——對他們的學說發動進攻。

所以，第一篇論文主要就是普魯東反對保衛所有權的理論家。為了和他們作戰，普魯東自然得來到他們的場上。這就說明了這種才氣橫溢在形式上往往是很有趣的論戰，提供了一種歷史性的趣味。

最早的經濟學家、一九三〇年代的法學家，未曾給所有權嚴格的批評。對他們來說，所有權是那個時代的社會基礎，曾杜撰了一些稱號而未曾想到這些稱號會遭到物議。像普魯東所寫的那樣，他們理應受到過於順從專斷法律的責備。而且他們對於法律有一種完全抽象的看法，認爲是絕對的、概括的和一成不變的。總之他們還是和大革命時代的立法者，以及《民法法典》的編纂者很相近；這些立法者和編纂認爲他們是爲了所有時代和所有人類而立法。

在大革命後渴望著平息和社會安定的資產階級，爲了歌頌所有權曾經採用了一些詞句，對這些詞句可以得到一個概念：要翻閱完這些眾多冊數的巨著是不可能的。一篇轉載的文件就夠看了。在達爾布里埃奇先生的《試論所有權》[12]中，可以找到一張滿載著摘句的一覽表。這些摘句說明了在第一帝國和王室復辟時期[13]法國人昏庸到怎樣的地步。當時，人們說所有權具有「神聖」的性質。可是對於德莫隆布來說，這還不夠：他認爲所有權是「出自神授」。巴斯夏[14]以一種動人的天真寫道：「那些富有和閒散的人呀……人們叫你們交出財產，而使你們恐懼是替你們申辯的辯護者們含蓄地承認，霸占是顯然的、是必要的。至於我，我卻說：不，你們並沒有掠取上帝所賜予的東西。也許你們只是爲了自己著想，但是你們的個人利益本身就是那無限先知和無限明智的天意的一種手段……。」對於拉布賴[15]來說，也是「所有權是神的制度」。還有，對埃羅[16]來說，「所有權的觀念像太陽一樣光輝燦爛，照耀著那些辱罵它的光明的人。」

所以，甚至不許可加以討論。國民公會在一七九三年三月十六至二十二日已經發布過命令：「凡提出土地改革法或提出其他推翻土地的、商業的和工業的所有權的法案，均處死刑。」出版法曾經重複相同的禁令，埃羅贊成這個不准討論的禁律。「當立法者認爲一個原則是根本原理時，就應當使它不受到爭論，並用刑事制裁來保障它，沒有比這更加正當的權力和更加神聖的責任了……反對所有權的學說，是犯罪的並且是屬於刑法範圍的。」

因爲普魯東敢於將這些不同的證言都以科學進行分析，但回答他的是一片憤然不平的譴責聲。梯也爾[17]爲了要升到最高座位，曾不得不把普魯東那本關於所有權的著作當作自己的墊腳石，他譴責說：「這些謬誤是人類智慧永恆的羞恥。」德莫隆布宣稱：「在歷史面前，近來法國社會墮落在精神錯亂的狀態，沒有比那些醜惡的爭論更好的證實了。」對於埃羅來說，「精神錯亂」還嫌不夠，他寫道：「這個思想的謬誤，有智慧而自由的人類還從來沒有蒙上過這樣深重的恥辱。」

這裡可以看出普魯東的敵人是怎樣的人，他們的概念薄弱、論據空洞無物、以神祕主義爲假象的功利主義，就可以知道並諒解——如果願意這樣說的話——爲什麼普魯東的幾本論文會具有那樣嚴格的邏輯和激烈的語調。我們現在容易認爲，爲了拆穿這些外強中乾的草包，只需挖苦幾句就夠了。事實上，我們很難想像和普魯東肉搏的這些人當時享有多大的權威，他們是律師、法學院教授、哲學家、學院院士。他們代表當時社會發言，但是一個非常博學的普通工人[18]就使他們醜態畢露了。

此外，回想一下，歷史觀點深入到法學家思想中的時間還並不長；我曾是法學院的學生，這個學院的院長是當時民法學教授，當人們在他面前談論羅馬法的演變時，他還帶有嘲諷式的微笑呢！法制史的課程是現在新開的課程。這幾年，對法律的觀點有了不少改變，像馬克西姆・勒魯阿先生所指出的：「現在立法者趨向於制定一些法規，且聲明其中大部分僅是暫時性的；他把制定公共行政法令的權力授予行政機關；這些法令可以變更他的命令，他不肯輕易決定一種適用於一切場合、不變的法規，一種一成不變的教條；他尋找一種彈性的方式，這種方式由於可能隨時會產生變動，他可以預先糾正他所制定的、權力範圍已被縮減的法規，他爲自己的錯誤開了一個方便之門，在原則後面預先保留了彈性空間。」[19]不客氣的說，幾乎可以說議會是以短期放帳的方式在從事立法。法律變成某種可以變更、流動性的東西，只是一些隨風飄蕩的字句。

特別是關於所有權，曾經看到自由遊牧制——土地共產主義的最後形式和強制公有狀態的消失，可以說私有制變得更爲嚴格了。但是，相反地，對於所有權制度所施加的限制則更爲嚴格、常見。關於濫用權利的學說、鄰居的起訴權，賠償責任的擴大、危險的分擔，尤其是公用徵收、戰爭時期的禁律和徵稅、關於房屋租金的立法等，《民法法典》已經把對所有權所規定的定義縮減到成爲一種形式上的原則。[20]我們不習慣把所有人的權利當作一種隨意使用的絕對權利，以致於在今天看來，普魯東有時好像是和空氣在鬥爭似的。[21]我們不要忘記他寫作的時期是在一八四〇年，也不要忘記對於現代的法律觀點的形成上，他的確有貢獻。雖然他不是第一個，也不僅僅是他一個人把所有權受限制和受控制的觀念灌輸到世人腦中。但無可爭議，他是引導我們去以所有權的目的來辯明所有權是否正當的人之一，像在他死後所發表的《所有權的學說》中所說的，即要用所有權對於社會的功用來證明它是正當的，按照較爲現代化的說法，就是要考慮到所有權對於公共利益所作的貢獻，使我們不得不忍受它的流弊，並促使我們去糾正這些流弊。一八五八年，在《正義》的第一冊中，寫道：「當法理還沒有注入所有權的期間，當正義還沒有使所有權受到尊重的時期，它是一種模糊的、矛盾的、能夠不分彼此地做一些好事或一些壞事的事實。」這種觀點自然就會使他去探求可以改善所有權、可以用保障把它包圍起來、可以用抗衡力和像齒輪那樣的連動制度，把它「平衡」起來的方法。在一八四〇年，他的工作主要是批評。在建設以前，要進行破壞，就是從頭做起，從最容易的地方著手。

第一部分，就是理論上的破壞工作，以生氣勃勃的精神來完成，這種精神連對手也承認所有權的根源，即辯明所有權是正當的理由，既不是來自法律的創造，也不是由於完全假設所謂「大家的公認」，既不存在於先人以經常不斷的方式合法占領土地的事實中，也不是由於勞動，因爲即使不再勞動的人也依然是所有人。而且，在這種理論中，無法證明分配的不平等是合理的；不僅如此，這些理論全都使我們不得不肯定這樣一個原則：每個人對於財產都有平等的權利，其他人在必要時都須給這個人擠出地位來。

至於把所有權當作歷史上隨著經濟和技術情況而變化的偶然事實來考慮，立法機關根據這些情況加以改變，或當所有人掌握了立法權時加以維持來反對窮人，關於這個觀點，除了聖西門主義者以外，普魯東並不比他同時代的人知道得更多，或者毋寧說這是他所不願採取的觀點。對他來說，要建立一種學說而不是解釋一些事實。他說：「對我們來說，研究古老民族所有權的歷史，只是一種增加學識和滿足好奇心的工作。事實不能產生權利，這是法學上的一個法則；要知道所有權也不能離開這個法則；所以普遍承認所有權的事實並不能使所有權正當化。像對氣象變化的原因……犯過錯誤那樣，人類對社會的構成、權利的性質和正義的應用也曾經犯有錯誤；……印度人被劃分爲四個等級。……對我們有什麼關係呢？……特權形式的多樣性不能使非正義成爲正義；……。」

就是這種主張抽象權利的哲學家立場，說明了普魯東對於所有權所提出的批評的本質。他說，所有權是「不能存在的」。我們要明白他這種說法對巧言令色的人來說是有力的反擊，這些人承認地位平等是他們所希望的，卻又接著說但不幸的這是不可能的。這眞是睜眼說瞎話，不可能的正是所有權，普魯東直接給予當頭棒喝，他對於這一記打擊感到非常得意，因此他對著觀衆，等待著鼓掌：「那麼您，本書的讀者，對於這個反駁，您認爲如何？」讀者感到有些爲難：爲了說明警語，他作了一些數學上的例證、一些定理、一些論題以及對這些東西的推論和附錄，在這個說明中讀者會看出所有權不是在『物理上和數學上』不可能；那些不可能性更多是屬於道義方面，以尊重正義、和平爲基礎。

但是如果要聽懂那個討論，讀者就不應當忘記，對於普魯東來說，「所有權」具有一種特殊的意義：這是「所有人對於蓋上自己印鑑的物件，則歸屬自己的收益權。」[22]照現在的說法，可以說是一種不勞而獲的權利。就是因爲這樣，僅僅因爲這樣而說它是盜竊。在這本書的前言給布朗基來信的答覆，可以讀到：「布朗基先生承認在所有權的行使上存在著很多流弊，而且是一些可恨的流弊；而我卻專門把所有權稱作這些流弊的總和。」

人們會立即提出抗議，在正式的討論中，歪曲文字的慣用意義是不許可的，如果按照特殊的意義來談事物，就必須找尋一些別的名詞來代表它們，並且，只研究一種制度的謬誤和流弊，而保存著這個制度的屬性名詞，那就是隨意引起混亂。人類的一切都有好有壞，如果僅就壞的方面來加以說明，那麼任何事都經不起批評。我們能夠解釋：收益權就是盜竊。要主張所有權就是收益權，那就不大恰當了；但是，按照正確的邏輯，應該立即聲明，所謂所有權僅僅是指不勞動而可以取得一種收入這一種所有權的後果而言，因此就把盜竊和所有權等同起來。

另外，因為總是不難找到普魯東自相矛盾的地方，所以不必等他完成思想發展，就可以在他的第一篇論文中找到像這樣的按語：「在一個財產分散而擁有小型工業的國家中，各人的權利和要求起著互相抗衡作用，侵吞的力量就互相抵銷了。在那裡，老實說，所有權是不存在的，因為收益權幾乎無法行使。」[23]這等於說：當所有權離開那個武斷地給它下的定義時，就被當作無足輕重、不存在的東西了。

另一方面，可以注意在第一篇論文中，所有權是指土地的所有權，討論的僅是這一點。可是，不能不令人感到驚訝的是，以上所引證的按語的前幾行，可以讀到：「所有權的吞噬作用主要是發生在工業上，常說商業恐慌而不說農業恐慌；因為農民是慢慢被收益權所侵蝕，而工業生產者卻是被一口吞下。」

矛盾？這是無可爭辯的。怎樣來解釋這些矛盾呢？關於這一點，普魯東在他寫給維洛默的信中，曾經提過；這封信必須看全文，但是現在至少應當知道下列幾行：

「……從一八三九到一八五二年，我的研究工作純粹是爭辯，這就是說，我只去研究那些觀念就它們本身來說曾經是些什麼，曾經有過什麼樣的價值，曾經具有什麼樣的意義和範圍，曾經向哪方面發展，沒有向哪些方面發展；總之，我曾設法對那些原理、制度和體系得到正確和全面的看法。」

「……所以我曾遇到新的困難時，重新開始一種對事實、觀念和制度的一般認識的探討工作，不抱成見，除了邏輯本身之外不用別的評價原則。」

「這個工作不總是被諒解，這裡面一定存在著我的錯誤。在討論一些主要涉及道德和正義的問題時，我總是不能保持冷靜和有涵養的置身事外的態度，尤其是當我遇到一些有利害關係和抱有惡意的反對者時。因此，雖然我只想做評論家，但卻被當成專事抨擊的作家；當我所要求的僅僅是正義時，卻被當成搗亂分子；當我的憤怒只是去反對一些沒有根據的主張時，卻被當成抱持偏見和仇恨的人；最後因爲我毫不客氣迅速指出，那些自命爲我朋友的人們身上，存在著我的敵人身上存在著的矛盾，我就被當作反覆無常的作家。」[24]

所以，要想看到比精確的事實更多的對於觀念和制度的批評，就應當到普魯東關於所有權的初期著作中去找尋。可是不能說其中完全缺乏建設性的意見。貝爾多先生曾經很好地指出，在普魯東關於所有權的全部思想中，存在著積極的一面，這方面無疑是被他評論家的聲名掩蓋得看不見了。但是在他工作的這一階段，普魯東僅指出，在推翻別人的理論之後，他想到什麼地方去找尋重新建設的方法。

他把所有權與占有區分開，前者是萬惡之源，後者則無可譴責。無可譴責，因爲他完全按照個人的方式來描寫占有的特徵，因爲他爲占有描繪了一幅畫像，其中畫家的風格多於模特兒的特點。

對於法學家來說，所有權與占有之間存在這樣的區別，前者是一種完整的、絕對的、永久的、可以移轉的權利；而後者則是一種事實現象，即離開所有權本身而獨立行使所有權的行爲。所有權和占有可以混在一起，但在理論上是被區別得很清楚的。一個所有人可以保留他的所有權而把權利的行使或占有出讓給別人。這時，在公眾看來，占有人就以所有人的面貌出現，在法律上，直到提出反證爲止，他都可被認爲是所有人，反證應由向占有人要求恢復所有權的本人提出。甚至只要占有人保持占有滿三十年，並在這個期間沒有承認所有人的權利，就可以使這個權利趨於消滅，使原來的所有權因時效而消失。因此，事實上，占有人具有一種強有力的地位；舉證的責任應由對占有人提出爭議的人們負擔。哪怕占有人是出於惡意，明知沒有任何所有權的文件，卻可以因爲時間的因素而成爲所有人；只要他證明在三十年中，曾不斷地、公然地、和平地是事實上的占有人，並且沒有承認過所有人就夠了。在習慣上，經常是用一紙契約來作爲所有人和當時被認爲是善意占有人之間的區別。這個占有人對於占有這一事實的代價，就是付給所有人被普魯東指稱爲收益的東西。所以如果把占有與所有權加以比較，就可以說占有是存在於別人的東西之上的一種相對的、暫時的權利；這種權利在不得毀損並保存本質這件東西的條件下，容許去享受這件東西。

在普魯東過於匆促的法學研究過程中，使他對於占有發生好感的，是這兩個特徵：有限的期間和占有人在使用時不得濫用的義務。但是把占有和所有權這兩個名稱對立起來，會使讀者陷於混亂，只有閱讀後來的著作，才能幫助讀者從這些混亂中解脫出來。當讀者只看第一篇論文時，難以了解爲什麼在道德、正義和平等上，占有比所有權較爲高尚。占有，像所有權一樣是專屬的，它從一無所有的人那裡奪去自由享受勞動手段的權利，它容許占有人剝削一無所有的人，它不能消除工資制，它並不能實現公有財物的平分，它不是以正義爲基礎，它並不強制占有人對公共利益有任何尊重，而只是強制遵守對所有人所負的義務。

爲了眞正了解普魯東的思想，就必須注意他著作中的兩、三段話，但這些話並不像我們所期待的那樣明白。占有人從所有人那裡得到占有權，所有人可以限制、監督占有權，遇到使用不當的場合，可以宣告收回占有；我們必須了解，普魯東心目中的所有人就是「社會」。「我所耕種的土地，」他在第二章第三節中說，「可以如此加以占有：1.以先占人的名義；2.以勞動者的名義；3.根據在分割時，把這塊土地分配給我的社會契約。但是這些名義，都沒有給我所有權……社會怎麼會承認一種於自身有害的權利呢？社會在許可占有時，怎麼會賦予所有權呢？」還有，在幾頁之後：「人從社會的手中得到他的用益權，只有社會可以永久占有。」

可是，既然普魯東贊成遺產制，既然他承認「社會」只能從犯罪或不勞動的占有人手中把占有撤回，實際上占有就因此是永久的和可以移轉的，所以還不如依舊把它叫做所有權，但是由「社會」來限制監督和分配的所有權，這樣可能比較清楚些。

由於所使用的詞句含糊不清，更加使得那個建設性體系欠缺精密，這個體系的計畫和大綱，在第一篇論文中稍稍被提到一些。如果繼承人不能同時繼承幾筆遺產，那麼遺囑自由權將變成什麼樣呢？普魯東說，在繼承人已經規定可以得到幾筆遺產繼承權的場合，他必須進行選擇；不應當一併接受；不然的話，分配中的不平等很快就會重新出現。姑且認爲平等可以因此得到保障，但是立遺囑人不能隨意指定繼承人，自由就受到了限制；就動產而言，這個不許一併接受的規定將如何遵守呢？

從事分配占有的「社會」，應當作何理解呢？是國家嗎？是整個人類呢？他沒有給予精確的回答。在第三章第四節中，他曾經指出，國家和個人是一樣的，都是使用者和勞動者。「使用權和濫用權既不屬於個人也不屬於國家；將來總有一天，爲了制止一個國家濫用土地而發動的戰爭，要被看成是一種神聖的戰爭」。這無疑是說，一個人口過多的國家，有權向鄰邦要求生存的地位，並且有合法使用武力的權利。

假如承認占有制或那種由「社會」來限制、監督和分配的所有權，能夠在人們之間維持平等，那麼，爲了重建已被破壞的平等，還必須找到一種過渡的體制。關於這一點，我們得不到任何答覆。

對於那些被他的批評所撼動，用憂慮的口氣向普魯東詢問該怎麼辦的人，在第一篇論文中普魯東僅僅指出一些方向、一些誘人途徑的端倪，但是對於爲了達到目的而會遇到的阻礙情況和艱鉅性，他並沒有加以說明。

這一點，普魯東在第五章第一部分中表示得很清楚，他給正義下了一些定義：「支配著我們的社會本能」，「承認別人具有一種和我們平等的人格」，他在這一部分中宣稱「社會、正義和平等是三個相等的名詞」他說：「到此爲止，我已證明了窮人的權利，已指出了富人的霸占行爲。我要求審判，但判決的執行與我無關。」在第二版前言的末段中，他又承認了這一點：「我很清楚這個工程需要結合二十個孟德斯鳩的才智力量。然而，就算一個人無法完結此等事業，還是可以現在就著手進行。而所經歷的道路足以指引出確保成果的終點。」

所以僅在人們將閱讀的這本著作中，揭發一些實際上不可能的事，那是一種很容易的遊戲，在這個遊戲中，每一次都可能贏得阿諛逢迎的觀眾掌聲。一位學院院士、最高法院檢察官在幾年前曾經這樣做過。[25]他抱持著不求甚解，只想譴責的態度，寧願保證有勢力者的自由，而不顧能使全體都得到正義保障的人的意見，寫了一部書來控訴普魯東。他以一種細致的熱忱，舉出普魯東思想中的矛盾。他未曾加以解釋，也不願意去注意，的確有一種發生在對自由的愛好和對平等的熱情之間的衝突，折磨著極端渴望發現眞理的人。閱讀普魯東的著作，那就是和他一起處身於矛盾的憂慮不安中。

米歇爾·奧奇埃　拉里貝

◆註解◆

[1] 一八四〇年二月九日的信，《通信集》第一卷第一七七頁。——原編者

[2] 一八四〇年二月十二日的信，《通信集》第一卷第一八三頁。——原編者

[3] 一八四〇年五月三日給貝爾格曼的信，《通信集》第一卷第二一三頁。——原編者

[4] 見本書第四十八頁原書編者的注釋。——譯者

[5] 見本書第二七九頁原書編者的注釋。——原編者

[6] 米蓋爾・德・烏納穆諾（一八六四—一九三六），西班牙作家、哲學家和政論家。——譯者

[7] 帕斯卡（一六二三—一六六二），法國哲學家及物理學家。——譯者

[8] 見米蓋爾・德・烏納穆諾，《垂死的基督教》，第一一七頁，巴黎里台書店一九二五年版。艾米爾・法蓋（一八四七—一九一六，法國文藝批評家）在《十九世紀的政治學家和道德學家》第三輯（第一六四頁）中寫道，在普魯東的思想上，各種觀念的搬弄是這樣的誘人，所以互相對立在他說來是一種娛樂，一種劇烈的並且稍許有點粗魯的歡樂，一種狂執的魔術家的陶醉。這裡面也許有些是真實的，但是普魯東具有這樣的一種真誠。所以德・烏納穆諾先生的見解就顯得更加深刻了。如果把普魯東看成是一個賣弄學問的人，那就是沒有了解他。——原編者

[9] 見愛美・貝爾多，《皮耶—約瑟夫・普魯東和所有權，一種對農民的社會主義》，巴黎奇阿爾和勃里埃爾書店一九一〇年版。貝爾多先生把說明普魯東關於所有權的觀念的進展過程作為他的任務，他曾經設法把後期的作品用來解釋起初的幾篇論文。如果孤立地閱讀一本初期的著作，就會更加感覺到普魯東思想中的含糊或錯誤。普魯東思想要透過不斷的努力，才慢慢得到開展和明確起來的。所以在著手研究普魯東關於所有權的許多著作前，閱讀貝爾多先生的那本書一定會有益處。——原編者

[10] 聖西門（一七六〇—一八二五），法國空想社會主義者。——譯者

[11] 傅立葉（一七七二—一八三七），法國空想社會主義者。——譯者

[12] 達爾布里埃奇，《試論所有權》第二章，巴黎奇阿爾和勃里埃爾書店一九〇四年版。——原編者

[13] 第一帝國指拿破崙稱帝至退位這段時期（一八〇四—一八一五），王室復辟時期指拿破崙退位後至大革命前統治法國的波旁王朝復辟這段時期（一八一五—一八四八）。——譯者

[14] 巴斯夏（一八〇一—一八五〇），法國經濟學家。——譯者

[15] 拉布賴（一八一一—一八八三），法國法學家。——譯者

[16] 埃羅（一八二八—一八八五），法國哲學家和文藝批評家。——譯者

[17] 路易·阿道夫·梯也爾（一七九七—一八七七），法國政治家、歷史家，他在一八七一年血腥鎮壓了巴黎公社後，擔任法蘭西第三共和國的第一任總統。——譯者

[18] 指普魯東。——譯者

[19] 馬克西姆·勒魯阿，《法律，試論民主制度下的法權的學說》，巴黎奇阿爾和勃里埃爾書店一九〇八年版。——原編者

[20] 參閱約瑟夫·夏爾蒙，《民法的變革》，巴黎哥蘭書店一九一二年版。——原編者

[21] 這裡指普魯東好像是唐吉訶德式的人物。——譯者

[22] 這裡把普魯東在這段引文後立刻給予的解釋重新抄錄下來，不是沒有益處的：「按照產生收益權的東西之不同，收益有各種不同的名稱：依靠土地為地租；依靠房屋和裝修，即是租金；依靠永久性的投資，就是所得；依靠金錢，則是利息；在商業上是盈利、紅利或利潤（不應把這三種收益和工資或勞動的合法代價相混淆）。收益是一種特權，一種有形、可消耗的獻禮，根據所有權人名義上和抽象地占用，依法歸其所有。該樣物品已蓋上他的印鑑：這足以使其他人未經其許可，不得占用這件東西。所有權人可以把此占用許可權，以無代價授予別人，但通常是把它出賣的。」（第四章）。——原編者

[23] 第四章第五個論題的末段。——原編者

[24] 一八五六年一月二十四日的信，《通信集》第七卷第八頁。——原編者

[25] 阿爾都爾·台夏爾登，《比埃爾·約瑟夫·普魯東，他的一生、他的著作、他的學說》，上下兩冊，巴黎貝蘭書店一八九六年版。——原編者

前言

下列信件曾被用來作爲這篇論文初版[1]的前言。

此致貝桑松學院（Academy Besançon）各位院士：

諸位先生：

一八三三年五月九日在你們討論胥阿爾夫人（Mme Suard）所捐贈，爲期三年獎學金的議程中，你們曾經表示過以下願望：

「本學院要求得獎人在每年七月上半月，就過去一年間的各項研究，向本學院提出簡潔且清晰的說明。」

諸位先生，現在是我履行這項義務的時候了。

當初，在我懇求你們的選票時，我暢言我的研究意圖是發現「能改善爲數眾多的貧苦階級，其身體、道德與智識上處境」的方法。[2]儘管這個想法好像與我候選資格的設立目的相去頗遠，而你們還是慷慨接納了；你們所惠予我的寶貴榮譽，將這個形式上的席次，轉化成神聖不可侵犯的義務。從此以後，我了解到，我所往來的，是一個何等令人尊敬與敬仰的團體，對於其開明、其恩惠的感悟以及我對其榮譽的熱忱，都難以言盡。

首先，我深信，要擺脫陳見與體制的舊路，就必須遵循科學程序與嚴格方法，研究人與社會；我投入一整年的心力研究文法與文獻，而語言學，亦即語言的自然史，與我的思想氣質最爲契合，自是與我所進行的研究最爲適合。這段期間我就比較文法學中一個最爲有趣的問題，完成了一個小誌，雖然算不上什麼卓越的成就，至少證明我的全神投入。

從那時起，形而上學與社會道德（la morale）就成了我唯一的關注。這些學科的對象與界限至今都尚未明確，但跟自然的學科一樣，它們也都是得以驗證，也能夠確立論據的；對於這個事實的理解，將讓我的投入有所回報。

然而，諸位先生，在所有我所請益的專家中，從你們身上受益最多。你們的協助、提綱與指導，都與我的私願，以及最爲殷切的盼望不謀而合，不斷啓發著我，昭示我的道路。這篇關於財產權的論文，[3]實際上是你們所擘畫這一切的產物。

一八三八年，貝桑松學院提出下列問題：「與日俱增的自殺事件應當歸咎於什麼原因？能有什麼妥善的方法遏止這個心靈上的傳染？」

不要太籠統說的話，這問題就是：此等社會弊端的根源及其解方何在？諸位先生，你們對此是有所認知的，你們的委員會曾公開宣布，已經詳列了自殺的種種直接與個別的成因，以及預防的方法；然而，從這些多少花了一點功夫所詳列的一切，還是無從對於根本的原因以及解方，能有更確切的理解。

到了一八三九年，你們這些始終令人激賞的研究項目，更加確切，其學理表述也更爲多樣。一八三八年的論文競賽中曾經指出，無視宗教與道德原則、對於財富的渴求以及政治上的動亂，都是社會弊端的成因或者症狀。你們將這些因素歸結成一個命題：「歌頌安息日對於公眾健康、道德、家庭與社會關係的益處。」

各位先生，你們以基督徒的語言追問什麼是眞正的社會制度？一個論文競賽的參與者[4]大膽主張並宣稱能夠證明：安息日的制度與一種基於社會平等的政治體系必然相連，沒有這種平等，整個體系就會陷入混亂且無以爲繼，也只有這樣的平等，才能復興對於安息日，古老且難以言傳的讚揚。這個論證沒有得到你們的肯認，即便你們並不否認競賽者所指出的兩者之間的關係，但你們也斷定——並且相當有理由——平等的原則沒有得到論證，而作者的想法不過是假設的產物。

最後，各位先生，爲了這個論文競賽，你們將平等的根本問題如此表述：「關於子女之間平等分配財產的法律，在法國迄今造成經濟與社會後果。」

除非自限於老生常談，否則我認爲這個問題應該如下表述：若是法律能讓繼承遺產的權利，成爲家父與所有子女的共同權利，那麼何以繼承權利不能也成爲家父與所有孫輩的共同權利？若是法律並不承認後續直系親屬的繼承權利，是否也就不承認整個後裔、家族乃至於整個民族的權利呢？能否在繼承的權利中，維繫公民與公民之間的平等，就像堂兄弟和兄弟之間那樣？換言之，繼承的原則能否成爲一種平等的原則？

把這一切概括成一個問題：什麼是繼承的原則？不平等的根基何在？而所有權（property）又是什麼。

各位先生，這就是我今天所要提獻給你們的論文。

如果我能把我的想法闡述清楚，如果我能提出一個無可辯駁的眞理（儘管出於各種原因我敢說已經解釋過了），如果我能藉由一種絕對可靠的研究方法建立平等的學說，如果我能確定民法學上的原則、公道的本質以及社會該有的形式，如果我能永遠廢除所有權，那麼，各位先生，一切都要歸功於你們；歸之於你們的幫助與啓發。[5]

這項工作的目的是將方法應用到哲學問題上：其他一切的意圖都與我無關，甚至於我是一種侮辱。

我曾經以不敬重的態度討論法學，我有權這樣做，但如果不跟這類所謂實踐科學的人區隔開來，那對我才是不公道。他們對於研究工作苦行般的投入與心力，還有他們的學問與辯才無礙，都是值得敬重，但他們還是得要因爲對於某些專斷法律的過度順從，而受到批評。

我曾經無情抨擊那些經濟學家，總的來說我對他們沒有好感。他們著作中的傲慢與空洞，他們目中無人的自傲，以及那些無法言狀的謬誤，都讓我痛惡。任何出於認識而寬宥他們的人，都應該好好再讀讀他們的著作。

我也曾嚴厲譴責基督教會，我是不得不這麼做的。我的譴責出於這些事實：爲什麼教會要立法規範自己並不了解的事情呢？教會在教義與道德上犯了錯，而物理學與數學可以證明這個錯誤。也許我不應該把這話說出來，但不幸的是對教會來說事實就是如此。各位先生，要復興宗教，就得要譴責教會。

各位先生，也許你們會覺得遺憾，說我忽略了表面功夫與文體風格，而我的方法與證據又讓我曲高和寡，這方面我確實是想做的更好，可惜沒有成功。[6]我沒有期待琢磨文字，也沒有那樣的信念。在我看來，十九世紀是個樹立新原則的創造性時代，但沒有什麼是靠詞藻存續下來，這就是爲什麼法國擁有這麼多具有才智的人，卻沒有偉大作家的緣故。在這樣的一個社會中，追求文字上的浮華，對我來說不免時代錯亂。[7]在智慧女神即將降生之際，何須再召喚女巫？我們是行將劇終的可憐演員，最好還是加速結局的到來。把這個角色扮演好，是有苦勞的。可是，我已經不再追求這種慘烈的成就了。

各位先生，何不讓我坦承這一切？我曾經尋求你們的選票支持，以及你們的贊助支持，卻同時帶著對現有一切的憎惡，而滿懷期待其毀滅；但我會帶著冷靜，以哲人的心態自我調適完成我的研究。我在眞理的知識中，得到的是平靜，而非感受壓迫的憤恨，在這份論文中我所能收穫的最寶貴成果，應該是讀者可以從對弊端與成因的清楚認識中，帶著同樣的平靜而得到啓發，這更甚於激情與狂熱。過去我對特權與權威的憤恨幾無止盡，這樣的憤慨有時候讓我錯解了人與事物，而我只能蔑視與愁嘆；就我而言，要終止憤恨，那就有必要去理解。

現在，各位先生，你們的任務與使命是宣告眞理，啓迪人民，教導他們應當期盼什麼，以及應當恐懼什麼。人民還有能力明智判斷什麼對他們有利，所以只要感覺得到奉承，對於根本相互矛盾的意見，就不分青紅皀白讚許。對他們來說，思想的法則就像是限制他們的可能界限，他們無法區別學術與詭辯，就像過去無法分別魔術師與物理學家一樣，他們這些人，「不加深思就妄信，蒐羅所有的新奇，一切都當作眞實與確鑿無誤，只要有一點點新奇的味道或聲響，就像蜜蜂聽見鍋盆的聲響那樣靠過來」。[8][9]

各位先生，但願你們跟我一樣渴求平等，但願為了這個國家不朽的幸福，你們可以成為先行者，可以成為引路人；願我是你們獎助金的最後得主！在我所能立下的誓言中，這是對你們最為尊崇，對我最為光榮的誓言。

懷著最深切的敬意和最誠摯的感激之忱，我為，得獎人。

皮耶—約瑟夫．普魯東，一八四〇年六月三十日於巴黎

接到這封信之後兩個月，該學院在八月二十四日的會議上，用一紙通知向那個獎學金得獎人作了答覆，通知的原文抄錄如下：

本學院一位成員要求本學院注意胥阿爾獎金的得獎人，其於本年六月發表的一篇文章，題目是《什麼是所有權？》，作者寫明是呈獻予本學院。這位成員認為，本學院為了對正義和尊嚴負責起見，應該公開表示，對於這個出版物中所包含的反社會學說不負責任。因此他要求：

1. 本學院以最嚴正的態度否認並譴責胥阿爾得獎人的這部著作，因爲這未經本學院同意而發表，且因爲書裡的見解和本學院任何一位成員所信守的原則完全相反。
2. 要求該得獎人再版這本書時，刪除書上給本學院的題辭。
3. 本學院的這個決定應列入文字紀錄。

這三個提案均經表決通過。

對於這個可笑的裁決，我只能請求讀者，不要用這個學院的智慧，去衡量同胞的智慧。

在我的社會與政治科學贊助人怒斥我的「宣傳」同時，一個不是法蘭琪—康堤區（Franche-Comté）的人，他並不認識我，可能還是在我所尖銳抨擊的經濟學家中，直接受到攻擊的人，他是一位博學又謙遜的政論家，人民因爲他知民間疾苦而愛戴他，當權者因他不用諂媚或令人鄙夷的方式教化而敬重他，他就是布朗基（Blanqui）先生、[10]學院院士、政治經濟學教授、所有權的保衛者，他在同事與大臣面前替我辯護，並且把我從一貫愚昧且始終黑暗的司法機關迫害中解救出來。[11]

我想讀者會樂於細讀布朗基先生在我發表第二篇論文後，寄給我的那封信，這封信對發信人來說值得敬重，對收信人而言則倍感振奮。

先生：

接到了您寄給我的關於所有權的第二篇論文，我向您謹致謝意。由於對於第一篇論文的理解，我帶著油然而生的興趣看完了這篇論文。您粗獷的形式已經稍有改變，對此我感到高興；這種形式曾讓如此重要的著作，風格上顯得像是專事攻訐的宣傳；先生，這可是把我嚇倒了，然而因為您的才華讓我對您的意圖疑慮盡消。畢竟，一個人可不會為了激怒自己的同胞，而虛耗這麼多的眞才實學。「所有權就是盜竊！」這個論點可是多麼的粗暴啊！倘若您堅持這麼簡單直率的風格，那麼這個論點會讓那些無法不就外在判斷的人，跟著厭惡您的著作。但如果您已經在形式上稍有緩和，依然可以充實說明您學說的本質；雖然承您建議，要我分擔倡導這種危險理論的工作，我還是無能接受這種危險的倡議，就才學來說，共同協作於我是光榮，但在其他面向，卻會讓我受到牽累。

有一點我與您的意見一致，就是在這個世界上，有著太多濫用所有權的狀況，但我無法從這些濫用，作出廢除所有權的結論，這猛藥跟可以治癒一切病害的死亡太相像了。我願意更進一步坦白說，所有的弊端中，我認為最可恨的就是所有權的流弊；但不厭其煩再重複一次，有一種解方可以醫治這個弊端而毋須廢除財產權。如果現行的法律縱容所有權的濫用，可以加以修訂。我們的民法並不是《可蘭經》，質疑它並不算錯。所以，可以改變那些規定行使所有權的法律條文，但對於詛咒要格外審愼；說實話，哪有完全清白的誠實人呢？您是否認為一個人是強調，但自己不自知、不希望如此，或者自己想都沒想過呢？您難道不承認，在社會現行體制中，每個人都從先祖那裡得到各種德行與惡習？您竟然以為財產是如此簡單抽象的東西，所以可以在您的形而上學碾磨中（如果這麼說是可以的話）重新打造與均分？先生，在您這兩篇充滿著詭辯，隨興而至的美妙作品中，您曾經談到許多切合實際的東西，可見您不是一個純粹剛愎的空想家。您十分熟悉經濟學和文學上的用語，絕不致於去玩弄可以引起騷亂的粗暴詞句。所以我認爲您對「所有權」的對待，就像八十年前盧梭對「文字」的對待那樣，在學識上相當了不起，詩意般的才氣縱橫。至少，這是我個人的看法。

這就是我對您的書提出報告時向學院說的話，我知道他們會在法庭上追究您，您也許不知道我是如何僥倖阻止了他們。[12]若是讓王室的法律顧問，也就是學識事務的執行人，緊隨我之後攻擊您的著作，對您個人造成困擾，我將無比悔恨！我可以對您發誓，我曾經因此渡過了兩個極爲不快的夜晚，而我只能對外論稱您的著作是學院式的論文，而非煽動的宣言，才能抵禦那俗世的掣肘。您的著作風格畢竟過於精深，無法在論辯重大社會秩序問題時，被那些在街頭丟擲石頭的瘋子所用。但是，先生，請您當心，人們也許不久就會在這個巨大的兵工廠尋找彈藥，您那激烈的形而上學會落入那些街頭詭辯家的手中，即便這非您所願，他們也會當著一眾飢渴的群氓將之大加演繹。屆時我們恐將以劫掠做收。

先生，我跟您同樣都爲您所揭露的流弊所動；但我更深切關心秩序，不是警察當局會心滿意足的那種瑣碎的一般秩序，而是人類社會莊嚴嚴肅的秩序。因此，在攻擊某些弊端時，我有時會感到爲難，我更希望在一手摧毀時，另一手可以重建秩序。修剪一棵老樹時，要多麼小心，免得殃及能開花結實的嫩芽；對此，您肯定比誰都清楚。您是一個如此聰明博學，又深謀遠慮的人，對於我們時代的狂熱，最能浮想聯翩的人們，也能被您堅定的論述而打消疑慮。可是，您最後的結論卻是主張廢除所有權。您要廢除人類智慧中最有力量的原動力；您攻擊慈父情感中最爲動人的幻想；你用隻字片語阻止資本的形成，而我們或將從此在流沙而非堅石上立基。這是我無法同意的，爲此，我才批判您那洋溢著熱忱與學識之光的著作。

先生，我寄望還能拖著殘軀，與您一起逐頁檢視您公開提交給我的論文；我想我能提供一些有益的觀察。此刻，我只能就承您提及我時的親切文字，向您致謝。我們各自都有眞誠的美德；而我肯定還擁有審愼的美德。您對勞動階層根深蒂固的困境多有所悟，而我對陋衣之下的高貴心靈深有所感，對於千萬清晨即起，爲了納稅，爲了對我們國家的富強有所貢獻而戮力工作的千萬勇敢人們，我無法遏止那同胞情誼，我力圖爲他們服務並啓蒙他們，但卻有其他力量在把他們引入歧途。您雖非直接爲他們而寫，但已經成就兩篇宏文，第二篇更爲愼重：若是再能有更加愼重的第三篇，您將身列學界名流，學界的首要法則是冷靜與無私。

再見吧，先生！任何人對於另一個人的敬意不會超過我對您的敬意。

布朗基，一八四一年五月一日於巴黎

對於這封高雅動人的書信，我自是有所保留；但坦白說，與其給自己樹立無謂的敵人，我還是會試著身體力行書信末尾的預言。有許多爭論讓我厭煩與身心俱疲，在筆戰上所耗費的精力跟戰爭是一樣的，都是一種消耗。布朗基先生承認所有權存在許多流弊，還是可恨的流弊；而我則將「所有權」

視爲這些流弊的總和。對我們來說，所有權是一個需要磨掉邊角的多邊形，但在這麼做以後，布朗基先生仍認爲它是一個多邊形（這是數學上一個可以如此認定但沒有得到證明的假設），而我則主張這個圖形將會是圓形。眞誠如我們，仍然可以彼此理解。

此外，就現階段的問題來說，我承認對於廢除所有權，理智上還是多有躊躇。主張要能落地生根，僅僅只是推翻一個眾所公認，而且具有表述政治理論價值的原則是不夠的；依然有必要建立完全對立的原則，並由之制定出新的體系。尤有甚者，還有必要證明新的體系可以滿足此前建制的一切道德與政治需求。我以上的論證是否正確，有待下列後續證明的條件而定：

求得一個絕對平等的體系，除了所有權或者其流弊的總和以外，其他一切既有的制度不但可以續存，還能有助於平等；像是個人的自由、權力的分立、公共官署、陪審體制、行政與司法組織、教育上的一致與完整、婚姻、家庭、直系與旁系的繼承、買賣與交易的權利、立定遺囑的權利、甚至是長子的繼承權等，一個比所有權更能確保資本形成，並維繫民情的體系；在更高的層次上，能修正與補充自柏拉圖與和畢達哥拉斯[13]再到當前巴貝夫[14]、聖西門與傅立葉所提出的結社理論；最後，這是一個雖然是過渡性但卻可以立即實行的體系。

我很清楚這個工程需要結合二十個孟德斯鳩的才智力量。然而，就算一個人無法完結此等事業，還是可以現在就著手進行。而所經歷的道路足以指引出確保成果的終點。

◆註解◆

[1] 第一版是在一八四〇年六月出版的，第二版則在一八四一年八月。——原編者

[2] 普魯東在這裡引用他申請胥阿爾獎學金中的一句話，但不是原文。當時他曾許願為了「那些我樂於把稱作弟兄和夥伴的人，為改善道德和文化而工作。」——原編者

[3] 皮耶—約瑟夫・普魯東，《對於文法分類的研究》。這是於一八三九年五月四日在文史學院得獎的論文。未出版，這篇論文並不完全沒有刊行。它曾在《法國語文匯刊》第三期第二、三冊上發表過，但是這刊物停刊時，它還沒有登完。——原編者

[4] 皮耶—約瑟夫・普魯東，《論星期日舉行宗教儀式的好處等等》，貝桑松，一八三九年，十二開本，第二版，巴黎，一八四一年，十八開本。

[5] 普魯東要迫使他的學院表示態度，同時也以陷學院於窘境為樂。——原編者

[6] 他在一八四〇年二月十二日寫給阿蓋爾曼的信中說道：「著作的文體將是粗獷的、激烈的。」——原編者

[7] 一八三九年八月十八日，普魯東寫信給他的合夥人莫里斯說：「您堅持要用文人的稱號來侮辱我，我警告您，如果說這是為了開玩笑，那麼這個玩笑開的時間未免有些太長了。文人等於工業的騎士，請您好好記住吧……如果您認為必須給我一個頭銜的話，您可以隨意寫上：印刷工人或校對工人。我永遠只是這樣的人，我現在還是這樣的人，並且這將永遠是我的真正職業，至少是名譽上的職業。——原編者

[8] 比埃爾・夏隆（一五四一—一六〇三），《論智慧》第十八章。夏隆，法國天主教神學家和哲學家，著有《三個真理》、《論智慧》等書。

[9] 不知道是否有必要提起，畢豐（若爾日・畢豐，一七〇七—一七八八，法國博物學家，與人合編《博物學》四十四卷）曾把蜜蜂叫做採蜜的蠅子，以及農民在追趕蜂群時，有敲打瓶罐和鍋鑊的習慣，因為他們認為這樣可以迫使蜂群停下來。——原編者

[10] 阿道夫・布朗基（一七九八—一八五四），人們有時稱他大布朗基，以便和他的兄弟做區分，後者是革命家或

「被幽禁者」。阿道夫於一八三三年繼承他的老師薩伊擔任工藝學院的政治經濟學講座。在他發表的許多著作中，著名的有《從古代到現在的歐洲政治經濟學史和法國的工人階級》一書。布朗基關於普魯東論文的報告，是八月二十九日在道德和政治科學學院會議提出。曾發表於一八四〇年九月二十七日（並不是《通信集》第一卷第二五九頁所載的九月七日）的《通報》上。這是一個聰明的匯報，引證了一些經過挑選過的原文，是為了吸引讀者並使論文的作者避免受到可怕追訴而提出。報告上有著這樣的結論：「簡言之，我們曾經仔細閱讀這本使人產生一種激動好奇心的著作。根據它的哲學研究、措辭和邏輯，如果這不是針對有高度智慧的人，或是有文化修養的人所提出的話，那麼好像具有危險性。把這樣高深的學問用來發揮這類冷僻的理論是可悲的，所以對於我們來說，雖然這篇著作具有科學上的價值，但我們不能對其中申論的內容表示同意。」——原編者

【11】布朗基就像普魯東於一八四一年七月十九日的那封信中所說的那樣，起先是向司法大臣維弗揚，後來是向庫能・格里台納。——原編者

【12】司法部大臣維弗揚先生在開始對《關於所有權的論文》進行起訴之前，徵求了布朗基先生的意見；並且根據這位可敬的院士的按語，才放過一本已經惹火法官們的著作。自從我第一次發表這個作品以來，在幫助和保護方面，我應當感謝的官員固然不只維弗揚先生一人，但是在政治範圍內，這樣寬大的精神很少見，所以我可以誠懇、毫不拘束地承認。這方面，我總以為壞制度造成壞官吏，同樣地，某些團體的怯懦和虛偽完全是由支配著它們的精神所造成的。例如，雖然在學院內部不乏有德行和才能的人，可是為什麼學院卻總是成為壓迫思想、愚蠢和卑鄙陰謀的中心呢？這個問題值得由學院提出，作為會試的試題，參加會試的人是不會少的。

【13】畢達哥拉斯（約西元前五八二—五〇〇），古希臘哲學家。——譯者

【14】巴貝夫（一七六〇—一七九七），法國空想社會主義者。見本書第二〇三頁注釋。——編者

目錄

第一篇論文

（一八四〇）

「對於敵人，要求是永恆的」。

（Adversushostemternaauctoritasesto）

第一章 此作依循的方法

——一個關於革命的理念

如果我得要答覆以下問題：「什麼是奴隸制？」而如果只能用一句話回答，我會回答「這就是謀殺」，我的用意馬上就可以理解。不需要更多的解釋，就可以說明，剝奪一個人思想意志與人格的權力，是一種生殺大權。那麼，對於另一個問題：「什麼是所有權？」既然這第二個的命題不過是上一個命題的轉化，爲什麼我就不能同樣用「此即盜竊」來回答，而無須害怕被誤解呢？

我要著手討論我們的政府與制度的根本原則，也就是所有權，亦即我自有權如此；自我過去的研究所得的結論，我自可能有錯，但我自有權如此；我要先行討論上一個著作的最後命題，這也依然是我自有權如此。

有些論者會教導我們說，所有權是一種公民權利（civil right），它基於占用，並得到法律許可；另外一些人則主張所有權是一種自然權利（natural right），應勞動而生；這些學說看似相互扞格，卻都是鼓勵與讚許所有權。但我主張，創造所有權的，既非占用也非勞動，更非法律，而實則是無因之果（**an effect without a cause**），我會爲此而受非難嗎？

多少怨言馬上就沸騰了：「所有權就是盜竊！」這可是一七九三年所呼喊的口號啊，是革命的訊號啊！

讀者請放心，我不是暴動分子，也不是鼓動叛亂的人[2]。我不過早幾天預見了歷史；我揭露了一個若是攔阻必將徒勞的眞理；我寫下的是我們未來憲法的前言。若是對所有權的預設能允許我們理解的話，「財產權就是盜竊」這個顯然冒犯的命題，將可以是保護我們不受雷擊的避雷針；但卻有多少勢力與偏見在其中阻擋啊。不幸的是，哲思是無法改變事件進程的，即便沒有預言，宿命依然自行完納。無論如何，難道不該成就正義？難道不該完善我們的教育？

「所有權就是盜竊！」人類思想上的一場革命！「所有權人」與「盜賊」過去一直都是相互衝突，彼此不相容的兩種存在，所有的語言都保留了這組對立。所以，您有什麼權力去攻擊這個普世的共識？還說它是人類一族的謊言呢？您是憑什麼駁斥這個古往今來各民族的判斷呢？

讀者諸君，我卑微的個人意見於您何足輕重？跟您一樣，我生活在一個理智只受事實與證明支配的世紀。我的名字，就像您的名字，是眞理的追求者[3]。我的使命正刻在律法上的這句話：「無憎無懼而言，言爾所知！」我們這類人的事業是打造科學的殿堂，包括人的科學與自然的科學。眞理是向所有人敞開的，今天向牛頓與帕斯卡顯現，明天向山谷中的牧羊人，向工坊的工人顯現。每個人都在爲這座宏廈加上磚石，而在他們的任務完成後，也就消逝了。永恆瞻之在前，忽焉在後；在兩個無限之間，凡人又有何地位，讓時代得以追問呢？

因此，讀者諸君，請無視我的適格與否及角色爲何，只要注意我的論理吧。我的論理將基於普遍一致的同意，這稱得上得以修正普遍的謬誤；我所訴諸的是對人類的信仰，以抗衡人類一族的輿論。帶著勇氣追隨我吧！如果您的意志是自由的，您的良知是坦蕩的，而您的心智能夠結合兩個命題並形成第三個命題，那麼我的理念將自然而然，變成你的理念。之所以一開始要先給你們我最後的結論，是爲了提醒而非藐視；我確信，只要閱讀我所寫的一切，您就將會認同。我所要講的事情非常簡單，而且如此明白，您將會訝異，為什麼過去從來都沒有察覺，您將會說「我從來沒想過」。有些人會讓您看到一個天才橫奪自然之謎，揭露其崇高，神諭般訊息的壯麗場景；然而，在這裡，您只會發現一系列關於正義與公理的實驗，某種衡量良心的檢驗。這些操作將會在您眼前進行，您一個人就可以判斷結果。

然而，我無意建立體系。我只是要求終結特權、廢除奴隸制，要求權利的平等，以及法治。我所論證的一切，全為正義，別無其他；治理這個世界[4]的任務我就留給別人去做。

有一天我問自己：為什麼世上痛苦與苦難如此之多？難道人類就該永遠不幸嗎？我並不滿足於改革論者的各種解釋，他們有些人將全部的不幸歸咎於掌權者的軟弱與無能；有些人歸責於陰謀與是非爭端，其他人則歸諸於無知與普遍的腐化；我對於政客與媒體間無止盡的爭論感到無比厭倦，因此親自探究這個問題。我徵詢過科學家的意見，讀過上百本哲學、法律、政治經濟與歷史的書籍；感謝上帝讓我生在一個讀了這麼多書，卻毫無所得的時代。我曾不遺餘力以求得正確的知識，比較各派學說，答覆反對意見，不斷作出等式與推論，並在最嚴謹的邏輯天平上，度量成千條推論。在這艱辛工作的過程中，我蒐集了許多有趣的事實，若是得閒，可與好友及公眾分享。但我必須首先說明，我們從來沒有理解那些既通俗不過，又如此神聖的名詞意義，像是正義、公平[5]與自由；我們的觀念在各方面都極其模糊；這樣的無知，或許就是貧乏吞噬我們，讓人類一族飽受災難的唯一原因。

對於此一詭異的結果，我曾經感到驚駭莫名，甚至懷疑我的理智。我對自己說，是什麼前所未見，聞所未聞或者無能參透的東西，被你所發現了。不幸的人們請小心，不要把患病大腦中的幻覺與科學的眞理混淆，你難道不知道，就像偉大的哲人所說的，在實踐道德的事情上，普遍的謬誤是不可能的嗎？

所以我決定來檢驗我的判斷。在這個新嘗試之前，我先行自問：在道德原理的應用上，人類有可能犯錯這麼久嗎？這是如何以及爲何發生的？如此全面的錯誤又要如何矯正？這些問題是經不起我長期的分析，而其解答則端賴於我結論的確定與否。人們將可以在這篇論文的第五章中看到，在道德學的領域，正如其他各門學問一樣，最嚴重的謬誤是科學的教條；而在司法相關事宜中，甚至被誤認是可以讓人變得高貴的特權；至於能有什麼可以歸功於我的哲學成就，那是極其渺小的。爲事物命名並沒有什麼，重要的是在其出現之前就能理解。在表述一種理念的最後還結實，我除了先於別人闡述以外，別無功勞可言，這樣的理念畢竟是爲所有人的理智所有，我不說也會有別人發布。人們會讚揚一個最先看到日出的人嗎？

是的，所有人都相信並反覆說，地位平等等同於權利的平等，「所有權」與「竊盜」是同義詞，所有被授予的社會優勢，或者以優越才能與服務爲托詞所掠奪的一切，都是罪惡與劫掠；所以我說，所有人內心都可以證明這些眞理，對他們來說只需要理解。

在開始這個任務之前，我還要對於我將要遵循的道路多說幾句。帕斯卡在處理一個幾何問題時，他會先創造出解答的方法；而要解決哲學問題，同樣也有必要先有一個方法。從結果的重大程度來看，難道哲學問題會不比幾何學問題重要嗎？所以，爲了解答，其深刻與嚴謹的分析是更爲必要的。

現代心理學家說，有一個亙古不移的事實是，心智所感知的一切，都是由心智的法則所決定的，它們是在某些既存的理解範疇中被澆鑄而成的，這就是形式條件。所以他們說，就算心智沒有內在的理念，至少也還有內在的形式。比如說，我們是在時間與空間中才能感知所有現象；我們所知道的一切，都預設了起因，所有存在的事物都暗示了實體、模式、數目與關係等的理念；總之，若不與這些理智的原則相連，我們則無法形構任何理念，沒有它們，沒有任何事物可以存在。

心理學家又補充說，這些理解的公理，這些決定我們所有理念與判斷，而感官只是用於闡明它們的根本模式，在學院裡面可以稱之爲範疇。今天已經可以論證其在心智中的原初存在，只需要將之系統化並列舉即可。亞里斯多德算了十個；康德增加到了十五個，古尚先生[6]縮減到了三個，然後兩個，最後一個[7]。這位教授當享無可爭議的光榮，雖然沒有發現眞正的範疇理論，但比起其他人都更理解這個問題無比重要，這是形而上學最重大的問題，或許可以說是唯一的問題。

坦白說，我並不相信理念、形式或者理解法則的內在性；而我認爲，比起亞里斯多德，雷德[8]與康德的形而上學，距離眞理更遠。然而，我在這裡不是要提出理性批判，這需要漫長的功夫且公眾興趣不大，我會接受我們這些關於一般與必要理念的假說，像是時間、空間、實體與因果等，原先就存在於心智中，或者至少是從心智的建構立即衍生出來。

但是，有一個不被哲學家注意，但同樣眞實的心理現象，就是習慣。它像一種第二天性，能把屬於範疇的新形式固定在人們心中；這些新的形式是從讓我們印象深刻的現象產生的，且常常因此喪失客觀眞實性，但習慣對我們的判斷所產生的影響，不下於原先就存在的範疇。因此在推理時，所依據的是理智的永恆與絕對的法則，同時還有由不完全的觀察提供的，但通常是錯誤的次要法則。這就是錯誤偏見所產生的起因，也是各種謬誤往往不能克服的原因。這些偏見所造成的先入爲主作用十分強烈，當我們對一個思想上被認爲是錯誤的、理智所反對、良心所譴責的原理抗衡時，竟就不知不覺爲此原理辯護，按照它去推理，在攻擊它的時候遵從它。我們的思想好像是束縛在一個圈子裡似的，環繞著自己旋轉，直到新概念、新觀察使我們發現一個外在原理爲止，這個原理把我們從控制著我們想像力的錯覺中解救出來。

所以，今天我們知道，由於一種原因尚不可知的磁吸法則，兩個中間沒有任何阻礙的物體，具有透過一種加速的推動力而互相結合的傾向；這種推動力就叫做萬有引力。正是萬有引力使失去支撐的物體落到地面上，使物體具有重量，把我們維繫在所居住的地球上。由於不知道其原因，古人無法相信在地球彼端人們可以生存。聖奧古斯丁[9]模仿拉克坦歇斯[10]說：「你們怎麼不知道，如果腳底下有人，他們的頭會朝下落到天空中去？」這位希波主教認爲地球是扁平的，就會如此說。因而他推定，如果從不同地點用直線把天頂和天底連接起來，這些直線將彼此平行；他認爲一切自上而下的運動都是按照這些直線方向進行。因此，他自然得出以下結論：星星像轉動著的火把，維繫在天空穹頂上，如果放任不管，就會像一陣火雨般落到地面上；地面是一張構成宇宙底部，廣大無邊的桌子等。如果當時有人問他，大地本身是支撐在什麼上面時，他會回答不知道，但是對於上帝來說，沒有不可能的事。這就是聖奧古斯丁關於空間和運動的想法，這也是根據外在現象所得到的偏見讓他產生的想法，這個偏見，對他來說已經成爲普遍且絕對的判斷法則。至於物體爲何落下，他是一無所知的；他只能說一個物體會落下，就是因爲它落下。

對我們來說，落下的理念比較複雜：除空間和運動概念之外，還有引向或導向一個中心的概念。雖然物理學在這方面充分糾正了我們的判斷，但在習慣上卻還保存著不少聖奧古斯丁這方面的偏見；當東西落下的時候，我們還不會簡單或概括地去想到這是引力作用，智慧受到啓蒙實屬徒然，習慣仍舊改不過來。說物體會從天而降與一飛沖天一樣不正確，但在感官上卻更爲眞實；只要人們仍舊使用語言，這種說法還會繼續存在下去。

所有這些自上而下、從天而降、從天上掉下來的說法，今後不再危險，因爲知道怎樣糾正了。只要稍微想想，就可以了解這些說法如何妨礙科學的進步。

其實是否知道物體落下的眞正原因，物體運動的理念是否正確，這些對統計學、機械學、水力學、彈道學的關係不大，但是要解釋宇宙體系、潮汐原因、地球是什麼形狀時，情形就不同了。從古至今，巧妙的機械師、極高明的建築師、能幹的炮手，對他們而言，不知道地球是圓形，或萬有引力觀念錯誤並不妨礙其技藝的發展，建築的堅固與射擊的準確，絲毫並不因此而受到影響。但是，他們遲早被迫設法解決某些狀況，這些狀況是假定地面向上的一切垂直線都是平行的學說所無法解釋的。所以，那時千百年來於日常中的偏見、肉眼所見的證據，和前所未聞、互相矛盾的理念之間，必然彼此牴觸。

因此，不論是以孤立的事實，或僅以表面現象爲基礎的錯誤判斷，總包含一些眞理，這些眞理的範圍不論大小，都容許作出某些推論的餘地，如果越出這個範圍，就陷於荒謬的境地了。例如，在聖奧古斯丁的看法中包含下列眞理：物體是朝著地面呈直線落下；太陽或地球在移動著，天空或地球在旋轉著等。這些概括的事實始終是眞實的，科學對它們絲毫未曾有所增益。但是，另一方面，既然有必要對一切事物作出解釋，就不得不尋找更爲全面的原則。所以首先必須放棄認爲地球是扁平的見解，然後放棄認爲地球是宇宙靜止的中心的學說等。

從物理學的自然界轉移到道德世界，就會發現自己仍然受制於只顧表象的謬見，受制於習慣的影響。但是，此一知識體系分支的特色，一方面是我們從輿論所衍生的善與惡；另一方面是我們捍衛偏見時，那折磨我們，讓我們筋疲力盡的固執。

對於重力的原因和地球的形狀，無論信奉什麼理論，都無損於地球實體；對我們來說，社會經濟也不因此有所損益。可是，我們道德本性所運作的法則，就是深入於我們，貫穿著我們；沒有我們有意識的參與，因而除非是我們對之有所體悟，否則這些法則無法執行。

所以，如果我們對道德法則的理解是錯誤的，那顯而易見，就是在我們欲求善時，卻同時成就了惡；如果這門科學只是不夠完善，或許還可以說社會的進步需要時間，但是時間久了，就會讓我們誤入歧途，最後甚至推到災難的深淵中去。

所以，最深刻的理解就變得非常重要。而且必須說明，這些理解從來沒有缺乏過，也因此在陳舊的偏見和新的理念之間，展開了劇烈的衝突。多麼混亂與苦惱的日子！人們回想過去，也是同樣的信仰和制度，好像都很幸福，怎麼可以埋怨這些信仰？怎麼可以摒棄這些制度呢？人們不願承認在這個幸福的時期，正是社會所蘊藏邪惡原則的發展時期。

人們怨天尤人，控訴有權勢的人和自然的力量。卻不在自己的頭腦和心中尋找邪惡的根源，反而責備老師、對手、鄰居和自己；所有的國家武裝起來，互相廝殺、消滅，直到由於人口大量減少而重新獲得平衡，從戰士的骸骨中重新產生和平為止。人類多麼厭惡觸犯祖先遺留下來的習慣，更改城市的創始者所規定，並由歷代奉行者認可的法律。

特・李維[11]曾經高呼說：你們應當反對一切改革（Nihil motum ex antiquoprobabileest）。對於人來說，當然最好永遠沒有需要更改的東西。但是，如果人生下來是無知的，如果他的生存條件是逐步地實行自我教育，就必須因此而拒絕理解、放棄理智並聽憑命運的擺布嗎？完全的健康比復原期間的病體更好，難道是病人拒絕接受醫治的理由嗎？施洗的約翰和耶穌高呼過，改革！改革！五十年前祖先高呼過，改革！改革！我們也將一直高呼，改革！改革！

身為這個時代苦難的見證人，我曾經想：在所有社會所倚仗的原則中，有一個是社會所不了解的，這樣的無知傷害了整個社會，因而是一切惡果之源。這個原則是所有原則中最古老的，而革命的本質竟是推翻最爲現代的原則，而尊崇最古老的原則，可是這個折磨我們的禍害存在於一切革命之前，這個因爲我們無知而傷害整個社會的原則，卻得到尊敬並爲一般人所奉行；要是這個原則不爲一般人所奉行的話，就不會發生危害，不會產生影響。

這個原則的目的固然正確，卻遭到誤解。這個原則和人類歷史一樣久遠，這究竟是什麼原則呢？是否就是宗教呢？

所有人都相信上帝，這個信條是屬於他們的信仰，同時也是屬於他們的理智。對於人類來說，上帝就像原因、本質、時間和空間這些絕對觀念之於我們的理解一樣，是一個原初存在的事實，一個必然的理念，一個必要的原則。上帝彷彿太陽，在物理學一切論證產生之前，就被感官的見證所證實，是在思想尚未有任何推理之前就被信仰證實的。憑藉觀察和經驗發現現象和法則，揭露事物的存在。人類相信上帝是存在的，但是在相信上帝時，究竟相信的是什麼呢？或者說上帝是什麼呢？

關於神聖的理念，也就是人類與生俱來普遍與原始的觀念，其性質如何，人類的理智還沒有能夠加以確認；在認識自然和原因的過程中，每前進一步，關於上帝的理念就得到擴大並提高；科學越是進步，上帝就顯得越是偉大，越是茁壯。神人同形同性論和偶像崇拜，必然構成人類幼年時代內心的信仰，即幼年時代的神學和韻文。如果人們沒有企圖讓這謬誤成爲行爲的法則，如果人們懂得尊重信仰自由，那麼這只會是一種無害的謬誤。但是人在按照自己的形象造成上帝之後，還想進一步據爲己有；且不滿足於醜化全能存有，還當成世襲的產業、自己的財物、自己的所有物來看待。被人用醜惡形象來表述的上帝，曾經成爲人們和政府的財產。這就是道德被宗教所腐蝕的根源，也就是以宗教爲口實的爭執和神聖戰爭的起源。感謝上天，我們已經學會讓個人擁有自己的信仰，到宗教範圍以外去尋找道德。在上帝的本質與屬性、神學的教義，與我們靈魂的命運這些問題得到裁決之前，我們明智地等待科學來告訴我們什麼應當放棄，什麼應當相信。上帝、靈魂、宗教等，是我們無盡思辨的永恆對象，也是我們最可怕偏差之所在，人們會一直想方設法解決這些難題，甚至永遠無法解開，在這問題上，人們可能還會犯錯，但至少錯誤將不致於有什麼影響。有了信仰自由，宗教與政治的分離，宗教理念對於社會進步的影響就會是消極的，沒有一條法律、一種政治和民事制度是以宗教爲基礎。忽視宗教所施加的責任，會助長腐化現象，但這不是根本原因，這不過是一種副作用或者結果。總之，特別就我們所研究的問題中，人與人之間地位不平等、貧困、普遍的苦難以及政府的窘迫，都不再能追溯到宗教：必須追溯得更遠，挖得更深。

但是在人身上，還有什麼比宗教情懷更久遠、更深刻呢？那就是人本身，也就是處於永久對立的意志與良心，自由意志與法律。人與自己進行著戰爭：爲什麼？

神學家說：「人類因爲上古時代邪惡的行爲而有罪。人類因爲這個罪過而墮落，謬誤和無知一代接著一代傳承。閱讀歷史，就會在許多國家的無盡的苦難中找到這種邪惡之必然的證據。人類將永遠受苦，這痼疾代代傳承，可以緩解，可以暫時止痛，但沒有解藥。」

不僅神學家持此立論，在唯物主義哲學家身上，在無限至善的信仰者身上，也可以找到以同樣語言表述的立論。德斯杜特・德・特拉西[12]正式提倡，貧困、犯罪、戰爭是社會無法避免的狀態，是必然產生的邪惡，對此而起身反抗是愚蠢的。所以，不管是叫邪惡的必然，還是原初的罪惡，歸根究底都是同樣的哲理。

「第一個人犯了原罪」，如果聖經的擁護者忠實解釋這話，就會說「人生而有原罪」，也就是犯下了錯誤，原罪、墮落、犯錯所指的，是同樣的事情。

「人類一族繼承了亞當原罪的惡果，首要者即是無知。」確實，人類生來就是無知的，但是，在無數的問題上，甚至在屬於道德和政治的問題上，人類的這種無知已經被消除。誰說無知不會完全消逝呢？人類不斷地走向眞理，光明總能戰勝黑暗。所以，我們的痼疾不是絕對無法治癒的，神學家的解釋是可笑的，可以歸結爲毫無意義的重複語「人犯錯誤，因爲他犯錯」。而眞實的說法卻應當是「因爲人會學習，所以他犯錯」。可是，如果人終於得到了他所需要知道的一切，那就可以相信他不會再犯錯，同時也不會再受苦了。

如果向宣傳這條據說已經深入人心法則的專家提出問題時，可以看到他們會對自己毫無所知的事情相互爭執；對於最主要的問題，有多少作者就有多少種見解；對於最好的政治形式、權威的原則、權利的本質等問題，完全沒有共識。大家都在無邊無際，深不可測的海上冒險航行，聽憑個人見解指導，然後各自謙遜地把這種指導當作眞正的理性。看到這些見解相互矛盾時，我們說：「我們鑽研的對象是法則，是社會原則的規定。而政論家，也就是社會科學家們並不互相了解，因此錯誤在他們身上；由於一切的錯誤都以現實爲對象，所以必須翻閱他們的著作，尋找他們意在言外放進去的眞理。」

法學家和政論家討論的是什麼呢？討論的是正義、平等、自由、自然法、民法等。但是，什麼是正義？其原則、特徵與公式是什麼？對於這個問題，專家們顯然什麼也說不出來。否則，從一個明確的原則出發的科學，就可以離開概然性的領域，一切的爭論就會結束。

什麼是正義？神學家們回答：一切正義都來自上帝。這是眞實的，但我們並沒有比過去知道得更多。

哲學家應該具有更好的學識，他們對於正義和不義已經爭論得不可開交！不幸的是，他們的學問一經檢驗是空空如也，有些人就像只是「喔！——喔！」向太陽祈禱的野蠻人一樣，這是讚嘆、愛慕和熱情的呼聲，但是野蠻人並不知道太陽與「喔！」這種叫喊，在意義上是沒有關聯的！但這正好是哲學家們在正義問題上的狀況。他們說，正義是「天賜之女」，一種照耀著每一個降生到世界上的人的光明，是天性中最美好的特性，讓人有別於禽獸，並讓人和上帝相像的東西。這種虔誠的懇求式祈禱等於什麼呢？等於野蠻人的祈禱：喔！

對於正義，人類智慧所作出最合理的解釋，包含在這句有名的格言中「己所不欲，勿施於人」，但是這條實用的格言是非科學的，我有什麼權利要求別人對我做什麼或不做什麼呢？如果不把權利解釋清楚，僅對我說我的義務和權利相等是毫無用處的。

讓我們更確切和具體地說吧！

正義是位居中央，支配著社會一切的星體，政治世界繞著旋轉的中樞，是一切事務的原則和標準。人與人之間的一切行動，無一不是以權利名義發生，無一不是依賴正義。正義絕不是法律的產物，相反，在人們彼此關聯的所有環境中，法律不過是「何爲正道」的宣告與應用。如果我們對於形構正義與權利的理念界定非常糟糕，如果它是不完美甚至是錯誤的，那麼很清楚，所有立法上的應用都會是錯的，制度就會有缺點，政治就會是謬誤的，因此社會就會發生騷動和混亂。

如果人們對於正義的概念和對於怎樣應用正義的見解並非一成不變，如果在不同的時期，這些見解已經有過一些修正，那麼，正義遭到曲解從而必然也表現在行爲上的假設，就成了一個可以證明的事實。總之，是還存在理念上的進步，而歷史也以最鮮明的見證證實了這點。

一千八百年前，在羅馬皇帝的統治下，這個世界被奴隸制、迷信和荒淫所耗竭。這個民族被長期的狂歡弄得如醉如狂，彷彿昏沉一般，甚至忘記了權利和義務的基本理念。戰爭和淫樂輪番摧毀了這個民族，同時高利貸和工具化的勞動（即奴隸），使他們喪失謀生的手段，妨礙了他們的繁衍。從這個龐大的腐化過程中，野蠻再次復興，像痲瘋病般在人口減少的各省中蔓延開來。有見識的人早就預見到帝國的滅亡，但想不出挽救的辦法。的確，能想出什麼呢？要挽救這個衰老的社會，就必須改變被公眾重視和尊敬的對象，廢止被極爲古老的正義概念所確定的權利。當時有人這樣說：「羅馬是由於其政體與諸神而戰無不勝，因此要對信仰和公眾思想作任何改革，是荒唐的想法和褻瀆。羅馬對於戰敗的民族是寬大的，雖然給他們拴上鎖鏈，卻饒恕了他們的生命；奴隸是羅馬最豐饒的財富來源，如果解放諸邦，那就是否定羅馬的權利，破壞其財政。所以，羅馬沉浸在歡樂中，靠剝奪全世界來供養自己，仰仗勝利和政體來續存；其奢侈和歡樂是被征服者付出的代價。」羅馬的主張被全世界的習慣和國際法證明為正當，宗教上的偶像崇拜、國內的奴隸制度、私生活中的享樂主義，構成它的制度基礎；如果去觸犯，就是動搖社會的基石，以現代的說法，就是揭開革命的深淵，所以誰也沒有這個念頭。然而，當時人類卻在流血和奢侈中奄奄一息。

突然，一個自稱為上帝代言的人出現。直到如今，人們還沒有弄清楚他是誰，從哪裡來，他的觀念是誰給他的提示。他曾到處宣告：現有的社會快要完結，世界將新生，傳教士是陰險的人，律師是無知無識的人，哲學家是偽君子和說謊者；奴隸主和奴隸是平等的，高利貸和一切類似的東西是盜竊，財產所有人和遊手好閒的人有天將被燒毀，同時窮人和心地純潔的人將找到安息之所。他還說了其他同樣不同凡響的話。

這個上帝的發言人被人告發並逮捕，傳教士和律師視他為公敵，甚至唆使人民要求處以死刑。但是司法上的暗殺，並沒有扼殺上帝代言人所傳播的學說。在他死後，他起初的信徒四處分散，宣揚稱之為福音的道理，培養了成千百萬的傳教士，當他們的使命似乎快要完成時，卻死在羅馬司法機關的刀劍之下。這一場劊子手和殉道者之間的戰爭，持續將近三百年，終於，全世界的信仰發生了變化。

偶像崇拜被摧毀了，奴隸制被廢除了，端正的風氣取代過去的放蕩，對於財富的輕視有時甚至達到自甘赤貧的地步。社會由於否定自己的原則、推翻原有宗教並侵犯了最神聖的權利而獲救。這次革命，正義的觀念傳播到人們從來沒有想到過的範圍，並且永遠無法退回原初的侷限。過去，正義只爲了奴隸主而存在[13]，從此，它開始也爲了奴隸而存在了。

可是新的宗教那時還沒達到它全面的效果，公共道德方面得到某種改善，壓迫方面也有了某種程度的減輕；但是，除此以外，人子撒在偶像崇拜者心中的種子，所產生幾乎只是詩意的神話和無數的分歧。人們不關心上帝代言人在道德與政治上所主張的原則，卻在意他的出生、來歷、爲人和行動；人們對於無法解決的問題和不懂的經文，產生各種極爲荒誕的意見。由於這些意見的衝突，產生了神學，一門可以稱之爲無限荒謬的學問。

使徒時代之後，流傳下來的基督教眞理並不多。《福音》在被希臘人與羅馬人形象化地註解與詮釋後，充滿各種異教寓言，成了矛盾的大雜燴；到今天，教會的統治造成一段漫長的黑暗時期，人們說，地獄之門不會總是敞開，上帝的代言人將要回來，總有一天人們將懂得眞理和正義；但那時也會是希臘與羅馬天主教完結之時，就像輿論的幻象會在科學之光下消失一樣。

使徒繼承人一心想摧毀的怪物，雖然恐慌了一段時間，由於愚蠢的狂熱，以及傳教士與神學家有意的縱容，又重新出現了。法國自治市鎮的解放歷史，說明了正義和自由的理念已經在人民當中散布，即便國王、貴族和教會共謀破壞。基督降生之後的一七八九年，被分裂、窮困和受壓迫的法蘭西民族，在君主專制、封建主和議會的虐政以及傳教士不容異說的三重羅網之下掙扎。那時有國王與傳教士的權利，也有貴族與平民權利之別；存在著出身、省、自治市鎮、行會與職業團體的特權；而在這一切的背後是暴力、悖德與貧困。這個時期，人們曾談論到改革，但表面上最希望要求改革的人，只是想從中得利；應該從改革中得到好處的人民卻對它期望不大。這些可憐的人民可能由於猜疑、不信任或者絕望，導致長期不敢要求自己的權利，奴役的習慣似乎已經把中世紀那種引以自豪的古老自治市鎮勇氣奪走了。

終於出現一本著作把整個問題，歸納爲下列兩個命題：什麼是第三等級？什麼也不是。它應該是什麼？一切。有人以注解的方式接著說：國王是什麼？人民的公僕。

這好像是一個突如其來的啓示：一幅寬闊無邊的帷幕被撕破了，蒙在所有人眼睛上的布帶落下來了。人民開始推論：

如果國王是我們的公僕，他就應當向我們報告；

如果他應當向我們報告，他就可以受到監督；

如果他可以受到監督，他就負有責任；

如果他負有責任，他就可以受到處罰；

如果他可以被處罰，他就應當按照他的過錯而受處罰；

如果他應當按照他的過錯而受處罰，他就可以被處死刑。

在西耶斯[14]的論文發表五年之後，第三等級就是一切了；國王、貴族、教會都不復存在。一七九三年，人民沒有停留在憲法虛擬出來的主權者不可侵犯，將路易十六送上斷頭台；一八三〇年，將查理十世從顯爾堡驅逐出去。在這兩個事件中，人民對於違法與否的判斷容或有誤，但就權利來看，引領其行動的邏輯卻是無可厚非。人民在懲罰他們的主權者時，所做的恰好是七月王朝政府在史特拉斯堡事變之後，由於不願將路易・波拿巴[15]處死因而深受批評的事；人民控訴了眞正的罪人。這是應用了普通法，依據正義的莊嚴判決[16]。

鼓動一七八九年運動的精神，是一種感受到牴觸的精神；這足以說明，用來代替舊社會秩序的新事物，本身不是有組織且經過思考的；這個從惱怒和怨恨中產生出來的秩序，不可能具有以觀察和研究爲根據的科學效果。總之，新秩序的基礎，不是因爲對自然和社會的法則有深刻了解而產生。於是，可以看到在所謂新的制度中，共和國正按照過去所反對的原則辦事，並且受到原本打算消除的一切偏見的影響。人們正以一種輕率的熱忱歡慶光榮的法蘭西革命、一七八九年的重生、由之產生的偉大改革以及制度上的變革，多麼異想天開！多麼異想天開！

當人們對於物質上、智識上或社會上的任何理念，因爲所做的觀察而完全改變時，我將這種思想上的運動稱作「革命」。如果僅僅只是思想上的擴展與修改，這就只是「進步」。所以，天動說是天文學上的進步，而哥白尼的地動說則是完成一次革命。同樣，在一七八九年有了鬥爭和進步，但並未發生革命！研究當時試圖實行的改革，就可證明這一點。

長時期充當君主私心的受害者，當人民宣告自己是國家唯一主人時，以爲從此可以得到解放。但是，君主政體是什麼呢？主權屬於一人；民主政體是什麼呢？主權屬於人民，或者更恰當地說，屬於全國人民中的大多數，但是不管如何，這總是用人民的主權來取代法律的主權，用意志的主權來取代理智的主權；總之，是用激情來取代正義。當一個民族從君主政治過渡到民主政治時，那是有了進步，因爲把一個國家的主權者變爲多個時，可以使理智有較多機會來代替意志；但在政治方面實際上沒有發生革命，因爲原則仍然是相同的。今天我們可以證明，在最完善的民主制度下，人們仍然可能是不自由的[17]。不僅如此，成爲國王的人民無法自己行使主權，因此不得不把主權委託給代理人。這就是那些想得到人民寵愛的人，小心殷勤反覆說給人民聽的話。這些代表可能是五個、十個、一百個、一千個，人數多寡又有什麼差別？代表的數目與採取什麼名義又有多大出入呢？這始終是人的治理，意志和任性的統治。請問這種所謂的革命，究竟革掉了什麼呢？

我們也知道這個主權是如何行使的。起初由國民公會[18]，後來由督政府行使，往後就被一位執政者所獨攬。至於那位強而有力，被人民所崇拜和惋惜的皇帝[19]，從來就不願從屬人民，他好像故意要藐視人民主權似的，竟要求人民投票選他，也就是要求人民讓位給他，也就是要求人民讓渡這個不能轉讓的主權；而他竟如願以償。

但什麼是主權呢？有人說，這就是立法權[20]，這是另一種謬論，不過是專制主義改頭換面。人民早已看見國王們以下列方式發布敕令，「我們也很樂意做做看」，人民也想嘗嘗立法的樂趣。五十年以來，他們已產生了無數的法律，當然總是透過代表們制定的。這種遊戲還絕不會就此結束。

此外，主權的定義是從法律的定義而來。人們說，法律是主權者的意志，所以在君主制度下，法律是君王意志的表示；在一個共和國中，法律是人民意志的表示。除了意志數量的差別外，這兩個體系其實根本一樣：都共有同樣的錯誤，也就是，法律成了意志的表示，然而它應該是事實的表述。可是，人們追隨了一些稱職的嚮導人：他們曾把日內瓦的那位公民[21]當作預言家，把《社會契約論》當作《可蘭經》。

每走一步，成見和偏見就在新立法者的論證中表現出來。人民曾經忍受過各種排除和特權，他們的代表發表了下列聲明：所有人在法律面前都是平等的；這是一個含糊而冗長的聲明。人生而平等，是否是說，他們具有同樣的身材、相貌、稟賦、德性呢？不是，因此所指的是公民權和政治上的平等。那麼，只要說所有的人在法律面前都是平等的就夠了嗎？

但什麼是法律面前的平等呢？一七九〇年的憲法、一七九三年的憲法、欽定的憲章[22]、由人民同意接受的憲章[23]都沒有加以明確規定，卻都以財富和等級上的不平等為前提，由於存在這種不平等，所以權利上的平等就連影子也找不到了。在這方面，所有的憲法都是人民意志的忠實表達，我就要對此提出證明。

過去，人民受到排斥，不能擔任文官和軍官；當下列這條響亮的條文被插入《人權宣言》時，人們認為這是一件了不起的事情：「一切公民都可以平等地擔任公職，各國自由的人民在選擇官吏時，除品德和才能之外，沒有其他優先任用的理由。」

人民肯定要讚美這個理念的美妙，但他們所讚揚的卻是一紙廢話。直白地說，所有擁有主權的人民、立法者與改革者，在公職中所看到的都是他們的報酬。因爲被看作利潤的財源，於是公民的被任用權就被強加規定。但如果其中毫無所得的話，這個預防措施有什麼用處呢？人們很少會想到不是天文學家或地理學家，就不得充當領航員；也不會想到禁止有口吃的人演悲劇和歌劇。不幸的是，依舊跟以前一樣，人民無法控制誰能得到俸祿與回報；這些依然掌握在人民的代理者與代表手上，這些人依然小心翼翼不要阻撓他們眼中溫厚的主權者意志。

在一八一四年和一八三〇年的憲章中，《人權宣言》中這條具有啓發性的條文都被保留下來，卻是以幾種公民權的不平等爲前提；也就是說，存在以下幾種法律面的不平等：等級的不平等，人們因爲公職帶來名利才加以追求；財富上的不平等，要做到財富上的平等，公職就該被視爲義務而不是報酬；選拔上的不平等，因爲法律沒有明確規定什麼叫做品德和才能。在帝國時代[24]，品德和才能只不過是軍事上的勇敢和對皇帝的忠誠；當拿破崙建立他的權貴，並設法和舊貴族結合起來時，就表明了這一點。如今，凡是繳納稅款達到二百法郎的人，就是有品德的人；凡是能公然盜竊的人，就是有才能的人。從此，這成爲稀鬆平常的眞理。

人民最後讓所有權合法了。上帝會寬恕他們，因爲他們不知道自己做了什麼。爲了這個可憐的愚行，他們五十多年來不斷付出代價。但是，據說人民的言語就是上帝的言語，人民的良知是不會錯的，那怎麼會犯錯呢？他們在尋求自由和平等的時候，怎麼會重新墮落到特權和奴役中呢？始終都在模仿舊體制呢？

從前，貴族和教會在自願資助和無償贈與的名義下，分擔國家的費用；他們的財產，即使負債，也不得扣押；而平民在捐稅和勞役的重壓下，卻不斷遭受折磨，折磨他們的，有時就是國王的稅收人員，有時是封建主或教會的稅收人員。受永久管業支配的人，既不能遺贈也不能繼承財產，被當作牲畜一樣看待，他們的勞役和子女根據附加權歸主人所有。人民要使所有人都能同樣獲得地位，享受並隨意支配財產、收入、勞動和勤勉的成果。所有權不是人民發明出來的，但是由於人民對於財產所享有的權利與貴族和傳教士不同，人民就規定了這種權利的一致性。所有權原有那些討厭的形式——勞役、永久管業、行會行東的特權、公職的專屬性——就消失了，享受財產的方式發生了變化，但原則仍舊不變。在權利的規範上有了進步，但沒有發生革命。

因此，這是一七八九年和一八三〇年，兩次運動先後確立的現代社會三個基本原則：1.人的意志主權，如果把詞句加以縮減，就是專制制度；2.財富和等級的不平等；3.所有權，凌駕於始終被人看作是護衛天使的主權者、貴族和所有權人之上的正義；而正義則是所有社會普遍、原始，與絕對的法則。

至關重要的是要了解，專制、公民的不平等與所有權這些理念，是否與正義的原初概念相容？它們是不是從這個正義的概念演繹出來，按照人與人之間的情況、地位和關係而有不同表現的必要結論；或者更恰當地說，它們會不會是不同事物的混亂狀態，一種不幸的聯想所產生的不純正結果。而由於特別是就政府、人身的條件以及對物的占有中來加以確定的，就必須按照普遍的輿論意見與人類思想上的進步來判斷，在什麼條件下政府合乎正義，公民的身分合乎正義，對物的占有合乎正義；然後，去除一切不具備這些條件的因素之後，其結果就會立刻告訴我們，什麼樣的政府是正當的，什麼樣的公民地位是正當的，什麼樣的關於物的占有行爲是正當的；最後，也會說明什麼是正義。

人對人的權威是正義的嗎？

所有人都會說：「不是，人的權威不過是法律的權威，後者應當是正義和眞理。」在政府的治理上，個別的意志無足輕重，政府首要在於發現眞理和正義，以便制定法律[25]；次則在於監督法律的執行。目前，暫時不研究我們政府的憲政形式是否具備這些條件，例如，大臣們的意志是否會影響法律的宣告與解釋；議會議員在辯論中是否打算靠論證而不是靠多數來取得勝利。對我來說，只要我們對於良善政治的定義被認爲是正確的，那就夠了。但對於東方民族來說，沒有什麼比他們的君主專制更合乎正義的了；在古人的心目中，在那時候的哲學家見解中，奴隸制是合乎正義的；在中古時代，貴族、修道院院長和主教擁有農奴被認爲是合乎正義的；路易十四在說「朕即國家」這句話時，他認爲這是眞理；拿破崙認爲不服從他的意志就是政治上的犯罪行爲。所以，在歷史上和政治上所應用關於正義的理念，不同於今天所謂正義的理念；它曾不斷向前發展並且越來越精確，終於達到現在所看到的程度。但是否已經來到了最後階段呢？我認爲還沒有，不過由於正義必須克服的最後障礙，是從被保留下來的所有制產生。所以，如果要結束對政府的改革，完成革命，就要攻擊這個根本的制度。

政治上和公民的不平等是否合乎正義呢？

有些人說合乎正義，有一些人說不合乎正義。我要提醒那些認爲合乎正義的人，當人民廢除出身和階級的一切特權時，他們認爲這是好的，也許這是因爲他們由此而得到了利益，那爲什麼不願意讓財富上的特權，也像是階級與種族的特權那樣趨於消滅呢？他們會說，因爲政治上的不平等是所有權的結果，而沒有了所有權，就不可能有社會。因此，剛才提出的問題就成爲所有權的問題。對於認爲不合乎正義的人，我想提出這個意見：如果你們要享受政治上的平等，就應當廢除所有權；不然的話，你們埋怨些什麼呢？

所有權是否合乎正義呢？

大家都毫不猶豫說：是的，所有權合乎正義。我敢說，到目前爲止的所有人，沒有人完全理解這個問題，然後說不是。[26]要對這個問題作出明智的回答，不是件容易的事；唯有時間和經驗才能提供解答。現在，解答已經在手，我們要做的是去理解它，我會試著論證。

這裡是我要進行論證的方式。

我們不爭論，對誰都不加駁斥，什麼也不否認；我們承認一切爲所有權辯護的理由是對的，僅僅探討所有權的原則，以便驗證這個原則是否被所有權忠實表達。確實，既然只有把所有權當作合乎正義，才能爲其辯護，[27]那麼正義的理念或者至少正義的意圖，就應該是爲所有權辯護之論證的必要基礎；另一方面，既然只能對可以捉摸的東西，祕密具體化的正義，才能行使所有權，所有權就只能以一種代數的公式來表述。藉由這個研究方法，我們很快就可以看到，人們爲了幫所有權辯護而想像出來的一切論證，不管是怎樣的論證，始終必然會推論到平等身上，也就是說，必然會推論到對所有權的否定。[28]

第一部分包括兩章，第一章論占用，即權利的基礎；另一章論勞動和才能，它們被當作所有權和社會不平等的根源。

這兩章的第一章將證明，占用權妨礙所有權；第二章將證明，勞動權摧毀所有權。

既然所有權必然只能與平等相關才能被構想，我們就必須說明，即便有這個邏輯上的必要，爲什麼平等還是不存在。這個新的研究工作也包括兩章：在第一章，當研究所有權本身的事實時，要探討這個事實是否眞實、是否存在、是不是可能。因爲，如果兩種相反的社會形式——平等和不平等——兩者都是可能的話，就會產生矛盾。在這個探討中，會發現一件怪事，就是在實際上，所有權自身很可能是意外出現，而作爲制度和原則，所有權就數理上來說卻是不可能的。因此，學院中的這個公理——有事實就有可能性，這個推論是正確的（ab actu ad posse valet consecutro）——就不適用於所有權了。

最後，在最後一章，藉助心理學對人的本質進行徹底的了解，從而將展示正義的原則、公式和特徵，將確切地說明社會的根本法則；將解說所有權的根源、產生的原因、長久存在和行將消滅的原因；將確定地證明它和盜竊沒有兩樣；並且將指出這三種偏見——人的主權、地位的不平等、所有權——不過是三位一體的東西，彼此可以被等同看待，並且可以互相轉化。然後，就不難透過矛盾的原理從中推論出政府與權利的基礎。我們的研究工作將到此為止，同時要保留在新論文中繼續加以討論的權利。

這個我們所關注主題的重要性，是為所有思想家公認的。

艾奈肯[29]先生說：「所有權，是創造並護持文明社會的原則……對於像所有權這種根本的問題，所謂的新穎解釋，是無法太快提出的。我們不能忘記，而政論家與政治家必須要知道的是：在所有權是社會秩序的根源還是結果，是其因還是其果這個問題上，決定了人類制度的一切道德，以及權威。」

這些話是在挑釁所有抱持希望和信心的人，雖然平等的運動是個光榮的運動，可是誰也沒有接受過所有權辯護者所作的挑戰，誰也沒有覺得自己具有足夠的勇氣去應戰。這種自命不凡的虛假法學知識，以及由所有權所編造的，某種政治經濟學上荒謬的金科玉律，在最為大度的心智之間造成了混亂；平等居然只是妄想，只是一種在自由問題上最洞見觀瞻的友人之間，以及人民利益之間的通行口令。有這麼多錯誤的理論以及無謂的類比，主宰了那些敏銳但卻無意識被大眾偏見控制的心靈。平等每日都在前進，如水一般（fil quahtas），自由的戰士們，難道我們要在勝利的前夕，放棄我們的旗幟嗎？

作爲平等的捍衛者，我既不懷恨又不惱怒，而是要以生而爲哲學家的獨立，以及身爲自由人的勇氣與堅定來發言。但願在這場莊嚴的鬥爭中，能用我成功的論證，將我滿懷的光明，帶到所有人的內心，憑藉武力，平等無法戰無不勝，唯憑筆墨，平等方戰無不勝。

◆註解◆

[1] 路易・勃朗和達尼埃爾・斯坦想否認這個公式是由普魯東初創，後者對於這點非常堅持，因為他曾在《經濟矛盾的體系》第十一章第二五四頁寫到：「一千年以來，這樣的兩句話從未有人說過。在地球上，除了這條所有權的定義之外，我沒有別的東西了，可是我把它看得比德・羅特希爾德先生的千百萬金錢還寶貴，並且我敢說，這個定義將是路易—菲利浦執政時代最重大的事件。」雖然他曾加以駁斥（《論革命和宗教中的正義》第三編第三十二章），可是仍然有人說並且屢次反覆說，這個定義是他從布里索・德・華爾維爾《關於所有權和盜竊的研究》中得來。在普魯東之前，把所有權人比作盜賊的那些人，是針對財產分配中的不平等現象而說。而普魯東——正如下文所見——他所注意的是所有權人不勞而獲的那種行為。如果要在這個關於先後的爭論上作進一步的探討，把盜竊和所有權兩個詞並列在同一語句中的，可以舉出很多政治學作家，例如盧梭「坐食不是他自己掙來的東西，就是盜竊」（《愛彌兒》一八二六年版第三冊，第三八九頁）。巴貝夫「在個人應得的那一份之外，占有社會的任何財物是盜竊和霸占，所以從他那裡收回這個財物是合法的」（《人民論壇報》第三十三期）或者聖西門主義者「為什麼這個東西是我的呢？是不是因為它是我的勞動所生產出來的呢？還是因為它是我父親造成的或盜竊得來的呢？」（《聖西門學說》一八二九年蒲格來和哈來維版，第三二五頁）。在教會長老的著作中，人們也許可以比較可靠地找到給予普魯東啓發的人，這些著作是他在貝桑松出版過的。人們知道這些著作曾經以何等的毅力註釋基督輕蔑財富的教義「富人是小偷」（聖巴西勒）——「富人是強盜」（聖讓・克里索斯多姆）——「富裕永遠是盜竊的產物」（聖祁羅姆）——「自然建立了共產制，霸占造成了私有制」（聖安布魯阿上）——「在良好的正義之下，一切應屬於全體所有。私有制是邪惡所造成的」（聖克來門）。並且包胥埃還響應他們說「窮人的怨言是正當的。為什麼要有這種地位的不平等呢？但是這一切都是譴責不平等，並沒有像普魯東那樣解說所有權是用怎樣的機構來剝奪那些對公共財物應該有份，而在這些財物的分配中被排除在外的人的。——原編者

[2] 普魯東重複這句話不下一百遍。在《經濟矛盾的體系》的開端，他寫Destruam et dificabo，這句話可以毫不牽

強地譯作我破壞，但是為了重新建設「我不是一個打手。」「我是一個說明者。」「當我所要求的僅僅是正義時，我卻被當作是搗亂分子，當我的憤怒只是去反對一些沒有根據的主張時，我被當作抱有偏見和仇恨的人。」——原編者

【3】希臘文是調查員，一個專門尋求真理的哲學家。德．烏納穆諾先生也是這樣說「scepsis」的意義是尋求而不是懷疑，除非按照笛卡兒的用法，把它理解為思想方法上的懷疑主義（《垂死的基督教》，第一一二頁）。——原編者

【4】這是說提出一種組織上的和過渡的體系，一些可以實行的解決辦法。——原編者

【5】在第五章第三節，將提起公道或社會的相稱性。所以在這裡，這就是平等的意思。——原編者

【6】維克多．古尚（一七九二—一八六七），法國哲學家，曾任巴黎大學講師，研究德國哲學，著有《哲學零篇》、《十八世紀哲學史》等。——譯者

【7】參閱《經濟矛盾的體系》的前言。——原編者

【8】托馬斯．雷德（一七一〇—一七九六），哲學家，勞格蘭學派的領袖。他的全集和茹弗洛阿（泰奧多爾．茹弗洛阿，一七九六—一八四二，法國哲學家，著有《哲學雜論》和《美學教程》）所寫的一篇引言，是用法文發表的（六卷，巴黎，索特萊書店，一八一八—一八三六年版）。普魯東一到巴黎，就和茹弗洛阿相交往。——原編者

【9】聖奧古斯丁（三五四—四三〇），初期基督教主教和哲學家，著有《大城論》和《懺悔錄》。——譯者

【10】拉克坦歇斯，基督教學者，約於三〇六年應羅馬皇帝君士坦丁之邀，為其子克里斯普斯講學。——譯者

【11】狄特．李維，古羅馬歷史學家。——譯者

【12】德斯杜特．德．特拉西（一七五四—一八三六），《思想意識的原理》（一八一五和一八一八）；《孟德斯鳩〈論法的精神〉注釋》（一八一九）。——原編者

【13】宗教、法律、婚姻是自由民主的特權，但最初僅是貴族的特權。Du majorumgentium是指貴族家庭的神；Jus gentrum是指國際公法，即家族或貴族的法律。奴隸和平民不能組織家庭，他們的子女被當作新添的小牲口，就

必須像牲口那樣活著。

【14】艾曼紐爾・約瑟夫・西耶斯（一七四八—一八三六），法國政治家，是著名《什麼是第三等級？》一書的作者。——譯者

【15】路易—拿破崙・波拿巴（拿破崙三世）於一八三六年在史特拉斯堡發動政變，企圖推翻當時七月王朝的統治者，政變失敗後僅被處以驅逐出境的處分。——譯者

【16】如果行政元首有責任的話，議會議員也應負責。奇怪的是，誰也沒有這樣想過，這是一個有意義的論題。但我聲明，我決不願意去寫這篇論文；人民現在仍然很會推理，大可不必由我來向他們提供論證。

【17】參閱德・托克維爾《論美國的民主》和米歇爾・歐瓦利埃《北美通訊》在普盧塔克所著《貝里克利斯傳》中可以看到，雅典的老實人在研究學問時不得不躲藏起來，以免被認為希望建立君主專制（托克維爾，一八〇五—一八五九，所著《論美國的民主》第一冊在一八三五年發表，第二冊在一八四〇年。米歇爾・歐瓦利埃，一八〇六—一八七九，綜合工程技術學院畢業生，採礦工程師，聖西門主義者，《地球報》主編，一八三二年七月被判處監禁一年，後任駐美國專使，在那裡著述《北美通訊》，於一八三六年發表。在一八五〇年被選為學院院士）。

【18】指一七九二—一七九五年法國大革命時代的國民公會。——譯者

【19】執政者和皇帝都指拿破崙一世。——譯者

【20】按照杜利埃的說法「主權是人類的萬能權力」，唯物主義者的定義說到主權是一種權利，而不是一種力量或能力。那麼，人類萬能的權力是什麼呢？（杜利埃是一個法學家，一七五二年出生於道爾地方，一八三〇年死於雷納城，著有《按照法典上的次序的法國民法，一部試把理論和實際結合起來的寫作》。第一到第八冊的初版在一八一一年至一八一九年之間出版；隨後於一八三〇至一八三四年間又出版了十五冊，彙編工作由杜韋爾接續完成。有人曾說，在這部著作中，第一次將哲學融入法學研究）。——原編者

【21】指盧梭。——譯者

【22】指路易十八在一八一四年頒布的憲章。——譯者

[23] 指七月王朝路易—菲利浦於一八三〇年頒布的憲章。——譯者

[24] 指第一帝國，史稱拿破崙稱帝後的統治時期為第一帝國。——譯者

[25] 在《關於星期日的講話》中，可以看到普魯東如何堅決相信有一門絕對、嚴格的社會科學，不應該創造而應該發現。——原編者

[26] 普魯東並未想說，在他之前，誰也沒有揭發過私有制的非正義性，他只是說，誰也沒有對此提出系統的說明。雖然抱有這樣溫和的態度，他仍然自以為有獨創之見。這種說法有討論餘地，即使不是聖西門本人，聖西門主義者也可能對普魯東的思想發生過影響。——原編者

[27] 在他思想進展的最後階段，普魯東終於主張所有權是有用的。——原編者

[28] 這裡必須回憶前言所說的話：「布朗基先生承認所有權存在許多流弊，還是可恨的流弊；而我則將『所有權』視為這些流弊的總和。」如果所有權是相等的，如果所有的人都是所有權人，那麼所有權的暴虐性就將消失；平等可以摧毀這篇論文所攻擊的那種意義的「所有權」。——原編者

[29] 安都昂．路易．瑪麗艾奈肯（一七八六—一八四〇），律師和政治家，曾經發表過《抵押制度的分析》（一八二二）和《論判例和立法》（一八三八—一八四一）兩冊，八開本。他的兒子維克多．安都昂．艾奈肯（一八一六—一八五四）是《立法研究的引言》的作者，後來成為傅立葉主義者並變為降神論的信徒。——原編者

第二章 論作爲自然權利的所有權，及占用與民法作爲其有效理由

定義

羅馬法明定所有權是在法律所許可的程度內，對於物的使用權和濫用權（jus utendi et abutendi re su）。「濫用」所指的不是不合理與不道德的使用，而僅僅只是指其完全的支配，這是一種對「濫用」一詞的論證。但這是爲了把所有權神聖化，而想像出來的無謂區分，對於抑制享用所有權的狂熱毫無效果，更別說是預防或壓制了。所有權有讓果實爛掉的權力，在其耕地上撒鹽，在沙地上放牧母牛，放任葡萄園成爲荒地，將菜園變成遊樂的園地：這些都是「濫用」嗎？就所有權來說，使用與濫用必然是無法區別的。

依據作爲一七九三年憲法前言的《人權宣言》，所有權是：「享受和隨意支配自己的財物、收益、勞動和勤勉果實的權利。」

《拿破崙法典》第五百四十四條：「所有權是以最絕對的方式享受和支配物件的權利，但不得對物件採用法律和規章所禁止的使用方法。」

這兩個定義可以追溯到羅馬法的定義：它們全都承認所有權人對於物件有一種絕對的權利；至於《法典》所增加的限制——但不得對物件採用法律和規章所禁止的使用方法——目的不是限制所有權，而是防止一個所有權人的支配權去妨礙另一個所有權人的支配權。這是確認所有權原則，而不是所有權的限制。[1]

所有權可以分為：1.單純的所有權：對一件東西擁有領地般的支配權，或者說「名義所有權」（naked property; *nudapropiedad*）；2.占有：杜蘭東[2]說：「占有是一種事實上而不是法律上的現象。」杜利埃[3]則說：「所有權是一種權利，一種法定的權力；占有是一個事實。」房屋承租人、土地租用人、無償借用人、用益權人都是占有人；出租和出借的主人以及遺產繼承人都是所有權人。大膽的比喻，那麼情人就是占有人，丈夫就是所有權人。

所有權的雙重定義——一方面是支配，一方面是占有——具有十分重大的意義；如果要理解往後的論述，就有必要深入了解這個定義。

從占有與所有權的區別中產生了兩種權利：「物權」（jus in re），根據這個權利，無論所有權在誰手中，都可以要求返還；還有「對物權」或稱「相對物權」（jus ad rem），根據這個權利，可以要求成為所有權人。所以配偶之間對於人身的權利是物權，而未婚夫婦之間的權利還只能是對物權。第一種情形，占有與所有權是結合在一起的；而第二種情形就只有名義所有權。作為勞動者，我有權占有大自然與自身辛勞的產物；但作為無產階級，我什麼也無法享有；所以，依據對物權，我要求承認物權。

物權與對物權的區別——知名區分的基礎——就是「請求占有之訴」（possessoire）和「確認所有之訴」（pétitoire）。這兩種起訴權是法學上兩個實際的範疇，確認所有之訴指涉關於所有權的一切；請求占有之訴則指一切關於占有的事項。在寫作這篇反對所有權的論文時，我是對整個社會提起「確認所有之訴」，我所證明的是，今天一無所有的人，與占有的人有同樣的權利，也是所有權人；但我並不據此推論財產應歸所有的人共享，而是要求完全廢除所有權，以爲整體安全的舉措。若是我的起訴失敗，那麼，無產階級和我就只有自刎了，我們無法再向諸國的司法上訴；因爲《訴訟法法典》第二十六條如此有力的規定，原告「確認所有之訴」的請求被駁回後，不得再提起「請求占有之訴」。反之，若是我的起訴得到勝利，就必須重啓一個請求占有之訴，以恢復財產的所有被剝奪的享用權利。我希望我們可以不致於被迫極端，但是這兩種起訴不能同時進行，因爲根據《訴訟法法典》，「請求占有之訴」和「確認所有之訴」不得同時提起。

在進入事情重點前，先行提出一些初步性的評論，並非無用。

第一節　作爲自然權利的所有權

《人權宣言》把所有權列爲人們自然、不因時效而消滅的權利之一，這類權利共有四種：自由、平等、所有與安全。一七九三年的立法者在列舉這些項目時，所採取的是什麼方法呢？什麼方法都沒有。他們像討論主權和法律那樣，用一個一般的觀點，並依據其見解，就立下這些原則。一切都在魯莽倉促間做成。

假定可以相信杜利埃所說：「絕對的權利可以歸結爲三種：安全權、自由權、所有權。」其中「平等權」被杜利埃取消了，爲什麼呢？是不是因爲自由權包含平等權？還是因爲有所有權就不能有平等權呢？這位《民法釋義》的作者對此隻字不提，甚至沒想到這裡存在著須加討論的問題。

但是，如果把這三種或四種權利互相比較，就可以看出，所有權和其他幾種權利完全不像；對於大部分的公民來說，所有權只是潛在地存在，一種尚未行使，處於休眠狀態的權能；對於享有所有權的人來說，所有權是一種可以進行某種交易和改變，似乎與自然權利理念相抗的權能；實踐上，政府、法院與法律都並不尊重自然權利，所有人都當它只是一種空想。

自由是不可侵犯的，既不能出賣也無法出讓；一切契約或條款的主旨如果是讓渡或停止行使自由權，那是無效的；當奴隸踏上自由國土，就立刻成爲自由人。當社會逮捕一個壞人並剝奪他的自由時，這是正當防衛的問題；凡是以犯罪的行爲破壞社會契約的人都是公敵；在侵犯別人的自由時，他是迫使他人取走自身的自由。自由是人之所以爲人的首要條件，沒有自由，何以爲人？

同樣地，法律面前的平等不能受限制，也不能有例外。所有法國人都有擔任公職的平等資格：這也是爲什麼，如同在許多狀況所見，家庭出身與門第都不再是取捨基礎。最貧窮的公民能向司法控訴最有地位的人，並得到公正的裁判。如果百萬富翁亞哈在拿伯[4]的葡萄園裡蓋一座別墅，法院有權命令那位富翁將別墅拆掉，恢復葡萄園的原狀並賠償損失，即使他已經花費了一筆鉅款。法律要使合法得到的財產不分價值，也不論是誰所有，都能得到尊重。

一八一五年的憲章固然要求人們必須具有財產上和資格上的某些條件[5]，才能行使某些政治權利；但所有政論家都知道，立法者的意圖並不是要建立一種特權，而是提供一種保障。只要具備法律所規定的條件，一切公民都可以取得選舉人的資格，並且全部有選舉權的人都可以成爲被選舉人；權利一經獲得，所有權人都是不分軒輊；法律不會在人之間作出比較，也不會在選票間作出比較。現在不是考究這個制度是不是最好的時候；所有人在法律面前的平等是絕對的，就像自由的權利不容妥協一樣，憲章的精神如此，人們心中也是如此。

自由權利也是如此。社會對其成員所承諾的不是虛應敷衍的保全，或者半調子的防衛；社會與其成員休戚與共，不會說「不勞您付出，我會保護你；我會保全您，而我毫無風險」這樣的話，而是說「我會保護您不受任何人侵害；救助並爲您復仇，否則我將滅亡」。國家拿出所有的力量以爲所有公民服務；把雙方聯繫起來的義務是絕對的。

所有權就完全不同！大家都羨慕所有權，卻沒有人承認它：法律、風俗、習慣、公眾的或個人的良心，都在謀劃其死亡和崩潰。

政府必須維持軍隊、進行建築工程、支付公務員薪資；爲了償付這些費用，就必須徵稅，由所有人共同負擔這些費用。但是爲什麼有錢的人要比窮人負擔較多呢？據說，這樣才合乎正義，因爲他們有更多的財富。坦白說，這樣的正義不是我所能了解的。[6]

爲什麼要繳稅？爲了要保證每個人能夠行使他的自然權利——自由權、平等權、安全權和所有權；爲了維持國內秩序；爲了建設一些有關公共利益和福利的事業。

可是，保衛富人的生命和自由，會比保衛窮人的生命和自由花費更多嗎？在外寇侵略、飢荒和疾病時期，誰造成更多的困難呢？是不需國家幫助就能避開危險的富豪？還是只能待在擋不住任何災難的茅屋中的農民呢？

對秩序造成更大威脅的，是善良的資產階級分子？還是工匠和技工呢？事實上，警察對幾百個失業工人所費的力量，比用來應付二十萬個選民的更大。

最後，是身懷鉅款者還是窮人，會更感激國家的慶典、清潔的街道、美麗的古蹟呢？自然是後者，富豪更偏愛鄉間的別墅，而不喜歡大眾性的娛樂；需要娛樂時，他並不假外求。

要麼等比例稅爲多數納稅人提供更好的待遇，要麼它是不正義的，兩者只有一者爲眞。因爲，如果所有權如一七九三年宣言所宣告，是一種自然權利，那麼根據這個權利而屬於我的一切東西，就應該和我的人身一樣是神聖的；這是我的血、我的生命、我自己；誰觸犯它，就等於傷害我的眼珠。我的十萬法郎收入和女工每天七十五生丁的工資，同樣不可侵犯；我的公寓房間和她的閣樓同樣不可侵犯。稅額不是按照體力、高矮或者才能分攤；更不應該按照財產多寡來分攤。

所以，如果國家向我徵收得多，就得多償還我一些，否則就不必再說什麼權利平等；不然的話，社會的建立就不是爲了保護所有權，而是爲了摧毀所有權。國家透過等比例稅，變成匪首，樹立系統性劫掠的榜樣；國家當爲其拙劣的掠奪，而被凶惡的職業匪徒，出於嫉妒而送上法庭。

可是，有人說，法院和軍隊就是爲了對付這種匪徒而設立，政府是一個公司，不是一個保險公司，因爲它不司保險之業，而盡應報與鎮壓之職。公司課稅所得的稅金，按照財產的多寡分配，依據政府爲每份財產所費辛勞多寡，而出資僱用執行應報與鎮壓之額而訂。

這不是絕對，不可讓渡的所有權，在這種制度下，窮人和富人互不信任，彼此鬥爭！爲什麼要互相鬥爭呢？爲了財產。因此財產就必然伴隨對財產的鬥爭，富人的自由和安全不應爲窮人的自由和安全所妨害；相反地，應該能互相鞏固，互相支持；另一方面，富人的所有權卻必須不斷地採取防衛措施，來對付窮人對於財產本能的愛好。多麼矛盾啊！

英國有一種濟貧稅：有人要我去繳納這種稅。但是，我那自然、不因時效而消滅的所有權，與一千萬可憐蟲的飢餓之間，存在著什麼關係呢？當宗教告誡我們要幫助我們的弟兄時，所規定的是一種慈善的戒律，而不是一個立法的原則。慈善是基督予我負擔的一種道德義務，但不能爲了任何人的利益而成爲一種強加於我的政治負擔，更不能當作是一種乞求制度的根據。如果我樂意去同情別人的痛苦，就可以去施捨；這是哲學家所說，而我不甚有信心的同情心：我不願意別人來勉強我，不能強制任何人比下列格言所說的更公正：在不侵犯別人權利的限度內，可以盡量享受自己的權利，這是關於自由的眞正定義。要知道，我的財物就是屬於我，誰也不能對它有絲毫的要求。我反對把神學上的第三種道德提到議事日程上。[7]

在法國，大家要求發行利率較低的新公債券，去倒貼利率百分之五的公債券；人們所要求的是完全犧牲一種財產。如果國家有急迫需要，人們有權這樣做；但是，憲章所承諾的公平預付補償金在哪裡？不但沒有，甚至不可能。因爲，如果補償金等於所犧牲的財產，那麼這種倒貼措施就是無益的了。

在公債持有人心目中，政府現在的處境就像加萊城被愛德華三世包圍時，它的士紳認爲它所處的情況一樣[8]。戰勝的英國人答應保全居民，但必須交出資產階級中最有地位的人，由他隨意處理。尤斯塔歇和另外幾個人自我犧牲地獻出了生命，他們認爲這是高貴的行爲；我們的大臣應該把他們特別提出來，給公債所有人當榜樣。但是，那個城市有沒有權利把他們交出去呢？肯定是沒有的。安全的權利是絕對的，國家不能要求任何人犧牲自己。對於這個原則，站在敵人射程之內的哨兵也不例外；一個公民在哪裡站崗，國家就在哪裡一起冒險。今天輪到這個人，明天就會輪到另一個人；當危險和忠誠是共同的時候，脫逃是極大的罪行。沒有人有權逃避危險，也沒有人可以被當作替罪羊。該亞法[9]的格言：「一個人爲整個民族而死是正確的」是亂民和暴君的格言，他們是社會墮落的兩個極端。

有人說，一切終身年金，基本上是可以收回的。這個民法原理適用於國家，對於希望回到勞動和財產自然平等狀態的人來說，是有利的；但是，從所有權以及主導倒貼公債的人立場來看，這是宣告破產的論調。國家不僅是借債人，也是所有權的保證人和保護人；由於國家能在可能範圍內，提供最可靠的安全，可以確保最可靠與最不容侵犯的占有權。那麼國家怎麼可以強制那些信任它的債權人作出犧牲，並在之後對他們談起公共秩序和財產的保障呢？如此的做法，國家不像是一個還債的債務人，而像是一個股份公司的發起人，這個公司把股東誘進騙局，違背諾言而強迫這些股東放棄他們資金利息的百分之二十、三十或四十。

不僅如此，國家是在一條共同的法律之下，透過結社行為而結合在一起的公民聯合體。這個結社行為保證所有的人能占有他們的財產；對於這個人所保證的是田地，對於另一個人是葡萄園，對於第三個人是地租，對於本來自己可以買進一些不動產但卻更樂於支援國庫的公債持有人，則是公債。除非給予適當的補償，國家不能要求公民犧牲一塊田地或一角葡萄園，更無權降低地租的租率；那麼怎麼有權減低公債的利息呢？如果要使這個降息的權力得以公正存在，必須讓公債持有人能夠找到一個同樣有利的投資場所；但是，既然不能離開國家，既然倒貼公債的理由，即以較低利息借得款項的權力由國家所掌握，那這個公債持有人能到哪裡投資呢？所以一個以所有權原則為基礎的政府，如果得不到公債持有人的同意，就不能收回公債。在其他各種所有權受到尊重的情況下，存放給共和國的資金是無權加以觸犯的財產；如果強制贖回，就公債持有人來說，就是撕毀社會契約，就是把他們摒棄於法律保護之外。

關於倒貼公債的一切爭論可以歸納如下：

問：使持有一百法郎或一百法郎以下公債券的四萬五千戶陷於貧困，是不是合乎正義？

答：當七、八百萬的納稅人只須各繳納三法郎的捐稅時，卻要強迫他們各繳納五法郎，這是不是合乎正義？

首先，很顯然答非所問，但是爲了更清楚表現問題的癥結，不妨改變一下問題：當我們把一百個人交給敵人，就可以拯救十萬人的時候，還讓十萬人去冒生命危險是不是合乎正義？讀者，請您決定吧！

這一切是主張維持現狀的人所完全明白的。但是，倒貼的措施遲早要實現，所有權會受到侵犯，因爲不可能有別的辦法；因爲那個不是權利而被當作權利的所有權，必然會透過權利而趨於消滅，因爲事物的力量、良心守則、物理與數學上必然，最終必然摧毀心靈的幻覺。

總結來說，自由權是一種絕對的權利，因爲它對於人來說，就像物質的不可穿透性，是生存不可缺的（sine qua non）條件；平等權是一種絕對的權利，因爲沒有平等權就沒有社會；安全權是個絕對的權利，因爲在每個人的心目中，自由與生命和別人的一樣珍貴。這三種權利是絕對的，這就是說，既不能增加，也不能減少；因爲在社會中，每個成員給多少，就得到多少；以自由換自由，以平等換平等，以安全換安全，以肉體換肉體，以靈魂換靈魂，永遠如此。

但是所有權，按照語源與法學上的定義來說，是一種社會之外的權利；因爲如果每個人的財富是社會的財富，一切人的地位就會是平等的，因此說所有權是一個人可以隨意支配社會財產的權利，那就矛盾了。所以，如果說爲了自由、平等、安全，人們聯合結社起來，那我們爲了財產卻並非如此；所以，如果所有權是一種自然權利，那麼這種自然權利就不是社會的，而是反社會的。所有權和社會是兩件絕對不相容的事。結合兩者就像把兩塊磁鐵同性電極接聯起來一樣不可能。不是社會必須滅亡，就是必須消滅所有權。

如果所有權是一種自然、絕對、不因時效而消滅、不可讓渡的權利，那麼爲什麼會對它的起源眾說紛紜呢？因爲這正是它與眾不同的特徵之一。一種自然權利的起源！我的老天爺！誰曾查究過自由、安全或平等這些權利的起源呢？這些是因爲生存這個事實而存在；這些權利與人一起出生，一起生存，且一起死亡。事實上，對於所有權來說，情況大不相同。按照法律，所有權甚至是可以沒有所有權人而存在，像一個毋須主體就可以存在的特性那樣。對於一個還沒有受胎的人類生命，以及對於一個已經死去的老人，所有權都可以存在。然而，雖然具有這些似乎是從永恆和無限中得來的奇妙特點，人們卻從來沒能說出所有權究竟從哪裡來；博學之士對於所有權的起源問題還在互相爭論；但確有一點意見一致：也就是，所有權的效力隸屬於其來源爲眞。但是這種意見的一致是對於他們全體的譴責。爲什麼他們在沒有弄清起源問題前，就承認了這種權利呢？

某些人極不喜歡別人對所謂所有權的根據進行探究，以及對之荒誕無稽甚至是可恥的歷史進行研究。他們希望別人同意下列意見：所有權是一種事實，自古存在，將來也會繼續存在。有一位學者普魯東[10]在他的《論用益權》中就從這點出發，講所有權的起源貶爲無用的問題。我願意相信這樣的學說是由一種值得讚許，愛好和平的情感所鼓舞；若是我看到所有同胞都能享有足夠的財產，也許我會同意，然而……不……我無法同意。

人們認為可以當作所有權基礎的根據有兩個：占用和勞動，我將依次全面並詳加檢視；也提醒讀者，無論人們援引何種以為權威，我將提出無法辯駁的證據，證明當所有權若要是正義，若要是可行，必須以平等為前提。

第二節　作為所有權的基礎的占用

值得注意的是，在參政院[11]為了討論《法典》而舉行的會議上，對於所有權的起源和原則沒有任何爭議。在通過《法典》第二章第二節時，一切關於所有權與附加權條文時，沒有反對意見，也沒有修正。拿破崙在其他問題上，讓立法者吃了不少苦頭；可是關於所有權，他什麼也沒有提起。對於這點，不必感到驚奇，因為拿破崙是一個前所未有自私和固執的人；在他心目中，服從對於權力來說，是各種義務中最神聖的，同理，所有權應該是各種權利中最首要的。

占用權或先占人的權利，是對於一件東西事實、物理上的有效占有，所產生的權利。我占據一塊土地，在沒有反證之前，就被認定為這塊土地的所有權人。人們發覺，在開始的時候，這樣的權利只有在彼此互惠的情況下，才會合理，法學家們也持有同樣意見。

西塞羅[12]把土地比作一個廣大的戲院：正如在戲院中公共的座位，誰占據就被當作是他的（Quemadmodumtheatrum cum commune sit, rectetamendicipotesseeum locum quemquisqueoccuparit）。

關於所有權的起源，在古代所有流傳下來的言論中，這是最有哲學意涵的一段話。

西塞羅說，那個戲院，是大家所公有；但每個人所占據的座位則被稱爲他自己的：這顯然是說那個座位是被人所占有的座位，而不是歸他所有的座位。這個對比就消滅了所有權，而且還意味著平等。在一個戲院中，我是否可以同時在正廳占據一個座位，也在包廂占據另一個座位，又在頂樓占據第三個座位呢？不能，除非像奇里庸[13]一樣有三個身體，或者像傳說中的魔術師阿波洛尼烏斯[14]可以同時在三個地點出現。

按照西塞羅的說法，誰也無權得到超過所需的東西，此即其知名公理的正確解釋：把屬於各人的東西給予各人（suumquidquecujusque sit），這個公理後來被應用地非常奇怪。屬於各人的東西並不是各人可以占有的東西，而是各人有權占有的東西。那麼，什麼是有權占有的呢？就是勞動和消費所需要的東西；西塞羅以土地與戲院所舉的例子證明了這點。根據他的說法，各人占了一個座位以後，自己可以在該位子上任意安排，可以美化、改善，這是被允許可以做的；但是他的活動不能越過與別人區隔開來的界限。西塞羅的學說可以直接推論到平等上；因爲占用既然是一種純粹的容忍，如果容忍是相互的話（並且它也不能不是這樣），占有物就會是相等的。

格老秀斯[15]從歷史觀點研究所有權的起源，首先，到自然界以外找尋一種所謂自然權利的根源，這是什麼樣的推理方式呢？這十足是古人的方法，事實既然存在，就是必要的，就是合乎正義的，因而它的先例也是合乎正義的。可是，讓我們來仔細研究一下。

「在原始時期，所有的東西都是共有，不分你的我的，是全體的財產……」。格老秀斯告訴了我們，這個原始共產社會是如何由於野心和貪婪而瓦解，而在黃金時代之後，怎麼接著就是墮落時代等。所以所有權最初是以戰爭和征服爲基礎，後來則以條約和契約爲基礎。但是，或者這些條約和契約像原始共產制那樣，把財富分成相等的份數（這是原始人類所熟悉的唯一分配方法，也是關於正義所能想到的唯一形式；那麼起源問題就會以這樣的形式出現：後來，平等是怎樣消失的呢？）；或者這些條約和契約是強者用暴力強迫弱者接受，在這種情況下，它們是無效的，後代的默許並不能使它們生效，於是我們便經常生活在一種不義與欺詐的狀態中。

我們永遠無法想像，地位上的平等既然起初存在過，後來怎麼就不存在了？怎麼會發生這種退化現象？動物的本能和族類的差別一樣，不會改變；假定在人類社會中存在過某種原始，自然的平等關係，就是無形中承認，現今的不平等是這個社會本質的退化，這是所有權的辯護人都無法解釋的。但是我卻由此可以推斷：如果造物主曾讓原始的人類處於平等的地位，那就是一種指示，一種要人類也要在其他面向上去實現其願望的模範；正如造物主深植在人類心中的宗教感情，已經以各式各樣的方式發展與顯現那樣。人不過就有某種本質，恆常不變：依本能遵循，因反思而與之決裂，再透過理智而將之回復；誰敢說現在我們不是正回到它那裡去呢？按照格老秀斯的說法，人已經放棄了平等，我卻認爲人將回到平等中去。怎麼會放棄平等呢？爲什麼不會回到它那裡去呢？這些問題以後還要加以研究。

茹弗洛阿先生所翻譯的雷德著作第六卷第三六三頁上說：「所有權並不是天然的，而是獲得的；並非基於人的構造，而是基於其行爲。法學家對其起源所作的解釋，可以讓一切心懷正直意識的人感到滿意。土地是造物主的仁慈，爲了人們生活上的用途，而給予的一種公共財物；但是分割這個財物和它的產物則是人的行爲：每個人都從造物主那裡，得到一切必要的力量和一切必要的智慧，把一部分的土地據爲私有而對其他人並無妨害。」

「古代的道德學家，曾經正確地把一切人在土地尚未被占用，並成爲某一個人的財產以前，對於土地產品的共有權，與人們在戲院中所享受的共有權，作了對比；每個人在戲院可以占據其中一個空位，從而獲得保留到戲劇演畢爲止的權利，但是誰也沒有權利趕走已經坐在那裡的觀眾。土地是一個廣大的戲院，全能之神爲了整個人類的娛樂和工作，以完美的明智和無限的仁慈，對這個戲院作了安排。這裡每一個人像觀眾，可以找到安置自己的地位，並在那裡像演員一樣完成自己所扮演的角色，但不得妨礙別人。」

由雷德的學說可以得出以下結論：

1. 要使每個人據爲己有的部分不致妨害別人，這個部分就必須等於用財產總額除以參加分割的人數而得出的商數。

2. 座位的數目應該永遠與觀眾的人數相等，所以一個觀眾不能占據兩個座位，猶如一個演員不能同時扮演幾個角色一樣。

3. 每當有觀眾進出劇場時，座位就相應縮減或增加。因爲，雷德說所有權並非自然，而是獲得的，因此，這種權利不是絕對的；因此，構成所有權的占有行爲既然是一個偶然的事實，就不能把本身所沒有的不變性賦予所有權。愛丁堡的那位教授在以下這段話中，似乎也體會到這一點。

「生存的權利包含著獲取生活必需品的權利，因此正義的法則尊重無辜者的生命，也同樣要求他人不去奪取其得以維持生命之必需；這兩件事同樣神聖……妨礙別人勞動，這就是做了一個不義的行爲，這個行爲本質上與對之強加刑具或關進監獄相同，也同樣會引起反感。」

這麼一來，這位蘇格蘭學派的領袖根本沒有考慮才能或勞動上的不平等，就先規定勞動工具的平等，然後就按照「誰做得好，誰就過得好」這句永恆的格言，讓每個勞動者去安排他自己的生活。

哲學家雷德缺乏的不是對原則的了解，而是追根究柢探究原則的勇氣。如果生存權是平等的，那勞動權就是平等的，因而占用權也是平等的。如果一個島上的居民以所有權爲藉口，將掉進海裡，企圖爬上海岸的不幸遭難者趕下水去，他們會不會構成犯罪呢？僅僅想到這樣的殘暴行爲就令人作嘔。然而所有權人卻像孤島上的魯賓遜那樣，用長槍和槍彈驅逐被文明浪潮推送至岸上，想在財產的岩石上面獲得立足點的無產者。後者拚命向財產所有權人叫喊：「給我工作，不要驅逐我，我願意以任何代價爲您工作。」財產所有權人則舉起槍尖或槍口回答：「我用不著你的勞力。」「至少您可以減低我住房的租金。」「我需要收入來維持生活。」「如果我沒有工作，怎能付錢給您呢？」「這是你的事情。」於是那個不幸的無產者就被急流沖走了；或者，如果他企圖在財產的海岸上登陸，財產所有權人就會把槍口瞄準，將他殺死。

剛才是唯靈論者的言論，現在要請教一位唯物論者，然後再請教一位折衷主義者；在繞完了哲學的圈子之後，再就教於法理學。

按照德斯杜特・德・特拉西的說法，所有權是我們本性上的一種必需。這種必需品引起一些不愉快的後果，除非是瞎子，否則無法加以否認；但這些後果是一種無法避免之惡，不足以否證原則。所以，如果因所有權產生弊端而憤然加以指責，那就跟因爲生命的結果必然是死亡，而抱怨生活一樣，是極不合理的。這個粗暴而無情的哲理，至少會提出一種坦率、嚴正的推理；讓我們看這個保證是否得以實現。

「有人曾經一本正經地討論所有權的前提條件……彷彿世界上是否該有所有權，是可以由我們決定似的……。聽了某些哲學家和立法者的言論之後，認爲人們是在某一個確切的時刻，自發且毫無理由說出『你的』和『我的』這兩個詞；但覺得本來可以甚或應該不用這兩個詞。可是，『你的』和『我的』從來就不是由人製造出來的。」

您自己是個哲學家，未免也太過現實主義了。「你的」和「我的」並不必然指涉自我，像是我說「你的哲學」與「我的平等」；「你的哲學」是指進行哲思的你而言；「我的平等」是指宣揚平等的我。「你的」和「我的」更多時候是指一種關係：你的家鄉、你的教區、你的裁縫、你的擠奶婦；旅館中我的房間，戲院中我的座位，國防軍中我的連，我的營。在第一種意義下，有時人們可以說我的工作、我的技能、我的德性等，卻永遠不能說我的偉大或我的尊嚴；而只有在第二種意義下，才能說我的田地、我的房屋、我的葡萄園或我的資本，就像一個銀行職員說我的金庫一樣。總之，「你的」和「我的」所表述的固然是個別人身所有；但應用於身外物事時，指的是占有、功能、使用，而不是所有權。

很難相信我們這位作者的整個理論，建基於可悲的模稜兩可，就援引原文爲證：

「在一切公約訂定前，人們不像霍布斯[16]所說，處於純粹敵對的狀態中，而是處於一種不相往來的狀態中。在這種情況下，人們不知正義與不義爲何物；一個人的權利和另一個人的權利不發生關係。每個人有多少需要就有多少權利，並且都感到有責任利用一切方法去滿足這些需要。」

姑且接受這個理論，其眞僞與否無關緊要。因爲德斯杜特・德・特拉西無法迴避平等。依據這個理論，在人們不相往來的狀態中，彼此並沒有任何應盡的義務；他們都有權利去滿足自己的需要，而不必考慮別人的需要；因此，各人都有按照自己的體力和才能，對大自然施展力量的權利。這必然在人與人之間產生財富上的最大不平等。因此，地位的不平等是此不相往來的狀態，或說野蠻狀態所獨有的特徵：與盧梭的體系完全相反。再看下文：

「只有在訂定了默示或明文的公約時，權利的限制與這樣的義務才會開始。只有在這時，正義和不義才會相應而生，此即一個人的權利與另一個人的權利之間的平衡；也就是，必然才有所謂的平等。」

我們應當這樣理解以上的話：權利曾經是平等的，這就意味著每個人都曾經有權去滿足自己的需要，而不顧別人的需要。換句話說，所有的人都同樣有互相侵害的權利；除開詐騙或強力，別無其他權利。他們不僅用戰爭和掠奪，還用強取豪奪和據爲私有手段互相侵害。可是，爲了消除這種使用強力和詐騙，平等爲惡的權利，得益上的不平等與不義的唯一根源，人們才開始訂立默示或明文的公約，並建立起一種平衡關係。因此這些協議與此一平衡關係的目標，是保證全體都能平等享受美好生活；根據矛盾定律，如果不相往來的孤絕狀態是不平等的原理，那結社生活的結果必然要是平等。結社的平衡是強者和弱者的平等化；因爲只要他們之間還沒有平等，他們就是不相往來的陌生人，無法形成任何結社，並彼此爲敵。若是地位不平等是必然之惡，則不相往來的狀態也是如此；既然結社生活與不平等彼此矛盾，因此若是人類必要營結社生活，則他們就必然要是平等。結論必然要是如此。

既然如此，爲什麼在建立平衡之後，不平等還是層出不窮呢？正義的法則始終要連結到某種不相往來的狀態呢？德斯杜特·德·特拉西如何回答呢？他說：

「需要和必需、權利和義務都是意志的產物。如果人什麼也不要，這一切就全都沒有了。但是，有一些需要和一些必需品，有一些權利和一些義務，這就意味著擁有和占有某種東西，用所有權最泛稱的意義上來說，就是有很多種所有權：它們是屬於我們的東西。」

這種模稜兩可，實難成理，即便爲了概括之故，也無法允許。「所有」一詞有兩個意義：1.指一件事物之所以是這件事物的屬性。當我們說三角形的特性、數字的特性、磁石的特性等，就是依這種意義；2.表明一個有智慧而自由的人對於一件東西的支配權；法學家所採用的就是這種意義。所以在「鐵獲得了磁鐵的特性」這句話，和「我獲得了這塊磁鐵的所有權」這句話中，所有一詞所表達的概念不同。如果說一個貧苦的人因爲四肢健全，就「所有了」雙手雙腳，說他的飢寒交迫也都是其「所有」，未免玩弄文字，既傷人又羞辱。

「所有權的理念只建立在人格的觀念之上。一旦有了所有權的理念，人格這個觀念就必定勃然而生。一旦一個人認識到自己，認識到其精神人格，及其享樂、受苦與活動的能力，就必然理解到，自我即此一身，器官、能力與官能等之專屬所有者。既有人爲與約定的所有，自然也有自然與必需之所有；畢竟，人爲技藝之所在，無一不是自然之本所有。」

我們應當讚賞哲學家的眞誠和理智。人具有一些特性，按照這個詞的第一種涵義來說，具有一些官能。他具有這些官能的所有權；也就是說——按照這個詞的第二種涵義來講——具有對這些官能的支配權。亦即，人所有身爲所有人之所有。只要想想德斯杜特・德・特拉西的泰斗地位，對於如此的愚蠢，我眞是無比羞愧。但從原初的社會與語言，形而上學與辯證之始時，人類全體就接受了這種愚蠢的混亂。但凡人能稱之爲其所有的東西，思想上就與其一身之所有等同；他把這個東西當作他的財產、財富、自己的一部分，他身上的一個肢體、精神上的一種能力。把對物品的占有看作與其一身或思想上具有某種官能或優點一樣；而所有權就是以這種虛妄類推爲根據，就像德斯杜特・德・特拉西那說得漂亮的話，「人爲的技藝模仿自然」。

但這麼細膩的思想怎麼就沒注意到，人甚至不是其官能的所有人呢？人具有一些力量、德性、才能；自然賦予他這些東西，使其可以生存、求知與戀愛；他對它們並沒有絕對的支配權，只有使用權；並且只能按照自然法則行使這種權利。如果他是自己官能的最高主宰，就能讓自己不會餓也不會感到寒冷；能夠毫無節制地吃東西，並在烈火中走動，將能舉起高山，一分鐘走八百公里，不用服藥而只用意志力就可以治好病，並且可以讓自己長生不老，他可以說「我要生產」然後就完成；他可以說「我要知道」於是就知道了；「我愛」於是就享受到愛情的幸福了。什麼！人對其自身尚且不能主宰，居然還妄稱萬物的主宰！就讓人去運用自然之所有吧，也只能如此才能活下去；但是，要拋棄以所有人自居的妄想，並且記住，所有人這種說法只是譬喻罷了。

總結來說，德斯杜特．德．特拉西在同一用語下，將自然與人爲技藝的外在產物，以及人的能力或機能都叫做所有，混淆了兩者；並且運用這種含糊的表述，希望以一種無可動搖的方式來證成所有權。但在這一切的所有中，有的是先天的，例如記憶力、想像力、氣力和美貌；其他的則是後天的，例如田地、河流和森林。在原始或不相往來的時代，最能幹和最強有力的人，在先天本質方面具有最好稟賦的人，有最多機會得到後天的財產供自己享用。現在，爲了預防這種侵占以及因此產生的戰爭，才發明了一種平衡（正義），才締結了一些默示或明文的公約，以便盡可能用後天所有的平等，來糾正先天本質上的不平等。只要分配不平等，參與分配的人就會一直互相敵對，而公約的目的就在於改變這種情況。因此一方面是不相往來、不平等、對立、戰爭、劫掠、屠殺；另一方面是社會生活、平等、友誼、和平和愛。讓我們選擇吧！

約瑟夫・杜當[17]先生是一個物理學家、工程師、幾何學家，一個不甚高明的法學家，而根本不是哲學家。他寫了《政治經濟學的哲學》，在這本著作中，他認為自己有責任為所有權進行辯護，他的形而上學抄襲德斯杜特・德・特拉西，一開始就給所有權下了一個斯加納列爾[18]式的定義：「所有權是可以使一件東西歸屬於某一個人所獨有的權利。」照字面解釋：所有權就是所有的權利。

約瑟夫・杜當在書中對意志、自由、人格等問題，糾纏不清地說了半天後，把財產分為「自然的、無形的財產」和「自然的、有形的財產」，這等於德斯杜特・德・特拉西所說，先天的特性和後天的財產；接著約瑟夫・杜當先生推論出下列兩個普遍命題：1.對每個人來說，所有權是一種自然無法讓渡的權利；2.所有上的不平等是自然的必然結果。這兩個命題可以變為另一個比較簡單的命題，即：所有的人都有享受不平等之所有的平等權利。

約瑟夫・杜當責備德・西斯蒙第[19]先生，因為後者曾經寫道，除了法律和慣例外，土地所有權並無別的根據；他自己在提到人們對所有權的尊重時說：「他們的良知為他們揭示社會和所有權人之間所訂立原始契約的本質。」他把所有權和占有、共有和平等、正義的事物和自然的事物、自然的事物和可能的事物等概念混淆在一起；有時他把這些不同的概念當作是相等的，有時又加以區別，亂成一團，以致於反駁他比了解他容易得多。起先，《政治經濟學的哲學》這書名引起了我的注意，但在作者那些費解的內容中，卻只得到庸俗的觀點；所以我不再論述。

古尚先生在他的著作《道德哲學》第十五頁中說「一切道德、一切法律、一切權利是連同下列訓誡一起交給我們的：自由的人始終是自由的！好極了！大師；如果我能做到的話，我要保持自由。」他又接著說：

「我們的原則是正確的；它是好的，它是合乎社會的。不要害怕依循其所有後果。」

「1.如果人身是神聖的，其所有天性也就是神聖的；特別是他內在的活動、他的情感、他的思想、他的意志的判斷。因而就須尊重哲學、宗教、藝術、工業、商業以及自由的一切產物。我說的是尊重，不僅僅是容忍；因爲人們不是容忍權利，而是尊重權利。」

我對這一套哲學完全拜服。

「2.我神聖的自由，爲其外在的一切活動，需要一個稱之爲身體的工具；所以身體就分享著自由的神聖性；所以它本身是不可侵犯的。這是個人自由原則的基礎。」

「3.我的自由，爲其外在的一切活動，需要某些材料來運作，像是在戲院一樣。換句話說，需要一份財產或一件東西。所以這件東西或財產自然也就共享我的人身不可侵犯性。例如，我占據了一個因我自由之外在發展所必需和有用的工具。我說：既然這個物件不屬於別人，它就是我的；因此，我對它的占有是正當的。所以，占有的正當是以兩個條件爲依據。首先，只能在我是自由人的條件下占有；如果抑制我自由的活動，就是在摧毀我勞動的權力；但只有透過勞動，我才能夠利用這個財產或東西，並且只有在我利用它的時候，才占有它。所以自由活動是所有權的原則，但是這並不足以使占有正當化。所有人都是自由的，大家都能透過勞動而利用一項財產；這是不是說所有的人都有權享受一切財產呢？完全不是這樣。要想正當占有，不但必須以自由人的資格從事勞動和生產，而且必須首先占用那個財產。總之，如果勞動和生產是所有權的原則，那麼『首先占用』就是它不可缺少的條件。」

「4.我正當占有了，所以就有權隨意去使用我的財產，有權將財產送給別人，有權將它傳下去；因爲，既然一個自由的行爲，可以使我的贈與行爲成爲神聖的，所以在我死後，這個贈與行爲仍然像活著時一樣神聖。」

總之，依照古尙先生的說法，要成爲所有人就必須透過占用和勞動而取得占有。我再補充一句「還必須來得及時」，因爲如果先占者已占用一切，後來的人還有什麼可以占用呢？他們雖然有施工所需的工具，但沒有施工的材料，怎麼辦？哲學的深思熟慮沒有預見到這可怕的極端，因爲偉大的天才不會理會枝微末節。

此外，也應當注意到，古尙先生不承認占用或勞動能夠單獨產生所有權，他認爲這是從兩者的結合中產生。這就是古尙先生相當爲人熟悉的一種折衷主義手法；古尙先生比任何人都更加不應當採用這種手法。他不是從分析、比較、排除與縮減的方法（在形形色色的思想和古怪的見解中去發現眞理的唯一手段）入手，而是把所有的體系拼湊在一起，然後宣稱每個體系既正確，又錯誤，並說：那就是眞理。

聲明在先，我將不予駁斥；相反地，我將從一切能夠想像得到，有利於所有權的假設中，找出不利於所有權的平等原則。我說過，我的論證方法是這樣：指出一切理論實質都無可避免地具有平等這個大前提，同時希望有一天能夠指出，所有權的原則正在損害著經濟學、法律學和政治學的原理，從而把它們引入歧途。

好吧！如果人的自由是神聖的，那麼根據同樣的理由，對於所有的人應該同樣神聖；如果為了能向外在活動，即爲了生活而需要一份財產，那麼物品的私有化，對於所有的人也同樣必要；如果想使我的私有權受到尊重，那麼也就必須尊重別人的權利；因此，在無限的範圍內，一個人私有化的權力只受他本身的限制；而在有限的範圍內，這個同樣的權力卻將按照人數和他們所占用的空間之間的數學關係而受到限制。這些，依照古尚先生的觀點來說，不都是正確的嗎？因此，是不是由此可以推論，一個人不能阻止與他同時代的另一個人，把相等於他自己的東西據爲私有，更不能剝奪將來的人去行使這個權力，因爲個人固然會死亡，全體卻會繼續存在，不朽集體的法則豈在一時一地之局部？

最後，人們不就可以由此得出下列的結論：每當出生一個享有自由的人，其他人就必須擠得更緊一些；並且，按照義務的相互性來說，如果這個新來的人後來被指定爲繼承人，那麼繼承權是不是就無法賦予使他兼有的權利，而只能給他選擇權呢？

目前爲止我都在仿效古尚先生的風格，我因此感到羞慚。難道我們就得用如此浮誇的字眼，如此磅礡的段落，來說明如此簡單的事情嗎？人爲了生活，需要勞動，因此他需要生產工具和生產材料，生產的需要建構了其權利，而其權利則由其同胞保證，而他也對其同胞做下了同樣的協議。如果在一處像法國這樣大、空無居民的土地上，安置十萬個人，每個人就享有十萬分之一的土地權。如果占有者的人數增加，每個人應得的部分就要相應地減少；如果居民的人數增高到三千四百萬，那麼每個人的權利就將是三千四百萬分之一。現在，如果把警察系統和政府、勞動、交換、繼承等，做這樣的安排，使勞動工具能夠永遠由所有的人平分，並且使每個人都自由，這將是一個完善的社會。

在所有爲所有權辯護的人當中，對於所有權的基礎，古尚先生的闡述最好，與經濟學家相反，他主張除非先行有占用的事實，否則勞動是不能產生所有權的；並且和法學家們相反，他主張民法可以確定並應用某種自然權利，但卻無法創造這種權利。事實上，如果說「僅因財產的存在，所有權就已經得到證明；民法的作用純粹是宣告性的」這是不夠的。這樣等於承認無法答覆那些對事實本身的正當性表示懷疑的人們。每一種權利必須由它本身或者某一種先已存在的權利，證明它是正當的；所有權並不例外。由於這個緣故，古尚先生力求把人格的神聖以及意志賴以同化一件東西的行爲，作爲所有權的根據。古尚先生的學生說過：「物品一旦被人所接觸，就從他那裡得到一種使之轉化，並賦以人性的特徵。」坦白說，我根本不相信這種魔術，並且我認爲沒有什麼，是比人的意志更不神聖的了。這個學說儘管從心理學和法學來看都是脆弱的，卻比那些以勞動或法律的權威，作爲所有權基礎的學說，更具哲理也更爲深刻。現在，已經看到我們所討論的這個學說，會得出什麼結論——結論就是平等，在其陳述中無處不見的平等。

但是，或許哲學凡事皆由高處著眼，所以不夠實際；也或許從思辨的極高峰來看，人太過渺小，以致於這位形而上學的理論區別不出他們的差異；也或者，地位的平等是這樣一種就其崇高的普遍性來說眞切無比，但嘗試嚴格應用到生活習慣與社會事務上太過荒謬，甚至危險的原則。無疑，在這種情況下，就需要效法道德學家和法學家明智的保留態度；他們警告不要把任何事物推向極端，勸告我們要小心翼翼地對待任何定義。因爲據說，如果從揭露定義的災難性後果入手，沒有一條定義是不能根本推翻的（Omnis defmitio in jure crvihpericulosaest: parumestenimut non subvertipossit）。地位平等，在所有權人聽來，是一個可怕的教條；在窮人的病榻邊，是一個令人得到安慰的眞理；在解剖學家的解剖刀之下，是一個可怕的事實；搬到政治、民法和產業的範圍內，地位平等只是一種欺人、不可能的事，是一塊眞正的誘餌、一句惡魔的謊話。

我不想讓讀者大吃一驚，像厭惡死亡一樣，我厭惡那種在言行中使用詭計的人。從這本著作的第一頁起，我就清楚且堅決表明我的態度，讓大家能知道我的思想與希望的傾向。公正地說，實在不容易找到比我的態度更爲直爽大膽的了。因此，我膽敢說，不久就可以看到，爲哲學家所十分欽佩的這種保留態度——就是道德學和政治學教授們，竭力勸告所採取的中道精神——將只能被看成是一種學科毫無原則可言的可恥特徵；只能看作這個學科受到駁斥的明證。在立法和道德學方面，正如在幾何學上一樣，公理是絕對，定義是確定的；如果一項原則的各種結論是按照邏輯推斷出來的，就可以接受。多麼可悲的驕傲！對於我們的本性，我們一點也不了解，卻將我們的謬誤全歸罪於本性，帶著毫不修飾的無知，高呼「眞理就在於懷疑，最好的定義就是什麼也不要定義」。總有一天，我們會知道法學上這種可憐的不確定性，究竟是來自它的對象，還是來自我們的偏見；以及在解釋社會現象時，僅僅像哥白尼顚覆天動說體系那樣，改變我們的假設，是不是還是不夠。

第三節　作爲所有權基礎與許可的民法

包梯埃[20]好像認爲所有權完全和王權一樣，是神聖的權利，他將之追溯到上帝本身（Ab Jove principium）。他是這麼開始的：

「上帝對宇宙和一切包含在宇宙中的事物擁有至高支配權（Domini est terra et plenitudoejus, orbis-terrarum et universiqui habitant in eo）。爲了人類，祂創造了世界和世界的一切造物，並授予人類支配這些造物，使之臣屬於人：『祢派世人管理祢雙手所造的東西，使萬物都臣服在他們腳下。』《詩篇》這麼說。[21]上帝創造世界，將世界交給人類時，向最初的那對人說：『你們要生養眾多，遍滿了地』等。」[22]

在如此壯麗的創世後，誰能不相信人類像一個大家庭，在一個莊嚴父親的保護之下，過著友愛團結的生活呢？可是，我的主啊！多少兄弟在互相敵對啊！有多少反常的父親與多少揮霍浪費的子女啊！

上帝把世界授予人類：爲什麼我什麼也沒有得到呢？祂使萬物臣服在我腳下，而我卻連睡覺的地方都沒有！祂透過包梯埃告訴我們：你們要生養眾多。啊，博學的包梯埃！您認爲做和說一樣容易；但是您必須先給苔蘚，鳥兒才能築巢。

「在人類繁殖以後，人們就開始分配土地和地面上大部分的東西；從那時起，分給每個人的東西就專屬他了：這就是所有權的起源。」

還是請您談談占有權吧！人們曾經生活在一種共產共有的共同體中，無論是好是壞關係不大，那時沒有所有權，甚至也沒有私人的占有。由於占有的產生和發展慢慢迫使人們從事勞動以增加生活必需品，人們就明文或默認地（這與本題無關）協議規定，只有勞動者才是勞動成果的所有人；這就是說，人們只是宣布這樣一個事實：往後任何人不勞動就不能生活。因此，必然的結果是，要想在生活必需品上得到平等，就必須提供對等的勞動；並且，要求對等的勞動，就必須要有對等的勞動工具。凡是不勞動而憑暴力或詭計，掠取他人生活必需者，就破壞了平等，自居於法律之上或法律之外。無論是誰，若以比較勤勞爲藉口而霸占生產手段，也是摧毀了平等。這時，平等既然是權利的表現，凡是侵犯平等的人就是不義的。

因此，勞動產生了私人占有，也就是物權。可是這個權利適用在什麼東西呢？顯然是生產品而不是土地。阿拉伯人始終對此抱著這樣的見解，並且根據凱撒和塔西佗的報告，古代的日爾曼人也是這麼理解的。「阿拉伯人」，西斯蒙第[23]先生說：「承認每個人對自己所豢養牲畜的所有權，對於耕種的人可以取得該塊土地的收穫這點，也無異議；但是他們不明白爲什麼另一個人（即和他同等的人）就不能輪流耕種那塊土地。在他們看來，先占人的權利所造成的不平等，不是以任何正義原則爲基礎；而當所有土地落入某些居民的手中時，這些居民就取得了那些土地的獨占權，這種獨占權有利於他們，而不利於其餘居民……。」

在別的地方，人們已經分配了土地。我承認在勞動者之間因此產生一種比較鞏固的組織，並且這種固定而長期的分配方法，可以提供更多的便利[24]。但是這種分配，怎麼在大家原先享有不能出讓的占有權物品上，轉變爲一種可以移轉的所有權呢？就法學用語來說，從「占有人」變爲「所有權人」在法律上是不可能的；這個轉變暗示在法理的第一個環節，所有者的結合以及共有土地那些人互惠的妥協，是依據自然的權利。我同意，大地的原始耕作者，也是第一批立法者，不像現今法學家博學；並且，如果他們眞是那樣博學的話，也不會做得更壞；他們當時沒有預料到私人占有轉變爲絕對所有權的後果。但是，爲什麼後來區分物權與及物權的人，沒有將之應用到所有權的原則本身？

讓我提醒法學家注意一下自己的箴言吧！

所有權如果有其肇因的話，也只能是一個（Dommium non potest nisi ex una causa contingere），我可以依據不同資格所有，但只能依據唯一一種資格成爲所有權人（Non, ut ex pluribus causis idem nobisdeberipotest, ita ex pluribus causis idem potest nostrum esse）。那塊我已開墾並耕種，且在上面已經蓋了房屋，養活自己、家屬和牲口的土地，我可以如此加以占有：1.以先占人的名義；2.以勞動者的名義；3.根據在分割時，把這塊土地分配給我的社會契約。但是這些名義，都沒有給我所有權。因爲，如果我企圖以占用爲依據，社會就可以說：「我在你之前就占用了它」；如果我提出勞動作爲有利於我的根據，那麼社會就會說：「只有在這個條件之下，你才能占有」；如果我提起契約，社會就會反駁說：「這些契約確切規定的只是用益權人的資格。」可是，所有能舉出來的就只是這些根據；從來沒能找出別的根據。事實上，每一種權利——包梯埃這樣說——都可以在享有權利的人身上，得到一個產生它的原因；但是，在這個有生有死的人身上，在這個會像影子那樣消逝的大地之子身上，就其身外之物來說，只存在著一些占有的根據，而不存在任何所有權的根據。所以，既然產生權利的原因並不存在，社會怎麼會承認一種於自身有害的權利呢？社會在許可占有時，怎麼會賦予所有權呢？法律怎麼會核准這種權力的濫用呢？

德國人昂西雍【25】對此作了答覆：

「某些哲學家主張，人在將力量施加於一件自然物（例如一塊地、一棵樹）時，人只有就其所做的改良，對於其賦予這個物體的形式，得到某種權利，這不是對物體本身的權利。但這是一個多麼無謂的區別！如果形式能夠與物體分離，也許還有承認的餘地；但是這種情況幾乎不可能，所以把人的力量施加於可見世界的各個部分的行爲，就是所有權的根據，即財物最初的起源。」

這藉口多麼無謂！如果形式無法和物體分開，所有權也不能和占有分開，就必須均分占有。無論如何，社會總還保留對所有權規定一些條件的權利。我假定一塊私有土地能夠產生總額一萬法郎的收益，這塊土地不能分割（很少有這種情況）。我還假定，按照經濟上的計算，每個家庭每年消費平均是三千法郎。這塊土地的占有人應當負責以善良家長的態度加以經營，應當繳納給社會一筆等於一萬法郎的款項，其中除去經營的一切費用和維持家庭所需的三千法郎。這筆上繳的款項並不是地租，這是一種損害賠償。

那麼，如果有一個司法裁制機關作出下列的判決，那成了什麼樣子呢？

「既然勞動把一件東西的形式完全改變，以致除非把物體毀掉，否則無法把形式和原物分開，那要麼整個社會不再能繼承，要麼勞動者失去其勞動果實；以及既然在其他場合，對於原材料的所有權，能使人獲得在除去成本後所剩下增加到物體上的附屬物；於是在這種狀況下，所增補之物的所有權就賦予其本人資格；所以，靠勞動而取得的占用權利就從來不是針對個別個人，而是針對整個社會。」

這就是法學家就所有權論理的方式。法律的制定用以保全人與人之間相互的權利，即確定個人對每個人，以及個人對全體的權利；好像比例式可以不必有四項就能構成似的，法學家總是不注意最後一項。只要人和人相對抗，所有與所有彼此抗衡，兩個力量相互之間就能建立起平衡。而人孤立之時，也就是當他與自己所代表的社會相對抗時，法學就會陷入困惑：西密斯[26]的天平上就失去了一個秤盤。

請聽聽雷納城的那位教授，博學的杜利埃的話吧！

「由於占用而獲得的這種優先權，怎麼能變成固定和永久的所有權呢？怎麼會一直繼續成立，只有在先占用人停止占有後才能重新取回？……農業是人類繁殖的一個自然結果，而農業又有利於人口的增長，並使人們有必要建立一種永久性的所有權；因為如果一個人沒有把握能得到收穫，怎麼肯辛苦耕耘和播種呢？」

如果要安定耕作者的心，那麼保證對於收穫物享有占有權就夠了；甚至可以答應，在繼續從事耕種期間，維持對土地的占用權。這就是他有權希望的全部內容，這就是文明進步所需要的一切。但是所有權，既然一個人既不占用又不耕種土地，誰有權力讓他享有這種收回土地的權利呢？誰可以要求享有這種權利呢？

「如果要取得永久的所有權，僅耕種是不夠的；必須要有具體法令和執行法令的官吏；總之，要有文明的國家……人類的繁殖曾使農業成為必要，有必要保證耕種者得到勞動果實這點，讓人們感到必須建立一種永久所有權，並制定保障這種所有權的法律。所以我們應當把文明國家的確立歸功於所有權。」

是的，說到文明國家，最初是專制政治，接著是君主制，再來是貴族特權制，如今是民主制，但始終是暴政。

「如果當初沒有所有權這一紐帶，從來就不可能把人服從於法律的整套枷鎖；如果當初沒有永久的所有權，地面可能繼續是一片廣闊的森林。所以我們應當同意那些最審愼作者的說法，也就是說，如果暫時性的所有權，或占用所產生的優先權，是在文明社會出現前就已存在，那麼今天那種永久的所有權是民法的產物。民法規定以下的原則：所有權一旦獲得之後，除非因所有權人的個人自願行爲，否則永遠不會喪失，甚至在所有權人失去了對物的占有或持有之後，該物處於第三者的手中時，所有權仍然可以得到保護……所以所有權和占有在原始時代是混淆在一起的；透過民法，才變成彼此不同、獨立的兩件事；按照法律的用語，兩者毫無共同之處。從這裡可以看到在所有權方面發生了多麼奇妙的變化，民法使自然受到多大的改變。」

因此，在確立所有權之時，法律不是心理事實的表現、自然法的發展或者道德原理的應用。它在這個字的各種意義上都超出了原本的領域，創造出一種權利。法律讓一個抽象觀念、一個譬喻、一種虛擬現實化；在這樣做的時候，並沒有預料可能發生的情況，沒有注意流弊，沒有考慮這樣做是好事還是壞事。結果，法律保障了自私，贊成了荒謬的主張，接受了邪惡的願望，好像這樣能夠塡滿一個無底洞，並把地獄塡滿！盲目的法律，愚人的法律，不能稱爲法律的法律；爭吵、說謊和滿是鮮血的語言。這樣的法律被當作社會的守護神，被反覆採用、重新制定、一再復活、鞏固與強化，它擾亂各民族的良心，蒙蔽了法學大師們的思想，造成各國一切災難。它是基督教義所譴責的，但也正是被基督無知的教士們看作是神一樣的。這些傳教士對於自然和人缺乏研究的興趣，正和他們沒有能力閱讀他們的經文一樣。

法律在創造所有權的時候，是以什麼爲指導原則的呢？是受什麼原則支配的呢？標準是什麼呢？

萬萬料想不到：就是平等。

農業曾經是土地占有的基礎，是所有權的起因。如果不同時保證農民能得到生產工具，那麼保證他能得到勞動果實就毫無意義。爲了保護弱者不受強者的侵犯，爲了消滅掠奪和欺詐，人們覺得有必要在占有人與占有人之間確立一些永久性的分界線、一些不能逾越的障礙。人口年年增多，農民的貪欲年年增長，人們就認爲最好樹立起一些讓野心不能逾越的界線，從而控制住野心。如此一來，由於需要得到爲維持公共安全和每個人的安樂所必要的平等，土地就被私有化了。當然，這種分割從未有過地理上的平均；許多因素阻止了絕對的平等，像是很多權利，有些是以自然爲根據，但解釋不當，應用得更不恰當，這像是繼承、贈與、交易等就是；其他一些權利，像出身和地位的特權，都是無知與赤裸強力的不正當產物。但是，原則仍舊不變；平等曾經認可占有，平等又認可了所有權。

既然每年必須給農民一塊可供播種的田地，對於當時的野蠻人來說，與其每年發生爭吵和打架，與其把他們的房屋、家具和家屬，不斷地從一個地方搬到另一個地方，還有什麼辦法比把一份固定而不得出讓的產業，指派給每一個人來得更方便、簡易呢？

既然必須使至遠處作戰的人，在征戰結束歸來時，不致於爲家國服務而變得一無所有，並且必須使他能夠恢復他的產業。所以習慣上就規定了：所有權僅憑意圖（nudoanimo）就可以得到確保；只有在所有權人表示同意和自願放棄時，才會喪失。

既然必須使分割時的平等，能夠一代一代保持下去，免得每逢一家有人死亡的時候，就須重新分配土地，所以由子女和親屬按照血緣和親戚的等級，來繼承就顯得合乎自然和正義了。因此起初只產生僅承認一個繼承人的封建和家長制的習慣，後來則由於應用了與平等原則完全相反的辦法，承認所有的子女都能分享父親的遺產，而永遠廢止長子繼承的特權，一直到最近仍是如此。

但是，這些粗野的本能性組織，與眞正的社會科學之間，有什麼共同之處呢？這些從來不知道統計、社會調查或政治經濟學爲何物的人，怎麼會把一些立法原則留傳給我們呢？

「法律」，一位現代法學家說，「是社會需要的表示、一種事實的宣告；立法者並不是制定它，而是宣告它。」這個定義並不正確。法律是一種藉以滿足社會需要的方法，不是由人民表決，不是由立法者表達；是由學者發現並規定下來的，但是法律，正如孔德[27]先生專門用了半本書來解說的那樣，最初不過是一種需要的表示，和滿足這個需要的方法的指示；直到如今，依然僅僅是如此。法學家們由於抱著機械化的忠誠，充滿著頑固的精神，敵視一切哲學，一味喜歡咬文嚼字，所以總是把那些單純善良，但缺乏遠見人們的輕率願望，當作科學的最後結論。

土地所有權過去的奠基人沒有預料到，這種能夠保留一個人產業的永久絕對權，這種在他們看來既是大家都能享受也是公允的權利，包含著轉讓、出賣、贈與、取得和拋棄等的權利；而這種權利正傾向於摧毀平等，但他們當初正是爲了保持平等才確立這種權利。即使他們曾經預料到這點，他們也毫不在意；眼前的需要占據了全部注意力，並且像在類似情況下常常發生的那樣，缺點起初並不大，而且難以覺察到。

這些天眞的立法者沒有預料到，如果所有權僅憑意圖就可以得到保持，那它也就帶有出租、租佃、在借貸時收取息金、靠交易獲利、授予年金，以及對於一塊有意保留但並未耕作的田地徵收租稅等僅靠意圖就能保留，不管身體在何處忙碌的權利。

法學界的耆老沒有預料到，若是繼承權全非維持財富平等的自然方法，那麼各個家庭很快就會變成最爲災難性排斥的受害者，而社會受到它神聖原則的沉重打擊，將因豪富和窮困的日趨極端而自取滅亡[28]。

他們沒有預料到，但是難道我有必要再多說嗎？結果顯而易見，並且現在也不是去批評全部法典的時候。

所以，對我們來說，研究古老民族所有權的歷史，只是一種增加學識和滿足好奇心的工作。事實不能產生權利，這是法學上的一個法則；要知道所有權也不能離開這個法則；所以普遍承認所有權的事實，並不能使所有權正當化。就像人類對氣象變化的原因以及天體的運動犯過錯誤那樣，人類對社會的構成、權利的性質和正義的應用，也曾經犯錯。因此不能把他們舊的見解當作信條。印度人被劃分爲四個等級；尼羅河和恆河兩岸的土地，以前是根據血統和地位分派的；希臘人和羅馬人曾把財產放在諸神的護佑之下，在他們之中，劃界和丈量的工作是與宗教儀式一起舉行的；這一切又與我們什麼關係呢？特權形式的多樣性，不能讓不義成爲正義；對於主神朱比特[29]的信奉，不能作爲反對公民平等的證據；同樣，關於浪漫的維納斯[30]的宗教劇，也絲毫不能證明夫婦之間可以不守貞操。

作爲支持所有權的證據，人類的權威是無效的，因爲這個必然從屬於平等的權利與其原則相違背；許可所有權的宗教裁斷是無效的，因爲教士向來總是爲君主服務，諸神說的話總是符合政客的願望。據說所有權給社會一些利益，但這並不能減輕所有權的罪過，因爲這些利益實在是由平等占有的原則產生的。

因此，在闡明以上各點以後，下列關於所有權熱情的讚歌又有什麼價值呢？

「所有權的制定是人類最重要的一種制度……」（好的，像君主政體是人類最光彩的制度一樣）。

「地球上人類昌盛的首要原因。」（那是因爲大家以爲它的原則是正義）。

「……所有權成爲他們抱負的正當目標、他們生存的希望、他們家屬的庇護物；總之，它成爲家庭、城市和政治國家的基石。」（喔，所有就會產生這一切）。

「永恆的原則……」（所有權永恆不滅，正如一切否定）。

「……屬於一切社會制度和公民制度。」（這是爲什麼所有基於所有權的制度與法律都會消亡囉）。

「……跟自由同樣可貴的禮物。」（對發大財的所有權人確實如此）。

「事實上，造就了宜居大地的開墾。」（如果農民不再需要租佃，大地的開墾是會更壞嗎？）。

「……確保了勞動及其美德……」（根據所有權，勞動可不是條件，而是特權）。

「……正義的應用……」（沒有財富上的平等，何來正義？一具使用假砝碼的天平而已）。

「……一切的美德……」（肚子挨餓跟我談美德？）。

「……公共秩序的一切……」（肯定如此，爲了保全所有權嘛）。

「……端賴於所有權的權利……」（萬物存在的基石，也是萬物存在的絆腳石：這就是所有權）。

以下是我的摘要和總結：

占用不但可以導致平等，還可以阻止所有權。因爲，既然每一個人只要生存就有權占用，並且爲了要生活，就不能沒有經營和勞動的手段；另一方面，既然占用者的人數會不斷因出生和死亡而發生變動，因而每個勞動者所能要求的物質的定量，也隨著占有者的人數多寡而有所不同；因此占用總是由人口來決定。最後，既然在法律上占有永遠不能保持不變，在事實上就不可能變爲所有權。

所以一切占用人必然是占有人或用益權人，無論何者都是排除所有權人的狀況。要知道，用益權人的權利是這樣一種權利：對於託付給他的東西，他要負責；他應當以符合公共利益的方式，按照保全並發展那件東西的目的而加以使用；他不得自作主張改變、減損或使之變質；他不能分割用益權，使另一個人從事勞動而由他自己來收取利益；總之，用益權人是處於社會的監督之下，服從勞動的條件和平等的法則。

羅馬法上的所有權定義，因此被推翻了：定義中所說的使用權和濫用權，是從暴力中產生出來的不道德行爲，是民法加以批准的一種最荒謬的主張。人從社會的手中得到他的用益權，只有社會可以永久占有，個人會死亡，而社會是永遠不滅的。

當我討論如此簡單的眞理時，我的內心的厭惡有多麼痛切！難道今天還有懷疑嗎？難道爲了眞理的勝利，必須再度武裝起來嗎？還是得要不顧理智，單用強力將它們引入法律？

占用的權利對所有人都是平等的。

占用的尺度既然無關乎意志，而是由空間和人數等可變條件來決定，因此所有權就不能形成。這個說法是任何法典所沒有規定過的，也不是任何憲法所能採納的！這些是民法和國際法所拒絕採納的原理！

但是我聽到了擁護另一種體系的人們的主張：「勞動！這是所有權的基礎！」

讀者，請不要受騙！這種所有權的新根據，比先前的根據更糟，我現在不揣冒昧，要把事情說得更清楚，並駁斥前所未見，更爲不義的自我標榜。

◆註解◆

【1】普魯東認為法律定義中所規定的限制，是指比鄰的所有權人之間的關係，而這個見解是有根據的，但是他主張這個定義沒有限制所有權人的絕對權，是錯誤的。法律和規章所禁止的使用方法越來越多，在限制以最絕對的方式享受和使用物品權利的問題上，判例的作用也已經和法律一樣重要了。——原編者

【2】亞歷山大．杜蘭東（一七八二—一八六六），法學家，在一八一九年發表過《契約和債概論》共四冊，八開本並從一八二五至一八三七年發表《以民法為根據的法國法律教程》共二十一冊，八開本。——原編者

【3】見第一章註釋【20】。——原編者

【4】《舊約列王紀略上》第二十一章。——原編者

【5】在一八三一年四月十九日的法律所規定的選舉制度之下，要取得被選舉權和選舉權，必須至少分別繳納五百法郎和二百法郎的直接稅。對退休軍官和學院院士酌減為一百法郎。——原編者

【6】在普魯東《捐稅的理論》（一八六一）中，他對於累進稅制抱持反對態度「所謂累進稅率，至多也只能使慈善家喋喋不休，並使民眾煽動家誇誇其談而已，缺乏誠意和科學上的價值」（第五章第一節）。——原編者

【7】在《關於星期日的講話》（第二章）中，人們已經讀到「慈善、人道、施捨等名詞在希伯來文中沒有，所有這一切都是用正義這個名稱來代表。」——原編者

【8】此處指百年戰爭中的史實。——譯者

【9】該亞法是古代猶太人的大祭司，他曾判處耶穌死刑並迫害信徒。——譯者

【10】讓—巴蒂斯特維克多．普魯東（一七五八—一八三八），皮耶—約瑟夫．普魯東的六等親的從兄，第戎法學院院長，曾發表過《關於人的身分和關於民法法典緒論的研究，論用益權，使用權、居住權和地面權，論公產或主要是與公產有關的財產分類》。——原編者

【11】參政院，法國起草法律建議案及在法律方面被政府諮詢的機關，同時又是最高行政法院，司法大臣兼該院院長。——譯者

【12】西塞羅（西元前一〇六—四三），古羅馬執政官，當時最著名的演說家。——譯者

【13】奇里庸，希臘神話中具有三個身體的巨人。——譯者

【14】台阿納地方的阿波洛尼烏斯，西元前一世紀希臘新畢達哥拉斯派哲學家、魔術師。——譯者

【15】格老秀斯（一五八三—一六四五），荷蘭法學家，著有《論戰爭與和平法》，後世稱他為「國際法的鼻祖」。——譯者

【16】霍布斯（一五八八—一六七九）《自然法和政治法則的原理》。——原編者

【17】杜當（一七六五—一八四八），舊派經濟學家或重農主義學派的保衛者，曾在一八〇四年發表《對於政治經濟學的進展的推理分析》，並於一八三五年發表《政治經濟學的哲學》。——原編者

【18】斯加納列爾，法國十七世紀大戲劇家莫里哀喜劇中的人物，他專說盡人皆知庸俗的話。——譯者

【19】德·西斯蒙第，參見註釋【23】。——譯者

【20】包梯埃（一六九九—一七七二），有名的法國法學家。在他很多著作中，這裡特別指出《論財產支配權，論占有權的續篇》。——原編者

【21】參《舊約詩篇》第八篇。——譯者

【22】見《舊約創世記》第九章。——譯者

【23】西斯蒙第（一七七三—一八四二）是日內瓦一個耶穌教傳教士的兒子，起初，他是亞當·斯密學派正統派的經濟學家，發表過《商業財富論》（一八〇三）；後來看見大工業「危機時期」工人們悲慘的景象，在他的《政治經濟學新原理》（一八一七）著作中，有力揭穿了人剝削人的情況。——原編者

【24】這裡指出私有財產因為對社會有益而被證明為合理的這一點，但作者的注意力並不侷限於此。之後，作者將提出遺產繼承權是一種保持平等分享、合乎自然和正義的手段。——原編者

【25】昂西雍（一七六七—一八三七），生於柏林，牧師、作家、政治家、保守思想的辯護人，和折衷主義的哲學家。——原編者

【26】西密斯，希臘神話中代表司法的女神，手持天平。——譯者

[27] 弗朗斯瓦・沙爾・路易・孔德（一七八二—一八三七），薩伊的女婿，於一八一四年和杜奴瓦耶創辦活葉週刊《評論》，後來改為合訂本，在一八三四年，發表《財產論》兩冊，八開本。——原編者

[28] 特別是在這裡，我們的祖先把他們十分簡單的頭腦充分地表現出來。既已經規定在沒有婚生子女的情形，可以由堂兄弟參加繼承，他們竟不能利用這些堂兄弟來平衡兩個不同支系的分割份，使同一家庭中不致同時存在貧富不均兩個極端。例如：甲有兩個兒子，乙和丙，甲死之後乙和丙是遺產的繼承人，這兩個繼承人平分財物。乙只有一個女兒，而丙卻有六個兒子。顯而易見，如果要同時遵守平等原則和繼承原則，就應該由乙和丙的子女共七人，來分那兩份產業：因為不是這樣的話，一個外人可以和乙的女兒結婚，並且透過這個婚姻關係，甲遺留的財產的半數，將移轉到另一個家族，這和繼承原則相違背。而且，丙的兒子由於人數多，將成為窮人，同時他們的堂姊則非常富有，因為她是獨生女，這也與平等原則相違背。只要把這兩種表面上看來彼此對立的原則結合起來，推廣適用範圍，就可以使人相信在今天遭到愚蠢反對的繼承權，並不妨礙平等的維持。

　無論生活在哪一種形式的政權之下，「死者控制著生者」這句成語，永遠適用。這也就是說，無論被認可的繼承人是誰，遺產和繼承永遠存在。但是聖西門主義者希望由官員來指定繼承人*，其他人則希望由死者來選擇繼承人，或者由法律來假定死者所選擇的繼承人。主要的問題是希望在平等的定律所允許的範圍之內，自然的願望能夠得到滿足。現在，遺產繼承的真正調節者是偶然的機會或任性的行為；可是，在立法方面，偶然的機會和任性行為，都不能被認為是指導原則。大自然在把我們平等創造出來之後，之所以指出繼承的原則，就是為了要避免偶然的機會所引起的種種糾紛，這個原則就像是社會要我們在全部弟兄中，推選出最有才能的人來完成未竟之業一樣。

*這裡，普魯東對於聖西門主義者的見解，解釋得不夠清楚，他們是遺產的仇敵，他們責成一些特設的官員，把財物分配給最有能力去利用它們的人，「財產的移轉，無論是生前或死後，只能在一種新租約的形式下進行，這個新租約的一方就是一個新的管理人，買賣、拍賣、遺囑、轉讓、典質、抵押、徵用等，都不應存在。」（《聖西門學說》一八二九年，第十二次演講會，蒲格來和哈來維版，第三九六頁）。——原編者

[29] 朱比特，羅馬神話中的主神，即希臘神話中所稱的宙斯。——譯者

【30】維納斯，希臘神話中主管美和愛的女神。——譯者

【31】奇洛，《對於羅馬人的所有權的研究》。奇洛（一八〇二—一八八一）在一八三五年發表過《從歷史的角度評介海奈克棲烏斯的羅馬法原理》，同年又發表了普魯東所引證的那本著作。——原編者

第三章 論勞動作爲所有權支配的有效原因

追隨經濟學家，現代法學家因原初的占有理論過於危險，因而放棄並採用所有權始於勞動的理論，然而這是一個基於循環論證的自欺。古尚先生說，爲了勞動，就必須占用。因此，我接著說，占用權一律平等，要想勞動就必須服從平等。盧梭曾經高呼「富人們儘管說『這道牆是我修建的，這塊土地是我憑勞動得來的。』人們可以反問：『請問，你占地的界限是誰指定的呢？我們並沒有強迫你勞動，你憑藉什麼權利要求負擔你勞動的報酬呢？』」[1]所有的詭辯在這個論證面前都被粉碎了。

但是擁護勞動說的人，沒覺察到這個體系和《民法法典》相互矛盾，《法典》全部條文和規定都假定所有權是以原初的占有事實爲根據。如果單獨透過勞動可以產生私有化作用而成立所有權，《民法法典》就是在說謊，憲章則成妄語，整個社會體系就成了對權利的侵犯。

在進行本章與下一章的討論時，就會得出這個結論，這兩章所關注的是勞動權利以及所有權事實。我們將同時看到，一方面立法自相矛盾；另一方面，新的法理是與其本身原則及立法對立的。

此前我已經論稱，以勞動作爲所有權基礎的學說，與將占用作爲基礎的學說一樣，無形中都隱含財富上的平等；讀者一定迫不及待想知道我如何從才能、稟賦上的不平等中，推導出平等的法則。但我要請讀者稍花時間，關注這個過程中一個值得注意的面向，也就是以勞動代替占用作爲所有權原則的面向；我會快速回顧一些所有權人經常援引，且被立法許可，卻被勞動學說的體系徹底摧毀的偏見。

讀者們，您有沒有旁聽過對被告的訊問？您有沒有注意到被告的狡辯、拐彎抹角、遁辭、指東說西和支吾其詞？被告被駁倒，一切陳述都被推翻，像一隻野獸般被絲毫不肯放鬆的法官追逐著；被一個接一個的假設網羅住，他陳述、修正、又收回，跟著自相矛盾，用盡一切論辯的技巧。這就是所有權人被要求為其權利辯護時的狀況。起初拒絕答覆，他叫嚷、威脅、接著藐視；後來，被迫進行辯論時，就用狡辯把自己武裝起來，在四周擺出強大無比的炮兵陣地，輪番拿出占有、所有、時效、契約，不可考的習慣與普遍的承認等交叉開火。在這個陣地被打垮以後，所有權人就像一隻受傷的野豬，反撲追逐者，帶著悲憤的情緒大吼：「我做的事情不僅是占有，我已經從事勞動、生產、改進、改造和創造。這房屋、田地、樹木都是我辛勤的成果；我把荊棘變成葡萄園；把矮樹叢變成無花果樹；我收穫辛勤勞動的果實。我已用汗水滋養了這塊土地，我支付工錢給工人，他們如果得不到這份工作，早就餓死了。沒有人分擔我的勞苦和開支，因此沒有人有權利來分享我的所得。」

所有權人呀，你確實勞動過！那麼為什麼又提起原初的占有呢？什麼！是不是你對於你的權利沒有信心？還是你企圖欺騙人們並迷惑司法機關呢？因此，趕快提出答辯理由，這將是最後的判決，你知道這可是關乎返還的問題。

你確實勞動過！但是在義務所迫使你進行的勞動，與對共有物的掠奪之間，有什麼共同點嗎？難道你不知道，土地支配權與對空氣與陽光的支配權一樣，不會因時效而消滅嗎？

你確實勞動過！你從來沒有使別人勞動過嗎？那麼，他們在為你勞動的時候，怎麼會失去在勞動情況下獲得的東西呢？

你確實勞動過！很好，讓我看你勞動的產物，一起核算、權衡與量度。這個判決將成爲對伯沙撒【2】的判決；我可以對著天平、秤桿和曲尺發誓，如果你曾經不論以什麼方式將別人的勞動據爲己有，最後的一分錢也必須都退回來。

這樣，占用的原則就被放棄了；人們不再說「土地歸先占人所有」。被迫退守第一道防線的所有權，拋棄了舊的說法；無地自容的正義，撤回了它的理論；而悲哀則拉下面紗，遮掩那羞得發紅的面頰。社會哲學的這個進步不過是昨天才開始，根除一句謊話居然得五千年！在這一段可悲的時期，有多少霸占的行爲獲得批准；有多少侵略的行動被人視爲榮耀；有多少次征戰受到了慶祝！多少流離失所的人一無所有，財富的積累是多麼迅速又放肆，驅逐了多少窮人，踐踏了多少挨餓受凍的人！各國之間有多少嫉妒、多少戰爭、多少煽動、多少屠殺！但從今以後，由於時代不同，受到時代精神的影響，我們必須承認，土地並不是競賽中的獎品。每個人都可以把自己的山羊繫在籬笆上，把母牛趕到牧場上，播種一塊土地，在自己的爐灶上烤麵包。

但實際上不是如此，不是每個人都能做這些事情。各方在呼喊「光榮屬於勞動和勤勉！各盡所能，按勞取值！」但有四分之三的人遭到掠奪，少數人的勞動竟成吞沒其餘人勞動的狂風暴雨。「問題已經解決了，」艾奈肯先生高呼說，「所有權是勞動的產物，只有在法律保護之下，才能爲人們所享受。根源是自然法，權力來自民法；而成文法是從勞動和保全這兩個觀念的結合中產生出來的……。」

啊！問題已經得到解決！所有權是勞動的產物！如果成爲所有權人的權利不是由單純的占用得來，那麼添附權、繼承權、贈與權等應當如何解釋？那些關於法定年紀、取得行爲能力、監護與禁治產的法律，如果不是已經是勞動者的所有權人藉以取得或失去占有權利，也就是所有權的種種條件，那法律還是什麼？

由於此刻我還不能就《法典》進行詳盡的討論，只能檢視三種常被用來爲所有權辯護的論證：1. 占用（appropriation），或透過所有而形成所有權；2. 人們的同意；3. 時效。然後將進一步探討勞動對勞動者的相對地位，以及對所有權的效果。

第一節　土地不能被占用

「可以耕種的土地似乎應該被當作自然的財富，因爲那不是人類所創造，而是大自然無償贈與人的；但這種財富不像空氣和水般會流動；一塊田地是固定、有限的空間，這個空間可以在某些人排除其他人之後，歸爲私有；同時其他人對於這個占用的行爲又已表示同意，那麼土地雖然以前是自然且無償的禮物，現在變成社會所有財富，我們必須付出代價才能加以使用。」（薩伊，《政治經濟學》）。

本章一開始，我曾說經濟學家在法學和哲學問題上，是最糟糕的權威，這樣說錯了嗎？一位這類學者的泰斗，清楚提出這個問題：大自然的供給物，上帝所創造的財富，怎麼能變成私有財產呢？他用如此粗率的模稜兩可作出了回應，以致我們不知道這位作者究竟是學識缺乏呢？還是惡意使然？請問，土地所具有的不變與固定特質，與占用的權利，有什麼關係呢？我可以理解，像土地這樣有限且固定的東西，比水或陽光更容易被占用；對土地行使支配權比對空氣容易；但問題並不在於容易還是不容易，可是薩伊卻把這可能性當作是權利了。我們暫不追問爲什麼土地比海水跟空氣更容易被據爲私有；我們只想問，人根據什麼權利把大自然無償贈與的財富據爲私有。

薩伊並沒有解決自己提出來的問題。但是即便他已解決，即便他那顯然缺乏邏輯的解釋令人滿意，我們還是想知道誰有權利對土地的使用強取報酬，明明土地不爲任何人所創造。誰有資格收取地租？無疑是土地的生產者，那是誰造了大地？是上帝！這麼一來，土地的所有人，退下吧！

但是土地的創造主不是出賣土地，而是贈送與人，且在贈送時並不考慮受贈人的身分問題。那爲什麼有些孩子被認爲是嫡子，有些孩子被當作私生子看待呢？如果土地平均分配是由原始權利而來，怎麼會有一項權利規定地位的不平等呢？

薩伊讓我們懂了，如果空氣和水具有固定的性質，早就被占用了。順便指出，這不是假設，這是現實。空氣和水也會被占用，我不是說人們只要做得到就會這樣做；而是人們在被許可這樣做時，就會這樣做。

葡萄牙人發現經好望角到印度的航線後，主張擁有這條航線的所有權；荷蘭人不願意承認，便向格老秀斯請教，後者爲了證明海洋不應據爲私有，撰寫了《海洋自由論》。

漁獵權過去爲封建主和土地所有權人專有，現在政府或自治市鎮出租給繳納槍枝執照捐和漁場捐的納稅人。管制漁獵固然很好，讓它成爲可以拍賣的標的，是在製造對天空與大海的壟斷。

而護照是什麼？是對旅人個人的通用性介紹，保障其人身與動產的憑證。但稅收機關的本性卻是糟蹋美好的事物，把護照變成諜報工作與收稅的工具，豈不是在出售遷徙權與人身自由移動的權利嗎？

最後，沒有得到土地所有權人的許可，不得在座落別人庭園中的井汲水，因爲根據添附權，該水井的水源屬於土地占有人所有；如果不繳納租稅，也不得在他的房屋裡度過一天；未經土地所有權人同意，也不得去看他的庭院、花園或果園；也不得違反主人的意願，在一個圍場或圈起來的土地上散步，人人可是都能把自己關起來，圈禁起來的啊。所有這些禁令都是一些不僅是對於土地，也是對空中和水上的絕對權利限制。只要屬於無產者，所有權就把我們從土地上、水上、空中和火中驅逐出來（Terrâ, et aquâ, etaere, et igneinterdictisumus）。

如果上述的四種東西有三種不能占爲私有，那就不能把最穩定的那種據爲私有；因爲按照法國法和羅馬法，地面財產所有權，包括地面上和地面下的財產所有權——土地所有人之所有權及於土地上空（Cujusestsolum, ejusestusque ad cœlum）。要知道，如果水、空氣和火的使用排除所有權，土地的使用也會起這樣的作用。孔德先生在他的著作《論財產》第五章中，已經提出這一連串的推理。

「一個人吸不到空氣，只要幾分鐘就會死亡，而部分的缺乏空氣會使他感到劇烈的痛苦；食物的部分或完全匱乏，也會產生類似結果，雖然沒那麼快；完全缺乏衣服和住所也會發生同樣的情況，至少在某些地帶是如此。所以爲了維持生命，人有必要不斷把各種不同的東西據爲己有。但是這些東西的數量，不是比例相等。有些東西，像星星的光芒、大氣層的空氣、海洋中的水等，其數量之大，看不出有任何增加或減少；每個人可以依自己需求盡量取用，絲毫不會妨礙別人的享受，也不致於產生對別人的損害。這一類東西可說是人類共有的財產；在這方面，每個人應負的唯一義務，就是不要妨礙別人的享用。」

現在補充一下孔德先生的論證。如果禁止一個人在大道上通行、在田野中休息、在洞穴中躲避風雨、點火、拾取野生果實、採取藥草，並在陶器裡加以煮熟，這個人是活不下去的。所以土地——像水、空氣和陽光一樣——是一種首要的必需品，每個人只要不妨害別人享用，就可以自由加以利用。那爲什麼能占有土地呢？孔德先生的答覆很奇怪。薩伊主張，因爲土地並非不固定者；孔德先生則肯定說，因爲土地不是無限的。土地在數量上是有限的；所以，按照孔德先生的說法，土地是可以被占有的。但反過來，他不是應該說：所以土地是不該被據爲私有的。不論任何人所占有的空氣或陽光數量有多大，誰也不會因此遭受損害，因爲其餘的部分足夠其他人使用。然而，到了土地卻完全不同了。無論誰要或誰能占有多少陽光、多少拂面的風、多少海上的波濤，我都可以允許並赦免其惡意，但是，如果一個活生生的人，主張要把他占用土地的權利轉化爲所有權，我就得對之宣戰，你死我活。

孔德先生的論證與其命題牴觸，「在那些我們生存所必需的東西中，」他說，「有些東西可以取之不盡，用之不竭；有些東西數量較少，只能滿足某一些人的需求；前者被稱作共有，後者被稱作私有」。這樣的推理在邏輯上不夠嚴格，水、空氣和陽光之所以成爲共有的東西，並不是因爲用之不盡，而是因爲不可或缺，而且是達到了絕對不可或缺的程度，所以大自然在創物時，使之數量達到無限，以使其不會成爲任何私有化的對象。土地也同樣是生存不可或缺的東西，因而也是共有，不容占用。但相較於其他元素，土地更爲稀缺，所以其使用更應受到管制，使其不會淪爲少數人的獲益，而爲所有人的保全。總之，權利的平等是被需要的平等所證明。可是，如果一種物品的數量有限，就只能透過平等的所有，來實現權利的平等。孔德先生的論證其實立基於某種土地均分論。

無論從哪一方面來看待所有權的問題，如果深入研究，都會歸結到平等。關於那些可能或者不可能被私有化的東西的區別，我不再多說。在這方面，經濟學家與法學家在比賽愚蠢。《民法法典》爲所有權下了定義，但對於什麼東西可以或不可以據爲私有，卻隻字未提。且當提到可以進行交易的物品時，始終沒有確定也沒有解釋。可是這一方面並不缺乏啓示，像下列這些話都是淺顯的格言：皇帝可以支配所有的人，個人只能支配自己的財產。皇帝可以支配一切東西，個人只是一家之主（Ad regespotestas omnium pertinet, ad singulosproprietas Omnia rex imperiopossidet, singuladominio）。大眾的主權與私人的所有權相對立！難道這不能說是某種平等的預言、共和式的神諭嗎？甚至存在著無數的前例；過去，教會的財物、王室的土地、貴族的封地不能出讓，不因時效而消滅，如果制憲議會[3]並沒有廢除這種特權，而是要將之擴展到每一個公民身上；如果這個議會宣告勞動權跟自由一樣，不容失去，那革命在彼時就已經成功了，而我們現在或許就可以全神投入將之優化的工作了。

第二節 普遍的承認不能證成所有權

在上述薩伊的引文中，人們不能清楚看出這位作者究竟要讓所有權繫於土地的穩固性質，還是取決於所有人都已承認占用的事實。他的話既可以作這樣的解釋，也可以作那樣的解釋，甚至可以同時作兩種的解釋。所以人們認為作者所說的是：所有權最初從意志的行使而產生，土地的穩固性讓這種意志可以運用於土地面向上，從此以後，普遍的承認就核准了這種運用。不論怎樣解釋，難道人們透過相互的承認就可以正當化所有權嗎？我否認這一點。這樣的契約，哪怕起草人是格老秀斯、孟德斯鳩和盧梭；哪怕上面有全人類的簽字，從正義的觀點來看都是當然無效，締結這個契約的行為也是違法的。正如不能放棄自由[4]一樣，人也不能放棄勞動權。要知道，承認土地所有權就是放棄勞動權[5]，因為這就等於放棄勞動的工具，這就是買賣某種自然權利，也就是拋棄身而為人的資格。

而就算我退一步，承認這類默示或明文，太多太多的同意確實存在，結果又是如何？顯然，那些拋棄行爲是互惠的；沒有等值的交換，不會有任何權利被放棄。所以又回到平等上了，平等是所有占有的必要條件；因此，用普遍的承認，也就是用平等來證明所有權正當後，卻又不得不用所有權來證明不平等是正當的。如此一來，將永遠跳不出這進退兩難的處境。確實，依據社會契約，所有權以平等爲條件，那麼到了不再有平等存在的時候，契約也就終止，一切所有權就成了霸占。因此，用所謂普遍的承認來說明所有權，什麼也說明不了。

第三節　所有權永遠不能因時效而取得

所有權曾經是世間罪惡的禍端，是自人類有生之始就束縛於他的這條，苦難與罪惡長長鎖鏈的第一環。時效的幻覺是施加在我們思想上的魔咒，是灌入我們心靈以阻卻人類邁向眞理，好膜拜錯誤的致死之刑。

《法典》如此定義時效：「一種因時間的推移，而取得權利或免除義務的方法。」[6]把這個定義應用到理念或信仰時，可以用「時效」這個詞來說明某種亙古不移，留戀古老迷信的偏見，不論迷信的對象是什麼。無論在所有的時代，迎來什麼致聖賢殉道的新理念，都是暴烈且血腥的對抗。無論什麼原則還是發明，無論多麼仁厚的思想，在來到這個世界後，都不免遇上傳統成見所構成的巨大壁壘。拿時效與理性對抗，拿時效與事實對抗，拿時效抵制一切過去前所未聞的眞理，就是當前哲學的一切，也是所有時代保守派的旗幟。

當宗教改革降生於世時，就有人拿出時效力挺暴行、放蕩與自私利己；當伽利略[7]、笛卡兒、帕斯卡和他們的學生改造哲學和自然科學時，就有人以時效來袒護亞里斯多德的哲學；當一七八九年要求自由和平等時，就有人以時效來袒護暴政和特權。「過去一向有過所有權人，將來也永遠不會沒有。」社會不平等的辯護者，就是想用這種莫測高深的話術，最後關頭自私利己的一擊，來回應其敵人的所有攻擊；無疑，在他們的想像中，思想也會像所有權一樣，臣服於時效。

今天我們因爲科學的凱旋而啓蒙，在質問自己成見的光榮教誨下而受教，我們喜納與讚美大自然的觀察者，其歷經無數的試驗，並依據最深刻的分析，探索新的原則，一個至今都還未被發現的法則。我們會留意，不要以過去那些比我們更有才能的人，也沒有注意到同樣的現象或理解同樣的類比爲托詞，而拒絕任何理念或事實。怎麼對於政治與哲學問題就不抱持同樣態度呢？爲什麼要用如此可笑的焦躁，認定所有的一切都已經被討論過，關於智慧與社會科學都已經無所不知了呢？爲什麼「太陽底下沒有新鮮事」這句諺語會像是專門爲形而上的探究所保留的呢？

必須要承認，這是因爲我們在研究哲學時，與其說是用觀察與方法，不如說是用想像，無處不見幻想跟意氣取代依據事實的論理，成爲評判。所以到了今天都還無法辨別哲人與江湖郎中，分別學者跟騙子。自所羅門[8]與畢達哥拉斯以來，人們曾竭盡所能，想像及臆測社會與心理的法則，提出各種體系。從這個角度來看，也許「所有一切都已經被討論過了」是正確的，但「一切都還有待理解」也是千眞萬確。在政治學（僅就這個哲學分支來說）中，人人都自己的激情與利益，決定黨派立場，思想屈服於意志，全無科學氣質可言，更遑論一絲的確定性。於是，普遍的無知造就了普遍的暴政；如果說思想自由已載明在憲章之中，那麼就在多數統治的名義下，同樣的憲章也裁定了思想的奴役。

爲了限縮在《法典》所敘述的民事時效，我不會討論所有權人所提出的種種陳腐反對意見，那太繁瑣與冗長了。誰都知道有些權利不會因爲時效而消滅，至於可以因時間的推移而取得的東西，誰都知道時效的要求具備某些條件，缺少其中一項就會無效[9]。舉個例來說，固然所有權人的所有在民事上可以認定，又是公開坦蕩，且過程不曾間斷，但也確實缺乏正當資格，因爲使之正當成理的兩個資格——占用和勞動——也同樣證明無產者可以對所有權人如是要求，正如所有權人自己所捍衛的那樣。由有甚者，這種所有也缺乏善意，因爲它基於一個禁止時效的法律錯誤。按照保路斯[10]的說法，法律上的錯誤阻卻了時效的成立（Nunquam in usucapionibus juris error—possessoriprodest）。這裡所指法律上的錯誤是：或者持有人固然以所有權名義所有，然而他所有僅僅只是用益的資格；或者他所買賣的是無人有權轉讓或售出的東西。

爲什麼時效不能被援用作爲支持所有權主張的另一個理由（從法理學所推導出的理由）是：所有不動產的權利是普遍權利的一部分，其即使在人類歷史戰禍最頻仍的時代，也從來沒有完全消失，無產者只要證明他們一直都在局部行使此類權利，就可以回復所有的權利。例如，一個具有可以占有、贈與、互易、出借、出租、出賣、改變或毀棄一件物品普遍權利的人，僅憑一個出借行爲，就可以保有此一權利的全部，即便除了出借行爲之外，他從來沒有用其他方式表示過其所有權。同樣地，我們也可以看到，財產的平等、權利的平等、自由或意志乃至於人格上的平等，都是同樣這個理念的一致性表述：自我保全與發展的權利，也就是說，時效對於這種生存權利，根本無從運作，除非人類滅絕的那天到來。

最後，關於完成時效所需要的時間問題，如果證明一般的所有權並不僅因經過十年、二十年、一百年、一千年、十萬年的所有就能取得，那就是多餘的；而且，只要世界上還有一個能夠理解並反對所有權的人存在，這個權利的取得時效就永遠不會完成。因爲所有只是一個意外與偶然的事實，而非法理原則或者理性公設。一個人的所有或許可以對另一個人的占有發生時效作用，但是正如占有人不會因時效而失去自己的占有一樣，理性也永遠具有自行修正和改革的能力，過去無從拘束未來，外在的理性始終都是同樣的。財產權的體制，蒙昧理智的造物，還是會被一個更爲明智的理性所廢除。所以，所有權不會因時效而成立，這是確鑿無誤的，這也是那個箴言立基之處，法律上的錯誤阻卻了時效的成立。

但是，如果對於時效問題我僅僅只作以上的陳述，那我就沒有忠實遵守自己所定的方法，讀者有權指責我是說謊者。我曾經首先指出土地的占有是不合法的，如果合法，那就絕不能和所有權的平等分開；其次，我也說明無從證明普遍的承認支持所有權，若否，也是支持所有權的平等。還需要論證的是，如果時效可以被接受，也預設了所有權的平等。

這個論證既不冗長，又不困難。讀者只要注意爲什麼要採用時效制度的緣由就夠了。

「時效」，杜諾[三]說，「似乎與自然的平等相斥，按照這種觀念，不應當違背一個人自己的本意，並在他未知的狀況下剝奪他的財物，也不許一個人損人利己。但是，如果時效制度不存在的話，往往會發生以下情況：一個善意的取得人在長期占有之後，隨時會遭到剝奪；而且，即使這個取得人的財物的確是從原物主那裡得到的，或者已經經過合法手續解除一切義務，那麼他在失去他的權利以後，也隨時有被剝奪或再度承擔義務的危險。所以公共利益要求規定一個期限，期滿之後，任何人不得侵犯實際占有人的權利，也不得再對放棄已久而不行使權利有所要求……。所以民法在規定時效的時候，目的只在於使自然法臻於完善，並對國際公法有所補充；而且，由於時效是以永遠應比個人利益優先考慮的公共利益爲基礎的（Bono public usucapiointroductaest），所以具備法律所規定的條件時，應當得到尊敬。」

杜利埃在其《民法論》中說：「爲了使財產所有權的問題不致拖延過久不決，導致妨害公共利益，擾亂家庭的安寧和社會事務的穩定，法律規定了一個期限，超過這個期限，法律就拒絕受理恢復財產所有權的請求，並透過使占有和所有權結合起來的辦法，把占有那種由來已久的特權歸還給它。」

卡西奧道爾[12]在談到所有權時說，在訴訟的狂暴風雨中，在貪欲的洶湧浪潮中，所有權是唯一可靠的港口（Hic unus inter humanasprocellasportus, quemshominesfervidavoluntatepræterierint;inundosis semper jurgiiserrabunt）。

按照這些論者的說法，時效是維持公共秩序的手段，在某些場合是恢復取得所有權的原始方式，是民法上的一種擬制，這個擬制的所有效力，是從解決爭端的必要中產生，不然這些爭端就無法解決。因爲，如格老秀斯所說，時間就其本身沒有任何效力，萬事都在時間中發生，但沒有一件事是不由時間造就；所以，時效或由於時間的推移而取得權利，是一種相依成習而採用，法律上的擬制。

但一切所有權必然是從時效，或者是從羅馬人所說的時效取得（usucapio）開始；也就是說，是從持續的所有開始。所以首先要問，所有如何因時間的推移而變成所有權呢？持續的所有無論多長，數年或者數百年，但人們可以不要賦予存續期將用益人轉化爲所有權人的效力，存續期就其本身什麼也沒有創造、什麼也沒有改變，也沒有改變什麼。

至於民法承認一個善意長期所有者的權利，可以有權不被突如其來的人所剝奪，也只是確認一個已經受到尊重的權利；如此採用的時效制度也只能說明，占有人可以保持二十、三十或一百年以前就開始的所有。但是，當法律宣稱時間的推移，可以把所有人變成所有權人的時候，就認爲一種權利可以沒有原因而被創造出來，毫無理由地改變對象的性質，將一個沒有經過訴訟的事情合法；這逾越了其職權。公共秩序和個人的安全所要求的只是所有可以得到保全；爲什麼法律卻創造了所有權呢？時效曾經是一種對於未來的保證，爲什麼法律把它變成一個特權的問題呢？

因此時效的根源與所有權本身的根源是相同的，既然所有權只能在嚴格的平等條件下才能正當化，時效也不過是爲了確保這種寶貴的平等，而必須採用的成千種形式的一種。這並不是無謂的歸納，並不是牽強附會的推斷，一切法典的條文都可以證明這一點。

的確，如果所有的民族基於一種正義和自保的本能，都已承認時效的效用和必要，如果目的是藉此保護所有人的利益，那麼還能對因外出經商、戰爭或被俘而遠離家庭和祖國，無法行使任何所有行爲的公民不加照顧嗎？不能。所以，把時效引入法律，人們就承認所有權可以僅憑意願（nudo-animo）而得到確保。可是，如果所有權僅憑意願就能得到確保，如果只能由於所有權人的自願行爲才能喪失，時效有什麼用呢？既然所有權人只要表示有此意願，就可確保其所有權，那麼對於因時效而消滅的所有權，法律怎麼推定所有權人有拋棄它的意願呢？什麼樣的時間推移能承認這種推測呢？法律根據什麼權力用剝奪財物的方法來處罰所有權人的不在場呢？啊，剛才還看到時效和所有權是相同東西，現在卻又發現它們相互摧毀！

格老秀斯察覺到這個矛盾，他對此所作的解答相當有趣，值得摘錄下來：「哪來的毫無基督徒精神的人，」他說，「會爲了一點無關緊要的東西，永久侵犯所有人呢？彷彿這是所有人不同意放棄權利就無可避免的狀況。」（Bene sperandum de hominibus ac propterea non putandumeos hoc esseanim-out, rei caducæcausâ, hominemalterumvelint in perpttuopeccatoversari, quod evitarisæpe non poterit sine tali dereliction）天哪！我就是這樣的人。哪怕會有上百萬的所有權人在最後的審判前要在地獄中受炮烙之刑，我還是要責備他們從人間的財物中搶去了我的那一份。對於這個有力的考量，格老秀斯回答：與其進行訴訟，擾亂各民族的和平和煽起內戰，還不如放棄一個發生爭執的權利。只要得到賠償，我就可以嚥下這個爭端，如果你願意的話。但是，如果人們拒絕給我賠償，那麼富人的寧靜和安全，與我這樣的無產者又有什麼相關呢？我對公共秩序也像對所有權人的安全那樣毫不關心。我要求勞動而活，否則寧願戰鬥到死。

不管論證有多細膩，都會得出這樣的結論，時效是所有權的對立面；或者毋寧說，時效和所有權是同一原理的兩種形式，但這兩種形式是用來互相矯正的；新的或舊的法學主張把這兩者調和起來，這是一個不小的謬誤。確實，如果在所有權的規定中，只能看到一種要保障每個人都有一份土地和勞動權利的願望，在虛擬所有權與所有的分離中，就只能看到一種對於外出的人、孤兒以及所有不知道或無法保護自身權利的人們的保護；在時效制度中，只能看到一種或者是爲了駁斥那些不正當的請求和侵占行爲，或者是爲了解決因所有者的更替而引起的爭論的辦法；但若是如此，我們還得認知到在人類正義的各種不同形態中，人類自發性的理性努力以濟社會本能。

我們將在這種對於一切權利的保護中，看到平等的思想感情以及趨向平均化的不變傾向。在更深入觀察的時候，甚至可以在對於這些原理的誇大中，證實我們的學說；因爲，如果地位的平等和普遍的結合，沒有早日得到實現，那是由於立法者和法官的愚蠢，使人民不能作出合理的判斷；同時也由於在原始社會時期，雖然曾經閃耀過眞理的光芒，社會領袖們的初期思考卻只能產生黑暗。

在原始契約成立之後，在最初表明人們原始需要的法律和制度訂定之後，立法者的責任是改正立法的錯誤，補充不夠全面的部分；用較好的界定讓似乎有矛盾的問題趨於協調。可是他們沒有這樣做，卻停留在法律條文的字義上，滿足於注解者和學究的低賤工作。由於他們把當時人們必然有的錯誤想法，當作永恆和毫無疑問的眞理，就被輿論所左右並受制於對教條的崇拜，總是按照神學家的榜樣，從下列原則著手：凡是在各個時代被普遍承認的東西，就一定是眞實的；彷佛某種普遍的自發意見所提供的不僅僅只是眞理的表象而已。我們不要誤解：各民族的意見可以用來證實對於一個事實的感知、對於一條法則的模糊感覺；但卻絲毫不能使我們對於事實和規律有所認識。人類的一致同意是一種自然的顯現，但並不是自然的法則，就如西塞羅所說。眞理隱藏在顯現之下，對於這個眞理，透過信仰可以相信，但只有經過思考才能加以認識。人類的思想在一切有關物理現象和天才創造方面，所得到的持續進步向來都是這樣；至於良心上的事實和行爲上的法則，又怎麼會有所不同呢？

第四節　勞動——勞動沒有使自然財富私有化的固有能力

我們將透過政治經濟學和法學的定理，亦即透過反駁所有權所能提出的貌似有理的論據來證明：

一、勞動本身沒有將自然財富私有化的效力。

二、即使承認勞動具有這種能力，但是不論哪一類勞動，不論產品多稀少，也不論勞動者的能力多不相同，人們都將被引導到所有權的均等。

三、在正義的秩序中，勞動是摧毀所有權的。依照我們反對者的榜樣，並且爲了不致在我們論述的過程中，留下疑難問題沒有解決，讓我們盡量清楚地來討論這個問題。

孔德先生的《財產論》說：「法國作爲一個國家，擁有屬於自己的領土。」法國像是一個個別的人，占有所開發的一片領域；法國並不是這個領域的所有權人，關於這一點，國家與國家之間以及人與人之間是相同的；它們是有共用權的人與勞動者；把土地的所有權歸屬於國家，這是語言上的濫用。使用權和濫用權既不屬於個人也不屬於國家；將來總有一天，爲了制止一個國家濫用土地而發動的戰爭，要被看成是一種神聖的戰爭。

因此，企圖解釋財產是怎樣形成的，並首先主張國家是所有權人的孔德先生，掉到把未決問題作爲論據的錯誤中。從這時起，他的整個論證已告崩潰。如果讀者認爲討論國家具有領土所有權是把邏輯推得太遠，那我要提醒一下，宗主權的種種主張、進員、國王的特權、勞役制、人力和金錢的攤派、物資的供應等，歷來都是從虛擬的國家所有權中產生，因而也產生抗稅、叛亂、戰爭和人口減少的現象。

「在這個疆域中，存在著一些沒有變成私人財產的廣闊土地。這些土地是森林，屬於全體人民所有，而獲得收益的政府把這些收益用在或應當用在公益方面。」

「應當用」說得很好，這可以免得說謊。

「該把這些土地出賣」爲什麼要出賣？誰有權出賣？即使國家是所有權人，這一代人可以剝奪下一代人的所有權嗎？國家是以用益權的名義占有，政府進行管理、監督和保護；如果還可以租讓土地的話，也只能租讓使用權；既無權出賣，也無權以任何方式轉讓出去。既然沒有所有權人的資格，怎能移轉所有權呢？

「如果一個勤勞的人買了一塊土地，例如一片廣闊的沼澤地，這並不是霸占，因爲公眾透過政府收到這塊土地全部的價值，成交之後公眾的財富仍然和從前一樣多。」

多麼可笑！什麼！因爲一個揮霍、輕率或不稱職的官吏出賣國家的財物，而我身爲國家的被監護人，在參政院裡沒有諮詢的發言權又沒有表決權，對於這個買賣卻無法提出反對意見，這樣就算有效和合法的！人民的監護人把人民的產業消耗殆盡，而人民卻一點追究的權利都沒有。您說，我曾經透過政府收到售貨收入中屬於我的那一份；但是，首先我不願意出賣；就算我願意，也不能這樣做，因爲我沒有出賣的權利，我一點也看不出這個買賣有什麼好處。我的監護人發給幾個兵士一些衣服，修理了一座古堡，爲了誇耀自己而修建一個費用昂貴但毫無價值的紀念碑；後來又放煙火並在慶祝會上樹立懸掛獎品的旗桿；這些和我所受到的損失相比，又算得了什麼呢？

買到土地的人把土地圈了起來，並說：「這是我的，各人管各人的事，各人爲自己打算。」因此，這裡有一塊從今以後誰也無權插足的土地，只有這塊土地的所有權人和他的朋友們是例外。這塊土地除了土地所有權人和他的僕役之外誰都不能加以利用。如果這樣的買賣增多，那麼人民——他們既不能夠又不願意出賣，也沒有得到售貨收入——不久將連休息、躲避風雨或從事耕耘的地方都沒有了。他們將餓死在土地所有權人的門口，餓死在這塊曾經是他們的產業邊上；那個看著他們氣絕的土地所有權人會說：懶漢和無賴都是這樣死亡的！

為了讓我們同意土地所有權人的霸占行為，孔德先生假惺惺地說，土地在出賣的時候沒有什麼價值。

「必須注意不要誇大這些霸占行為的重要性，人們應當從這些被占用的土地所養活的人數，和提供的生活必需品方面，來衡量這些霸占行為。例如，如果這塊現值一千法郎的土地，在開始被霸占時只值五生丁的話，那麼實際損失的顯然只有五生丁的價值。一塊四平方公里的土地過去養不活一個困苦萬分的野蠻人，今天可以提供一千個人的生活必需品。這塊土地的千分之九百九十九是占有人的合法財產；霸占去的僅是現值的千分之一。」

一個鄉下人在懺悔時，坦白承認他曾毀掉一張證明欠三百法郎債款的字據。聽他懺悔的神父說：「你必須償還這三百法郎。」「不，」那個鄉下人回答說，「我願意償還那張字據的紙張費，兩個里亞爾。」[13]

孔德先生的邏輯很像這個鄉下人的善良信念。土地不僅具有現有的一切價值，而且還具有一種潛在的、即未來的價值；這個價值依靠我們的能力來使它發揮作用，並在我們的工作中加以使用。撕毀一張匯票、一張付款單、一張年金的單據，就紙張來說，你撕毀的東西簡直沒有什麼價值；但是和這張紙一起，你消滅了你的權利，並且在喪失權利的同時，也剝奪了你自己的那項財物。你可以毀壞那塊土地，或者——這對於你是一樣的——你可以出賣它，你不僅是出讓一次、兩次或幾次的收穫，而是消滅你和你的子孫可以從那土地上得到的全部產品。

當孔德先生這位所有權的擁護者和勞動的歌頌者，認爲土地的讓渡在政府一方，我們不能認定他這麼做是毫無理由且全無目的，他需要這個假設。由於他反對占用的學說，而且又知道如果沒有事先的占用許可，勞動是不能造成權利的，所以他不得不把這種許可和政府的權力聯繫起來，這意味著所有權是以人民的主權爲基礎；換句話說，是以普遍的同意爲基礎。這個理論上面已經討論過了。

先把所有權說成是勞動的產物，然後又說要給勞動一塊地盤以便操作，如果沒有弄錯的話，這簡直是在製造一個循環論證。在下面立刻會看到這個說法的矛盾。

「一塊特定的土地只能生產出供一個人一天的消費量，如果占有人用他的勞動設法使土地生產兩天的消費量，那麼他就把土地的價值提高了一倍。這個新的價值是他的成就、創造；不是從任何人那裡搶來的，這是他的財產。」

我同意那個占有人可以得到雙倍收穫，作爲辛苦和努力的報酬，但他對於土地卻不能因此得到任何權利。讓勞動者享有勞動果實，這我同意；但是我卻不了解爲什麼產品所有權可以帶來生產該產品的土地所有權。一個漁夫在海邊，能夠比同伴捕得較多的魚，難道他能憑藉這種本領使他成爲該漁場的所有權人嗎？曾經有人把一個獵人熟練的技能，當作是獲得一片森林所有權的根據嗎？這樣的類比才是完美；勤勞的農民可以在豐富和優質的收穫物中得到努力的報酬；如果他對土地有所改善的話，就可以取得一種作爲所有人的優先權；但他在任何情況下永遠不能以他的耕種技巧作爲根據，取得所耕種的土地的所有權。

要把所有變爲所有權，除勞動以外還需要某種東西；如果沒有這種東西，當一個人不再是勞動者的時候，就立刻不再是所有權人了。可是按照法律，創造所有權的是遠古、沒有爭執的所有；換句話說，就是時效。勞動不過是賴以表明可以覺察到的所有跡象，實際的行爲。所以，如果農民在停止勞動和生產之後，卻依然是所有權人；如果他最初的所有是轉讓而來，而後來被容忍，最終成了不可讓渡者，那是由於民法的認可並根據占用原則而發生。這一點千眞萬確，以致沒有一張賣契、一張租佃或租賃契約、沒有一張領取年金的單據，不是以此爲前提的。我只舉出其中的一個例子。

一項不動產的價値是怎樣估定呢？根據它的收益。如果一塊土地可以產生一千法郎的利益，按照百分之五來計算，這塊土地就値二萬法郎；按照百分之四來計算，就是二萬五千法郎，依此類推。換句話說，這就意味著，在二十或二十五年之後，購買人已經可以把他所付的款項全都收回。所以，如果超過一定期間，一項不動產的價格既然得到全部回收，爲什麼那個購買人仍舊是所有權人呢？這就是根據占用權，如果沒有這種權利的話，一切買賣都將是一種可以贖回的買賣行爲了。

所以，勞動造成私有的學說和《法典》相矛盾；當擁護這個學說的人用之解釋法律時，就自相矛盾了。

「如果人們能使一塊原先什麼也不生產的土地，或者一塊像沼澤般貧瘠的土地變爲肥沃的土地，他們就不折不扣地創造了所有權。」

誇大一種說法和玩弄模稜兩可的修辭，好像有意使人受騙似的，這有什麼好處呢？「他們創造了所有權」，這意思是說，他們創造了一種以前並不存在的生產能力，但是這種能力只有在物質基礎條件下才能被創造出來，土地的實質依然不變，發生變化的僅是性質和後天的變異。人創造了一切，除物質本身以外的一切。我認爲，這種物質人們在不斷勞動的條件下僅能占有和使用，同時對所生產出來的東西暫時取得所有權。

所以，第一個重點已經解決了。即使許可取得產品的所有權，這種所有權也並不附帶生產工具的所有權；據我看來，這一點不需要更多說明了。軍人占有武器，泥水匠占有所負責保管的建築材料，漁夫占用著水面，獵人占用著田野和森林，農民占有著土地，在他們之間，情形是等同的；他們都可以說是他們生產出來的產品的所有權人；但沒有一個人可以成爲生產工具的所有權人。這類生產的權利專屬於物權；對生產工具的權利則是共同的，是相對物權。

第五節　勞動導致所有權的平等

即使承認勞動可以產生對生產工具的所有權，爲什麼這個原則不普及呢？爲什麼享受這條所謂法則利益的，僅限於極少數人，而將廣大的勞動者拒於門外呢？有一位哲學家主張一切動物起先都像菌一樣，從陽光曬熱的土地中生長出來；有人問他爲什麼現在土地不能產生性質相同的東西呢？他答覆說，因爲土地老了，已失去受胎的能力。過去如此多產的勞動難道也同樣變成匱乏了嗎？爲什麼現今的佃戶就不能再用勞動來取得這塊從前靠土地所有權人的勞動取得的土地呢？

有人說，這是因爲它已經被私有了。這不是一種答覆。例如一塊地產是以每公頃收取五十蒲式耳糧食的租價出租；佃農的技能和勞動把產量提高了一倍，這個增加由佃農創造的。假定土地所有權人由於一種少見的溫情，不用增加田租的辦法掠奪這部分產品，而讓農民享受他的勞動果實；即使這樣，也不完全符合正義。佃農在改良時，已經爲地產創造一個新的價值，所以他有權得到這筆財產的一部分。如果一塊土地原值十萬法郎，經過佃農的勞動使土地價值漲到十五萬法郎，那麼增加額外價值的佃農就是這塊土地三分之一的正當所有權人。孔德不能批評這種說法是錯誤的，因爲這就是他所說的：

「使土地變得更加富饒的人們，對人類的貢獻並不少於創造新的土地面積的人。」

那麼，爲什麼這個法則不能像對開荒的人那樣適用於改良土壤的人呢？由於前者的勞動，土地的價值是一，由於後者的勞動，它就增值爲二；就兩方面來說，創造的價值是相等的。爲什麼不給兩者平等的所有權呢？我看不出對這個問題可以提出任何站得住腳的反駁，除非重新乞援於先占權。

「但是，」有人會說，「即使接受您的要求，也不會使財產的分割次數有很大的增多。土地不能無限制增加它的價值，在兩、三次墾殖之後，很快就達到最高限度的豐產額。農業技術所增加的東西，與其說來自農民的技藝，還不如說來自科學的進步和知識的傳播。因此，如果在一大堆的所有權人中，再加上幾個勞動者，也不能構成反對所有權的理由」。

事實上，如果我們的努力結果只是土地特權與產業壟斷的擴張，只是讓少數勞動者從千萬無產者中脫穎而出，重提這個論爭也未免徒勞，這也是誤解了我們的眞意，足證其全無智慧與邏輯。

如果增加一件東西的價值的勞動者可以獲得所有權，那麼維持這個價值的人也應該得到同樣的權利。什麼叫做維持？就是不斷的增加，就是不斷的創造。什麼叫做耕耘？就是使土地產生每年的價值；就是經過每年的創造，使一塊土地的價值不致降低或消失。所以，就算所有權合理、正當，就算地租公允、合乎正義，我也要說耕種者享有與開荒者以及改良土壤者一樣的權利，應該取得所有權；當一個佃農每次償付地租時，就在受託照管的田地上得到一部分的所有權，這部分所有權的分數的分母等於所付地租的份額。[14]如果你不承認這一點，就會陷於專制與暴政，就是承認階級特權，就是贊成奴隸制度。

凡是勞動的人可以成爲所有權人，這個事實是從政治經濟學和法學公認的原理中所推論出。當我說所有權人時，不是像那些假仁假義的經濟學家，只是指他對所得的津貼、薪金、報酬有所有權；我指的是他對所創造的價值有所有權，而現在卻只有雇主可以從這個價值中得到利益。

由於這一切都牽涉到工資和產品分配的學說，同時這個問題從來沒有明確理論，我請求讀者允許我，在這裡多加說明；這種闡述對於主題不會全無用處。許多人提出讓工人分享產品和利潤，在他們心目中，這種分享純粹是慈善性的；他們從未說明，也許連想都沒有想到，這是勞動者固有的一種自然且必要的權利，與生產者的職能分不開，即使這個生產者是個最低級的小工也是如此。

我建議：勞動者即使在領到工資後，對所生產出來的產物還是保有自然的所有權。

我繼續援引孔德先生的言論：

「僱用一些工人來弄乾水草地、撥去地上的樹木和小樹叢；總之，就是清整土地。他們增加了土地的價值，使財產的數量加大；他們獲得食物和工資，作爲增加土地價值的報酬，所以這個價值就成爲資本家的財產。」

但這個價格是不夠的：工人們的勞動已經創造了一種價值，因而這種價值是他們的財產。但是他們既沒有出賣這種價值，又沒有加以交換；並且資本家，也沒有花什麼力氣來掙得這種價值。如果您由於您所供給的物資和生活必需品，而得到一部分權利，自然合乎正義：您對生產作了貢獻，就應當得到一部分的享受。但是您的權利不能取消工人們的權利，無論您怎麼想，這些工人在生產的工作中始終都是您的同僚，何以談起工資呢？您用來支付勞動者工資的錢，僅能勉強與工人們被迫放棄，讓您永久占有中幾年相抵。工資是勞動者維持每天生活和補充精力所必需的代價；而您把它當作是一項出讓所生產出來價值的價格，那就錯了。工人什麼也沒有出賣，他既不知道他的權利，不知道他所讓給您的權利範圍，也不懂得所謂訂立的契約的意義。他在這方面完全無知，至於您，即使不是盜竊和詐欺，也至少是錯誤和乘人不備。

用另外一個例子把這一切說得更加清楚，使道理更爲明顯。

誰都知道把一塊未經開墾的土地，變爲可以耕種、能生產的土地是多麼困難的事。[15]這些困難是這樣的巨大，以致獨自進行開荒的人多數總是在使土地能夠生產出極微薄的生活必需品之前就死亡了。爲此必須集結、配合社會力量以及工業上的一切資源。在這一點上，孔德先生引證很多確鑿的事實，可是他沒想到，他是在蒐集反對自己體系的證據。

假定有一隊由二十或三十戶人家組成的隊伍，在一個荒村中進行開墾，村中遍地都是野草和樹木。荒村中的本地人經過協商後撤離，每戶人家擁有一筆不大但足夠的資金，總之就像一個開荒者所能選擇的資本：牲畜、種子、耕具、一些現款和口糧。在把土地分割之後，各人找到最合適的地點定居下來，著手開墾分到的土地。經過了幾個星期的疲勞、想像不到的辛苦、費用浩繁而且幾乎毫無結果的勞動後，這些人開始抱怨，他們感到情況艱難，咒罵自己不幸的生活。

忽然，其中一個會動腦筋的人宰了一頭豬，把一部分肉醃存起來，決定犧牲剩餘的糧食，跑去找那些苦難的同伴。「朋友們，」他以和善的口氣說，「你們花費這樣多的辛勞才完成這樣少的工作，而且日子過得很痛苦，半個月的工夫已經使你們陷於絕境……來簽訂一個能使大家都可以得到好處的契約吧！我供給你們口糧和酒，每天都可以得到；我們會在一起勞動，朋友們，我們將感到幸福和滿足！」

可以想像，一些已經破產的人會拒絕這樣的說辭嗎？那些最感到飢餓的人就跟著這位奸詐的邀請人走了。他們開始工作，集體生活的樂趣、競賽、歡樂、互相，使精力提高了一倍，工作明顯地向前進展，在歌唱和歡笑聲中馴服著大自然。過了不久，土地大起變化，已開墾的土地只等著播種。這些工作做好後，土地所有權人就付錢給他的工人，工人道謝而去，並且惋惜一起度過的幸福日子竟一晃眼就過去了。

別人如法炮製，總能獲得同樣的成就。後來，那些人就定居下來，其餘的人都分散了，每個人都回去做自己的墾荒工作。可是在墾荒的時候，必須活下去；他們在給鄰居墾荒期間沒有給自己墾荒；在播種和收穫上，已經喪失一年的時間。他們在把自己的勞力出賣給別人的時候，心裡認爲這樣做一定划算，因爲可以節省自己的糧食，可以在較好的生活中，還可以賺更多的錢。多麼錯誤的打算！這是給別人創造生產的手段，卻絲毫沒有給自己創造什麼；開墾的困難還是一樣；衣服都破舊了，糧食吃完了，不久錢袋也空了，錢都跑到爲之做工的人的手裡去，而且只有他能夠供給所缺乏的糧食，因爲只有他能進行生產。後來，當可憐的墾荒者已經口袋空空的時候，擁有糧食的人（像寓言中的狼似的，老遠就嗅到犧牲品）又出現了。他答應重新僱他做工，對另一個人建議用好價錢買進那塊不生產的土地，在買進這塊土地以後，卻什麼也不幹，並且將永遠什麼也不幹，也就是說，他爲他自己的利益使一個人去耕種原來屬於另一個人的土地；事情做得非常順利，因此二十年之後，在原來三十個在財富上平等的人當中，有五個或六個已經變成全村土地的所有權人，其他那些人的財產都在慈善的名義下被剝奪掉了。

我有幸生在這個崇尚資產階級道德的時代，這個時代的道德觀念十分低落，如果有不少正人君子式的所有權人，向我質問這一切究竟有什麼違反正義和公道的地方，我也一點不會覺得驚奇，卑鄙齷齪的靈魂！行屍走肉的傢伙！如果這種現行的盜竊，在你們看來還不算明顯的話，怎樣才能說服你們呢？一個人利用甜言蜜語，找到了損人利己的祕訣；然後，一旦利用共同的努力而致富之後，就拒絕按照自己所規定的同樣條件，讓那些幫他發財的人過美好的生活。而你們還問這樣的行爲有什麼詐欺的地方！他說已經清償工人，什麼也不欠；又說他對自己的事還忙不過來，無法去幫助別人。在這些藉口之下，他拒絕像別人幫他創業那樣去援助別人成家立業。當這些可憐的勞動者孤立無援，因此無可奈何不得不出賣他們的產業時，他這個沒有良心的所有權人，這個奸詐的暴發戶，卻準備好去促成別人的傾家蕩產。而你們卻以爲這是合乎正義的！當心，在你們驚愕的眼光中，我看到比那因愚昧無知而產生的驚詫要明顯得多的良心不安。

有人說，資本家已償付了工人的勞動日；但爲了確切起見，應該說資本家每天僱用了多少工人，就償付了多少個勞動日，這與上面的說法就絕不是一回事了。因爲，對於勞動者因團結協調和群策群力而產生的龐大力量，資本家並沒有給予任何報酬[16]。兩百個衛兵在幾小時之內把呂克塞的方尖石塔，豎到它的基石上；假如只是一個人，做二百天，他能辦得到嗎？可是，在資本家的帳上，工資的總數沒有不同。是啊，把一片荒地變爲可以耕種的農田，蓋一所房屋，開辦一個工廠，這些等於是豎起好幾個方尖石塔，移動好幾座山。一筆最小的產業，一項最微不足道的事業，一個極簡陋的工廠開工，都需要種類繁多的勞動和技巧的協作，一個人無論如何都辦不到。令人驚奇的是，經濟學家們從來沒有注意到這一點。因此，我們不妨把資本家的收入和他的付款對照一下。

資本家必須給予勞動者一筆使他在工作期間能夠維持生活的工資，因爲如果他不消費，他就不能進行生產。無論是誰，只要僱用一個人，就必須維持他的生活或者給予等值的工資。在一切生產過程中，這是首先要做的事情。我姑且承認在這方面資本家已經盡了他的責任。

除了當前的生活必需品之外，勞動者必須能夠在他的生產品中得到將來的生活必需品，不然生產泉源將告枯竭，生產能力也將化爲烏有；換句話說，應當使要完成的勞動永遠從已經完成的勞動中再生出來；這就是再生產的普遍規律。因此，有土地的農民：一、從他的收成中不但得到自己和家屬的生活必需品，而且還要得到維持和改良資本、豢養牲畜的手段，總之，就是得到再勞動和永遠再生產的手段；二、在生產工具的所有權中，得到耕種和勞動的永久基礎。

出賣勞動力的人的耕種基礎是什麼呢？那就是土地所有權人可能對他有所需要，以及毫無根據假定土地所有權人願意僱用他從事勞動，像過去平民對於土地的占有是由封建主的慷慨和厚道所決定的一樣，今天工人的工作同樣是由雇主和所有權人的厚道和需要來決定的：這就是人們所說的不定占有。[17]但是這種不定的地位是不合乎正義的，因爲這在交易中包含著不平等。勞動者的工資很少超過他日常的消費量，並且不能保證第二天的工資，但同時，資本家將來的獨立和安全卻能在勞動者所生產出來的產品上得到保證。

可是，這種再生產的孕育——生命的永恆的萌芽，這種生產資金和生產手段的準備——所構成的是資本家對生產者欠下從未償還的債務；正是這種詐騙性的抵賴行爲，造成勞動者的赤貧、有閒者的奢侈和地位的不平等。人們所說的「人剝削人」，就是指這一點。

總之不外三個辦法：或者勞動者除工資以外，也能分享他和雇主一起生產出來的產品；或者雇主必須向勞動者提供一種等值的勞務；或者雇主必須保證永遠僱用勞動者。分享產品、互惠的勞務或提供永續工作的保證——在這三個辦法中，資本家必須選擇一種。然而，顯然他無法滿足第二、三項：他既不能爲曾經直接或間接對他的產業有所貢獻的成千工人服務，又不能使他們永遠都有工作可做，所以就只剩下分割所有權這一個辦法。但是，如果把所有權分割了，那麼一切地位都將趨於平等；將來既不會有大資本家，也不會有大的所有權人。

因此，當孔德先生繼續論述他的假設，指出他的資本家陸續取得其僱傭的勞動產品的時候，他就越來越陷入可悲的謬論泥坑；由於他的論據沒有更改，我們的答覆當然一樣。

「其他工人被僱用來建築房屋，有的在石礦中採石，有的運輸石料，有的加以鑿磨，每個工人用雙手幫物料增添了一定的價值，這個價值是他勞動的產物，也就是他的財產。他剛創造了這個價值，隨手就賣給資本的所有權人，後者用食物或工資作爲代價買下這個價值。」

分而治之（Divide et impera）；把他們分隔開來，你就能控制他們；把他們分隔開來，你就能發財致富；把他們分隔開來，你就能欺騙他們，既可以把他們弄得暈頭轉向，又可以嘲弄正義。如果把勞動者分隔開來，付給每個人每天的工資可能會超過他所生產出的價值，但問題不在這裡。一千個人工作二十天的力量，是按照單獨一個人工作五十五年同樣的工資標準來支付；但這一千個人的力量在二十天之內，已經完成一個人即使勞動百萬個世紀也無法完成的工作。這樣的交易是不是公允呢？我再說一遍，這是不公平的。雖然您已經償付了個別的勞動力，但是您沒有償付集體的勞動力。因此，始終存在著一個您沒有支付，卻在享受著的集體所有權。[18]

即使二十天的工資足以使部分工人在二十天中吃飽、住好、穿暖，如果這部分工人隨時生產、隨時把生產品放棄給那不久就要解僱他們的財產所有權人，那麼在期間屆滿、工作停止後，這部分工人怎麼辦呢？依靠勞動者的協助而得到鞏固地位的所有權人過著安定的生活，不必再擔心缺乏勞動和糧食；而工人卻只有把希望寄託在所有權人的慈悲心上，因爲他已經把自由都出賣和放棄給這個所有權人了。所以，如果滿足於舒適生活和權利的所有權人，拒絕僱用那個工人，這個工人將怎樣生活呢？他耕耘了一塊肥沃的土地，卻不能在那裡播種；他建造了一座舒適和美觀的房屋，卻不能住在裡面；

他生產了一切，卻絲毫得不到享受。

透過勞動，我們走向平等；每前進一步，就使我們和它更接近一些；如果勞動者的體力、勤勉和技巧相等的話，那麼他們的財產也應該相等。事實上，如果眞像人們所主張並經我們認可的那樣，勞動者是他所創造的價值的所有權人，那麼結果就會是：

一、勞動者應該獲得財產，而不是遊手好閒的所有權人。

二、一切生產過程既然是集體的，工人應當有權按照勞動比例，分享產品和盈利。

三、一切積累起來的資本既然是社會的財產，誰也不能當作自己的專屬財產。

這些推論無法辯駁，而僅僅這些推論就足以推翻整個經濟制度，改變我們的規章和法律。爲什麼主張這個原理的人如今又拒絕遵從呢？爲什麼像薩伊、孔德、艾奈肯這些人，在說明所有權來自勞動之後，接著又想方設法要靠占用和時效來使它固定下來呢？

但是，就讓這些詭辯家發表那些矛盾、盲目的言論吧！人民的良知會對他們模稜兩可的言辭，作出公平的判斷。應當趕快啓蒙人民，爲他們指明正確的道路，平等就將來到；我們和它之間已經只隔開一個短短的距離，明天這個距離就可一躍而過。

第六節 社會上的一切工資都是平等的

當聖西門主義者、傅立葉主義者，以及一般來說所有今天從事研究社會經濟和改革的人，都在他們的旗幟上寫著標語：

「按才分配，按才配工。」（聖西門）

「按照各人的資本、勞動和才能進行分配。」（傅立葉）

意思是說——雖然他們沒有用許多話講出來——由勞動和勤奮得來的大自然的產物，是一種贈給各種傑出和優秀人才的獎品、錦標和桂冠[19]。他們把地球當作一個廣大的決鬥場，在這個決鬥場中，不是用長槍和刀劍的刺擊、武力和奸詐來奪取獎品，而是用獲得的財富、知識、才能，甚至用德性本身來奪取。總之，他們認爲，而且大家也都認爲，最高的報酬應該給予最有才能的人，如果用乾脆點的買賣人的口氣來說，就是工薪應當和才能及其成績相稱。

這兩位所謂改革者的門徒，不能否認這不是他們的想法，因爲如果他們否認的話，就會發生矛盾，並破壞其體系的一致。再者，他們也無懼於否認，這兩派都自誇依據對自然的類比，他們說能力的不平等本爲自然所成，以此建立地位不平等的原則。他們所吹噓的只有一件事情，就是他們的政治改革體系盡善盡美，能使社會的不平等和天然的不平等相符合。對於地位的不平等是否可以，也就是說補償是否可行，他們並不在意，反倒是設定了一個能力的標準：

「按才分配，按才配工。」

「按照各人的資本、勞動和才能進行分配。」

自從聖西門和傅立葉去世以後，他們人數眾多的門徒之中，誰也沒有打算用科學方法向公眾說明上述這個偉大的主義；我願意以一百對一打賭，任何一個傅立葉主義者，連想都沒有想到這個重疊式的警句，可以有兩種不同的解釋。

這個命題，就他們所說明顯、通俗的意義（in sensuobvio）來理解，是錯誤、荒謬、不義、矛盾與自由相敵對的，提倡暴政的、反社會的，並且是在所有權偏見的絕對影響下，想像出來的。

首先應當把資本從應當得到酬報的因素中刪去，我讀過幾本傅立葉主義者的著作，據我所知，他們否認占用權，除勞動以外不承認所有權有任何基礎。他們既然從相似的前提出發，如果他們曾經對這個問題進行推理的話，就應該懂得資本只能根據占用權來給它的所有權人產生收益，因而這種生產是不正當的。的確，如果勞動是所有權的唯一基礎，那麼只要另外有人在利用我的田地，並支付地租，我就不再是這塊田地的所有權人了，這是已經無可懷疑證明的。這對於所有的資本都一樣，所以把資本投進一個產業，根據法律，就是拿這筆資本換取等值的產品。我不再進行這類無益的討論，在下一章詳盡地討論用資本從事生產的問題。

所以，資本是可以交換的，但不可能是收入的來源。

剩下來的是勞動和技能，或者像聖西門所說是「成果」和「能力」。我將對它們一一加以研究。

工資應不應該取決於勞動？換句話說，多勞多得是否合乎正義？請讀者密切注意這一點，答案已經不容分說了。

上帝對人說：「你應當以自己的血汗得到你的食糧」——這就是說，你應當自己生產自己的食糧，你應當抱著或多或少愉快心情，按照你如何安排和配合努力、本領而從事勞動。上帝沒有說：「你應當到鄰居那裡去爭得你的糧食」；而是說：「你應當和鄰居並肩從事勞動，你們應當和睦住在一起。」來闡明這條法則的意義，因爲極端簡單的表達方式可能引起誤解。

在勞動中，必須注意並區別兩件事：協作和可以利用的材料。

只要勞動者聯合起來，他們就是平等的；如果一個人所得的報酬比另一個人多，就會引起矛盾。因爲，既然只能用一個勞動者的產品來償付另一個勞動者的產品，如果兩個人的產量不相等的話，那麼較多的產品與較少的產品之間的差額，就不歸社會所得；因而它既然不被交換，也就不會妨礙工資的平等。當然，結果將產生有利於生產力較強的勞動者的自然不平等，但因爲誰也沒有由於他的體力和生產能力而受到損害，所以不會產生社會的不平等。總之，社會進行交換的只是一切等值的產品，這就是說，社會只能對於爲它提供的勞動給予酬報；因而可以平等酬償所有的勞動者。至於在範圍之外所生產出來的東西，就像勞動者之間的口音和頭髮顏色的差別，與社會無關。

我好像就在這裡規定不平等的原則似的，但完全不是這樣。在一塊特定的正在開發的土地上，勞動者的人數越多，讓每個人做的工作越少，那麼給社會所能提供的勞動總量——即可以進行交換的勞動——就越大，因此當協作的範圍逐漸擴大時，自然的不平等就逐漸消除，給社會所生產可供消費的價值數量就有所增加。所以，在社會中能帶來勞動上不平等的唯一因素，就是占有的權利——所有權。

現在，假定按照耕耘、翻地、收割等來估計，社會性的勞動量每天是二十平方米，假定完成這個任務平均時間是七小時；一個勞動者在六小時之內完成，另一個則要八小時才能完成，其他大多數的人要花費七小時。無論哪個勞動者在這花費多少時間，只要他能提供所要求的生產額，就有權得到相等的工資。

能在六小時內完成任務的勞動者，是否可以以其較強的體力和活動能力爲理由，去霸占能力較差勞動者的任務，從而奪去他的工作和食糧呢？誰敢支持這樣的主張呢？比別人早完工的人，可以休息，或者保養體力，鍛煉思想，以及爲了生活上的愉快，可以從事有益的體育和操作。在不妨害任何人的條件下，他可以這樣做。精力、天才、勤勞以及由此而產生的個人優點，是自然所造成的事實，在某種程度上也是個人所造成的事實，社會給予他們應得的尊重；但是社會給予他們的工資，是根據生產而不是根據能力來衡量。要知道，各人的產品是受全體的權利限制。

如果土地的面積無限，可供利用的材料數量取之不盡，即使如此，我們也不能接受按勞分配這個原則。爲什麼呢？我再重複說一遍，那是因爲無論組成社會的人數有多少，只能用所生產的產品來支付工資，因而不得不給予所有的人相同的工資。可是，在剛才所舉的假設中，既然無法禁止具有強大力量的人，利用他們的一切優點，所以就在社會平等之內，又將出現自然不平等的流弊。但是，就地球上居民的生產力和繁殖力來說，土地是極有限的；此外，由於產品的種類繁多和高度的分工，所須完成的社會性任務是輕而易舉的。因此，由於生產的產品有限，而這些產品又容易生產，絕對平等的法則就發生作用了。

是的，生活是一種鬥爭。但這絕對不是人與人的鬥爭，而是人與大自然的鬥爭，每一個人都有責任參加。如果鬥爭中強者前來援助弱者，他們的美意值得稱讚和愛慕；但是應該讓別人自由地接受他們的援助，而不應該用武力和有代價地強制別人接受。所有的人都有同樣的前程[21]，既不會太長，也不會太艱難；凡是完成了事業的人最後都能得到報酬，率先達到終點是沒有必要的。

在印刷業中，勞動者通常都按件計工，排字工人按照每排出一千個鉛字得到多少工資計算，印刷工人則按照每印出一千頁計算。在那裡，像在別處一樣，也可以看到能力和技巧的不平等。在不怕停工，即不怕失業和缺乏印刷和排版工作的時候，每個人都可以自由發揮勞動熱情，盡力施展才能；那時，多勞者多得，少勞者少得。但當業務清淡時、排字工人和印刷工人就平分工作，不把自己的工作分給別人就被看作是盜賊和叛徒一樣，爲人所不齒。

在這些印刷工人的行動中，存在著一種不是經濟學家和法學家所能及的哲學。如果立法者早把存在於印刷業中的公平分配原則，規定到法典中；如果他們早注意到人民群眾的本能——不是爲了卑躬屈膝的模仿，而是要改革它們並使它們普遍化——自由和平等早就可以建立在一個不可摧毀的基礎上了。同時，我們也不會對於所有權和社會地位差別的必要發生爭論了。

人們曾經計算過，如果按照法國具有勞動力的人數來分派工作的話，每人每天平均工作的時間不會超過五小時。如果是這樣，怎麼敢談到勞動者之間的不平等呢？造成不平等的是羅貝爾・馬蓋爾[22]的那種勞動。

所以，被解釋爲多勞多得的按勞分配的原則，是以兩個明顯的錯誤爲基礎：一個是經濟學方面的錯誤，即在社會的勞動中，任務必然不相等；第二個是物理學方面的錯誤，即能夠生產出來的物品數量是無限的。

人們會說：「但是，如果有一些人只肯完成他們任務的一半呢？」這不是很爲難吧？也許他們只要一半的工資就滿意了。按照他們提供的勞動來給予報酬，有什麼可以抱怨的呢？對別人有什麼損害呢？根據這個意義，應用按才配工這一原則是合乎正義的，這就是平等的定律。

此外，可以在這裡提出許多涉及產業的章則和組織的困難問題。對於這一切，我將用一句話來答覆，那就是這些問題都應該按照平等的原則加以解決。有人也許會說，「有的工作如果拖延下去，會妨害生產。難道社會應該因爲少數人的懈怠而遭受損害嗎？難道由於尊重勞動權，社會就不敢自己動手來保證得到他們所不肯生產的產品嗎？在這種情況下，工資將屬於誰呢？」

將屬於社會，社會將被准許由自己，或者經由代表去完成被擱置的工作，但是永遠要使一般的平等不受侵犯，同時只有懶漢才應該由於懶惰而受到懲罰。此外，雖然社會不能對拖延工作的人採取過分嚴峻的處理辦法，卻有權爲了自己的生存而去防止由此造成的流弊。

人們接著又會說：在所有的產業部門，必須要有領導、指導與監督等。這些人是否也要參加一般的工作呢？不，因爲他們的任務是領導、指導和監督。但是他們必須由勞動者在他們之中選舉出來，並須具備充當被選舉人的條件。一切公職，不論是行政方面或是教學方面，都是這樣的情形。

所以一般的規章，第一條將是：

可供物資的有限量，證成了依據勞動者人數分工的必要。完成一個社會性任務的能力是給予所有人的，也就是平等的任務，除了取自一個人的生產外，不可能償付另一個人，這證成了工資的平等。

第七節　才能的不平等是所有權平等的必要條件

有人或許會有反對意見，這也構成聖西門的原則第二部分，和傅立葉的原則第三部分：

「一切要完成的工作並不是同樣簡單，有些要求技能和智慧的高度水準，這種高度水準就是工作價值的基礎。藝術家、學者、詩人、政治家之所以受到尊重，是由於他們的卓越性；這個卓越性摧毀了他們與其他人之間的一切對等；在這些科學和天才卓越的人才面前，平等的法則就消失了。如果平等並非絕對齊頭，就沒有絕對平等的存在。上自詩人下至小說家，上自雕刻家下至石匠，上自建築師下至泥水匠，上自化學家下至廚師等。能力是按照等級和種類加以分類和再分類，才幹兩極之間是由中等的才能連結。人類就是由廣大的階層所構成，在這個階層中，各人都藉由與他人的對比而得到相應的評價，並由其生產的聲名，確定其價值。」

這個反對立論一直以來似乎無懈可擊。這是經濟學家與平等論者的絆腳石；讓前者鑄成大錯，讓後者說出無法置信的老生常談，巴貝夫希望所有的優越被「嚴厲壓制」，甚至將之「當成災難來攻擊」[23]；爲了打造其共產式結構，他把所有的公民都貶低到最低微的水平，我們看過一些無知的折衷主義者反對學識的不平等，所以如果有人反對德性的不不等，我一點也不會感到驚奇。亞里斯多德遭到放逐，蘇格拉底被迫服毒，埃巴米儂達斯[24]受到審判，他們都是由於在智慧和德性上高人一等，而受到荒唐和愚蠢的煽動家的迫害。只要所有權的不平等給了那些受到富人欺壓與矇騙的大眾理由，畏懼新的暴君將要掌權，這樣的愚蠢行徑還是會反覆發生。

似乎再沒有什麼比我們對此嚴苛檢視更反常了，經常是沒有什麼看起來比眞理本身更不像眞理。另一方面，盧梭說過「要想能夠一下子看清楚每天都見到的事物，必須有很廣博的哲學」、達朗具爾[25]也說過，「人們很少注意無處不在的眞相，除非有人特別提醒他們」。我從經濟學家老前輩薩伊那裡借用了這兩句引語；他本來應當從這兩句話得到教益，但他這個嘲笑瞎子的人自己也戴著一副眼鏡；注意他的人自己也是短視的。

眞是怪事！讓思想家們如此感到驚恐的不是反對平等的論據，而是平等所依存的條件本身！自然的不平等是所有權平等的條件，何等荒謬的論調！爲了不讓人家以爲我有所誤解，我重複說明我的論斷：能力的不平等是財富平等不可少的條件。

在社會中，必須把職能和關係這兩件事區別開來。

一、**職能**　所有的勞動者都應該有能力去完成他所負擔的工作，或者說通俗一些，所有的勞動者都應該懂得自己的業務。當工人有足夠的能力去完成他的工作時，職務與功能之間就存在著對等。

在人類社會中，職能並不相同；所以必須要有不同的能力。而且，某些職能要求較高的智慧和較高的才能，所以就存在著一些具有優越的智慧和才幹的人。既然有需要完成的工作，就必然有完成工作的人，需求創造思想，而思想就創造了生產者。我們只知道我們的感官讓我們有所欲，以及我們的智能之所求；但我們對於無從構思的事情並沒有熱切的欲望；我們構思事情的能力越好，就越能夠進行生產，我們的能力也就越加卓越。

由此可見，既然職能是由需求產生，需求是由欲望產生，欲望是由自發的知覺與想像力產生，那麼智慧既能想像，也就能從事生產；因而沒有一種有待完成的工作是工人的能力所不能勝任的。總之，如果有了職能，而需要有完成這種職能的人，那就是因爲能完成職能的人，早已先於職能而存在。

現在，就讚嘆大自然的安排吧！關於大自然所給我們的、不是孤立的個人憑自身的力量所能滿足的各種各樣的需要，大自然已經把個人所不能得到的力量賦予集體。這就產生分工的原則，一種以職業的特點爲基礎的原則。

某些需要的滿足，要求人們不斷進行創造工作，可是其他的需要卻只要經由一個人的勞動，就能使千百萬人在千萬年裡得到滿足。例如，衣食的需求不斷的再生產，而有關宇宙體系的知識，卻可以由兩、三個具有特殊稟賦的人而永久取得。江河滔滔不絕的流水維持著商業，推動機器；位於宇宙中央的太陽，則單獨照耀著全世界。大自然可以像創造農夫和牧人那樣，創造許多的柏拉圖和維琪爾[26]，許多的牛頓和居維埃[27]，然而，大自然覺得這樣還不妥當，因此讓天才的稀有，與其生產相稱，藉由對人人的妥適安排，平衡有能力者的數目。

我不打算在這裡研究某一個人和另一個人在才幹與智慧上的距離，是否是由這種可悲的文明造成，也無意探究我們今天稱之爲「力量上的不平等」是否可以處於更好的境地，不僅僅再只是「能力上的分化」。就事情最壞的方面來看，也爲了免得有人責備我支吾搪塞和有意規避困難，我承認人們所說的一切能力上的不平等。[28]某些愛好平均論的哲學家，認爲所有人的智慧都是相等的，他們之間的分歧只是教育的結果。坦白地說，我不贊同這種學說；即使這種學說是正確的，也會導致一種與哲學家所主張的議論完全相反的結果。因爲，如果才能是相等的，那麼不論能力大小如何，由於不能強制任何人去做特定的工作，被認爲最粗鄙、最低賤或太艱苦的職務，就應該得到最高的報酬。這種情況既不符合平等，也與按才配工的原則相矛盾。反之，如果能假定在這個社會中，每種技能在數目上和社會的需要相稱，而且這個社會只要求每個生產者拿出他特殊的職能需要生產的東西；那麼一方面既可尊重各種職能之間的階層關係，一方面也可以由此得出所有權平等的結論。

這是我的第二個論點。

二、**關係** 在討論勞動的因素時，曾說明為什麼在同樣的生產任務中，既然所有的人都具有完成一種社會任務的能力，各人能力不均不能被用來作為任何不平等待遇的理由。[29]但是，我們可以公允指出，某些人的能力的確完全不能擔任某些勞務，因此，如果人類的勞力完全用來生產一種產品，就會出現許多失能者，因而也就產生最巨大的社會不平等。但不用我說，所有人都可以看到產業的多樣性避免了這樣的困境：這麼一個清楚不過的眞理，我就不再多做停留。唯一剩下的問題是證明所有的職能彼此平等，就像從事同樣職能的勞動者也彼此平等那樣。

你們是否感到驚奇，因為我拒絕把地位的尊榮、權力和財富的特殊待遇，賦予有天才、有學識且勇敢的人，總之，賦予那些被大家所欽佩的卓越人物？這並不是我個人拒絕與否的問題而是關乎經濟、正義與自由，自由！我是第一次在這場論辯中提起這個名詞，願其奮起，為自己辯護，並得到自己的勝利。

一切以交換產品或勞務為目的的交易，都可以叫做商業行為。

說起商業，總是說等值的交換；因為，如果價值不相等，受到損害的一方就不會同意交換，也就不會有商業行爲。

商業只能在自由人與自由人之間進行，固然隨處都有以暴力或詐欺來進行交易的可能，但這絕對不是商業。

所謂自由人，意味著一個人樂於運用其理智和官能，且不爲激情所蒙蔽，不爲恐懼所裹脅或驅策，也不爲錯誤的輿論所左右。

所以，在一切交易中，存在著一種道義上的義務，即交易兩造都不能損人利己；也就是說，交易要正當與成立，必須要在商業行爲中排除一切的不平等，這是其第一個條件。第二個條件是，商業行爲是自願的，雙方是在自由和完全自覺的狀態達成協議。

所以我把商業或交易定義爲一個社會行爲。爲了一把刀而出賣自己的女人，爲了幾塊玻璃而出賣自己的子女，爲了一瓶酒而出賣自己的黑人，是不自由的，和其訂約的這個人口販子不是朋友，而是敵人。

文明的勞動者如果爲了得到一小塊麵包而烤出一大堆麵包，爲了可以住在馬房而去建築一座宮殿，爲了能穿上破衣爛衫而去織造最名貴的布匹，生產出一切卻一無所有，就不會是自由的。工人爲雇主勞動，但雇主並不因爲彼此之間交換著工資和勞務，而成爲工人的朋友，反而是工人的敵人。

不是出於熱愛而是出於恐懼爲祖國服務的士兵是不自由的，他的同伴、長官，甚至軍法機構，都是他的敵人。

租賃土地的農民，借進資本的生產者，繳納通行稅、關稅、執照捐、牌照捐、人頭稅或財產稅等的納稅人，以及投票通過這些稅捐的議員，既不了解行爲的意義又不懂得自由的精神。土地所有權人、資本家、政府，都是他們的敵人。

如果你們給人們自由，啓蒙他們的思想，讓他們能夠懂得所訂立契約的意義，那麼就會看到最完美的平等精神，會在交易行爲中占據首要地位，而不必考慮才能和智慧的優越性。在商業事務上，在社會的範圍內，優越一詞是毫無意義的。

假如荷馬爲我朗誦他的詩篇，我將聆聽這位曠世天才的作品，和他相比，我是一個無知的牧人、低微的農夫，是微不足道的。事實上，如果拿作品來互相比較，在他的著作《伊利亞德》面前，我的那些乾酪和豆莢又算得了什麼呢？但是，如果荷馬想把我所有的一切，當作他那部無可比擬的史詩的代價，而全部拿走，並且想要我成爲他的奴隸的話，我寧願放棄欣賞他的詩歌，向他謝絕。我可以不要《伊利亞德》而等待《埃涅伊德》[30]，如果有必要這樣等待的話，荷馬卻不能一天沒有我的產品。所以讓他接受我給他的菲薄禮物，然後再讓他的詩篇教育我、鼓勵我、安慰我吧！

什麼！您倒說得好！一位歌唱人類和天神的詩人，竟給他這樣的地位？想想您的施捨以及由此而來的屈辱和痛苦吧！多麼野蠻的慷慨啊！我請您不要激動。所有權讓一個詩人成爲一個克利蘇斯[31]或一個乞丐！只有平等才能使他得到榮譽和讚賞。問題何在呢？在於規定詩人的權利和欣賞者的義務。現在，請您注意這一點，在解決這個問題上，這很重要：兩造都應該是自由的，一方面是賣出的自由，另一方面是購買的自由。肯定這點以後，他們各自的主張就絲毫不能算數了，不論兩造的一方對於其詩篇，另一方對於他施贈的估算是否公允，都不會影響契約的條件。我們不應該從能力的重要性方面，而應該在生產品的重要性方面，去找到裁決的理由。

要讓歌頌阿基里斯[32]的詩人得到應得的報酬，首先必須使自己受人歡迎，這點辦到之後，他的詩篇和酬勞的交換是一個自由的契約行爲，同時是一個合乎正義的行爲，也就是說，詩人的酬勞應該等於他的作品。可是，這個作品的價值如何呢？

首先，假定《伊利亞德》——這篇應當得到公允報酬的傑作——的價值實際上是無限的，是至高無上的。再假定可以自由作主的公眾，拒絕收買這篇傑作，那麼顯而易見，這個不能換錢的詩篇的內在價值固然並不因而減低，但是它的交換價值或者它的生產效用就會等於零，就會化爲烏有。既然一切權利和一切自由都應當平等地受到尊重，就應當在一方面是無限，另一方面是零之間，在與這兩者的距離都相等的地方，尋求應付的工資額；換句話說，要加以確定的不是出賣品的內在價值，而是這個商品的相對價值。問題開始簡單化了：現在這個相對價值是多少？像《伊利亞德》這樣詩篇的作者，應當得到什麼樣的報酬？

在確定定義後，政治經濟學的首要任務就是解決這個問題，但它不但沒有解決這個問題，而且還聲明這無法解決。按照經濟學家的意見，物品的相對價值或交換價值無法絕對地加以確定；因爲這個價值必然發生變動。

「一件東西的價值」薩伊說，「是一個具體的數量，但只能在一個特定的時刻是具體的，這個價值在本質上永遠是可變的。任何東西都不能絕對地確定它，因爲這個價值是以無時無刻不在變動的需要，以及生產手段爲基礎的。這些變化讓經濟學的現象趨於複雜，往往難以觀察和解決。對於這種情況，我不知道有什麼補救的辦法，改變事物的本質不是我們的能力所能做到的。」

在其他的地方，薩伊說過並且反覆說，價值既然以效用爲基礎，而效用則完全歸於消費者的需要、一時的好惡和時尚等，所以價值像人的意見一樣可以變動。可是政治經濟學既然是價值以及產品的生產、分配、交換和消費的科學，如果交換價值不能絕對加以確定的話，那麼政治經濟學怎麼可能存在呢？怎麼會成爲一種科學呢？兩個經濟學者怎能不相對而訕笑呢？他們怎麼敢去辱罵形而上學家和心理學家呢？什麼！笛卡兒這個傻子認爲哲學需要有一個使這門科學得以建立起來的不可動搖的基礎——某種不可動搖的東西（ahquidinconcussum），而且他曾老老實實地去找尋這個東西，在他之後，經濟學的赫米斯[33]，這個嚴肅學科的巨匠薩伊，用了半部書來闡述政治經濟學作爲一門科學，卻有勇氣肯定這門科學無法確定其對象，這就等於說這門科學沒有原理和沒有根據！所以，這位有名的薩伊就不知道一門科學的性質是什麼，或者毋寧說，他對自己所論述的主題一無所知。

薩伊的榜樣產生了後果。發展到現階段的政治經濟學，像是哲學上的本體論：在論述因果時，什麼也不懂，什麼也不加說明，什麼結論也不做。被人尊稱爲經濟規律的概念，不過是一些平凡的通則；經濟學家們用好聽的語調和術語把這些通則裝扮起來以後，以爲就可以使其具有深奧的面貌。至於經濟學家試圖就社會問題想出的解決辦法，我們只能說，雖然他們煞費苦心的著作裡，偶爾也出現一點常識的閃光，但不久又立刻墮入謬論中。政治經濟學像一片濃霧似的籠罩在法國的上空已經有二十五年了，阻礙著思想的前進並壓制著自由。

產業上的每一種創造有沒有一種可用金錢得來的、絕對的、不變的，因而是正當的以及可以成立的價值呢？——是有的。

人的每一種產品是否可以和人的其他某一種產品交換呢？——也是可以的。

一雙鞋子值多少顆釘子呢？

如果能夠解決這個嚇人的問題，就掌握到人類已經追索了六千年的社會制度關鍵。在這個問題面前，經濟學家變得迷糊並且退卻，既不能讀又不能寫的鄉下人卻毫無難色地作出了答覆：把做鞋子所需的時間和費用來製造釘子，能製造多少，鞋子就值多少釘子。

所以，一件東西的絕對價值就是所耗費的時間和費用。從沙地上拾起來的鑽石值多少呢？——毫無價值，這不是人的生產品。當這塊鑽石經過琢磨並鑲成飾物的時候，它值多少呢？——工人因此而花費的時間和費用。那麼，爲什麼鑽石這樣貴呢？——因爲那些人是不自由的。社會必須調節稀有物品的交換和分配，像最通用的東西一樣，使得每個人都可以分享一份。至於稀有物那基於輿論成見的價值究竟是什麼呢？不過幻見、不義與掠奪。

按照這個原則，就不能調和所有人了。如果在無限價值和等於零的價值之間，所要尋找的平均價值就在每一件產品中，由生產這件產品所花的時間和費用的總量表現出來，那麼作家寫一首詩需要三十年的研究工夫，與一萬法郎的旅行、書籍等費用，就應該用一個普通勞動者三十年的工資，加上一萬法郎的補償費來收買這首詩。假定總數是五萬法郎，如果購買這個傑作的社會擁有一百萬人的話，那麼我應該負擔的部分將是五生丁。

這就得出了幾點應當注意的事項：

一、同樣一種產品在不同的時期和不同的地點，所需要花費的時間和費用，可能或多或少地有所不同；從這一點來看，價值的確是一個可變的數量。但是這種變動並不是經濟學家們所說的變動。他們在價值變動的原因中，把生產方法、興趣、一時的好惡、時尚、輿論混在一起。總之，一件東西的眞正價值雖然在貨幣表現上可能發生變動，但是在代數式的表現上是不變的。

二、每一件需要用的產品應當按照所花費的時間和費用支付代價，每一件無人需要的產品，對於生產者來說是一種損失，一種商業上的負數價值。

三、對於估價原則的無知，以及在很多情況下應用這個原則時所發生的困難，是商業欺騙的根源，也是財富不平等最重要的原因之一。

四、爲了支付某些勞動者與某些產品，就需要有一個社會，能在規模上符合人才的稀少、產品的昂貴、藝術和科學的門類眾多等情況。例如，一個擁有五十個農民的社會，可以維持一個小學教師，那麼就需要有一百個農民來養活一個鞋匠，一百五十個農民來養活一個鐵匠，二百個農民來養活一個裁縫等。如果農民的人數達到一千、一萬、十萬或更多的話，隨著人數的增加，最迫切需要的工作人員，也就必須按比例地增多；所以最高等的職能只有在最茁壯的社會中才有存在的可能[34]。能力的與眾不同，就在於此；只有在一個偉大國家的胸襟中，天才的性格，其光榮的印記，才能夠顯現並得到發展。天才所需的社會生理條件，並不能增加他的社會權利；天才的遲遲未現，不能證明在經濟與民事秩序中，最高等的智慧在所有的平等前屈服；平等先於天才的出現，並鑄就了天才的桂冠。

對我們的自尊來說，這是不太好受，但這是一個顛撲不破的眞理。就此來說，心理學支持社會經濟學，並告訴我們，在物質報酬與才能之間沒有共通的衡量方法；所以，在這方面，所有生產者的地位是平等的；因而在他們之間的比較和一切財富上的不平等是不可能的。

但事實上，一切由人的雙手生產出來的東西，與造就這個產品所用的原料相比，其價値是不可估計的。在這點上，兩者之間的距離和一雙木屐與一塊胡桃木之間的距離，以及斯谷巴[35]的雕像與一塊大理石之間的距離一樣大。一個工匠的天才對於所使用的材料所占的優勢，和牛頓的思想對於惰性的天體所占的優勢是相等的，這個思想能夠計算出天體之間的距離、體積和運轉。你們要求給予才能與天才相當的榮譽和報酬。如果給我確定一個伐木者才能的價値，我就可以確定像荷馬那樣偉大詩人才能的價値。如果有什麼東西可以用來支付智慧的話，那就是智慧本身。當屬於不同性質的生產者，相互表示欽佩和讚賞的時候，就是這種情形。但若著眼於滿足彼此需求，產品的交換所涉及的到底又是什麼呢？這個交換就只能透過一個不考慮才能與天才的經濟體系來進行，而其法則也無法透過模糊且無意義的讚賞來推導，而只能由借貸之間的合理平衡來推導，亦即從商業上的會計來推導。

現在，爲了讓人們不致認爲買賣的自由是工資平等的唯一基礎，不致認爲社會防止才幹的優越性的唯一辦法，在於某種與權利毫無共同之處的惰性力量，我將說明爲什麼同樣的工資可以酬償所有的才能，爲什麼工資上相當的差別是不合乎正義的。我將指出，才能服從社會一般水平的內在義務，並且接著說明天才的優越正是所有權平等的基礎。剛才所說的是贊成一切才能之間工資平等的消極理由，現在要舉出直接和積極的理由。

先聽聽經濟學家的言論，聽聽他如何論證與理解正義始終是一件愉悅的事。尤有甚者，沒有他，沒有他那些令人發噱的蠢話，以及讓人驚奇無比的論稱，我們該是什麼也學不到。經濟學家是如此厭惡平等，但平等的一切卻歸於政治經濟學。

「當一個醫生（原文是一個律師，這個例子不如醫生好）的父母爲他的教育花費了四萬法郎的時候，這筆款項可以當作長期投在醫生身上的資金。從這時起，就可以認爲這筆資金每年應當能夠收回四千法郎的利息。如果這位醫生一年賺三萬法郎，剩餘的二萬六千法郎就是大自然賦予他本人技能的收益。因此，如果假定利率爲百分之十，這筆二萬六千法郎的自然資本就等於二十六萬法郎，同時他的父母在供給學費時所給的資本是四萬法郎。這兩筆資本的總數就是他的財富。」（薩伊，《實用政治經濟學教程》）。

薩伊把那醫生的財富分成兩部分：一部分是爲了他的教育而支出的資金，另一部分是他本人的才能。這樣的分法是公允的，與事物的本質相符，能得到普遍的承認，可以被用來作爲確定能力不平等這一論證的重要前提。我毫無保留地認可這個大前提，接著再看看結論吧。

一、薩伊把四萬法郎的教育成本歸於貸方，但這筆錢應該歸於借方。因爲雖然這筆費用是用在這名醫生身上，卻不是他拿出來的。所以那位醫生不但不能把這四萬法郎據爲私有，而且應該加進他產品的價值中，並從收入中提出來償還給正當的權利人。此外，應該注意到薩伊不但未說償還，反而根據那種認爲資本具有生產力的錯誤原理而談到收入。爲了培養一個有才能的人，支出的費用是這個有才能的人應負的債務。僅僅由於這個有才能的人的存在，他就是這筆爲了造就他而花費的款項的債務人。這個道理是這樣簡單明瞭，所以在一個家庭中，一個孩子的教育費用，如果超過其他手足教育費的一倍或兩倍，其他手足在分遺產之前，就有權可以各從遺產總數中先提取一個相等的部分。當那遺產是在監護之下從未成年人的名義而被代管時，這樣做是不會有所困難的。

二、剛才所說應由有才能的人負責償還教育費用，絲毫不會使這位經濟學家感到爲難。那個有才能的人在繼承遺產時，也就繼承他所負擔那筆四萬法郎的債權，並且成爲這筆款項的所有權人。但這是拋棄才能權的問題，重新回到占用權的問題上。因此在第二章提出的一切問題又出現了，什麼是占用權？什麼是遺產？繼承權是可以同時兼承幾筆遺產的權利？還是僅能選擇一份遺產的權利？那位醫生的父親當初是怎樣得到財富的？他的父親是所有權人，或僅僅是用益權人？如果他是富有的，就須解說財產的來由；如果他是窮人，怎麼負擔得起這樣大的費用？如果他曾經得到援助，那麼他有什麼權利利用援助來反對他的恩人呢？

三、「剩下的二萬六千法郎是大自然給予他本人才能的收益」。（薩伊，《實用政治經濟學教程》）。從這個前提出發，薩伊得出結論，那位醫生的才能相當於一筆二十六萬法郎的資本。這位能幹的數學家把一個結論當作一個原理，但不應該拿收入來估計才能；相反地，應當按照才能來衡量他的收入；因為那位醫生雖然擁有才幹，也可能發生一點收入也沒有的情形，難道就該下結論說這位醫生的才幹或財富的價值等於零嗎？可是按照薩伊的推理，就會得出這樣的結論，而這種結論顯然是荒謬的。

要知道用金錢估計任何一種才能是不可能的，因為才能與貨幣是兩種無法互相衡量的東西。根據什麼確實理由，可以證明一個醫生的收入一定比一個農民多出一倍、兩倍或一百倍呢？這是一個難解的困難，這種困難向來只透過吝嗇、窮困、壓迫才得到解決。不應該這樣確定才能的價值，但是應當用什麼方法確定呢？

四、首先，那個醫生不應受到比其他任何生產者差的待遇，他不應處在別人的水準之下。我不打算多費唇舌來證明這點。但是我補充說明，他也不能高於這個水準；因為他的才能是集體的財產，他沒有償付這筆財產的代價，而且他永遠是這筆財產的債務人。

正如每一種生產工具的創造，都是集體力量的成果一樣，一個人的才能和學問，也同樣是全世界的智慧和一般知識的產物，而這種知識則是無數大師在無數低級事業的支援下慢慢地積累起來的。當那位醫生對他的教師、書本、文憑和其他一切項目，支付教育費用時，他並沒有償付其才能的價格，正如資本家在把工資付給雇員時，並沒有償付他的地產和別墅的代價一樣。有才能的人在造就自身成爲一種有用工具的過程中，也曾有所貢獻，所以他是這個工具的共同占有人，不是所有權人。他本身同時是一個自由勞動者，以及一筆累積起來的社會資本，作爲勞動者，被分派去使用一種工具，去運用一部機器，這個工具和機器就是他自己的才能；但作爲資本，他不屬於自己，他利用這個資本，不是爲了自己的利益，而是爲了別人的利益。

有才能的人並沒有覺得自己的專長，是爲了培養他而作出的犧牲的報酬，人們仍然很容易找出理由來減低他的報酬，而不是把報酬提高到一般水準以上。所有的勞動者都受到教育，每一個勞動者都是有才幹、有才能的人，都是一項集體的財產。但是造成這個財產所花費的代價卻不相等，培養一個農民，一個工匠所必需的老師，時間和傳統的記憶是不多的，產生才能時出力的多寡和社會孕育期間（如果我可以冒昧地用這個說法的話）的長短，是和才能的大小成正比。醫生、詩人、藝術家、學者培養得少，培養得慢，而培養農夫卻比較小得多，而且毋需這樣長的時間。所以無論一個人具有哪種才能，一旦這個才能被培養出來，就不屬於自己。這個人就像巧妙的手所捏製的原料，具有成功的稟賦，但成全他的則是社會。如果罐子對製罐人說：「我是我，我什麼也不欠你。」這樣說對嗎？

藝術家、學者和詩人認爲，社會允許他們專心研究科學和藝術，他們就已得到公平的報酬；所以實際上他們進行勞動，不是爲了自己，而是爲了培育他們並使他們可以免除其他一切義務的社會。嚴格說來，社會可以毋需散文和韻文、音樂和繪畫，毋需了解月亮和北極星怎樣轉動；但卻不能沒有食糧和住所。

當然，人並不單靠糧食維持生活，還須按照聖經所說，聽上帝的話生活，必須樂善並作出善行，認識和讚嘆美麗的東西，研究大自然種種不平凡的事情。但如果要培養思想，就必須先保養好自己的身體：後者這個義務是必要的，正如前者的義務是高尚的一樣。如果使人感到幸福與教化人是光榮的，那麼供人飲食也是光榮的。所以，當社會忠實於分工的原則，將藝術或科學的工作分配給其中的特定成員時，而允許他放棄日常的勞動，就應該補償他由於不能在實業方面進行生產而失去的一切，但是所該償還的僅限於此。如果有更多的要求，社會就可以拒絕他的勞務，駁回其自負主張。這時，具有天才的人為了生活，不得不從事一種與他的本性格格不入的勞動。因此就會感覺到他的弱點，過著自己最討厭的生活。

據說，有一位著名的歌唱家曾向俄國女皇葉卡特林娜二世要兩萬盧布，作為工作報酬。「這比我給那些元帥的錢還要多呀，」葉卡特琳娜說。「陛下，」對方回答說，「那您就讓那些元帥去演唱好了。」

如果比葉卡特琳娜較為堅強的法蘭西對拉歇爾[36]小姐說：「給您一百個路易[37]，您去演戲，否則您就去紡棉花」；對杜普來[38]先生說，「給您二千四百法郎，您去演唱，否則您就到葡萄園去工作」；你們認為那位悲劇女演員拉歇爾和歌唱家杜普來會放棄舞臺生活嗎？如果真的放棄，首先因此而後悔的是他們自己。

據說，拉歇爾小姐每年可以從法蘭西歌劇院得到六萬法郎，對於一個像她那樣的人才來說，這是一筆微薄的薪俸。爲什麼不是十萬法郎、二十萬法郎呢？爲什麼不給她一筆皇室費呢？多麼小氣呀！難道眞的要向拉歇爾小姐這樣的藝術家討價還價嗎？

人們回答說，劇院經理除非賠錢，否則無法多給。這位年輕的女演員十分有才華是大家公認的，但是在規定薪水的時候，還須考慮到公司的收支帳目。

這一切都是公平的，但也證實了上面所說，即一個藝術家的才華可能是無限的，但是所要的金錢代價必然受以下兩項的限制：一方面是他爲社會所作出的貢獻，另一方面是這個社會的財源。換句話說，賣主的要求要由買主的權利來平衡。

據說，拉歇爾小姐可以爲法國大戲院帶來六萬法郎以上的收入，我對此沒有異議，但卻對大戲院有意見。大戲院的這筆錢是向誰收取得來？來自那些完全自由的好奇者。是的，但是這些好奇者花費在戲院裡的錢都是從工人、租戶、佃戶以及支付利息並提供抵押品的借款人身上得來的，這些人是自由的嗎？當他們的生產品的絕大部分被別人耗費在劇院的時候，能向我保證他們的家庭不缺少什麼嗎？除非法國人民在仔細考慮過支付給所有藝術家、學者和公務員的薪金以後，已經清楚表達其所願，以及此願之緣由的判斷，否則拉歇爾小姐和她同類的藝術家，所得的薪金只能是一種用暴力奪取的強迫稅收，用來獎勵驕傲和維持放蕩的生活。

正是因爲我們既不自由，啓蒙又不夠，我們才臣服於受騙，工人才被強權的威望所橫征，被踐踏懶人好奇心的自私天才所暴斂，而被公共輿論所鼓勵與讚揚的可怕的不平等所反覆中傷。

作家、學者、藝術家、公務員的薪水，不論是透過誰的手支付，都是由全體國民來負擔。國民應該按照什麼標準支付他們薪水呢？按照平等的標準。我在評定才能的價值時，已經證明了這一點。下一章，將說明社會上的一切不平等都是不可能的，以證實這一點。

在上文已經說明了什麼呢？一些十分簡單，簡單到不值得一提的道理：

像行人不能把經過的道路據爲私有一樣，耕種者同樣不能把播種的田地據爲私有；

可是，如果一個勞動者由於勤奮，可以把所利用的素材據爲私有，那麼所有利用素材的人就都能根據同樣的權利成爲所有權人；

一切物質或精神的資本既然都是集體的產物，因而也就是集體的財產；

強者無權侵占弱者的勞動，狡猾的人也無權欺騙輕信的老實人；

最後，任何人不能強迫別人購買他所不喜歡的東西，更不能迫使他支付並未買的東西的代價；因此一件產品交換價值的計算標準，既不是買主的意見，也不是賣主的意見，而是生產這件物品所花費的時間和費用的總額，各人的所有權始終是一樣的。

這不是一些很簡單的眞理嗎？這些眞理固然看來十分簡單，可是還會看到其他更加乏味、簡單的眞理。這是因爲我們朝著與幾何學家相反的方向前進，對他們來說，越是深入，問題就越加艱難；相反地，我們開始討論一些最難解的論題之後，就將用不辯自明的道理來作結束。

但是在結束本章的時候，還須陳述一下法學家和經濟學家從未夢想到的一個令人吃驚的眞理。

第八節　從正義的觀點來看，勞動瓦解了所有權

這個命題是已經扼要說明的上述兩節的結論。

孤立的人只能滿足自己需要中極小的一部分，只有在社會生活和在全世界努力的明智配合中，才能發揮全部力量。分工合作增加了產品的數量和品種，而專門化則改善其品質。

所以沒有人不是依賴幾千個不同生產者的產品而生存，沒有一個勞動者不是從整個社會得到消費品，以及與之俱來的再生產的手段。確實，誰敢說「我靠自己的努力生產我所消費的一切東西；我不需要別人的幫助」呢？被早期的經濟學家認爲是唯一眞正生產者的農民，即從瓦匠、木匠、裁縫、磨坊主、麵包工人、屠夫、雜貨商、鐵匠等那裡得到住房、傢俱、衣服、食糧和援助的農民——試問這些農民能自誇是單獨進行生產的嗎？

每個人種種不同的消費品是由大家供給，因此每個人的生產也以全體的生產爲基礎。如果沒有一種產品，另一種產品則不能存在，一門孤立的產業是不可能的。如果其他人不給農民製造糧倉、車

輛、耕犁、衣服等，他會得到怎樣的收穫呢？如果沒有出版商，學者能夠做些什麼呢？如果沒有鑄字和機械工人，印刷工人能做些什麼呢？如果沒有無數其他的生產者，這些鑄字和機械工人又能做什麼呢？爲了避免被人責備我們淨講些老生常談的話，就不再拉長這個再容易不過擴充的名單了。各種產業透過相互的關係，而連結成一個單一的集體；一切生產工作有時被當作目的，有時被當作手段而彼此互相利用；各種不同的才能不過是一系列從低級到高級的改變。

大家都參與每一種產品的生產，這是無可爭辯、無人爭議的事實，讓一切個別的生產成爲共同的生產；因此從生產者手中生產出來的每一種產品，都被社會預先抵押出去。生產者本人對於他的產品只有一部分的權利，這一部分的分母數等於組成社會的人數。固然，這同一生產者反過來對於所有不是自己生產出來的東西，也享有權利；因此他對所有的人都有要求權，正如所有的人對他也享有這種權利一樣；但是人們難道看不到，這些彼此相互的抵押權，不但沒有認可所有權，甚至連占有也破壞了嗎？勞動者甚至不是他產品的占有人，他剛把產品製造出來，社會就聲稱這是它的東西。

有人可能說：「即使是這樣，即使產品不屬於生產者所有，社會仍然給予每個勞動者相當於他的產品的等值物，這個等值物、這個工資、這個報酬、這個薪水就成爲他的財產。難道您否認這個所有權是合法的嗎？如果那個生產者不是用掉他全部工資，而是寧願節約一些餘款，誰敢說他沒有權利這樣做呢？」

勞動者甚至不是他勞動代價的所有權人，不能絕對控制它的支配權。我們絕不可以被一種虛假的正義所蒙蔽。人們給予勞動者換取他的產品的東西，並不是作為一件完成工作的報酬而給他，而是作為一個將要去完成的工作的供應與預支給他。我們在生產之前進行消費，在一天終了的時候，勞動者可以說：「我已清償昨天的開支；明天我將清償我今天的開支。」社會成員在他的一生中無時無刻不欠著債；在死的時候，也不能全部清償：他怎麼能夠有私蓄呢？

人們會談到儲蓄，但這是所有權人的作風。在一種平等的制度之下，一切不以後來的再生產或享受為目標的儲蓄是不可能的，為什麼呢？因為這筆儲蓄既然不能轉變為資本，也就沒有了目標，也就失去了終極原因。這一點在下一章將作更充分的解釋。

可以作出下列結論：

對於社會來說，勞動者必然是一個到死也不能清償的債務人。所有權人是一個不忠實的保管人，他不肯承認交給他保管的東西，卻想按日、按月、按年得到他保管任務的報酬。

剛才所陳述的原理，對某些讀者來說可能還顯得過於抽象，我將用比較具體的方式複述一遍；這種方式能讓即使最遲鈍的頭腦也有所領會，又不致於對於最重要的結論一無所得。直到現在為止，我還只是把所有權當成排除性的權力來討論，此後我將從其作為侵犯性的權力來檢視所有權。

◆註解◆

【1】盧梭《論人類不平等的起源和基礎》，商務印書館一九六二年版，第一二七頁。——譯者

【2】伯沙撒，巴比倫末代國王，因瀆神罪而受神罰，一日盡失所有，國破家亡（見《舊約但以理書》第五章）。——譯者

【3】指法國大革命時代的制憲議會。——譯者

【4】盧梭說過：「拋棄他的自由，就是拋棄做人的資格，甚至就是拋棄受到人道待遇的權利，拋棄他的責任。對於拋棄一切的人來說，任何賠償都不可能。這樣的拋棄行為和人的本質不相容，而且這使他的行為完全失去道德性，也就是使他的自由完全失去道德性。」（《社會契約論》第一冊第四章）。——原編者

【5】如果普魯東寫成「就是放棄承認有勞動權」，那麼他的思想將顯得比較明瞭。另一方面，必須記住，他所研究的是農業生產占優勢的經濟體系。在一種已有分工組織的社會中，不願從事農業的人，在勞動時可以不需要土地所有權。——原編者

【6】法國《民法法典》第二二一九條：「時效是依法律特定的條件，經過一定期間而取得所有權或免除義務的方法。」——原編者

【7】伽利略（一五六四—一六四二），義大利物理學家和天文學家，近代天文學的鼻祖。——譯者

【8】所羅門（西元前約九七三—九三五年），以色列王，傳說他是個極聰明的人。——譯者

【9】法國《民法法典》第二二二九條：「要使時效完成，應具有以所有權人的名義繼續、不斷、和平、公然並明顯占有。」——原編者

【10】尤里烏斯．保路斯，是羅馬法學家。——原編者

【11】弗朗斯瓦．伊格納斯．杜諾．德．沙爾納日（一六七八—一七五二），法學家和歷史學家，生於聖克勞德，死於貝桑松，著有《時效論》（一七三〇）和《永遠管業論》（一七三三）。——原編者

【12】卡西奧道爾（約四八〇—五七五），羅馬百科全書派，他的著作見米尼《神學通論》第六九、七〇冊。——原

編者

【13】里亞爾，法國古銅幣名，價值極小。——譯者

【14】這裡是第一篇論文中建設性內容最重要的一部分，就這一點更確切的解說是有益的。一八四八年六月，普魯東在向塞納省選民提出的革命綱領中，說明應當把地租看作是按年撥還財產價值的價款，並且要求「當土地所有權人由於歷年地租的累積，已經收回他的不動產的全部價值，其中百分之二十是外加的補償金的時候，那筆財產就歸中央農業公司所有，由這個公司在各地創辦的分公司，負責供應農業組織的需要。」——原編者

【15】可是，當作者在本章第一節中說：「誰曾經創造了土地呢？上帝。」的時候，似乎把這一點忘了。上帝創造的是不能耕種的土地，使土地變為可耕的農田是由於人們的勞動，就是透過改良土壤，在這些改良中，有的是經久不變的，幾乎是永久性的。——原編者

【16】這裡是關於集體力量理論的初步說明。這個理論在《關於星期日的講話》中僅被提到。普魯東認為這個可以解釋「計算上的錯誤」的理論是很重要的。隨後，他說這個理論是他第一篇論文的中心思想，見蒲格來《普魯東的社會學》，第七〇至八一頁。——原編者

【17】不定，拉丁字根為precor，意義是「我請求」，因為從前租讓字據上明文寫著封建主是根據他的雇工或農奴的請求，而許可耕種。

【18】還須加以確定的是，假定這個集體勞動力可以估計的話，應當付給誰？是否應該把它的價值平分給每一個工人？是否應該歸被認為可以與其成員區分開的團體所有呢？是否可以把這集體勞動力歸屬於組成、領導這個團體，並使個別勞動力變成集體勞動力的那個人呢？是否應該把這個價值作為公共的和無主的財產，而歸入到社會基金的整體中呢？——原編者

【19】在這裡，聖西門的觀點似乎沒有得到正確的領會。「按才配工」是分別勞動工具的公式。把最好的工具給予能夠用生產數量最多和品質最好的產品的人。這不是分配報酬，而是工作和職務的分派，把適當的人安置在適當的崗位上。——原編者

【20】按照聖西門的說法，應由聖西門主義的教士模仿羅馬教會的樣子，根據他的權威性永無錯誤的本能，來確定每

個人的才能，按照傅立葉的說法，應模仿立憲政體的樣子，透過投票和選舉來確定等級和功績。顯然，這位大人物是在嘲弄讀者，他不想把他的祕密說出來。

【21】在這裡，普魯東沒有注意到，對於所有的勞動者來說，需要和負擔並不都相同。年幼子女眾多的父親為了保證他們的食糧足夠，就不得不設法得到更多的收入。——原編者

【22】羅貝爾・馬蓋爾，小說中人物，是一狡詐的匪徒，法國十九世紀大漫畫家多米埃把他當作專事敲詐的商人典型。——譯者

【23】巴貝夫，一七六〇年十一月生於聖康坦市，共和五年九月八日被當作是平等派密謀的領袖，而在房多姆市被處死刑。他的平等主義一直被發展到共產主義，普魯東似乎沒有很正確了解巴貝夫的著作，這些著作主要是報紙上的社論和宣言（參閱保爾・路易《從大革命到現在的法國社會主義史》，巴黎，里維埃爾書店一九九五年版）。——原編者

【24】埃巴米農達斯（西元前四一八—三六二），古希臘將軍及政治家。——譯者

【25】達朗・貝爾(一七一七—一七八三)，法國哲學家。——譯者

【26】維吉爾（西元前七〇—十九），古羅馬詩人。——譯者

【27】若爾日・居維埃（一七六九—一八三二），法國科學家。——譯者

【28】我無法想像怎麼有人敢舉出某些人那些下流的嗜好，和給地位的不平等辯護。我們看到多少人在這種心靈上和思想上可恥的墮落狀態下遭到犧牲，如果這種狀態不是使他們陷於貧困和卑劣的私有制所造成的，那又從何而來呢？私有制把人弄得毫無生氣，而它卻又責備人變成枯木槁灰。

【29】巴貝夫說過：「即使有人能證明由於他的力量，能完成四個人所能完成的工作，他是危害了社會，因為他可以用這個方法破壞平衡，摧毀寶貴的平等。」——原編者

【30】《埃涅伊德》是維吉爾寫的詩篇。——譯者

【31】克利蘇斯（西元前一一四—五三），古代羅馬一個最富有的執政官。——譯者

【32】阿基里斯，荷馬著名史詩《伊利亞德》的主角之一。——譯者

【33】赫米斯，古希臘執掌手藝、商業等的神。——譯者

【34】要有多少公民才能維持一個哲學教授呢？三千五百萬。一個經濟學家需要多少呢？二十億。對於一個既不是學者、又不是藝術家、也不是哲學家、更不是經濟學家的女人，即專門給報刊寫寫小說的作家呢？一個公民都不需要。

【35】斯谷巴（西元前四二〇—三五〇），古希臘雕刻家。——譯者

【36】拉歇爾（一八二〇—一八五八）法國著名的悲劇演員。——譯者

【37】路易，法國從前的一種金幣。——譯者

【38】杜普來（一八〇六—一八九六），法國名男高音歌唱家。——譯者

第四章 所有權是不能存在的

所有權人最後的手段是以讓戰無不勝、所向無敵的威力得到安心的論證，在他們眼裡，地位平等不可能發生。「地位平等是一種妄想」，所有權人用一種自以為是的神氣叫喊道：「今天平等分配財富，明天這個平等就會消失。」

他們以一種不可思議的信心，到處反覆提出這個反對意見，且對於這個陳腐的意見，從來沒有忘記以榮耀歸於天父（Gloria Patri）的腔調補充如下註解：「如果所有的人都平等的話，誰也不願意再勞動了。」

這個曲調是用變奏曲唱出來的。

「如果大家都是主人，誰也不肯服從了。」

「如果不再有富人，那麼由誰來僱用窮人呢？」

還有，「如果不再有窮人，誰去爲富人做工呢？」

但是，不需要謾罵，因爲有更好的論述可以使用。

如果要證明所有權本身不可能存在，稱其是矛盾的、妄想的、空想的；而且，如果不用形而上學和法學，而是用數字、等式和計算來證明。瞠目結舌的所有權人將發生什麼樣的恐慌呢？且讀者對於這個反駁，您認爲如何呢？

數字支配著世界（mundumregunt numeri），這句諺語既可適用於恆星和分子的世界，亦可適用於道德及政治的世界。法學原理和代數原理相同，立法和政治不過就是把各種勢力分類，並使其保持平衡的藝術，整個法學是包含在數學通則之內。本章和下一章將爲這個異乎尋常的學說奠定基礎，讓讀者看到一個無限的新前景；我們即將開始在數字的比例中，看到哲學和科學的綜合統一，而且將於這種大自然極度莊嚴的純樸性面前，充滿著讚嘆的心情和熱情，一起高呼：「是的，永恆的上帝是按數字、重量、長度創造萬物的。」我們將懂得地位的平等是可能的，且懂得唯有平等才是可能的；若說平等不可能，僅僅是由於只看到表面，因爲總是把平等和私有制或共產制聯繫起來設想的緣故；這兩種政治制度同樣和人的本性相違背。我們終將承認在不知不覺中，甚至就在認爲平等不可能實現的時候，平等卻天天實現著，距離不用找尋、不用盼望，並無處不立的時候已經不遠；與自然和眞理相符合的政治秩序，一定會和平等一起，在平等之中並透過平等而得到實現。

在談到偏見的盲目性和頑固性時，有人說過，如果有人覺得否認數學眞理對其有利，那麼他就會找到方法去撼動這些眞理；現在正是考驗這個奇怪的論斷是否正確的機會。我將不再用所有權本身不言自明的道理，而是用算術來攻擊所有權。讓所有權人都做好準備檢視我的推理。因爲，如果不幸我們的推論正確的話，他們就完了。

在證明所有權的不可能存在時，我完全證明了它的不義；的確：

合乎正義的東西一定是有用的；
有用的東西一定是眞實的；
眞實的東西一定是可能的。

因此，一切不可能的事情是不眞實的、無用的和不義的。所以我們可以根據任何事情的可能性來判斷它的不義；基此，如果這個事情絕對不可能，那就絕對是非正義的。

在物理和數學上，所有權是不能存在的。

說明

定理：所有權是所有權人對一件標明為自己的東西，所主張的那種收益權。

這個命題純粹是一條定理，因爲：

一、這不是一個定義，因爲沒有表明所有權所包含的全部內容：出賣權、互易權、贈與權、改變權、改造權、消費權、毀棄權、使用權和濫用權等。這些權利都爲所有權不同的權力，可以分別加以研究；但是在這裡，只就單獨一種權利，即收益權加以研究。

二、此命題普遍被承認，誰要是否認，即同時否認事實，就會立刻被普遍的實踐所駁倒。

三、這個命題不言自明，因爲所表明的事實總爲實際上或潛在伴隨的所有權，因爲所有權主要是透過這個事實去表現、構成和確立的。

四、最後，否認這個定理就會引起矛盾。收益權是一種固有的權利，乃是所有權中十分重要的部分，所以只要它不存在，所有權就等於沒有了。

解說：按照產生收益權的東西之不同，收益有各種不同的名稱：依靠土地爲地租；依靠房屋和裝修，即是租金；依靠永久性的投資，就是所得；依靠金錢，則是利息；在商業上是盈利、紅利或利潤（不應把這三種收益和工資或勞動的合法代價相混淆）。

收益是一種特權，一種有形、可消耗的獻禮，根據所有權人名義上和抽象地占用，依法歸其所有。該樣物品已蓋上他的印鑑；這足以使其他人未經其許可，不得占用這件東西。

所有權人可以把此占用許可權，以無代價授予別人，但通常是把它出賣的。事實上，這個出賣是一種假冒[1]權利時所索取的報酬，或者以現金表示，抑或是對產品實物的分享。所以根據收益權，所有權人能夠不勞動而進行收割，不耕耘而有所收穫，不生產而有消費，四肢不勤而得享受。象徵財產的神和大衛王[2]所崇拜的神大不相同，後者雖然有手，可是什麼也不拿；相反地，象徵財產的神的手既會攫取，又會觸碰（manus, habent et palpabunt）。

收益權的授予過程是神祕、不可思議的。一個所有權人的就位典禮，伴隨著如同祕密宗教收門徒時一些相同、可怕的儀式。第一步就是物品的奉獻，透過這個儀式，可以使所有的人皆知，每當他們希望依據所有權人的准許和簽字去使用物品，他們必須付給所有權人一筆合適的禮物。

第二步是念咒，除了上述情形以外，這個咒語禁止其他人觸動那個物品，即使所有權人不在現場，亦是如此；並且宣稱一切侵犯所有權的人是褻瀆神物、可恥，可以加以制裁，且應該送交司法機關。

第三步是命名，透過這個儀式，所有權人或護祐聖徒——如同住在聖殿物品中的保護神，在精神上住進這個物品。由於這個命名儀式的效果，即爲物品的實質就改變成所有權人的人格了；他將被認爲永遠存在於那個物品的形式中。

這正是法學家們的學說——杜利埃說：「所有權是一件東西所固有的精神品質，一種把物品和所有權人維繫起來的實質聯繫；如果沒有他的行爲，此聯繫將不會中斷。」過去洛克曾經鄭重懷疑過上帝是否可以使物質成爲有思想的東西，而現在杜利埃肯定所有權人使物質成爲有靈性的。若要把物質看作神靈，還缺少些什麼呢？當然，這絕非誇張的說法。

所有權是收益權，即一種可以不勞動而生產的能力；但是不勞動而生產就是無中生有，總之就是創造，這肯定是不如使物質靈性化更爲困難。所以法學家們有理由把《聖經》這句話應用到所有權人身上：「我已經說過，你們是一些神，而且你們都是上帝的兒子。」（Ego dixiDiiestis et filiiExcelsiomnes）。

所有權是收益權，對我們來說，這個定理就像《啓示錄》[3]裡奇獸的名字一樣，這個名字含有這隻奇獸擁有的一切神祕。如果有人能夠了解名字的奧祕，就會獲得全部預言的智慧，而且能夠戰勝這隻奇獸。好吧！我們將透過對於這個定理的詳盡解釋，來殺死這個名叫所有權的斯芬克斯[4]。從這頗有特色的事實——「收益權」出發，追蹤那條老奸巨猾的長蛇直到最隱密的處所，將計算這條可怕的長蛇絞死人的纏繞次數。雖然牠最厲害的敵人曾經將牠的身體砍下幾段，但是牠那具有上千個吸盤的頭部，卻始終躲開敵人的鋒芒。要克服這個怪物，光有勇氣還不夠。據古代傳說，一個身帶魔杖的無產者還沒有丈量好牠的長短以前，是死不了的。

推論：收益的數額和提供收益的東西成正比。不管什麼利率，不論把利率提高到百分之三、百分之五或百分之十，還是降低到百分之零點五、零點二五或零點一都沒有關係，收益定律是保持不變的。現在說明這個收益定律如下：

一切折合成現金數字的資本可以當作一個等差級數中的一項，這個等差級數的比率是一百，並把這個資本所生的利息當作另一個等差級數中相應的一項。這個等差級數的比率就是利率。所以一筆五百法郎的資金既然是比率為一百的等差級數的第五項，那麼比率為三的另一個等差級數的第五項就將指出它的百分之三的利息的數額：

100	200	300	400	500
3	6	9	12	15

在所有權人的家裡，均備有計算得非常精確的對數表。熟悉這種對數以後，就能揭穿那些最疑難的謎語且驚訝不已。

按照收益權的對數理論，可以對一筆財產連同利息作出下列的定義：這是一個數字，它的對數等於除以一百並乘以利率後所得的那些單位數的總和。例如一套估價爲十萬法郎的住宅，以百分之五的租率出租，按照100,000×5/100 = 5,000這一公式，這套住宅的收入就是五千法郎。反之，一塊收入爲三千法郎的土地，利息估定是百分之二點五，按照下列的另一公式，這塊土地的價值就是十二萬法郎：3,000×100/2.5 = 120,000。

在第一種狀況，代表利息收益的等差級數比率是五；在第二種狀況，是二點五。

解說：一、在地租、所得、利息等名義之下的收益權是按年收取的，租金則按星期、按月或按年計算，利潤和盈利是按照交易的次數計算。因此收益的數額是與提供收益的時間和物品成比例的，因此人們總說，高利貸像毒瘤似的增長起來（Foenusserpitsicut cancer）。

二、由持有人付給所有權人的收益金，對於持有人來說是喪失。因爲，如果所有權人爲了取得收益金，須在他所給予的使用許可之外負擔更多的義務，那麼他的所有權就不算完全，所具有的就不是最高的權利、完全的權利（jure optimo, jure perfecto），即表示他不是眞正的所有權人。所以，在收益金的名義下和作爲許可使用的代價，從占用人手中轉到所有權人手中的一切，對於所有權人來說是絕對的既得物，而對占用人來說則是損失掉和消滅掉的東西。占用人從這裡絲毫得不到報答，除非是像贈與、施捨、服務的工資，或他所供給的貨物的代價等。總之，就占用人而言，收益金是喪失了，或者像拉丁文更有力的說法，東西拿出去以後，對拿出去的人來說就算是喪失（Res peritsolventi）。

三、收益權對所有權人也產生作用。一件物品的主人具有雙重人格，一個是所有人，一個是所有權人；在使用自己的財產時，他就強制自己支付一筆，等於向第三者收取的稅金；因此，一筆資金在資本家自己手中時，也像在借用人或受委託人手中那樣產生利息。事實上，如果我拒絕收取我的住宅產生的五百法郎租金，而寧願由自己來占用並享受它的話，顯然我就成爲自己的債務人，這筆債務的數額等於拒絕收取的那筆租金。這是商業上普遍遵守的原則，而且被經濟學家當作一個定理。所以處於流動資本所有權人有利地位的實業家，雖然他們不必償付利息給任何人，可是一定要先把他們資本的利息，以及雇員薪水和經常開支扣除之後，才計算所得的盈利。基於同樣的理由，放款人保留在自己手中的資金越少越好，因爲一切資本必須產生利息，如果誰也不付這筆利息，就須在資本中提取；提取多少，資本就減少多少。因此，由於收益權的關係，資本吞蝕自己。巴比尼埃努斯[5]一定是因爲這個緣故，所以說出了這句既優雅又有力的話語：高利貸咬得緊緊的（Faenusmordetsolidum）。請原諒在論述這個問題時屢次採用拉丁語言：這是我向前所未有、最著名的高利貸民族所表示的一種敬意。

第一個論題

所有權是不能存在的，因爲它想無中生有。

研究這個論題，和研究經濟學家們爭論關於地租起源的論題是相同的。當我閱讀大多數經濟學家中的著作後，看到一大堆廢話，不禁產生一種摻雜著憤怒的鄙夷情感，在這些廢話裡，眞是醜惡與荒謬互相呼應。倘若不是因爲這些理論會產生非常嚴重的後果，不然應該把這些東西看成是癡人說夢，一笑置之作罷。如果是盜竊、勒索和掠奪的行爲，尋找一個合理合法的根據，實在是達到財產狂熱的頂點，實屬高難度的魔法，原本是有識之士，由於邪惡的自私心，都被這種魔法所顚倒。

「一個耕種的人，」薩伊說，「是一個製造麥子的人，在把原料改變成麥子的工具中，使用一種偉大的工具，稱之爲田地的工具。當他不是這田地的所有權人，而只是佃農時，他爲了土地所提供的生產效用，須向土地所有權人償付代價。佃農能夠從麥子購買人的身上得到補償，這個購買人又可以向另一個購買人獲得補償，直到產品到達消費者手中爲止，後者將償還頭一筆的墊款，以及讓產品一路抵達他人手中所附加的一切代墊款。」

先擱置不談產品到達消費者手中的代墊款，暫時注意全部墊款中的頭一筆，即佃農付給土地所有權人的地租。我們要問，土地所有權人要求別人付給他這筆地租所根據的理由是什麼？

按照李嘉圖[6]、馬卡洛克[7]和密爾[8]的說法，眞正的地租不過是較肥沃土地的產品，與品質較差的土地產品相比的差額。因此，對於肥沃土地所收取的地租只是由於人口增加，不得不在較貧瘠土地上進行耕種時開始發生。

在這裡很難看出有什麼意義[9]。土地品質的不同怎能產生對土地的權利呢？土地（humus）種類的不同，怎能產生立法和政治上的原理呢？對我來說，這種推理不僅十分微妙，也十分愚蠢，以致於越是思考就越覺得迷惘。假定有一塊土地「甲」，能夠養活一萬個居民，還有一塊土地「乙」只能養活九千個居民，這兩塊土地的面積一樣大，在甲地的居民，因為人口增多被迫去耕種乙地的時候，甲地的土地所有權人就可以要求這塊土地的佃農，支付一筆按照十比九的比例計算的地租。我想，李嘉圖、馬卡洛克和密爾就是這麼說的。但是如果甲地能容納多少人就養活多少人，也就是說，如果甲地的居民，只擁有剛好能維持生活的土地，要怎麼償付地租呢？

如果人們僅說土地的不同是地租的緣由，而沒有說它是地租的原因，那可能已從這簡單的言論中得到一個可貴的教訓，即地租是從要求平等的願望所產生。事實上，如果所有人均有良好土地所有的平等權利，如果不給予補償，便不能強迫任何人去耕種低劣的土地。按照李嘉圖、馬卡洛克和密爾的意見，這時地租就可成為補償損失和辛勞的辦法。毫無疑問，這種實用的平等方法並不好，雖然動機是好的。李嘉圖、馬卡洛克和密爾從這個體系中，能夠得出什麼有利於所有權的論證呢？他們的理論轉過來是反對一己，難以自圓其說。

馬爾薩斯認為地租的根源乃在於土地的生產能力所提供的生活必需品，除供應耕種的人所需的必要數量外，尚有多餘。我要問問馬爾薩斯，爲什麼成功的勞動要給不勞動的人分享一部分產品的權利呢？

但是馬爾薩斯老爺弄錯了事實。是的，如果所謂耕種者僅指佃農而言，土地的生產能力是可以提供比耕種者所需更多的必需品。裁縫師縫製的衣服超過自己所需要穿的數量，木匠也製造比自己所用的更多傢俱。但是，既然不同的職業彼此互相支持，因此不但農民，而且各行各業的從業者，甚至醫師和教員都應該被看作土地的耕種者。馬爾薩斯的地租是以商業原理爲依據。我們要知道，商業的基本定律是交換商品之間的等價性，破壞這個等價性的東西都是侵犯基本定律，這是要加以糾正的估價謬誤。

亞當·斯密著作的註釋者布恰南[10]認爲地租只是一種壟斷的後果，主張只有勞動才是能夠生產。因而他認爲，如果沒有這種壟斷，產品的價格就會上漲；而且認爲只有在民法裡能找到地租的根據。這個見解是以民法爲所有權基礎的學說的一個支派。但是，民法應該是見諸文字的正義表現，爲什麼會核准這種壟斷呢？壟斷必然排斥正義。現在說地租是一種由法律所規定的壟斷，就等於是說非正義是以正義爲基礎，此爲自相矛盾。

薩伊答覆布恰南，土地所有權人並不是個壟斷者，因爲壟斷者「是不能經由雙手爲商品增加任何效用的人」。

土地所有權人對佃農的產品有增加多大的效用呢？他耕過地、播過種、收過莊稼、割過草、篩過穀、拔過草嗎？這些是佃農和他的雇工所採取的方法，用以增加生產原料的效用。

「土地所有權人利用他的土地，由這一工具增加產品的效用，接受在一種狀態下麥子所構成的原料，變成另一種狀態下的麥子。土地的作用是一種化學過程，在很大程度上變更麥子的原料，使之透過破壞而增值起來。所以土壤能夠產生效用，且爲了所有權人的利益，而使這種效用以盈利或地租的形式要求獲取報償時，同時也給予消費者一些東西，以交換消費者所償付之數額。它給予消費者一種已產生的效用，正是這種效用的產生，使我們有理由把土地稱爲有生產力，如同我們一向把勞動稱爲有生產力一樣。」

讓我們來解決這個問題。

替農夫製造耕具的鐵匠、製造車輛的車匠、建築倉庫的瓦匠，還有木匠、編筐匠等，均是透過自己供給的工具對農業生產貢獻，他們都是效用的生產者；因此，他們都有權分享產品的一部分。

「毫無疑義」薩伊說，「但是土地也是一種工具，它的功用應當得到報償，所以……。」

我同意土地是一種工具，但是由誰製造的呢？是土地所有權人嗎？是他透過所有權的有效特性，透過這種注入土壤精神上的特質，使土地具有活力和肥沃嗎？就是在這些點，存在著土地所有權人的壟斷，沒有製造工具，卻要求償付使用土地的報酬。如果造物主自己前來收取地租，當然願意和祂商量這個問題；如果土地所有權人冒充造物主的代表，提出這樣的要求，就得把委任狀拿出來。

「土地所有權人所提供的勞務，」薩伊補充說「對他來說是不費力的，這點我承認。」

這個坦白倒是天眞得很。

「但是我們不能置之不顧。如果沒有所有權，一個農民就會爲了搶種一塊沒有主人的田地，而和另一位農民打架，田地將因此荒廢……。」

那麼土地所有權人的任務就在於剝削所有的農民，而使他們彼此和好，多麼合乎邏輯！多麼合情合理！經濟學家們眞是聰明得了不起！按照他們的看法，土地所有權人就像是貝侖—唐丹，當兩個旅行者爲了一個牡蠣發生爭執，來他面前要求評理時，他把牡蠣剖開，吃下殼內的牡蠣肉，對他們說：

「法院判給你們一人一片牡蠣殼。」【三】

還能對所有權說什麼更不好聽的話呢？

薩伊能否告訴我們，如果在沒有土地所有權人的情況下，農民會爲了爭奪土地的所有而打架，爲什麼這些農民現在不會爲了同樣的所有，而和土地所有權人打架呢？顯然是因爲他們以爲這些土地所有權人是合法所有人，並且尊重著一種想像的權利思想，以克制了他們的貪欲。在第二章曾經說明，不必有所有權，所有就足以維持社會秩序。難道承認沒有主人的所有人比承認受土地所有權人支配的佃戶較爲困難嗎？儘管勞動者違反了自己的利益，而尊重不勞動者冒充的權利，他們不會破壞農業生產者和工業生產者的自然權利嗎？什麼！如果墾荒者在停止占用土地時，立即喪失對於土地的各種權利，他們就會對土地變得更加貪婪！而且，如果不能索取一種收益和對別人的勞動收取租稅，就會是爭吵和爭訟的根源！那些經濟學家的邏輯眞是特別，但是我們還沒有說完，現在姑且承認土地所有權人是土地合法的主人吧！

他們說「土地是生產工具」這是對的。但是當他們把名詞換成形容詞，而說「土地爲一個有生產力的工具」時，是故意製造一個該死的錯誤。

按照魁奈[12]和早期經濟學家的說法，一切生產物都從土地得來；反之，亞當・斯密、李嘉圖、德・特拉西說勞動是生產的唯一動機。薩伊和他大多數的後繼者認爲，土地有生產力，勞動也有生產力，資本亦有生產力。這是經濟學上的折衷主義派。實際的情況是：土地沒有生產力，勞動也沒有生產力，資本也沒有生產力。生產物是由這三種同樣必要的因素合作產生，如果把它們分開，就都不能生產。

的確，政治經濟學討論了財富或價值的生產、分配和消費；但是所討論的是哪些價值呢？由人類的經營而產生的價值，即人類爲了使物質適合自己的用途，而使它發生的一些變化，根本不是人自發的生產物。人的勞動只在於使用手的力量，對他來說，只有費了那番辛苦才能生產出價值。於此之前，海中的鹽、泉中的水、田野裡的草、森林中的木材，對他來說好像不存在似的。倘若沒有漁夫和漁網，海是不會供給魚類的；沒有樵夫和斧頭，森林是不會提供燃料和木材的；沒有割草者，草原不會供給乾草，更不能供給再生草。大自然是一大堆可以開發並變成產品的材料；但大自然不爲自身而生產；按照經濟學的意義，它的產品就其對人的關係而言還不是產品。

資本、工具和機器同樣沒有生產力，沒有鐵匠和鐵，錘子和鐵砧打不出鐵；沒有磨粉的人和穀子，磨坊磨不出粉，諸如此類。如果把工具和原料放在一起，如果把耕犁和種子放在肥沃的土壤上；如果走進一個鐵匠鋪，點起火以後把店門反鎖上，什麼東西也生產不出。下面這句話，是一位比多數經濟學家更具有正確判斷力的經濟學家所說：「薩伊認為資本能夠起一種與它本性格格不入的積極作用；如果聽其自然，它只是一種沒用的工具。」（德羅茨[13]，《政治經濟學》）。

最後，勞動和資本如果結合得不好，還是生產不出東西。如果耕耘一塊草木不生的沙地，槌打河中的水，用篩子去篩印刷的鉛字，既不會得到麥子，不會得到魚類，也不會獲得書本。你們的勞苦和塞克西斯[14]大軍那次大規模的勞動同樣毫無效果；根據希羅多德的記述，塞克西斯下令叫三百萬大軍鞭打赫勒斯滂[15]二十四小時，以懲罰這個海峽因浪潮沖毀了偉大國王搭起的浮橋。

如果把工具、資本、土地和勞動個別、抽象地加以考察，嚴格說來，是沒有生產力的。所以，當土地所有權人要求人們因為使用其工具，或利用其土地的生產力，而需償付一筆收益金時，他假定了一個絕對虛假的事實，即資本可以靠自身的力量生產，而且在收取這種想像的產物代價時，他實在是無緣無故地得到了一些東西。

抗辯：但是，如果鐵匠、車匠等工業生產者，可以根據所提供的工具分享產物，又如果土地是一種生產工具，為什麼這個工具就不能使真正的或假想的所有權人，像耕犁和車輛的製造者分享一部分產物呢？

答覆：這裡觸及到問題的核心，即所有權的不可理解之處，如果想對收益權的奇特後果有所了解，就非常有必要解決這個問題。

給農民製造或修理工具的工人只得到一次代價，在交件時，或者分批幾次；當代價一旦付清，工人所交付的工具就不再屬於他的了。他永遠不會就同一工具或同一修理工作，要求雙份的工資。如果他每年從農民那裡分得一部分產品，是因爲他每年都給那個農民做了一些事情的緣故。

相反地，土地所有權人卻沒有交出他的工具；永遠有人付錢給他，他永遠保留著這個工具。

事實上，土地所有權人收取的地租並不是用來支付土地的維持費和修理費，這些費用仍須由承租人負擔，除非土地所有權人關心土地的維護，否則這些費用與他無關。如果他自己承擔維修工作，他也不會忘記他所支出的墊款，並期待得到償還。

這筆租金也不代表工具的產物，因爲工具本身什麼也不能生產；這一點剛才已經證明，而且將要透過結論證明得更清楚些。

這筆租金並不說明土地所有權人參加了生產，因爲這種參加只能像鐵匠和車匠一般，必須交出工具的一部或全部。在這種情形下，他就不再是土地所有權人了，這無形中和所有權的觀念相矛盾。

所以，在土地所有權人和佃農之間，並不發生價值或勞務的交換；因此，就像我們的定理所說明的，地租是一個眞正意外的收入，是一種完全以一方面的欺騙和暴力，以及另一方面的軟弱和無知爲基礎的敲詐行爲。經濟學家們說，只能用產品來購買產品，這句是對所有權不利的判決。土地所有權人本人既不從事生產，也不利用他的工具進行生產，而且不花任何代價而得到產品，他不是寄生蟲就是小偷。所以，如果所有權僅僅作爲一種權利而能存在的話，那是不可能的。

推論：一、一七九三年共和國憲法，說明所有權是「享受自己勞動果實的權利」。這樣的規定犯了大錯，應該說：所有權是享受並任意支配別人的財物、別人辛勤和勞動果實的權利。

二、如果土地、房屋、傢俱、機器、工具、貨幣等，每一個所有人在出借物品時所取得的代價超過修繕費用（修繕費用由出借人負擔並代表他用以換取其他產物的產品），即犯有詐欺和勒索的罪行。總之，一切不是以損壞賠償的名義，而是以借貸代價的名義，所收取的租金就是一種所有權行爲，一種盜竊行爲。

歷史的說明：一個戰勝國強制戰敗國繳納的款項是一種眞正的地租。一七八九年革命所廢除的封建領主的權利——什一地租、永久管業、勞役等，都是各種不同形式的所有權；以貴族、領主、修道院主、恩賞的受惠者等名義，享受這些權利的人恰恰就是土地所有權人。如果今天來替所有權辯護，就是譴責革命。

第二個論題

所有權是不能存在的，因爲哪裡存在著所有權，那裡的生產品的生產成本就會高過於它的價值。

先前的論題在性質上屬於立法方面，這一個則屬於經濟方面。它可以用來證明以暴力爲根源的所有權結果將造成浪費。

「生產」，薩伊說，「是大規模的交換行爲，要使交換行爲具有生產力，就必須使全部勞務的價值，可由產品的價值來抵償。如果不具備這個條件，交換就是不平等的，生產者就付出的多，得到的少。」

我們要知道，既然價值必須以效用爲基礎，一切無用的產品就必然沒有價值，不能進行交換；因此不能用來償付生產過程中的勞力。

因此，即使生產可以和消費相等，亦永遠不能超過消費；這是因爲只有當生產物有用時，才有眞正的生產，而且只有存在著消費的可能性時，生產物才有用。因此，當每一種產品因過度剩餘導致消費不了的時候，那沒有被消費的部分就成爲無用的、無價值的、不能交換的，因而就不能用來償付任何東西，便不再是一種產品了。

至於消費，要成爲一種正當的、眞正的消費，就必須能夠重新生產效用；因爲，如果消費不是爲了生產，那麼所消費的產品會被取消價值，產品純粹損失掉的情況，使之價值降低。人有消費物品的權力，但只能消費他所再生產出來的物品。因此，在一種正確的經濟制度中，生產和消費之間是存在著平衡。

在以上各點確定之後，假定有一個擁有一千戶居民的部落，圈居在一個特定地區範圍之內，不對外往來。對我們來說，這個部落可以代表整個人類，因爲分布在地球上的人類確實和外界隔絕。事實上，既然一個部落和人類之間的差別只是數字比例上的差別，其經濟結果在任何情況下都將完全相同。

其次，再假定這一千戶專門從事耕種小麥的居民，每年必須把他們產品的百分之十作爲實物利息，付給他們之中的一百個人。在這種情況下，人們顯然可以看出，收益權就等於對社會產品預徵的一筆稅收。這筆稅收是供給什麼用的呢？

顯然這筆稅收不會被用來供應部落的糧食，因爲這種供應和地租毫無共同之處；這也不是用來償付勞力和產品，因爲土地所有權人和其他一樣從事勞動者，只是爲自己勞動。最後，這筆稅收對於承受人來說是無用的，因爲他們收穫的小麥足以供給其消費，而且在一個沒有商業和工業的社會中，他們買不到別的物品；他們的收益因此失去效用。

在這樣的一個社會中，既然產品的十分之一無法消費，便有十分之一的勞力沒有得到報償：生產物的成本就會高於價值。

現在，把三百個生產小麥的人變成各種各樣的工匠，一百個園丁和種植葡萄的工人、六十個鞋匠和裁縫、五十個木匠和鐵匠、八十個從事各種不同職業的工人，爲了使一切齊全，還有七個學校教員、一個市長、一個法官、一個傳教士：每種職業都以其特有的產品供應該部落。現在，總產量是一千，每個勞動者的消費量是一，其中小麥、肉類和其他穀類占零點七；酒和菜蔬占零點一；衣服、鞋子占零點零六；鐵器和傢俱占零點零五；其他各種產品占零點零八；教育費占零點零零七；行政管理費占零點零二；禮拜費占零點零零一，合計總數是一。

但是社會應當償付一筆百分之十的地租，而且可看到無論這筆地租僅是由農民負擔，或者由全部勞動者連帶負擔，結果是一樣的。農民按照須償付的數字比例，提高他的糧食售價；其他勞動者隨之仿效。於是，在經過幾度動盪後，平衡就建立起來，每個人都付出差不多相等的數量。如果以為在一個國家中，只有農民才償付地租，那是極大的錯誤；償付地租的是全國國民。

所以我說，由於徵收了百分之十這筆稅款，每個勞動者的消費量就減少到下列的情況：小麥零點六三；酒和菜蔬零點零九；衣服鞋子零點零五四；傢俱和鐵器零點零四五；其他產品零點零七二；學費零點零零六三；行政管理費零點零一八；禮拜費零點零零零九，總數是零點九。

勞動者生產了一，而只能消費零點九，所以損失勞動代價的十分之一；生產物的成本始終高於價值。另一方面，土地所有權人所收取的十分之一，同樣是一種浪費；因為他們本人既然是勞動者，可以像其他的人一樣，用他們的產品的十分之九來養活自己，絲毫不缺。即使得到雙份的麵包、酒、肉類、衣著、住房等，如果消費不了，又不能加以交換的話，這種雙份的配給又有什麼用呢？所以地租對他們來說，正像對其餘的勞動者一樣，是一種浪費，且在他們的手中毀掉。如果你們擴大這假設，增加產品的數字和種類，仍舊會得到相同的結果。

直到現在為止，我們假定土地所有權人有參加生產，不但像薩伊所說，透過利用工具，並且以實際的方式和透過雙手勞動參加生產。那麼就不難看到，在上述的情況下，所有權是永遠不會存在的。但實際情況又是如何呢？

土地所有權人在本質上是荒淫的動物，既缺乏德性，又沒有廉恥，一點也過不慣有秩序和紀律的生活；他之所以愛好財產，是因爲可以隨心所欲地過舒適的生活。因爲生活所需得到保障，便放縱於無聊和懶惰的生活；他逍遙終日，追求稀奇事物和新鮮的刺激。有財產的人如果要享樂的話，一定要放棄普通的生活，層出不窮地玩一些奢侈的花樣和從事淫穢的娛樂。

我們的土地所有權人不是拋棄一筆毀滅在他們手中的地租，從而使社會勞動免於承受這份負擔，反而寧願休息。由於這種退卻——絕對生產量減去一百，而消費量保持不變——生產和消費似乎可以保持平衡。然而，既然土地所有權人不再從事勞動，按照經濟學的原理，他們的消費便成爲不事生產，因而社會上就不再像先前那樣存在著一百個人的勞力得不到報償的情況，而是有一百個人的產品沒有提供勞力而被消費掉。不論在帳冊上用哪一種項目來記載虧損，這筆虧損始終沒有什麼不同。不是政治經濟學的原理是錯誤的，就是與這些原理相反的所有權是不可能存在的。

由於經濟學家們把一切不生產的消費，看成是一種禍害、一種對於人類的盜竊行爲，因而孜孜不倦地勸告土地所有權人要有所節制，要從事勞動並進行儲蓄；勸導他們必須使自己成爲有用的人，必須對他們從生產方面取得的東西有所補償；經濟學家對於奢侈和懶惰發出最激烈的責罵。這種道德學肯定是好的，可惜缺乏常識。從事勞動，或者如經濟學家們所言，使自己變成有用之人的土地所有權人，對於他所提供的勞動和效用是可獲得報酬，然而就他不加耕耘而取得收入的那些地產來說，難道他由於上述情況就不是不勞而獲了嗎？無論他做些什麼，他的地位是不生產而且有罪惡的；只有當他不再是土地所有權人時，才能停止浪費和破壞。

但這還不過是所有權所產生的最小的弊端。無論如何，可以想像到社會要維持一些不勞動之人的生活。社會上永遠會有瞎子、殘廢者、瘋人和白癡，很容易地養活一些懶漢。在這一點上，不可能的事增多了，變得更複雜。

第三個論題

所有權是不能存在的，因爲有一定的資本，生產是隨勞動而不是隨所有權發生變化。

如果要清償一筆按照產品百分之十，爲數是一百的地租，產品就必須是一千；要使產品是一千，便需要有一千個勞動者的勞動力。因此，既然土地所有權人都享有一種依靠租息生活的平等權，如果像剛才的情形，讓從事勞動的土地所有權人都休假的話，將面臨無法支付給他們收入的情況。事實上，原先曾經是一千的生產力，既然只剩九百，生產量因此也就減少到九百，九百的十分之一是九十。所以，如果九十個土地所有權人要得到全部的收入，那就必須停止付給一百個土地所有權人中十個人的地租；或者是，所有的土地所有權人都必須同意把收入各減去百分之十。因爲不能由那些在職務上像過去一樣進行生產的勞動者，承受土地所有權人退出勞動的後果，而是必須由土地所有權人自己來承擔他不勞動的後果。但是在這時候，土地所有權人爲了要享受，變得比以前貧窮；在行使他的權利時，他已喪失權利，以致於我們想要抓住所有權的時候，卻逐漸減少並消失：人們越是追求它，它越不讓人們得到。一種受數字的比例支配，而且可以被數學的計算所毀滅的權利，是一種什麼權利呢？

從事勞動的土地所有權人：一、作爲勞動者，可以得到工資零點九；二、身爲土地所有權人，可以獲得地租一。他自己想：「我的地租已經足夠，不必勞動就已夠用，且還有多餘。」他盤算可以得到的那筆收入，在還不知道怎樣會短少的時候，卻減少了十分之一。這是因爲在他參加生產時，自己就是這十分之一的創造者，現在他得不到這十分之一；且當他以爲只是爲了自己而勞動的時候，在交換產品的過程中不知不覺就遭受一部分的損失，這損失的結果就是使他自己償付地租的十分之一。像其他每一個人一樣，他只能得到零點九。

如果勞動者不是九百個，而是五百個，地租的總額將減少到五十；如果只有一百個，將減少爲十。因此，可以把下列定爲財產的經濟定律：收益金一定隨著不勞動者的人數增多而減少。

這個初步的結果將導致得到另一個更加令人驚奇的推論，它的意思是要使我們從所有權一切弊害中解脫出來，既不必廢止所有權，也不致使土地所有權人遭受損害，所採用的還是一種非常保守的方法。

剛才已經證明，如果擁有一千個勞動者的社會，地租是一百；九百個勞動者的社會，地租是九十；八百個勞動者的社會，地租是八十；一百個勞動者的社會，地租是十等。因此，如果一個社會只有一個勞動者，地租就只有零點一，不論私有化土地的面積和價值如何。所以，在具有一定的土地資本條件下，生產是隨勞動而不是隨財產發生變化。

根據這個原理，讓我們探究一下，對於一切財產來說，收益金的最高限度應該是怎麼樣。

在本質上，租佃行爲究竟是什麼呢？這是一種契約，土地所有權人透過這類契約，把土地所有權讓給一個佃戶，其代價是由地主取得土地產物的一部分。如果因爲佃戶家庭人口的增多，佃戶的生產力比土地所有權人大十倍的話，將生產十倍的產物。難道土地所有權人能夠因此而把地租增高十倍嗎？他的權利不是「你生產的越多，我就徵收的越多」；而是「我出讓的越多，我就徵收的越多」。佃戶家庭人口的增多，所能支配的人手多少或佃戶的經營方法——這些都有助於增加生產，但與土地所有權人無關。地主的要求應該以自己的生產能力而不是以別人的生產能力作爲衡量的標準。所有權是收益權，不是人頭稅。一個連幾畝地都耕種不了的人，怎能因他擁有的地產是一萬畝，便可以向社會要求，連自己在一畝地上都生產不出的數額一萬倍呢？爲什麼借貸的租金不以所有權人所犧牲的效用，而要以借用人的才幹和體力，作爲計算的根據呢？所以必須確認這第二條經濟定律：收益金的多寡，是由土地所有權人的生產量的一部分來衡量。

這個生產量是什麼呢？換句話說，一塊土地的主人在把土地租給佃戶時，可以振振有辭地稱其所放棄的是什麼呢？

一個土地所有權人的生產力，像一切勞動者的生產力般，既然是一，他因租讓土地而失去的產物也就是一。所以如果收益金的比率是百分之十的話，收益金的最高限度將是零點一。

但是我們已經看到，每當一個土地所有權人退出生產，產物的總額就減去一個單位。所以，如果當他參加勞動時，所能得到的收益金是零點一的話，由於他的退出，按照地租減低的定律，這筆收益金就將減為零點零九。因此得出最後的公式：一個土地所有權人的最高收入等於一個勞動者產品的平方根（這個產品是由一個協商好的數字來代表）；這筆收入因土地所有權人的不勞動，而受到的減少等於一個分數，這分數的分子是一，分母則是用來代表該產品的數字。

因此，一個不勞動者，或者在社會以外為自己個人利益而從事勞動的土地所有權人，最高收入，按照每個勞動者平均生產量一千法郎的百分之十來計算，是九十法郎。所以，如果在法國有一百萬個享受一千法郎收益，並且不生產的土地所有權人，按照十分公平的權利和最正確的計算法，每年應當付給他們的不是十億法郎，而僅是九千萬法郎。

在工人階級所負擔的沉重租稅，減去一個九億一千萬的數字，這不是一件小事；但是帳還沒有算完，勞動者還沒有認識他們權利的全部範圍。

當把收益權限制在合理範圍之內的時候，不勞動的土地所有權人收益權是什麼呢？是一個承認占用權的行爲。但是，既然所有的人都有同等的占用權，每一個人根據同樣的權利都是土地所有權人；每一個人都有權獲得一筆等同於他的產品部分上的收入。所以，如果勞動者基於所有權，而不得不把地租付給土地所有權人，那麼，根據同樣的權利，土地所有權人也應該把相等的地租給予勞動者；雙方的權利既然相等，這些權利之間的差額就是零。

結論：如果地租依法只能是土地所有權人假定產量的一個部分，無論地產的數量和價値如何，對於爲數眾多的個別小土地所有權人來說，情形是相同的。因爲，雖然單獨一個人能夠分別使用地產中的每一塊，卻不能同時使用地產的全部。

總括：只能存在基於生產定律，所規定的極狹小範圍之內的收益權，因占用權而歸於消滅。要知道，沒有收益權就沒有所有權；所以所有權是不可能存在的。

第四個論題

所有權是不能存在的，因爲它是殺人的行爲。

如果收益權可以服從理智和正義定律的支配，變爲一種補償或保障的承擔；對於單一勞動者來說，這個債務的最高限度永遠不能超過所能生產的產物某一個部分，此爲剛才已證明。但是，爲什麼收益權——不要不敢直呼其名：盜竊權——要讓與之毫無共同之處的理智來支配呢？土地所有權人並不滿足於正確的判斷和自然之理所規定的收益金：他要求能夠得到十倍、百倍、千倍、百萬倍。如果由他單獨勞動，只能從他的土地得到單位爲一的產物，而他向社會所要求的，不再是一個與他生產力成正比的權利，而是一種人頭稅。他向同胞們按照其體力、人數和經營的情況徵收租稅。當農民生了一個孩子，土地所有權人就說，又多了一個增加收益的機會。地租經過怎樣的過程變成人頭稅呢？法學家和神學家十分精明，但爲什麼遏制不住收益權的擴張呢？

土地所有權人按照自己的生產能力，計算出土地能夠容納多少勞動者後，把土地分成多少部分，並說：「每個人都得給我收益。」如果想增加收入，只要把土地分一分就行了。他不是根據自己的勞動來計算應得的利息，而是按照資本來加以估計；透過這個偷天換日的手法，原來在主人手中永遠只能產生「一」的同樣一塊地產，現在對他來說就值了十、一百、一千、一百萬。從此，只要準備把向他申請的勞動者姓名登記下來即可，他的工作變爲草擬租地契約和開立收據。

土地所有權人還不滿足於如此輕鬆的職責，甚至還不打算負擔那筆因他的懶惰所產生的虧損；他把虧損轉嫁到生產者的身上，他永遠向生產者需索同樣的報酬。一塊土地的租金，一旦提高到最高點，土地所有權人就永遠不再降低，生活必需品的昂貴、人手的缺乏、季節的荒歉，甚至可怕的瘟疫，對他都不發生任何影響，他既然不參加勞動，收成的好壞與他何干？

這裡開始一系列新的現象。

每當薩伊攻擊捐稅的時候，推論非常精彩，但他永遠不願了解土地所有權人對於佃戶進行著和徵稅人員相同的剝奪行爲，他在給馬爾薩斯的第二封信中說：

「如果捐稅徵收人員和他的上級消費產品的六分之一，他們因此就強制生產者用他們所生產出來的產品的六分之五，供應自己衣食方面的需要。人們對此表示同意，同時，每個人用所生產出來產品的六分之五來生活是可能的。如果人們一定要我同意的話，我也可同意；但是我要請教，如果人們向生產者索取的不是六分之一，而是六分之二或三分之一的產品，他們是否以爲生產者的生活還是照樣能過得很好呢？不能，但是他還會活下去。那麼，我要問，如果有人奪去他的三分之二……再來是四分之三的話，他是不是還能活下去呢？但是我得不到任何答覆。」

如果這位法國經濟學大師不因他對於所有權的偏見有所蒙蔽，他就會看到這恰好是地租所造成的同樣後果。

假定一戶六口的農民家庭，父母和四個兒女，依靠耕種的一小塊土地在農村過活。假定他們依靠辛勤的勞動，勉強收支兩抵；假設他們在住宿、烤火、穿衣、吃飯之後不致負債，卻沒有一點積蓄。無論收成好壞，他們總算能夠活下去：收成好的時候，做父親的可以多喝兩杯酒，爲兩個女兒添置一件外套，替兒子們買頂帽子；可以少許吃點乾酪，有時能吃點肉。但我以爲這些人即將瀕於破產和陷於絕境。

因爲，按照定理的第三項推論，他們欠自己一筆款項，即自己那筆資本的利息。如果把這筆資本估計爲八千法郎，按百分之二點五計算，每年就應償付二百法郎的利息，他們沒有把這二百法郎從總產額中提取儲蓄，並使之化爲資本；他卻把它消耗了，家庭帳冊上的支出每年就產生二百法郎的虧損。如此經過四十年，這些毫未有所覺察的人們，就會吃光他們的資本，並宣告破產。

這個結果好像是笑話，但不幸是一個事實。

徵兵的命令來了，什麼是徵兵？徵兵就是政府對若干家庭突然採取一種財產上的行爲，一種對人和金錢的掠奪行爲。農民不願和他們的兒子分離，在這一點上，我認爲他們並沒有過錯。要一個二十歲的青年在兵營中有所得益是困難的；如果他不在那裡腐化墮落，他就會討厭那種生活。你通常可以根據一個士兵對於其制服的厭惡來判斷他的品性。不幸的可憐蟲或毫無可取的壞蛋，這就是法國軍隊的成分。這些情況不應有，但是客觀上存在著。如果去問十萬個人，你可以相信，沒有人會來反駁我的說法。

我們的那位農民爲了贖回兩個徵召入伍的兒子，花費借來的四千法郎，借款的利息按百分之五計算是二百法郎，等於上面提到的那筆數目。截至此刻，該家庭與消費相抵的生產量是一千二百法郎或每人二百法郎爲了償付這筆利息，不是六個勞動者必須生產出七個人那樣多的產品，就是必須只能消費五個人的消費量。減少消費品是辦不到的，怎麼能夠減少必需品呢？生產更多的東西亦不可能，他們已經無法再增加勞動的強度和時間。是不是可以採取折衷的辦法，即消費五個半人的消費量，而生產六個半人的生產量呢？他們會立刻感肚腹無法商量；節省到某種程度就不能再減少了；若絕對的必需品大幅縮減，必然會妨礙健康；至於增加產量，只要發生一次大冰雹、一次旱災、一次牲畜病疫，農民的希望將全部粉碎。地租付不起，利息增高，小小的農場被扣押，所有人被趕走。

這樣，當一個家庭不去行使所有權的時期，可以過著幸福的生活，到必須行使這個權利時就立刻陷入困境。爲了要得到滿足，所有權要求那位農民具有擴大土地，並一聲號令就能使土地豐產的雙重能力。當一個人不過是土地的所有人時，他覺得土地是維持生活的手段；但一旦他想謀取所有權人的權利，這塊土地就不再能夠滿足他的要求。在他只能生產出所需要的消費品時，他所得到的勞動果實是操勞的報酬：沒有剩下什麼東西能用來支付那個工具。

被要求付出他所不能生產的東西，這就是土地所有權人爲了用新式方法，剝削勞動者，退出社會生產以後的農民情況。

現在再來談談第一個假設。

那九百個勞動者本來深信未來的產量能夠和過去一樣多，因此在清償他們的地租之後，突然發現自己比去年窮了十分之一，不免大吃一驚。事實上，這十分之一原來是由從事勞動的土地所有權人生產並交付出來的產品，他去年參加生產勞動並分擔公共費用；如今，這同樣的十分之一卻沒有被生產出來，可是在繳租時卻償付了；對於生產者來說，這部分的消費量必然短少。爲了彌補這項不可思議的虧損，勞動者滿懷著足夠償還的信心向人借款；但明年，一筆新的借款加上第一次借款的利息，使信心發生動搖。他向誰借貸呢？向土地所有權人。土地所有權人借給勞動者的錢，便是向勞動者浮收；這筆他本應歸還的多收款項，卻在帶有利息的貸款的形式下，又增添利益，造成無限增加債款，土地所有權人貸款給永遠不能清償的勞動者，而勞動者因經常遭到掠奪，經常向強盜借錢，結果一切財物都被人騙走，不得不宣告破產。

假如這個時候，土地所有權人需要佃戶提供收入，因而免除勞動者的債務；他就算做了一次善舉，傳教士先生還會在講道時備加讚揚；爲慷慨的慈善行爲所感動的可憐佃戶，在學習教義時學會給他的恩人祈禱，決心加倍努力和忍受新的艱苦，報答這樣一個值得尊敬的主人。

這次佃戶採取一些預防措施，他提高穀物的價格，工業生產者也照樣提高產品的價格。產生反應且經過一些波動後，佃戶以爲已經轉嫁到工業生產者身上的地租，差不多就拉平。可是，在他自慶勝利的時候，卻發現仍然窮困，不過程度比從前稍好一點。因爲生活的高漲屬於一般性，土地所有權人也受到影響；所以勞動者不是比以前窮十分之一，而只是損失百分之九。但是爲了清償這一筆債，必須永遠借貸，必須永遠償付利息，厲行節衣縮食。爲了那筆原來不應該償付而償付了的百分之九而束緊褲帶；爲了償還債務而束緊褲帶；爲了債款的利息而束緊褲帶：如果收成沒有著落的話，束緊褲帶就演變成挨餓。有人說必須從事更多的勞動，但是過度的勞動和不吃東西一樣會致人於死地；如果兩者同時交加，將發生什麼後果呢——必須從事更多的勞動；這顯然意味著必須生產得更多。生產是在哪些條件下進行的呢？透過勞動、資本和土地的配合作用。關於勞動，由佃農負責提供；但是資本只能透過儲蓄形成。可是，佃農能夠積蓄一些錢的話，就得償付他的債務。最後，即便佃農擁有資本，若所耕種的土地面積永遠不變，這對他有什麼用處呢？他需要擴大耕地。

最後，也許有人要說：他應該更加努力和有效地進行勞動吧？但是計算地租是根據產量可能有的最高平均數，如果不是最高的話，土地所有權人就會增加地租。大土地所有權人不就是如此隨著人口增加和工業的發展，逐漸知道社會從他們的土地能得到多少財富，進而屢次增加租地契約中的租金嗎？土地所有權人處於社會活動以外，但是他兩隻眼睛如同鷹隼，盯著待攫取的目的物，準備隨時撲上去把它吞噬掉。

在一個擁有一千人口的社會中所觀察到的現象，在每一個國家和有人類居住的地方大規模地發生著，但其變化無窮，形式很多，此不打算細加描述。

總之，所有權透過高利貸，把勞動者掠奪得精光之後，慢慢地用飢餓來殺死他。如果沒有掠奪和殺害，所有權就不能存在；但既有掠奪和殺害，所有權不久便將因缺乏支持者而宣告滅亡：因此它是不可能存在的。

第五個論題

所有權是不能存在的，

因爲如果它存在，社會將自趨滅亡。

當驢子馱得過多時就會倒下去，人卻永遠勇往直前。土地所有權人十分了解人類存在著這般百折不撓的勇氣，因而把自己投機的希望寄託在這種勇氣上面。自由的勞動者生產了十，土地所有權人卻在想：「爲了我，他可以生產到十二。」

事實上，在接受沒收田地處分以前，剛才陳述其身世的農民，在離開他家鄉的前夕，拼命試行一次努力；他租一些新的田地，多耕種三分之一的土地，把新產品的一半留歸自用，額外多收穫六分之一，用以償付地租。多麼辛苦啊！要在產量上增加六分之一，農民所必須增加的勞動不是六分之一，而是六分之二。他便是以此代價償付一筆不應支付的地租。

這個佃農的做法，工業生產者也嘗試依照；前者是耕種更多的土地並剝奪他的鄰人，後者則降低貨物的價格，努力設法壟斷生產和銷售，壓倒競爭者。爲了滿足所有權人的要求，勞動者不得不先生產出超過他所需要的東西，然後必須超越原來的力量來進行生產；由於身爲土地所有權人的勞動者退出生產，上述的兩種情形彼此互爲因果。但是，若要超過自己的力量和需要進行生產，就必須侵犯別人的生產工作，因而也就減少產額。因此，土地所有權人在脫離生產而使生產降低之後，還鼓勵勞動者壟斷而進一步使生產降低。讓我們計算一下吧。

勞動者在償付地租之後，其感到的虧損是十分之一，這就是他要設法在生產中增加的數量。除了增加他的勞動，看不出有別的辦法能夠達成這一點；這他也執行。土地所有權人因爲沒有得到全部地租而表現出不滿的情緒，其他被土地所有權人認爲比較勤快、努力、可靠的佃農，他們所提出的有利條件和諾言，一些祕密的策劃和陰謀——這些引起重新分工和減少某一部分生產者的勞動。在九百個勞動者之中，有九十個遭遇排擠，爲的是可以在別人的生產上增加十分之一，但是生產總額是否會增加呢？一點也沒有。如上所述，將有八百一十個勞動者像九百個人那樣進行生產，但要使生產有所增加，應該要像一千個人那般進行生產。現在，我們已經證明，地租是和土地資本而不是和勞動成比例的，且地租永遠不會減少，因此儘管勞動已經增加，債務卻如同過往繼續存在。於是，形成這樣一個社會，不斷耗損下去，並且持續耗損：如果沒有倒閉、破產、經濟和政治上的災難週期性地恢復平衡，並分散人們對於使大眾苦痛眞正原因的注意力，社會就會毀滅。

繼資本和土地壟斷而來的是經濟上的措施，這些措施又造成一些勞動者失業的現象。利息是農民和企業家肩膀上的重擔，他們各自在思忖著：如果我無須付這麼多人的工資，我就有辦法償付地租和利息。於是那些用來使勞動變得既方便又迅速的美妙發明創造，變成殺害成千上萬勞動者的可怕機器。

「幾年以前，斯特拉福德伯爵夫人從她的莊園上趕走了一萬五千人，他們都是曾讓土地增加價値的佃農。這樣管理私人財產的行爲，在一八二〇年又有一個蘇格蘭大地主，對六百戶佃農實行一次。」（狄索[16]，《論自殺的風氣和反叛精神》）。

我曾經引證一位使現代社會動盪不安，在反叛精神問題上寫出雄辯文章的作家，其未說明他是否反對遭到放逐之人所發起的暴動。至於我敢大聲聲明，這種反叛的行爲，在我看來本是首要的權利、最神聖的義務：我期望我的信心表白能夠讓人了解。

社會自趨毀滅：一、由於週期性地使用暴力犧牲勞動者。這是剛才看到，且將來還會看到的現象；二、由於所有權對生產者的消費量進行部分扣除。這兩種自殺的方式，起先是同時發生，但不久後，第一種就從第二種中得到新的力量，與高利貸隨之一起的飢荒，使勞動力變得更加必要和更加稀少。

按照商業和政治經濟學原理，要使一個工業型的企業順利發展，產品必須能供應：一、所用資本的利息；二、這筆資金的維持費；三、全部工人和承包人工資的總額。此外，還必須盡量產生多的利潤。

值得稱道所有權反映在金融方面的精明和貪得無厭。收益所採用每一種不同名稱，均使所有權人有機會取得收益：一、以利息的形式；二、以利潤的形式。因爲，資本的利息是生產墊款的一部分。如果在一個工廠投資十萬法郎，在扣掉開支後，在本年度內得到五千法郎，人們並沒有得到利潤，只是得到資本的利息。要知道，所有權人不是無條件工作。像寓言裡的獅子一般，根據他的每一種資格獲取報酬，以致於當他得到滿足之後，便沒有東西可以留給他的夥伴。

我讀的任何寓言沒有比這更美的了。

我是承包人，我拿第一份。（Ego primamtollo, nominorquialeo.）
我是勞動者，我拿第二份。（Secundamquia sum fortistribuetismihi.）
我是資本家，我拿第三份。（Tum quia plus valeo, me sequeturtertia.）
一切都歸我，我是所有權人。（Maloadficietur, siquisquartamtetigerit.）

費德爾[17]用四句詩概括地說明所有權的一切形式。

我說這個利息，更不用說這個利潤，是不可能存在的。

就相互關係來說，勞動者是什麼身分呢？是一個廣大生產社會的各種不同成員；按照分工和分職的原則，每個人各自負擔著全部生產過程中的某一部分。首先，假定這個社會由三個人組成：一個是牲畜飼養者，一個是製革匠，一個是製鞋匠。社會的工業是製鞋。如果我問，在社會生產的產品之中，每個生產者可以得到多少？每一個小學生都會答覆我說，根據商業或合夥關係法則，每個生產者得到的份額是產品的三分之一。但是，這裡問題不在於平衡那些用協議方式結合起來的勞動者權利，我們必須證明，這三種生產者不問其是否合夥，不得不像合夥人那樣進行活動；不論他們願意與否，他們讓事物的自然之理和數學的必然性結合在一起。

製造皮鞋需要三種過程：牲畜的飼養、皮革的削製、剪裁和縫紉。如果從農民廄舍中生產出的皮革價值是一，從製革匠製造出的皮革價值即爲二，鞋子從鞋鋪裡出來的價值就等於三。每個生產者都生產了一部分效用，所以把各種效用加起來就得到產品的價值。要想得到這產品的任何一個數量，每一個生產者首要必須償付自己的勞動，其次是償付其餘兩個生產者的勞動。這樣，如果要得到由十張皮革製成的鞋子，農民就要付出三十張生皮，製革匠則須付出二十張皮革。因爲用十張皮革做成的鞋子價值，由於經過兩道操作過程就等於三十張生皮的價值，同樣地，二十張熟皮的價值也就等於三十張生皮的價值。但是，如果製鞋匠在交付用十張熟皮做成的鞋子時，向農民要求三十三張生皮，向製革匠要求二十二張熟皮，交易就不會發生。因爲，這樣做的後果是，農民和製革匠在償付製鞋匠用十張皮革做成鞋子的勞動之後，就不得不用十一張皮革，買回自己所提供的十張皮革的勞動，這當然是不可能的。

可是，每當工業家獲得任何種類的利益時，無論利益稱作所得、地租、利息或利潤，便會發生上述那種不可能的情況。小型社會中，如果製鞋匠爲了要購置業務上所需要的工具，爲了要買進皮料，且要支付他在收回投資前，一段時間內的生活費用，而借入附有利息的款項，顯然他爲了償付這筆利息，不得不從製革匠和農民那裡獲取利潤；但由於這個利潤若不用詐欺手段亦不能到手，那筆利息就會重新落到這名不幸的鞋匠身上，使他破產。

我採用一個在想像中簡化得出乎常理的情況作爲例子，人類社會絕不會有縮減到僅有三種職業，最不文明的社會也包含爲數眾多的工業。今天，工業方面的職務（我所說工業方面的職務，是指一切有用的職務而言）數目也許超過一千種。但是無論職業有多少，經濟定律始終相同，要使生產者能夠維持生活，就必須使他的工資能夠買回他的產品。

經濟學家不能不知他們所謂的科學基本原則；那麼，爲什麼他們要這樣固執保衛所有權、工資的不平等、高利貸的合法性以及利潤的公正性呢？這一切事項都違背經濟定律並使交易成爲不可能。一個企業家用十萬法郎買原料，五萬法郎付工資，然後希望從產品中取得二十萬法郎的代價，即希望在原料和雇員的勞力上獲取利潤；但如果原料的供應者和工人，用他們加在一起的工資，卻不能買回他們爲企業家所生產的產品，他們怎能維持生活呢？我將闡述我的問題，在這裡詳加討論是必要的。

如果工人每天用他的勞動可以得到三法郎的平均工資，倘若他的雇主想要在工人的薪水之外獲得一些利益，即使僅僅是資本的利息，他把工人的勞動日以商品的形式出賣時，必須從中得到超過三法郎的價值，因此工人就無法買回提供給雇主時所生產的東西。在各行各業都毫無例外地發生這樣的情況：裁縫、製帽工人、木匠、鐵匠、製革匠、瓦匠、首飾匠、印刷工人等，甚至農民和葡萄園工人都不能買回他們的產品，因爲替某種形式下謀取利潤的雇主工作時，他們爲了自己的勞動，必須支出比人們所付給他們更爲昂貴的代價。

在法國，有兩千萬勞動者分布在科學、藝術和工業的部門，他們生產一切有益於人的東西，他們每年的工資總額假定爲二百億；但是由於所有權，以及各式收益金：傭金、什一稅、利息、罰款、利潤、地租、房租、財產收入，他們的產品被所有權人和雇主作價爲二百五十億。這說明什麼呢？也就是說，爲了生活而不得不買回這些產品的勞動人民，他們必須用五法郎來償付以四法郎的代價所生產出的產品，或者每五天中必須有一天挨餓。

如果在法國，有一個經濟學家能夠證明這個算法是錯誤的話，我正式邀請他報上大名，我可以答應收回在攻擊所有權時，所發表之一切錯誤和惡意言論。

現在讓我們看看這種利潤的後果。

如果各行各業工人的工資相同，到處都會感到所有權人的徵收所造成的虧損；但是禍害的原因也會變得十分明顯，以致可立刻覺察出來且制止。但是，不論從清道夫的工資到大臣的薪俸為止，存在著財產不平等的情況，掠奪行為就不斷地從強者影響到弱者，因而勞動者在社會階級中所處的地位越低，所受到的困苦越甚，階層最低的人民，簡直就被其他階層的人剝奪精光，活生生地被吞食掉。

勞動者既不能購買他們紡織的布匹，不能購買他們製成的傢俱，不能購買其鑄成的金屬，不能購買他們琢磨的寶石，不能購買他們印刻的版畫，不能得到他們播種的小麥和釀製的酒，不能得到他們豢養牲畜的肉類。他們既不准住進所建築的房屋，不准欣賞他們張羅好的戲劇，也得不到身體迫切需要的休息。這是為什麼呢？因為收益權不按照工人能力支付的成本價格出售東西。困於貧窮情況，勞動者讚嘆著富麗堂皇的百貨商店招牌上，卻用大字寫著：「這是你的作品，但不准你所有。」你們都是為人作嫁（Sic vos non vobis）！

每僱用一千個工人，每天在他們身上獲得利潤的工廠主，正慢慢地迫使勞動者陷入窮困的境地；所有分得利潤的人都和飢餓串通一氣。但是，人民甚至還無法擁有使他們挨餓、所有權賴以為生的勞動。這又是爲什麼呢？因爲不夠用的工資迫使人民搶著去勞動，且在飢荒消失之前，因競爭而互相消滅。我們大可不必再來探究這個眞理了。

如果工人的工資買不到他的產品，便可說這產品不是爲生產者而生產。那是給誰的呢？乃是準備給較爲富有的消費者，亦即，僅是預備給社會其中一部分人。但是，當全部人都從事勞動的時候，是爲了整個社會而生產；所以，如果社會中只有一部分消費，社會遲早就有一部分人將無所事事。要知道無所事事就是死亡，對於勞動者是如此，對於所有權人也是這般。這是必然得出的結論。

想像最悲慘的局面，就是眼看著生產者對這個數學上的必然性進行抵抗和鬥爭，他們的偏見使之覺察不到這個數字的威力所進行的抵抗和鬥爭。

如果十萬個印刷工人能夠提供滿足三千四百萬人需要的讀物，若書價很高，只有三分之一的人買得起書，顯而易見，這十萬個印刷工人所生產的書籍將是書店所能銷售數量的三倍。如果要使這些工人的產品永遠不超過消費者的需要，就必須每三天休息兩天，或者在每星期、每個月或每一季中，有三分之二的時間停止工作，也就是他們一生中有三分之二的時間無法維持生活。但是在私有制的影響下，工業運作情況並不是有規則地進行生產，力求生產得多、生產得快，因爲產品的數量越大，生產的時間越短，每件產品的成本就越低。每當一種產品開始有需求時，大家都去工作，工廠立即充滿人；此時，商業就活躍起來，統治者和被統治者皆大歡喜。但人們今天工作得越多，將來停工就越多；人們現在笑得越高興，將來哭得越悲慘。在私有制的統治下，工業的花朵只能用來編紮送殯的花圈。從事勞動的工人在自掘墳墓。

當工廠停工時，工廠主還必須繼續對他的資本付出利息。在這個時候，他自然力求減低開支，維持他的生產事業。於是發生減低工資、採用機器、僱用童工、女工來做男工人的工作，於是產生工人不熟練、產品品質降低等現象。人們還是進行生產，因爲生產費用的減少可以擴大銷售的範圍；但是生產不能長久進行下去，因爲成本減輕是以生產數量和速度爲基礎，生產的能力就以前所未有的程度，朝著超過消費量的方向發展。勞動者憑工資收入，尚不足以維持每天生計，於是被迫失業，私有制原則所造成的後果變得極爲可怕。在那時，勞動者沒有絲毫節餘，沒有一點儲蓄，也沒有可以使他們多活一天而積累起來的小額本錢。今天工廠倒閉，人們只能在街頭挨餓，然後不是在收容所中死亡，就是在監獄中吃牢飯。

一些新的事故使這種可怕的局勢變得更加複雜，由於貨物充斥和物價極度低落，企業家不久就無法償付他所利用的資金利息；於是驚嚇慌張的債權人爭先恐後收回他們的資金，工作停頓，生產中止。然後，人們驚訝地看到資本脫離商業，人群湧入證券交易所，有一天我曾聽到布朗基先生嘆息資本家的愚蠢和失去理智的表現。資本流動的原因很簡單，正因爲如此，一個經濟學家覺察不出它的原因，或者毋寧說是他不應當把其中的道理講清楚，原因完全在於競爭。

我所談的競爭，不僅是指從事同樣業務的兩方敵對情形，也指各種行業爲了競爭優勢，普遍、同時付出努力。今天，這樣的努力已使商品價格僅足以抵償生產和銷售的開支；所以支付全體工人的工資後，已經毫無剩餘，甚至連資本家的利息也付不出來。

所以，工商業停滯的主要原因就是資本的利息；當這個利息被用來償付對金錢的利用時，以往人們都以高利貸這個名稱來加以指責，但現在這種代價在房租、地租或利潤的形式下出現，人們卻不敢譴責，彷彿端看借出東西的性質，便可以使借貸的代價，即盜竊行爲永遠合法化似的。

資本家收取的收益金越多，經濟恐慌就越加頻繁和強烈；知道前者就能確定經濟恐慌的這兩種情況，反之亦然。想知道調節一個社會的是什麼嗎？只要查明流動資本的數量，即帶有利息的資本數量和利息的利率就行了。以後事態的發展，不外乎是一系列的混亂而已，這些混亂的次數、猛烈程度與資本的流動成比例。

一八三九年，僅在巴黎這個地方，破產次數就達到一千零六十四起；這個比例一直維持到一八四〇年前幾個月，在我撰寫這篇論文時，經濟恐慌還沒有結束。另外，據說進行清理的商店數，比宣告破產的要多得多。根據這次災難，可以判斷有如掃蕩一切的颶風力量。

社會毀滅的過程有時是不知不覺和持續發生，有時則是週期性和突如其來；這要看所有權所採取的途徑而定。在一個財產分散，而擁有小型工業的國家中，每個人的權利和要求具有互相抗衡的作用，侵吞的力量便互相抵銷。於此，所有權是不存在的，因爲收益權幾乎無法行使[18]。就以勞動者的生命安全來說，他們彼此的地位差不多存在絕對平等一般。他們享受不到自由聯合起來的一切好處，但是他們的生存絲毫不受威脅。撇除一些在所有權之下，孤立犧牲的被害人外，他們的不幸的主要原因，是誰也覺察不到的，社會似乎沉睡在這種平等的懷抱中。但是你們要當心，它是在刀口上保持平衡；只要有極小的一點震動就會掉下來並招致毀滅。

通常所有權的漩渦是自行確定其位置。一方面，地租停頓在某一點上；另一方面，由於競爭和生產過多，工業品的價格不會上漲；所以農民的處境變動很少，主要只受季節的影響。因此所有權的吞噬作用主要發生在工業上[19]。我們通常說商業恐慌，而不說農業恐慌，因爲農民是慢慢被收益權侵蝕，而工業生產者卻是被一口吞下。導致工廠停工、錢財毀滅、工人失業；他們將不斷倒斃在路旁、收容所、監獄和流放罪犯的地方。

我們可以扼要地表述這個命題爲：

所有權把產品賣給勞動者時，所要求的售價高於它收買這產品時所付給勞動者的代價，所以它是不能存在的。

第五個論題的附錄

I. 某些改革家，甚至大多數不屬於任何學派的政論家都忙於設法改善人數最多、最窮困階級的命運，現在他們十分強調一種更好的勞動組織。尤其是傅立葉門徒們不斷叫嚷，到法郎斯特爾[20]去！他們攻擊其他各派的愚蠢和荒謬，他們包含半打數的無比天才，這些天才認爲五加四得九，減去二之後餘下來還是九[21]，並且他們為了法國的盲目無知而痛哭流涕，因為後者拒絕相信這種不可思議的算術[22]。

事實上，傅立葉主義者一方面標榜他們是所有權，即收益權的保衛者，並且用這樣的公式來說明收益權：按照各人的資本、勞動和才能進行分配；另一方面他們希望工人能夠享受社會上的一切財富，簡言之，便是能夠完完整整地享受自己的產品。這豈不是等於向工人這樣說：如果你勞動，每天可以得到三個法郎；你得用五十五錢（sous）來維持生活，把其餘的錢交給所有權人，這樣你就會消費三個法郎？

如果上面這段話，不是傅立葉體系最恰當的梗概，我甘願用我的血來簽字，同意那些傅立葉主義者一切瘋狂的言論。

總之，如果所有權仍然存在，如果勞動永遠入不敷出，改革工業和農業[23]有什麼用呢？勞動有什麼用呢？如果不廢除所有權，勞動的組織只不過是一種欺騙。即使人們把生產增加到四倍（據我看來，盡了一切力量之後，這不是不可能的），也是白費辛苦：如果額外的產品得不到消費，是沒有價值的，而且所有權人也會拒絕把它當作利息接受；如果它被消費的話，所有權的一切流弊就會重新出現。必須承認，欲望吸引力的理論，在這方面錯誤特別嚴重，而傅立葉竭力想要調和人們對於財產的欲望，無論他怎樣做相反的說法，這總是一種有害的欲望，他只是作繭自縛，根本辦不到。

傅立葉主義的經濟學十分荒謬，因此許多人懷疑傅立葉是所有權暗藏著的敵人，雖然他對所有權人表示全部的敬意。這見解也許受到一些言之成理的論證支持；可是這還不是我的見解。在這個人的作風中，江湖成分太多，誠意成分太少。我寧願相信此乃傅立葉的無知，而非虛偽，而他的無知是眾所皆知的。至於他的門徒，在能夠表述自己的任何意見之前，他們必須毫不含糊、在思想上毫無保留地做一次乾脆的聲明，他們想不想保留所有權，那句著名的口號——按照各人的資本、勞動和技能進行分配——是什麼意思。

II. 但是，轉變一半的所有權人會這樣思考：在把銀行、年金、地租、房租、各種高利貸，以及最後把所有權取消後，是否有可能按照技能來分配產品呢？這是聖西門的想法，也是傅立葉的想法，是人類良心上的願望，任何正派的人是不敢公然主張叫一個國家的大臣去過農民的生活。

唉！眞是掩耳盜鈴啊！什麼？你永遠不懂得工資的懸殊和收益權是同樣一件事？當然，聖西門和他的追隨者想把不平等和共產制度融合，如同傅立葉和他的追隨者想把不平等和所有權融合在一起，乃是犯了一個極嚴重的錯誤。但是你，一個有聲望的人，一個懂得經濟的人，一個能夠背誦對數表的人，怎麼會造成這樣重大的錯誤呢？難道你忘了，就政治經濟學觀點來說，無論一個人的才能如何，一個人產品的價值永遠只能等於他的勞動，而一個人的勞動價值，也永遠只能等於他的消費量嗎？你使我想起那位偉大的制憲者，可憐的皮涅羅—費雷拉[24]，這是十九世紀的西哀耶斯，他把一個國家的公民分成十二個階級，或者可以說十二個等級，同時規定給予一些等級的人每人十萬法郎的薪俸，其他等級是每人八萬，然後二萬五千、一萬五千、一萬等，最後到一個公民可以得到一千五百和一千法郎最低限度的薪俸爲止。皮涅羅喜歡有差別，他不能想像會有一支缺少軍樂隊隊長的軍隊，更不能想像會有缺少尊貴人物的國家；由於他愛好，或者自以爲愛好自由、平等和博愛，所以他就把舊社會的好事和壞事混合成爲一種折衷主義哲學，並根據這個哲學編制了一部憲法。多麼了不起的皮涅羅！自由到消極的服從，博愛到語言的劃一，平等到陪審團和斷頭台，這就是他理想中的共和國。這位與本世紀不相稱的天才沒有受到賞識，但後代是會替他報仇的。

你且聽著，所有權人！事實上，稟賦的不平等是存在著，權利上這卻是不許可的，它毫無用處，不能想像。百年中能出一位牛頓就抵得上三千萬人，心理學家讚嘆天才難得，立法者則僅注意到職務的不可多得。但是，職務的不可多得不能給執行職務者造成一種特權，基於許多理由，而這些理由皆是斷然無疑的。

一、在造物主的意念中，天才的難得並不是迫使社會跪在具有稟賦之人面前的動機，而是一種天賜的手段，使各種職務能爲全體最高利益而得到完成。

二、才幹是社會的一種創造，而不是大自然的稟賦，是累積起來的資本，得到這個資本的人是唯一保管人。如果沒有社會所給予的教育和有力的幫助，最優良的天性在應當發出光輝的方面，也會不如最平庸的才能。一個人的知識越廣博，想像力越豐富，越是多才多藝，他的教育費用也就越加昂貴；他的導師和作爲他的典型人物越是出眾和越是眾多，他負的債務就越重。農民從離開搖籃起就開始勞動，直到進入墳墓爲止；藝術和科學的成果都不早熟，而且不多，樹木往往在果實成熟之前就枯萎。社會在培養人才的時候對於希望作出了犧牲。

三、才能沒有共同的比較標準，在平等的發展條件之下，才能的不平等可以說只是才能各有專業而已。

四、待遇的不平等像收益權那樣在經濟上是不可能的。我假設一個最有利的情形，例如每一個勞動者都已提供最高限度的生產量，爲了使產品得到公平的分配，每個人的份額就應當等於全部產量除以勞動者人數所得的商數。在這樣計算之後，還有什麼可以剩下來支付較高的工資呢？根本沒有剩餘了。

人們會不會說，應該從全部勞動者身上提取一筆款項呢？但是，這樣一來，他們的消費量就不會等於他們的產量，工資就不能償付他們的生產工作，勞動者就不能買回他的產品，而我們就將重新落進所有權所引起的一切苦難中。我沒有提及加在受欺騙的勞動者身上的不公平待遇、熾烈的貪欲和刻骨仇恨的敵對心情。這些可能都很重要，但是不能直接說明問題。

一方面，每個勞動者的工作簡短而容易，順利完成工作的手段都是相等的，怎麼會有大生產者和小生產者的分別呢？另一方面，既然由於才幹和才能實際上相等，或者由於社會合作，因而一切職務都是平等的，一個執行職務的人怎能自稱天才卓越而要求高額的薪給呢？

但是，在平等的條件下，工資永遠和才能相稱。我的話是什麼意思呢？先看看在經濟學上工資意味著什麼，就是勞動者爲了再生產而需要的消費量。所以勞動者賴以進行生產的行爲本身就構成這個消費，這個消費恰好和他的生產相等。當天文學家完成一些觀測結果，詩人寫成詩篇，學者作了一些實驗的時候，他們消費工具、書本、旅費等。現在如果社會供應他們這個消費量，那麼天文學家、學者或詩人還能要求什麼呢？所以可以得出結論，在平等條件下，也只有在平等條件下，聖西門的按才能分配，這句口號才能得到充分和全部的適用。

III. 從所有權產生的大禍害，可怕且永遠存在的禍害即是只要所有權沒有消滅，人口無論怎樣縮減，永遠過剩。自古以來，人們總是埋怨人口過多；所有權總是因存在窮困現象而為難，沒有覺察到它就是這種現象的唯一原因。而且，沒有比它為了撲滅這種現象而提出形形色色的計畫更加離奇。那些計畫的殘暴只有荒謬堪與媲美。

棄嬰是古代的一種習慣，成批和零星屠殺奴隸，內戰和對外戰爭也有助於人口的減少。在所有權根深蒂固的古羅馬採用上述三種方法得到有效的時間很長久，以致於到末期，羅馬帝國竟變得沒有居民。當野蠻民族來到，見不到一個人；田野荒蕪，義大利各城市街道雜草叢生。

中國自古以來，負責掃除窮人的是飢荒。平民幾乎依靠大米生活，如果發生事變使收穫無著落，幾天之內，飢餓就可以殺死無數的居民，在居天下之中的帝國編年史上，記載著在某個皇帝的某一年，餓死的人有兩萬、三萬、五萬、十萬。於是他們埋葬死者，重新生兒育女，一直到另一次飢荒帶來同樣的結果。在各個時代，孔子的經濟學好像就是如此。

我摘錄一位現代的經濟學家著作的事實。

「從十四和十五世紀起，英國就被窮困吞噬著，人們用嚴厲的法律來處罰乞丐。」（雖然那時英國人口還不到現在的四分之一）。

「愛德華禁止施捨，違者處以監禁的刑罰……對於累犯，一五四七和一六五六年的敕令記載類似的規定。伊麗莎白女王通令每個教區須養活本區的窮人。但什麼是窮人呢？查理二世決定在一個教區繼續居留四十天後，便可算是該地的居民；如果發生爭議，新來的人就不得不離開。詹姆斯二世修改這個決定，後來威廉又加以修改。在試行、報告、修改之間，窮困的程度增加，工人奄奄一息，相繼死亡。」

「在一七七四年，濟貧稅超過四千萬法郎；一七八三、一七八四、一七八五年平均每年五千三百萬；一八一三年超過一億八千七百五十萬法郎；一八一六年，二億五千萬；一八一七年，人們估計是三億一千七百萬。」

「一八二一年，在各教區登記的貧民群眾估計有四百萬，占人口三分之一到四分之一。」

「在法國，一五四四年，法蘭索瓦一世設置爲窮人徵收的慈善捐，乃具有強制性的繳納。一五六六和一五八六年，同一原則被推行於全國。」

「在路易十四時代，聚居在首都的窮人有四萬人（在比例上和現在一樣多）。對於行乞，頒布了嚴厲的禁令。在一七四〇年，巴黎最高法院對主管地區重新公布強制捐款。」

「怵於禍害的深重和匡救的困難，制憲議會通令維持原狀。」

「國民公會宣告救貧恤窮是國家的義務，但法律始終沒有實行。」

「拿破崙也想救治這個禍害，他的法律精神是處乞丐以苦役。『透過這個辦法，』他說，『我可以保障富人不受乞丐騷擾，把極度窮苦的可厭景象一掃而空。』」唉！多麼偉大的人物！

從這些事實，能夠推斷出兩點：一、窮困現象和人口無關；二、所有嘗試、企圖撲滅這個現象的辦法皆未生效。

天主教會創辦了教養院和修女院，並提倡施捨，這就是獎勵行乞。由傳教士們加以宣揚的高明辦法就是如此。

基督教國家的世俗權力，有時對富人規定捐稅，有時採取驅逐和監禁窮人的辦法，這就是一方面侵犯所有權，另一方面是剝奪公民權和謀殺。

現代經濟學家以為窮困的原因在於人口過多，所以特別致力於抑制人口發展。有的想禁止窮人結婚，因此在譴責教會的獨身制之後，提出強制性的獨身制，後者將必然成為一種放蕩的獨身制。

另外一些人不贊成這種過於激烈的辦法，認為這個辦法剝奪窮人在世界上僅有的一種歡樂。他們勸告窮人採取謹慎的態度：這就是馬爾薩斯、西斯蒙第、薩伊、德羅茨、杜夏台爾[25]等先生們的意見。但是如果想叫窮人謹慎，富人就必須以身作則。為什麼富人成婚年齡規定為十八歲，而窮人要規定為三十歲呢？

而且，最好清楚解釋，他們懇切規勸工人必須對婚姻採取慎重的態度，究竟用意何在？支吾其辭的說法特別危險，我懷疑沒有徹底了解經濟學家的意見，「當人們談起在婚姻上要採取慎重態度時，有些不大明白事理的傳教士就產生恐慌，害怕人們會拋棄神諭。人數應當增多，爲了要貫徹這個教條，他們不得不咒詛獨身主義者。」（德羅茨，《政治經濟學》）。

德羅茨先生爲人過於老實，且太缺乏神學家的氣質，所以難以了解教士產生恐慌的原因，這種無知是他心地純潔的最好證據。宗教從未鼓勵早婚，其譴責的慎重態度是桑顯士用下列拉丁語所說：「爲了怕有孩子，而在體外射精肯定是不允許的。」（An hcetobmetumhberorum semen extra vasejicere）。

德斯杜特·德·特拉西好像對於這兩種慎重態度都不贊成，他說：「我坦白承認，不贊成道德學家們想要減少和限制我們歡樂的熱忱，也不贊成政治家們主張提高生育能力和加速繁殖的那種熱忱。」所以他認爲，應當在高興的時候戀愛和結婚。戀愛和結婚的結果是擴大苦難，但這位哲學家對此並無感觸。他忠實於「禍害之不可避免」這一教條，把解決一切問題的辦法寄託在禍害身上。所以他又說：「人類的繁殖既然在社會上一切階級中持續發生，上層階級的多餘人口，將被排擠到下層階級；而最下層階級的多餘人口，則必然會被貧苦消滅。」公開擁護這種哲學的人不多，無可爭辯的優點在於能夠在實踐中得到證明。這也就是不久以前在討論改革選舉制度時，在法國眾議院中聽到有人宣導的那種哲學[26]；永遠會有窮人。這也是那位大臣用來駁倒阿拉哥先生論據的政治警語。是的，只要有所有權，就永遠會有窮人。

傅立葉主義者——妙計許多的發明家——在這個場合當然不會違反他們的特性。他們發明了四種可以抑制人口增加的方法：

一、使婦女具有強壯的體格。在這點上，經驗對於他們是不利的；因爲，如果強壯的婦女並非受孕最迅速的話，至少她們能夠生育最強壯的嬰孩，她們保有做母親的優點。

二、全面鍛練或肉體機能全面的均衡發展。如果這種發展是平均的話，生殖機能怎麼會減弱呢？

三、美食法。用法文來說，就是大吃大喝的哲學。傅立葉主義者說，大量豐盛食物可以使婦女不生育，正如過多的樹液固然會增加花朵的美麗，卻破壞生殖能力一樣。但這種比擬是錯誤的，花朵是由於雄蕊或陽性器官變成了花瓣的緣故，這可以經由觀察一朵玫瑰花而得到證實；如果過於潮濕，受胎的花粉也會失去生殖能力。所以，要使美食法能夠產生所希望的結果，光增加婦女脂肪是不夠的，還必須使男子喪失生育能力。

四、雜交的風俗或公開的亂婚制。我不懂傅立葉主義者爲什麼要用希臘字來說明能夠用法文表達的思想。這個方法和前一個方法一樣，是從文明風俗中模仿而來。傅立葉本人舉出賣淫婦作爲例證，可是關於他所論證的事實，很不可靠；這是巴侖—杜夏特萊[27]在《賣淫》書中明白指出的。

根據蒐集到的參考資料，發現各國的哲學和政治經濟學，以及最近的改革家對於貧困和生育，經常採用和介紹的補救辦法，可以歸納出下列名單：自瀆、手淫[28]、雞奸、女人的同性戀愛、多夫制[29]、賣淫、閹割、禁欲、墮胎、殺嬰[30]。

這些方法並不適當，剩下來的就是排斥的辦法。

不幸的是，這個排斥的辦法用於減少窮人數目時，只能增加他們的比例。如果所有權人對產品所取的利息僅是產品的二十分之一（按照法律規定，利息等於資本的二十分之一），結果是二十個勞動者所生產出來的東西，只夠十九個人的消費，因為在他們之中有一個所有權人，他要吃掉兩個人的份額。假定第二十個勞動者很窮，他被殺死了，那麼來年的產量將減少二十分之一；因而第十九名的勞動者將不得不讓出自己的一份並且死掉。這是因為，要繳付給所有權人的不是十九個人的產量的二十分之一，而是二十個人的產量的二十分之一（參閱第三個論題），每一個殘存的勞動者必須犧牲他的產品的二十分之一又加四百分之一；換句話說，就是在十九個人中間又必須去掉一個。所以在有所有權存在的條件下，殺死的窮人越多，在比例上新增的窮人就越多。

馬爾薩斯曾清楚論證過，人口按幾何級數增加，生產量則僅按等差級數增加；但他沒有注意到所有權具有使人民貧窮化的力量。如果注意到這一點也許就會懂得，設法抑制生殖率之前，必須廢除收益權；因為凡是容忍這種權利的地方，無論土地怎樣廣闊和肥沃，永遠會有過多的居民。

也許有人會問，我將提出什麼方法來維持人口和生產的平衡，因為這個問題遲早要解決。請讀者容許我在這裡不把方法說出來。因為，據我看來，如果不能加以證明，說出來亦是無用。如果要充分解釋我的方法，就必須正式寫一部專論。這件事情既簡單又浩繁，既普通又異乎尋常，既眞實又遭人誤解，既神聖又鄙俗。因此，如果缺乏詳細的闡述和證明，僅提及名稱的話，僅是招致鄙視和不信任，不能顧此失彼。如果把平等建立起來，這個補救辦法立刻就會出現；因爲眞理像錯誤和罪行是彼此相繼。

第六個論題

所有權是不能存在的，因爲它是暴政的根源。

政府是什麼？政府是公共和組織，是公用事業和國家財產的最高管理機構。

要知道，國家好像一個以全體公民爲股東的龐大公司，每個人都有發言權，如果股份相等的話，每個人都有投票權。但在私有制的統治下，股東的股份之間存在著極大的不平等；所以一個人可以擁有幾百個投票權，而另一人卻只有一份。例如，如果我享有一百萬法郎的收益，也就是說，如果我是有一筆投資妥善的三千或四千萬法郎財產的所有權人，而且如果這筆財產構成全國資本的三萬分之一，很顯然地，我的產業之公共管理將構成政府職務的三萬分之一；如果全國有三千四百萬人口，那僅我一個人就等於一千三百三十三個普通股東。

所以當阿拉哥先生要求把選舉權給予保安隊全體士兵時，完全有理，因爲每個公民至少有國民股權，這個股權賦予一個投票權；但是這位知名的演說家，應該同時要求每個選舉人如同商業公司中所見，擁有多少股份就有多少投票權。不然的話，就是主張國家有權支配個人的財產而不必徵求他們的意見；這和所有權相違反。存在著所有權的國家中，選舉權的平等就是破壞所有權的行爲。

可是，如果每一公民的主權必須、應該和他的財產成比例，結果就是小股東將受較有勢力的股東支配，只要這些有勢力的股東願意，就可以使小股東成爲他們的奴隸，隨意使他們婚配，奪取其妻子，使他們的兒子充當太監，使他們的女兒賣淫，把老年人拋到海裡去餵鯊魚——最後，如果這樣有勢力的股東不願拿錢養活他們的奴僕，他們將被迫以同樣的方式服侍自己。這就是大不列顚現在所處的情況。約翰牛[31]很少關心自由、平等或人的尊嚴，寧願去伺候別人和求乞。但是，善良的雅克[32]，你呢？

所有權和政治權、公民權的平等極不相容，所以它是不能存在的。

歷史的註釋：一、當議會於一七八九年規定把第三等級的代表席位增加一倍時，所有權就遭到嚴重的侵犯。貴族和教會所有法國四分之三的土地，他們本來可以控制全國代表權的四分之三。有人說，第三等級的代表席位增加一倍是合乎正義的，因爲全部捐稅差不多是由人民繳納。如果表決的僅僅是稅收問題，這個理由是充足。但當時所討論的是政府和憲法的改革問題；所以第三等級代表席位增加一倍構成對所有權的篡奪和打擊。

二、如果現今的激進反對派議員們掌握政權，他們就會進行一次改革，使保安隊的每個士兵都成爲選舉人，而且每一個選舉人都能夠成爲被選舉人：這是對於所有權的打擊。

他們將降低公債利息：這是對於所有權的打擊。

他們將爲了一般人的利益，制定關於牲畜和小麥出口的法律：這是對於所有權的打擊。

他們將在人民中實行義務教育：這又是反對所有權的陰謀。

他們將把勞動組織起來，表示他們將保證工人得到勞動權，並使他們分享利潤：這是廢除所有權。

可是，這些激進派自己就是所有權的熱心保衛者——此乃重要的證據，證明他們既不知道自己在做什麼，又不道自己想要的是什麼。

三、既然所有權是特權和專制的重要原因，共和派的宣誓就應該改變形式。從此以後，參加祕密組織的新黨員不是說「我宣誓，我仇恨王權」，而應該說「我宣誓，我仇恨所有權」。

第七個論題

所有權是不能存在的，因爲在消費它的收益時，它喪失了它們；

在把它們儲蓄起來時，它消滅了它們；

在把它們用作資本時，它使它們轉過來反對生產。

I. 如果和經濟學家一起把勞動者當作活的機器，就必須把發給他的工資作爲維持和修理這部機器所必需的費用。一個工廠主僱用每天工資爲三法郎、五法郎、十法郎和十五法郎的員工，並且規定每天二十法郎作爲自己最高領導工作的報酬，他並不把這一切支出當作是損失，因爲他知道這些支出將以產品的形式歸還。所以勞動和再生產的消費是同一件事。

所有權人是什麼？這是一台不工作的機器，或者是一台在爲自己的歡樂和隨其所好地工作時，毫不生產的機器。

什麼叫做所有權人的消費？就是不勞動而消費，不從事再生產而消費。再說一遍，所有權人在身爲勞動者而有所消費時，會使自己得到報酬；他並不把勞動來換取所有權，因爲若是這樣，他就會不再是所有權人了。在作爲勞動者而消費時，所有權人是具有收入，或者至少是毫無損失的，因爲他可以得到補償；在作爲所有權人而消費時，他就減少自己的財產。所以，如果要享受財產，就必須毀滅財產；要眞正做個所有權人，就必須不再是個所有權人。

消費工資的勞動者，是一部自行修理並進行再生產的機器；消費收入的所有權人，則是一個無底的深淵，猶如我們灌溉的一塊沙地，在上面播種的石頭。這一切如此眞實，所有權人既然不願，或者也不懂得怎樣生產，且知曉一使用財產，他便會永遠把財產消毀掉，因此採取使某一個人來代替他從事生產的辦法。這就是政治經濟學根據永恆的正義，稱做利用資本從事生產，利用工具從事生產的辦法，也就是利用他的奴隸從事生產，像小偷和暴君從事生產的辦法。所有權人若說其在從事生產，盜賊也照樣可說：「我在從事生產。」

曾經把所有權的消費相對於有益的消費稱作奢侈。根據上文所說：我們知道在一個不是很富足的國家中，可以存在一種高度的奢侈生活；甚至在這個國家中，所見到的奢侈生活越甚，國家越是貧窮，反過來也是一樣。必須爲那些經濟學家說句公道話，他們啓發了人們對於奢侈的深刻厭惡，以致如今大部分（如果不說差不多全部）的所有權人恥於怠惰，從事勞動，從事儲蓄和積累資本。他們逃脫小災難反倒陷進大難中。

我不能顚三倒四反覆地說：那個自以爲透過工作理應獲得收入，以其勞動換取工資的所有權人，是一個領取雙重工資的職員；這是不勞動的所有權人和從事勞動的所有權人之間，唯一的區別。透過勞動，所有權人只是生產他的工資，並沒有生產出收入。既然他的地位使之能夠從事最能獲利的事業，可以說所有權人的勞動對於社會害多利少。無論所有權人做什麼事情，對收入的消費是一項實際的損失，這項損失不是他支取工資的職務所能補償或證明爲正當；如果財產不能從其他的生產不斷地得到補充，就會被這項損失所消滅。

II. 從事消費的所有權人消滅產品：但當他從事儲蓄時更糟，他所儲存的東西跑進另一個世界，人們再也看不到，連影子（capuimortuum）都看不見了。如果有到月球旅行的交通工具，突然所有權人異想天開，要把儲蓄帶到月球，經過一段時間後，這個由水土形成的地球就會被搬到它的衛星上去！

儲積產品的所有權人自己既不享用產品，還禁止別人享用；對他來說，既不存在所有，也不存在所有權。他像守財奴般盤算著寶藏，且不利用它。所有權人對寶藏盡飽眼福，擁抱著做夢；一切都不錯，但錢幣不會繁殖錢幣。沒有享用，就沒有眞正的財產；沒有消費，就沒有享用；不喪失財產，就沒有消費；這就是上帝的智慧，強迫所有權人服從不變的必然性。該死的所有權！

III. 不消費收入而把它當作資本來用的所有權人，使之反對生產，從而也就不是在行使所有權。這是因爲越是提高應付的利息，就越加不得不減低工資；可是，越是減低工資，即他越少注意機器的維修，就不僅越加降低勞動量，還因此越加減低生產量，並因生產量減低而減少收入的來源。從下面的例子可以清楚地看出來。

假定有一塊由可耕地、草地、葡萄園、地主和佃農的住屋組成的地產，和農具一共價值十萬法郎，按照所作的估計，收益是百分之三。如果土地所有權人將他的收入用來美化而不是擴大地產，他能不能因爲這樣增加三千法郎的資本，要求佃農每年多繳九十法郎的地租呢？當然不能；因爲在這樣的情況下，佃農雖然不能比以前生產得更多，卻立刻被迫去進行毫無代價的勞動，我甚至可以說，他就不得不爲了維持租約而實際遭受損失。

事實上，只有增加有生產力的資本，才能增加收益，如果把耕地用大理石圍牆圍起來，並用金製的犁鋤耕種，在增加收益上毫無用處。但是，既然不可能不斷購置土地，增加地產，像拉丁人所說的延續財產，而且，既然土地所有權人永遠擁有可用來增加資本的多餘收益，結果是，他終於不可能行使他的權利。

可是，雖然存在著這種不可能性，所有權卻還在使收入資本化，並在資本化的過程中增加收入；姑且不討論在商業、工廠企業和銀行界所發生的無數實例，單舉一個直接影響全體公民的嚴重事實。我指的是國家預算的無限制增加。

捐稅每年都在增加，很難精確說明這個增加是由哪一部分的國家費用所造成；因爲對於預算這樣東西，誰能誇口說有所了解呢？關於這個問題，甚至最能幹的理財家們都不斷發生爭執，我要問：當治理國家大事這門學問的大師們，都不能在數字上取得一致意見時，人們對這門科學會作何想法呢？無論國家預算遞增的直接原因是什麼，可以肯定的是，捐稅以一種令人絕望的趨勢增加著。大家都看到、承認這一點，但誰也不了解首要原因何在[33]。現在，事情只能如此，這是必然，無可避免。

一個國家的國民是一個稱爲政府的大土地所有權人的佃戶，向政府繳納一筆名叫捐稅的地租，作爲開發土地的代價。每當政府進行一次戰爭，打敗或打勝一次戰役後便進行一次借款，更換軍隊的配備，建築一座紀念碑，挖掘一條運河，開築公路或鐵路，由納稅人來償付這筆借款的利息，即政府可以不必增加生產能力就能增加流動資本；總之，按照剛才所說的土地所有權人的做法，從事資本的積累。

可是，一旦政府的借款成立，並規定利息之後，預算就無法減低。因爲，要減低預算，資本家就必須放棄利息，等於是放棄所有權；或者是政府宣告破產，這將是對政治原則的一種欺騙性的否認；

或者是政府必須清償那筆債務，非另行借款不可，或者是必須縮減開支，這辦不到，必須要舉債，因爲經常收入不敷開支的緣故；或者政府應該把款項用來進行再生產，這需要擴大生產資本才能實現，而這種擴大和我們的設想相反；最後，或者是納稅人必須負擔一種新的捐稅來清償債款，這是不可能的事；因爲，如果這種新的捐稅由全體公民平均分攤，就有半數，甚或更多的公民繳納不起；如果全部捐稅由富人分攤，變成一種強制的捐獻，一種侵犯所有權的行爲。長期以來的財政經驗已經表明，借債的途徑雖然非常危險，卻比其他的方法更方便、可靠，且費用最省；因此政府就實行借債，亦即不斷地積累資本，增加預算。

所以，國家預算不但永遠不能減少，而且一定是必然、不斷地增加。這是一件十分簡單、明顯的事實，而經濟學家雖然滿腹經綸，竟看不到這個事實，很難不叫人驚奇。如果他們已經看到，爲什麼不加以譴責呢？

歷史的評述：目前，人們對於結果可能引起縮減預算作用的財政措施有著極大的興趣。這是對利率爲百分之五的換算。姑且不談政治和法律的問題，專就財政問題來加以觀察。當人們可以把百分之五的公債變換爲百分之四的時候，將來也一定會以相同的理由，把百分之四的換成百分之三，然後把百分之三換成百分之二，然後把百分之二換成百分之一，最後就是把利息取消，難道不是眞的嗎？但是，這會是地位平等的出現和所有權的廢除。現在我覺得一個聰明的國家應當在半途迎接不可避免的革命，而不應該讓自己被不變的車子拖著走。

第八個論題

所有權是不能存在的，因爲它的積累力量是無限的，並且這種力量只能施展在一些有限的數量上。

如果平等地將人們組織起來，給予其中一人專屬的所有權，這個唯一的所有權人以複利條件，把一筆一百法郎的款項借給他人，並規定在六百年後清償給第二十四代後裔，那麼這筆以百分之五利息計算的一百法郎款項，將達到一百零七萬八千五百四十億一千零七十七萬七千六百法郎，等於法國資本的二千六百九十六又三分之一倍。假定這個資本是四百億的話，便超過地球上的動產和不動產價值的二十倍。

假定一個人在聖路易王朝[34]向人借一百法郎，他和以後的繼承人拒絕歸還這筆款項。即使大家知道上述的繼承人並不是合法的所有人，而時效也早已在適當時刻中斷，但是根據法律，最後的繼承人還不得不償還這一百法郎和利息，以及利息的利息，這就會像剛才所看到，總數達到將近一百零八萬億法郎。

財產以比這大得多的速度增值，上述的例子假定利息是資本的百分之五，但實際上往往等於資本的百分之十、百分之二十、百分之五十，有時還等於資本本身。

傅立葉主義者——與平等勢不兩立的敵人，把擁護平等的人看做騙子——保證把生產量提高到四倍的時候，就可以滿足資本、勞動和才幹的一切要求。但是，如果生產量提高到四倍、十倍甚或百倍，所有權也會透過積累威力和資本化的效果，很快地把產品、資本、土地，甚至勞動者都兼併。在法郎斯特爾裡是否禁止積累資本和放債生利呢？如果禁止的話，就請說明他們所謂財產是意味著什麼。

我不預備再多作這些計算，它們可以發生無窮盡的變化，如果我強調這種變化，將是幼稚的表現。我只是要問，當法官被請求判決一件所有權的訴訟時，是根據什麼標準確定利息？並且，從較高的角度來討論這個問題，我要問：

立法者在把所有權原則介紹到共和國的時候，有沒有衡量過一切後果？是否知道可能性的法則？如果知道這個法則，爲什麼在《法典》裡沒有提到？爲什麼讓所有權人在增加財產和收取利息方面，具有這種驚人的活動範圍？爲什麼在確認和確定所有權上，給予法官這樣驚人的自由？爲什麼在不斷規定新的捐稅上，給予政府這樣驚人的權力？到什麼程度，人民才可以拒絕接受預算案，佃農才可以拒付地租，工業生產者才可以拒絕支付資本的利息？剝削權從哪裡開始，到哪裡爲止？生產者什麼時候可以對所有權人說：我再也不欠你什麼了呢？所有權什麼時候可以得到滿足呢？要到什麼時候所有權才不再向人盜竊呢？

如果立法者知道可能性的法則而置之不顧，他的正義是什麼樣的正義呢？如果他不知道，智慧是什麼樣的智慧呢？我們怎能承認那種不公正或者愚蠢的權威呢？

如果我們的憲章和法典以一種荒謬的假設爲基礎，那麼法律學校中講授的是什麼呢？最高法院的裁判是什麼呢？我們的議會所討論的是什麼呢？政治學是什麼呢？我所謂政治家是什麼呢？法理學是什麼意思？豈不應該叫做法愚學嗎？

如果所有的制度都以一種計算的錯誤爲基礎，這些制度豈不都變成謊話了嗎？如果整個社會結構是建立在這種絕對不可能的所有權上，那麼我們生活於其下的政府，豈不眞是一個怪物，現在的社會豈不眞是一個烏托邦了嗎？

第九個論題

所有權是不能存在的，因爲它沒有反對所有權的力量。

I. 按照定理的第三項推論，利息對於所有權人本人，正像對別人一樣也是滾算；這個經濟原則普遍受到承認。乍看起來，再沒有比這更簡單的了；可是在用語的意義上，再沒有比這更加荒謬和自相矛盾，且更不可能發生。

據說，從事工業者償還自己所支出的房租和資本的利息；他自己償還自己，這就是說他可以從購買產品的公眾身上得到補償。這是因為，工業者似乎是靠他的所有權獲得這項利潤，如果他也想靠商品獲得利潤，他能否付給自己一法郎的代價，以換取只花九十生丁製造的產品，並由此得到盈利呢？不能，這樣的交易只會把金錢從商人的右手轉到左手，並無任何利潤。

要知道，既然對於一個自己和自己進行交易的人可以這麼說，對於整個商界也可這樣說。讓我們把十個、十五個、二十個生產者連在一起，組成一條要多長有多長的鎖鏈；如果生產者甲在生產者乙身上得到一筆利潤，按照經濟學原理，乙一定就會在丙身上求得補償，丙則在丁身上求得補償，如此類推，直到最後一個生產者亥為止。

但是亥又從誰身上收取那筆在開始時由甲提取的利潤呢？薩伊答覆說：從消費者身上。多麼無聊的推卸之詞啊！難道這個消費者除了甲、乙、丙、丁等或亥之外還有別人嗎？亥從誰的身上求得補償呢？如果向第一個獲利者甲求得補償，那麼誰都沒有得到利潤，因而誰也沒有所有權。相反地，如果亥自行承擔，從這時起就不再是社會的一分子，因為這個社會把所有權和利潤給其他的同夥，而對他則拒絕。

所以，既然一個國家的國民像全體人類一樣，為不能在本身之外有所活動的大規模的生產社會，顯然可看出，沒有一個人能夠不剝奪別人而使自己得利。因為，如果要使甲的所有權和收益權受到尊重，我不得不拒絕尊重亥的所有權和收益權；從這裡可看出，與地位平等相分離的權利平等不能成為事實。政治經濟學在這方面的不公正是彰明昭著。「當一個工業企業家，購買一個工人的勞力時，並不把他的工資包括在企業的淨利中，恰恰相反，是從淨利中除去；但工人卻是把它計算在他的淨利中……」（薩伊，《政治經濟學》）。

這意味著工人所得的全部收入都是淨利，而企業家的收入，淨利只是超過他薪水的那部分。但是爲什麼只有企業家才有權利得到利潤呢？爲什麼不把這種實質上即是所有權的權利給予工人呢？在經濟學的用語上，工人是資本；可是，一切資本在維修費用之外，都應該產生利息，這就是所有權人爲了他的資本，以及爲了自己所努力。爲什麼不許工人從他的資本上（這資本就即個人）同樣提取一部分的利息呢？

所以，所有權是權利的不平等，因爲如果它不是權利的不平等的話，就會成爲財產的平等，換句話說，所有權就不會存在。如今，憲章保障每個人權利平等，根據憲章來看，所有權是不能存在的。

一、一份地產的所有權人甲能否僅僅因爲是這塊土地的所有權人，便可以奪取鄰居乙的田地呢？不能，那些土地所有權人回答。但是這和所有權有什麼關係呢？透過下面相類似的論題就可了解。

工業家丙是一個帽子商，他是否有權強迫也是帽商的鄰居丁閉廠停業呢？絕對沒有這種權利。但是丙想要每頂帽子賺一法郎的利潤，而丁卻滿足於半法郎的利潤；顯然丁這種適可而止的態度會妨礙丙的過分貪圖；丙是否有權阻止丁出售帽子？當然沒有這種權利。

既然丁能夠自己作主，以比丙便宜半法郎的價格賣出帽子，丙也可以自由地把帽子的價格減少一法郎。可是丁較爲貧窮，而丙則是富有；結果，在兩三年之後，丁就由於這個無法應付的競爭而宣告破產，於是丙就完全控制市場。所有權人丁能否向所有權人丙取得賠償呢？他能否對丙提起恢復業務和財產的訴訟呢？不能，因爲如果丁比較富有，他就可以去做和丙相同的行爲。

根據同樣的理由，大土地所有權人甲可以對小土地所有權人乙說：「把你的地賣給我吧，不然的話，就不讓你賣出小麥[35]。」且可以不必對乙採取任何強迫手段，也不致讓他有申訴的理由就達成目的。只要有決心，甲就可以併吞乙，僅因爲甲比乙強大。因此，甲和丙之所以能夠對乙和丁進行掠奪，並不是依靠所有權，而是依靠強權。透過所有權，兩個鄰居甲和乙以及兩個商人丙和丁都不能互相傷害。他們既不能互相掠奪，又不能互相毀滅，也無法互相損人利己。完成上述的侵占行爲，是以強欺凌弱的強權。

工廠主人之所以能夠任意減低雇員的工資，富有的商人和殷實的所有權人，之所以能夠任意決定價格出賣商品，也都是根據這個強權。企業家對工人說：「你可以隨意把你的勞力提供到別處去，如同我可以隨意接受你所提供的勞力那樣；現在我就給你這麼多。」商人對顧客說：「買不買聽便，錢是你的，正如貨物是我的一樣。我就要這樣的價錢。」讓步的是誰呢？就是力量比較弱的。

所以，不用強力，所有權是沒有力量來反對所有權的，因爲不用強力，財產是不能透過收益而有所增加；所以，如果不用強力，所有權是無效的。

歷史的註釋：殖民地砂糖和本地砂糖之間的鬥爭，提供了關於所有權並不可能的顯著例子。如果聽憑這兩種工業自行發展，殖民者就能使本地的製造商破產，要維持甜菜的種植，就必須對甘蔗徵稅；爲了保護一方面的所有權，就必須損害另一方面的所有權。在這個事件中，最關鍵恰巧的就是人們最不注意的事情，即是：無論這樣或那樣，所有權一定要受到侵犯。如果對兩種工業中，任何一方徵收一種比例稅來維持市場的平衡，便會造成一個最高價格，就會在兩方面打擊所有權。一方面稅收妨礙貿易的自由，另一方面，破壞所有權人之間的平等地位。如果給予甜菜業補助金，就會侵犯納稅人的財產。如果由國家負責經營這兩種性質不同的砂糖業，像由國家來維持各種煙草種植一樣，就會廢除一種所有權，後述的這個辦法也許是比較簡單、比較好的辦法；但是，要促使國家這樣做，就必須有能幹之人和樂於爲群眾服務的人協助，目前是不可能實現。

競爭，有時稱爲貿易自由，總之就是所有權的交換，將在長期間內被當作商業立法的基礎。從經濟學的觀點來看，涉及到所有的民法及整個管理制度。可是競爭是什麼呢？是一種在圍場中的決鬥，在那裡，權利是由武器決定。

野蠻的祖先問：「誰說謊？是被告還是原告？」更加野蠻的法官回答說，「讓他們進行決鬥吧，強權就是公理。」

在我們兩個人之中，誰可以把香料賣給我們的鄰居？「讓你們各自賣出吧」經濟學家高聲說，「更精明、更狡滑的人是更老實、更能幹的商人。」

這就是《拿破崙法典》的實質精神。

第十個論題

所有權是不能存在的，因爲它否定平等。

這個論題的闡述，將是以上論題的摘要。

一、經濟法的原則是，只能用產品購買產品。所有權爲自己辯護只能以生產效用爲理由，所以既然什麼東西也生產不出，便該永遠受到譴責。

二、應該用產品來抵償勞動，這是一條經濟學上的定律；但由於所有權的存在，生產費用就超過它的價值，這是事實。

三、經濟學上的另一條定律是：在一定的資本條件下，生產不是由資本數額，而是生產力來衡量。所有權既然不考慮勞動，而是要求收入永遠與資本成比例，乃不認識這種因果之間的平等關係。

四和五、像蠶吐絲結繭一樣，勞動者永遠不是單爲自己生產。所有權因要求雙倍的產品而無法獲得，掠奪勞動者，並殺害之。

六、大自然只給每個人一個理智、一個靈魂、一個意志；所有權在給予個人以多數的投票權時，認爲他具有多重的靈魂。

七、一切不能再生產效用的消費是一種毀滅。不論所有權從事消費、儲蓄或積累資本，它都不能生產效用，因此它是貧乏和死亡的原因。

八、對於一種自然權利的滿足永遠會產生一個等式；換句話說，對於一件東西的權利，必然是透過對這件東西的所有而取得平衡。所以，在自由權和自由人的地位間，存在著一種平衡、一種等式；在做父親的權利和父道之間存在著一種等式；在安全權和社會保障之間存在著一種等式。可是在收益權和收益金的收取間，卻永遠沒有等式；因爲逐次收取的收益金在每次收取時，就產生收取另一項收益的權利，這另一項又產生第三項等以致無窮。所有權既然永遠不能達到它的目標，是一種反自然的和反理性的權利。

九、最後，所有權並非自我存在。它的生存和活動必須有一個外在的原因，這個原因不是強力，便是詐欺；換句話說，所有權並不等於所有權，這是一種否定，一種欺騙，是根本不存在的東西。

◆註解◆

【1】在羅馬法，人們用「假冒」一詞作為各種沒有專用名詞的詐取，或欺騙行為的統稱，在法國的法律上，按照《民法法典》第二〇五九條的規定：「出賣或典押一項明非自己所有的不動產，或者把已經抵押出去的不動產，詭稱為沒有負擔的財物而出賣或抵押給別人，或者在出賣或抵押時詭稱不動產上的抵押權小於實際負擔，都是假冒行為。」——原編者

【2】大衛王，西元前約一〇一〇至九七〇年猶太國王，著名的《舊約詩篇》的作者。——譯者

【3】《啓示錄》是《新約》最末一章的名稱。——譯名

【4】斯芬克斯，人面獅身獸的名稱，希臘神話說此獸向行人提出謎語，人如不能答出謎底，即被吞噬，後來謎語被伊狄發斯識破，獸便投河自殺，現在一般以斯芬克斯比喻難解之謎。——譯名

【5】巴比尼埃努斯（一四七—二一二），古羅馬法學家。——譯者

【6】大衛・李嘉圖（一七七二—一八二三），著作《政治經濟學及賦稅原理》於一八一七年發表。——原編者

【7】約翰・臘姆賽・馬卡洛克（一七八九—一八六四），蘇格蘭經濟學家。——原編者

【8】詹姆斯・密爾（一七七三—一八三六），薩伊的朋友，曾發表《政治經濟學原理》和《英屬印度史》，是約翰・斯圖亞特・密爾的父親。——原編者

【9】普魯東事實上沒有理解李嘉圖關於地租、即差額地租的理論。李嘉圖只對經濟現象提出一個解釋，普魯東卻要在解釋中去找尋權利的原理。此外由於他對不恰當的用語有所誤會，所以在地租和田租之間，沒有加以區別。——原編者

【10】布恰南（一七七九—一八四八），曾於一八一四年著手編訂一部共計四冊的亞當・斯密巨著，其中的補充部分，記載著他的傳略、筆記和註釋。——原編者

【11】此處應為：「拿好，法院判給你們各人一片牡蠣殼——免繳費。」（拉封丹《寓言集》第九冊第九篇）。——原編者。拉封丹（一六二一—一六九五），法國十七世紀大寓言詩人。——譯者

[12] 魁奈（一六九四—一七七四），法國十七世紀經濟學家，重農學派的創始人。——譯者

[13] 德羅茨，一七七五年十月三日生於貝桑松，一八五〇年十一月九日死於巴黎，一個正直和樂觀派哲學家，但並未被認為是一個最有創見的經濟學家。一八〇六年他寫了《試論成為幸福者的藝術》，一八二四年寫了使他成為法國科學院院士的《首先哲學》，一八二九年寫了使他被選為倫理科學院院士的《政治經濟學》。他曾被貝桑松學院指定為普魯東的監護人和導師。這兩個人的性格不相投合，但至少德羅茨對待普魯東是很好的（參閱附錄中一八四〇年八月三日的信件，註[2]）。——原編者

[14] 塞克西斯，古波斯國王（西元前四八五—四六五在位），曾大舉進犯希臘，終被擊敗。——譯者

[15] 赫勒斯滂，達達尼爾海峽的古希臘名。——譯者

[16] 克勞德．約瑟夫．狄索（一八〇一—一八七六），哲學教授，後來是第戎文學院院長，曾參加貝桑松學院以《星期日的宗教儀式》為題而舉行的徵文競賽。普魯東雖然並不完全同意他的觀點，但是和他保持著通信上的關係：普魯東透過他的譯本而對幾位德國哲學家有所了解。一八四〇年在第戎和巴黎出版八開本的《哲學簡史》。從一八三五到一八三九年，發表了幾部康德著作的譯本。在一八四一年，發表《論自殺的風氣和反叛精神：它們的原因和救藥》。——原編者

[17] 費德爾，西元一世紀初期的古羅馬寓言詩人。——譯者

[18] 這樣的說明就把自己耕種自己土地的自耕農，和手工業者這兩部分群眾，劃在普魯東的觀察範圍之外。就法國來說，一八四〇年前後，這兩種人代表著一般稱為「所有權人」的四分之三。——原編者

[19] 直到這裡為止，書中所討論的所有權是專指土地所有權而說；所以似乎這裡有必要說明為什麼個人私有制的流弊主要發生在工業中。——原編者

[20] 法郎斯特爾是法郎吉（傅立葉所主張的一種協作組織）中央大廈的名稱。——編者

[21] 如果這裡不寫減去二而寫減去三的話，就可以想到這是暗指傅立葉主義者的分配制度而說，這個制度把十二分之五分配給勞動者，十二分之四分配給資本，十二分之三分配給有才幹的人。——原編者

[22] 有人說，傅立葉既然必須用分數來乘一個整數，就永遠得到一個比被乘數多得多的產品，他曾經斷言，在他的

和諧制度上汞會在零度以上的溫度中固體化，這就等於是說，和諧主義者會使冰塊燃燒起來。我曾向一個有見識的傅立葉主義者請教他對這種物理學的意見，他回答說：「我不懂，但是我相信。」然而正是這個人，他不相信聖體共在的教義。

【23】傅立葉所致力改革的毋寧說是財富的生產方式，而不是分配方式。——原編者

【24】皮涅羅—費雷拉（一七六九—一八四六），葡萄牙政治家，做過奧拉托利會的神父，之後在谷英布勒大學擔任教授，後被任命為駐巴黎公使館秘書。一八二一—一八二四年任外交部長，後來在唐・木蓋爾政府時期（一八二四—一八三四）僑居巴黎。著作《試論心理學》（一八二六）、《公法講義》（一八三〇—一八三五）三冊，《立先政體的公法學原理》（一八三四）三冊，十二開本。——原編者

【25】杜夏台爾伯爵（一八〇三—一八六七），一八三四年八月四日被任命為農商部大臣，一八三九年五月十二日被任命為內政部大臣。他是茹弗洛阿的學生，經常在《地球報》發表文章，於一八二九年發表《論慈善事業和社會經濟的關係》。——原編者

【26】一八三八年年底，巴黎保安隊發動一次要求把普選權賦予保安隊全體成員的大規模請願運動。阿拉哥一篇轟動一時的演說辭，把這個議案在眾議院（梯也爾內閣時期）中提付討論（一八四〇年五月十五日）。見夏爾來蒂《七月王朝》，《現代法國史》第五冊第一六二頁以下。——原編者

【27】巴侖—杜夏特萊（一七九〇—一八三六），慈善團體和救濟局的醫師，著有《論巴黎市內的賣淫》（一八三六）兩冊，八開本。——原編者

【28】在這裡手淫與自瀆有區別，後者是單獨所為，而前者則是兩個人，當然有男和女，彼此相互動作。後來這種手淫行為由於使人發生快感，甚至成為已婚婦女十分喜歡的淫行了。

【29】多夫制，就是一個女人同時有幾個丈夫。

【30】在英國，不久以前有一個馬爾薩斯的門徒，公開宣傳過殺嬰。他建議在生育孩子超過決定數字的家庭中，每年對無辜嬰孩進行屠殺，且他要求開闢一塊點綴著雕像、樹叢、噴泉，種著花草的壯麗墓地，專供埋葬超額嬰孩之用。母親們可以常常到這個地方，想像這些小天使的幸福，並且在得到完全慰藉之後，回家再生育，隨後再

將孩子送到這裡。

【31】這是一般英國人的別名。——譯者

【32】這是一般法國農民的別名。——譯者

【33】英國政府的財政情況，曾經在上議院一月二十三日的會議上，赤裸裸地揭露出來，不令人鼓舞。幾年以來，支出已是超過收入，內閣只能依靠每年都重新採用的舉債辦法，維持預算的平衡。經官方證實，僅一八三八年和一八三九年的赤字，就高達四千七百五十萬法郎。一八四〇年，估計將超支二千二百五十萬法郎。提出這些數字的是里本勛爵。卡爾本勛爵回答：「這位高貴的伯爵宣稱國家開支不斷增加的事實，不幸是有根據的，我同意他這樣的看法：對於這種情況，還不能希望有減輕或者彌補這些開支的辦法。」一八四〇年一月二十六日《國民報》。

【34】聖路易王朝時期，一二二六年—一二七〇。——譯者

【35】這裡必須假定小麥總產量超過消費的需要，並且超過很多。——原編者

第五章　正義和非正義觀念的心理學解釋，以及政治和權利原則的規定[1]

所有權是不能存在的，平等也難言存在；前者對我們來說是極可憎恨的東西，而我們卻要它存在；後者支配著我們全部的思想，而我們不知道怎樣去求得實現。誰能解釋我們的良心和意志之間這種嚴重的對立狀態呢？這個不幸的謬誤已經成爲正義和社會的最神聖的原則，誰能指出它的根源呢？

我不揣鄙陋，願意從事這項工作，並且我希望可以成功。

但是在說明人類爲什麼破壞正義之前，必須規定正義是什麼。

第一部分

第一節　人和動物的道德感

哲學家們往往提出要了解人類智慧和動物智慧之間，存在著什麼確切界線的問題，按照一般的習慣，決定採取可能採取的唯一辦法（即觀察以前，說了不少蠢話）。最後還是由一位不以哲學自誇的謙虛學者，用一種簡單的區分結束無窮盡的爭論；這個區分雖然簡單，卻是以其本身而論，比一個思想體系的價值還大，輝煌的區分方法之一。這位學者就是弗雷德里克・居維埃[2]，他把本能和智慧區別開來。

但是沒有人提過這樣的問題：

人類的道德感和動物的道德感之間的區別，是本質上的不同呢？還是程度上的不同？

過去，如果有人敢主張上述問題的後半段見解，就會被認爲是誹謗、褻瀆、觸犯道德與宗教，宗教和世俗的審判機關就會加以譴責。請看人們用怎樣的語氣詆毀那個不道德的反論！他們會嚷著：「良心，只有人能夠擁有這專屬人類的光榮，正義與非正義的觀念，功與罪的觀念，是人類高貴的特權；唯有人類這萬物之靈才具有高超的秉賦，能夠透過自由和正義抗拒世俗的嗜好，辨別善惡，使自己與上帝越來越相像……不，那聖像永遠銘刻在人類的心上。」這些話充滿著情感，但毫無意義。

亞里斯多德說過：人是一種有理性的社會動物（Zôonlogikon kai politikon）。這個定義高出之後提出的一切定義，甚至德．包納德[3]先生那條有名的定義也不例外。包納德先生的「人是一種得力於器官的智者」這條定義具有雙重缺點：用未知來解釋已知，即用智者來解釋生物；忽視人類的主要品質，即動物性。

所以，人是一種社會生活的動物，社會意味著各種關係的總和，總之就是體系。可是一切體系只能在某些條件之下才能存在。這些條件是什麼呢？人類社會的定律是什麼呢？

人與人之間的權利是什麼？正義是什麼？

各派哲學家認爲下列這些話毫無用處：這是一種神聖的本能，一種不朽、天賜的心音，一種大自然賦予的指南，一種給降生到世界上所有人啓示的智慧，一種銘刻在心上的法律；這是良心的呼聲，理性的箴言，情感的啓發，感覺的傾向；這是愛人如己的感情，正確理解的私利；或者這是一種先天的觀念，這是起源於純粹理性概念的實用理性的絕對命令；這是一種熱情的吸引力等。這一切可能言之成理，也說得很美妙；但這完全沒有意義。即使把這種祈禱式的語句增加到十頁之多（人們會經把它們寫在上千卷的書本中），也不能更接近解決問題。

「正義就是公共福利」亞里斯多德說。這話不錯，但這是無謂的重複。孔德先生在《立法論》中說：「公眾的幸福應該是立法者的目標，這是任何良好的理由所不能推翻的原則；但是，當人們將之提出並加以說明之後，沒有使立法得到更多進步，正如人們說治癒病人是醫師的目標時，並不會使醫學得到進步一樣。」

另外找解釋吧！法權就是支配著社會原理的總稱；人類的正義就是對這些原理的尊重和遵守。實行正義就是服從社會性的本能，完成正義的行爲就是做一個社會性的行爲。所以，如果在不同情況下觀察人對人的行動，就不難看出他們何時是過著社會生活，他們何時不是過著社會生活；可以從結果透過歸納過程而推斷出定律。

讓我們從最簡單、最確鑿無疑的事例開始。

冒著生命危險保護兒子，並犧牲一切來撫養兒子的母親，是和孩子過著社會生活，是一位好母親；相反地，遺棄孩子的母親，是不忠於社會本能的母親，因爲母愛是社會本能的特徵之一；這是一個違反天性的母親。

如果我跳到水裡把一個人從死亡危險中搶救出來，那麼我就是他的弟兄、夥伴；如果我不但不幫助他，反而使他沉得更深，那麼我就是他的敵人、兇手。

從事施捨的人都把窮人當作夥伴，固然不是在所有方面都將他當作夥伴，而只是就分給他的那部分財物來說，把他當作夥伴；任何強取豪奪，不事勞動生產出物品的人，是毀滅自己的社會性，是一個強盜。

把跌倒的旅行者扶起、替他包紮、安慰他，並給他錢的撒瑪利亞人[4]，表示他是旅行者的夥伴、鄰人；在那旅行者身旁經過，卻頭也不回的傳教士，則不是夥伴，而是敵人。

在這些事例中，人被一種對於同類內在的親近心情，被一種隱祕的同情心所支配，這種同情心使他愛別人，與別人同甘共苦；所以，想抗拒這種親近的心情，必須有一種違反天性的意志力量。

但是，這一切絲毫不能證明在人和動物之間存在著任何劃分得很清楚的不同之點。在動物方面，當幼小動物的孱弱使之受母親的愛憐，人們可以看到動物母親用類似那些爲祖國犧牲的英雄的勇氣，在小動物的生命遭到危險時盡力保護。某些種類的動物知道團結獵取食物、互相尋找、互相招呼（詩人也許會把這種情形說成互相邀請）分享獵物；有人看到動物們在危難中互相救助、互相保衛、互相警告。大象懂得怎樣把陷落在坑溝中的同伴救出來；母牛會圍成圓圈，讓牛犢在中間，角尖向外擊退狼群的進攻；馬匹和豬在聽見同伴發出痛苦的叫聲時，會到發出聲音的地點去。如果談起動物的交配，雄性對雌性的恩情以及愛情方面的忠誠，我可以寫出何等生動的描述！但是爲了保持正確，讓我們補充說，這些結群友愛、同類相愛的動人表現，並不妨礙為了食物和雌性獻媚，而互相爭吵、搏鬥，用堅利的牙齒互相撕裂；這和我們是完全相像的。

在人和動物身上，社會本能或多或少存在，性質相同。人更需要團結，團結的用處也比較多；動物則似乎更能忍受孤獨的生活。在人的方面，社會生活的需要較為迫切和複雜；在動物方面，這些需要似乎沒有那麼強烈，變化比較少。總之，在人的方面，群居目的在於保全族類和個人；在動物方面，保全族類的目的性大得多。

到現在為止，還沒有發現可以被人說成是自己獨有的東西，社會本能和道德感，是人和動物所共有；當人做了慈善、正義和熱忱的舉動，而自以為和神相像的時候，他沒有覺察到這不過是服從一種完全是動物性的衝動。我們是善良、有情誼、富於同情心、有正義感，同時是急躁、貪婪、好色、有報復心，這就是人類與動物相似。我們的最高德性追根究柢是盲目、受感情衝動的本能，有什麼值得神化和頌揚呢！

可是在人類和其餘的生物之間，存在著一種區別，是什麼呢？

一個學習過哲學的小學生，會很快回答：這個區別在於我們自覺到我們的合群能力，而動物則不能有這種自覺；在於我們對自己出於社會本能的活動，能夠加以思考和推究；而動物則沒有這類情況。

可以更進一步說，人類憑藉思考和推理能力，才能夠懂得抗拒支配著我們的社會本能我們可以稱之爲正義，首先對別人，其次對自己是有害的。這種思考和推理的能力，是人類特有的稟賦。正是人類的理智在教導我們，當一個自私的人、一個盜賊、一個殺人兇手、一個社會的叛徒。明知故犯作惡時，就對大自然、對別人和自己犯了罪，就成爲一個罪人。最後，能夠斷定人類這樣的生物應該對自己的行爲負責，一方面是因爲社會感情，另一方面就是理智。這就是悔悟、復仇和刑事裁判的原則。

但是這一切只能在動物與人之間，造成一種智慧上的不同，而不是情感上的不同；因爲，雖然我們是透過理智來考慮我們與同類之間的關係，卻同樣也以這種方式來論究最平凡的舉動，比如：喝、吃、選擇妻室、選定住所等。我們對塵世和天堂的一切事情進行推理，沒有任何事情是推理能力所不適用的。可是，正像我們對於外界現象所得到的知識並不能影響造成這些現象的原因和規律一樣，思考作用在啓發本能時，也只是使我們明白感覺的本質，並不改變這種本質的特徵；這個思考作用使我們了解是非善惡，但並不能改變它。犯了錯之後，對自己所感到的不滿；在看到不合乎正義的行爲時，所感到的憤怒；會認爲應該處罰和應該給予酬勞的想法，都是思考的效果，而不是本能和情感的直接效果。我不能說智慧是人類所獨有，因爲動物在做了壞事之後，或許也會有所感覺，而且當牠們遭受攻擊時，也會發怒。但是我們在對於社會義務的理解上，在對於善惡的了解上，具有比動物優越的智慧，然而就道德來說，這並不能證明人和動物之間存在著本質上的差別。

第二節　初級的和第二級的社會性

我堅決認爲剛才所說的事實，是人類學上最重要的事實之一。

驅使我們過社會生活的吸引力，在本質上是盲目的、不規則的，所以總是受到一時衝動的支配，而不考慮較高的權利，不辨別事情的利害得失或輕重緩急。野狗毫無差別地跟著呼喚牠的人跑；吃奶的孩子把每一個男子當作爸爸，把每一個女人當作媽媽；每一個活著的生物在被剝奪了同類動物的往來時，竭力想找一個同樣過著孤獨生活的伴侶。社會本能的這種基本特點，使一些性情輕浮的人喜新厭舊的交誼變得不可容忍甚至可憎；這種人容易對新面孔產生熱情，胡亂對人表示殷勤，爲了短暫的關係而忽視多年的舊交和最可尊敬的情誼。這些人的缺點不在於情感方面，而在於判斷力。這種社會性是在看到相類的生物時，從內心產生的一種吸力，但這種吸力永遠只存在於具有這種感覺的人身上；可能彼此都有，但不能互相溝通。愛、善意、憐憫、同情，不管給予什麼名稱，沒有值得重視的地方，並不能把人的地位提高到動物之上。

第二級的社會性是正義，可以解釋爲承認別人具有一種和我們平等的人格。正義感是人類和各種動物所共有，至於在認知上，唯有人類才能對於什麼是正義這一點得到確切的概念，可是如剛才所說，有概念並不能改變其本質。我們在下面可以看到，人類如何把自己提高到動物所不能達到的第三級社會性上。但必須先從理論上證明，社會、正義和平等是三個相等的名詞，三個可以互相解釋的用語，互相代替使用永遠合理。

如果在一次航海旅行中翻了船，慌亂地用一艘小船帶著一些糧食逃脫這個危難，這時我看見有一個人在波浪中掙扎，我是不是有救他的義務呢？是的，我是應該這樣做；如果違背這個義務，就會被指控犯有謀殺和不忠於社會的罪行。

但是，我是否負有與他分享糧食的義務呢？

要解決這個問題，必須改變說法。如果共用那艘小船帶有強制性，那就糧食來說是否同樣帶有強制性呢？毫無疑義，一個夥伴的義務是絕對的。人對於物品的占用是隨著社會性而來，而且只有在全體都得到占用的許可時，占有才是專屬的。但在這方面，使義務變成模糊不清的是我們考慮將來的能力，因爲考慮將來而開始擔心可能碰到的危險，迫使我們從事霸占並使自己成爲盜賊和殺人的兇手。而動物則並不去預測本能的義務，也不預測結果會發生什麼禍害。奇怪的是，對於人這種最富有社會性的動物來說，因爲有智慧卻反而產生不遵守法則的動機。凡是主張只爲了自己的利益而利用智慧的人是背棄社會的；如果小心謹愼的心理被用來作爲自私的工具，還不如由上帝來取消的好。

「什麼！」你會說，「我必須和素昧平生的人共用糧食，這由我掙來且屬於我的糧食嗎？這個人可能永遠不再和他見面，說不定還會以怨報德呢！如果這個糧食是一同掙來，如果這個人曾經爲了得到這個糧食而出了力，他可以要求應享的一份，因爲他幫忙可以使他享受這個權利；但照現在這種情況，他有什麼權利提出要求呢？我們沒有在一起進行生產，就不能共同享用。」

這個論證的缺點在於錯誤假設某一個生產者不一定和另一個生產者合夥。

如果兩個人或幾個人的合夥是經過正式手續組成，基本條件是經過協議並訂有合約和簽字，未來就不會發生爭執。例如兩個人合夥捕魚，其中一人毫無付出，同樣有權利分享另一個人所捕到的魚；如果兩個商人合開一間公司，只要這個公司存在，盈虧是歸公的，因爲每個人不是爲自己，而是爲公司生產，所以在分配的時候，考慮的是合夥人。所以接受種植園主的稻草和大米的奴隸，和接受資本家所給予永遠低得可憐的工資的文明工人，都不能分享產品，因爲他們一起進行生產，卻不是雇主的合夥人。同樣地，拖著車輛的馬和拖著耕犁的牛和農夫一起生產，但卻不是合夥；我們取得牠們生產出來的產品，卻不分給牠們。服役的牲口和工人的地位相等，如果給予一些好處，不是出於正義感，而純粹是由於仁慈[5]。

但我們是否可以不聯合在一起呢？回憶一下前面兩章所陳述的內容，即使不想聯合，事物的力量、消費的必要、生產的規律、交換的數學原理，會使我們結合在一起。這條法則只有一個例外，就是所有權人；他是透過收益權進行生產，不與任何人合夥，因而他沒有與任何人共用收益的義務，正如誰也不必和他共享各人的產品一樣。除了所有權人之外，我們都是爲了彼此的利益而勞動；如果不靠別人的幫助，單靠自己是一事無成的。我們不斷交換著產品和勞力，如果這不是社會的行爲，那又是什麼呢？

如果沒有平等，無論商業、工業或農業的任何合作都是不能想像的，平等是合作的必要條件。所以，在與這種合作有關的問題上，侵犯合作關係就是侵犯正義和平等。你可以把這個原則應用於整個人類。看了上文以後，我料想讀者一定有所了解，不必靠我的幫助就能推及其餘了。

根據這個原理，如果有人占有一塊田地，並說「這是我的」，那麼只要其他人都有同樣的占有權，他就不是不合乎正義；如果他想遷居到別處，而把他的田地換取一塊等值的田地，他仍然不是不合乎正義。但是，如果他叫一個人來代替他，並對他說「在我休息的時候，你幫我勞動」，那麼他就變成非正義、不與他人合作和不平等的了。這個人就是所有權人。

相反地，懶漢或放蕩的人不分擔任何社會義務，而像別人一樣——往往還比別人多——享用社會生產品，就該被當作盜賊和寄生蟲來控訴。爲了自己，應當什麼也不給他們；但是，既然這樣的人也必須生活，就應當置於監督之下，強迫勞動。

社會性就是有感情的生物彼此所感到的吸引力，正義是帶有思考和知識的吸引力。但是，我們將正義放在什麼樣的概念下，放在什麼樣的理解力範疇中呢？放在等量的範疇之中。因此，正義在古代的定義是：正義是平等，非正義就是不平等（Justumæqualeest, miustummæquale）。

那麼，怎樣實行正義呢？就是在勞動的平等條件下，使每個人分享一份相等的財產，像社會成員那樣從事活動。即使因自私會有怨言，卻無從反對明確的事理和必要性。

什麼叫占用權？是在新來的勞動者出現時，立即減少每一勞動者的份額，從而進行土地劃分的一種自然方法。在公共利益需要時，這個權利就歸消滅。這個利益既是社會的利益，又是占用人的利益。

什麼叫勞動權？這就是在具備必要條件的情況下，使自己分享一份財產的權利。這是社會的權利，也是平等的權利。

正義是一個觀念，一種與本能相結合的產物，在人能夠有所感覺並形成觀念時，正義就立刻表現出來。因此，人們一向把正義當作一種先天原始的思想感情，但這種看法在邏輯上、時間上都是錯誤的。正義，按其混合的成分（如果可以採用這個名稱的話）來說，也就是從感情和理智混合產生的正義，在我看來就是自我的單純性和統一性最有力的證據之一；正像聽覺和視覺不能產生一種半聽覺、半視覺的複合感官一樣，人體也不能自己產生上述混合物。

正義的這種雙重性給本書第二、三、四章中的論證提供了明確的理由。一方面，正義的觀念既然和社會的觀念等同，而社會又必然意味著平等，所以平等就一定成爲爲所有權辯護而製造出來的一切詭辯的基礎；因爲，只有把所有制說成是合乎正義和合乎社會需要的制度，才能加以辯護。而所有權就是不平等，所以，要想證明所有權合乎社會性，就必須證明非正義即正義，不平等即平等，這都是自相矛盾的論證。另一方面，既然平等的觀念，即正義的第二個要素，是從事物的數學比例中得出，既然所有權或勞動者之間財富的不平等分配，摧毀了勞動、生產和消費之間必要的平衡，所有權就必然是不能存在的。

所以，所有的人都是合作的，所有的人都應當享受同樣的正義，所有的人都是平等的。是不是由此可以得出結論，在愛情和友誼上，如果有所優先選擇的話，是不是就成爲非正義呢？這點需要解說。

剛才假定有一個人處於危難的境地，並且假定我能夠救他；現在再假定有兩個處於絕境的人同時呼救。我是否可以，甚至是否應該，先救那位在血統、友誼、相熟或敬愛方面，關係比較密切的人，而讓另一個人遭受死亡的危險呢？是的，爲什麼呢？因爲在一般的往來中，對於每個人來說，有多少個人就存在著多少特殊的交往；根據社交原則本身，不得不按照關係親疏，履行我們擔負的義務。因此，對於自己的父母、子女、朋友、親戚等，應當比對其他人更爲關切。但是這種優先選擇權的內容到底是什麼呢？

有一個法官需要在一件發生在朋友和敵人之間的訴訟案中作出判決。在這個情況下，他是否應當關懷他的親密夥伴，從而不顧證據，判決朋友勝訴呢？不應當這樣，因爲如果他偏袒朋友的非正義行爲，他就會變成朋友違犯社會契約行爲的共犯，就會和朋友一起陰謀反對社會團體了。優先選擇權只能表現在個人的事情上，如愛情、尊敬、信任、親密等，且只能發生在無法對所有的人同時考慮的場合。所以，在遇到火災的時候，父親總是會先搶救他的孩子，再想到鄰居。但是，一個法官就一項權利作出判決，不是屬於本身的問題，也不是他可以任意決定的行爲，不能自作主張偏袒一方而損害他方。

這些特殊的小社會，是由大社會中的每個人以同一中心組成，關於這些特殊小社會的學說，能夠解決一切由不同種類的社會義務的對立和牴觸所引起的問題；古代的悲劇就是以這些問題爲基本題材。

動物之間的正義在某種程度上是消極的，除了保護下一代、結群獵取和掠奪食物、共同防禦以及有時個別的援助以外，與其說是積極的行動，還不如說是消極的預防。一隻爬不起來有疾病的動物，或一隻不小心掉到懸崖下的動物，既得不到醫藥也得不到食物。如果不能治癒自己或擺脫困境，就有生命的危險。牠們對於同類的疏忽一半是由於智力薄弱，一半是由於缺乏物資。此外，人與人之間所司空見慣的親密程度，在動物中不是沒有；牠們具有習慣和特別的友誼，睦鄰的友誼和親屬的情誼。和人類相比，牠們的記憶力薄弱，情感模糊，智力幾乎是等於零；但同樣的能力在某種程度上是保存著的，而人類在這方面的優越性，完全是從悟性產生。

人類之所以能夠把社會本能迫使完成的行爲配合起來，以及之所以懂得怎樣使這些行爲更有效、公正地實施，是由於記憶力的廣闊和判斷力的深刻。過著群居生活的動物是能夠實行正義的，但牠們不了解其本質，也不加以推究；動物們不加思索、不加考慮地服從自己的本能。牠們不懂得怎樣把社會感情和平等觀念結合起來，而平等觀念是牠們所沒有的，因爲那是抽象的。相反地，人類從社會生活意味著平等這一原理出發，能夠透過推理能力在權利規定方面，互相了解並互相協議；甚至已經在很大程度上利用了判斷力，但是在這些方面，良知所起的作用很小，可以由下列事實獲得證明：

人類在某些比其他動物更接近人類智力標準的動物身上，所依稀看到的權利觀念，似乎是從野蠻人身上所處的低級階段成長起來，然後才達到像柏拉圖、富蘭克林等人，所表現出來的崇高地位。如果探索一下道德感在個人身上的發展過程，和法律在各個國家中的演變情況，就可以相信，正義的觀念和立法的完善，是和智慧成正比。所以，有些哲學家認爲簡單的正義觀念實在是複雜的，一方面從社會本能，另一方面從平等的觀念產生；正像犯罪的觀念是由正義被侵犯這感覺，和自由意志的觀念產生的那樣。

扼要地說，本能是不因人們對其本質有所了解而改變，至今在動物中和人類中所觀察到的社會事實也是如此。我們懂得正義的意義，或者說懂得從平等的角度看到的社會性。我們沒有碰到可以使我們不同於動物的地方。

第三節　第三級的社會性

也許讀者沒有忘記在第三章中對分工和專長所作的論述。

人與人之間，才幹和才能的總和是相等的，本性也總是相似。大家生來都是詩人、數學家、哲學家、藝術家、工匠或農夫，但我們的天賦並不相等；人與人之間，或者在同一個人身上的機能，存在著千差萬別。曾經說過，機能之間的程度上差異，在某些方面才幹的出眾，是社會的基礎。大自然把智慧和天才分配得這樣慷慨，使社會永遠不必擔心特殊才幹過多或缺乏，而且使每個勞動者在致力於職務時，總能熟練利用所有同行的工作成就和發明創造。由於大自然的這種聰明的安排，勞動者在工作中不是孤立的；在他和同類情感上聯合起來以前，是透過思想溝通，所以對他來說，愛是從智慧中產生出來的。

在動物社會中並不是如此，個別動物有限稟賦在項目上、甚至在程度上（當這些稟賦不屬於本能時）都是相等的。每一種動物都會做其他鳥獸所做的事情，而且做得一樣好，例如尋覓食物、逃避敵害、挖掘洞穴、構築鳥巢等。當任何動物是自由和健全的時候，不希望也不需要鄰居的援助，而後者則同樣也是獨立的。

群居著的動物在一起生活時，並不交流思想，也不親密的交談，只做著同樣的事情，什麼也不學習，什麼也不記牢，彼此看著，互相感覺著，互相接觸，但彼此根本沒有深入的了解。人與人不斷交換意見和感情、產品和勞務。在社會生活中所學習到的和實行的一切都是必要的。但是在這個數量龐大的產品和觀念中，每個人單獨生產的和獲得的東西不過是滄海一粟。人如果不爲社會工作就不成爲人；而社會則是依靠各部分力量的平衡與和諧才得以維持。

動物的社會是簡單的，人的社會是複雜的。人和人、動物和動物都透過相同的本能聯合起來；但是人的聯合方式與動物有所不同；也就是這種不同的聯合方式造成道德方面的差別。

我在透過把所有權當作社會基礎的法律本身的精神和政治經濟學說明了——也許說得太多了——既不能用占用的先後，也不能用才幹、勞力、經營和才能等優劣，來證明地位的不平等是正當的。但是，地位的平等雖然是天然權利、自由、生產規律、天賦能力和社會原理本身等的必然後果，卻並不把社會感情的發展限制在借方和貸方的範圍以內。仁慈和愛的精神可以遠遠超出這個範圍；當經濟已經達到平衡時，人類的心靈就可以開始受益於自己的正義感，而同情心也可以在無限的情感中充分發揮出來。

於是社會感情就會獲得一種因人而異的新特徵：在強者的心中，就是在樂善好施以後感到的愉快心情；在相等的人們之間，就是坦率和懇切的友誼；在弱者心中，則是欽佩和感恩的幸福感。

具有卓越的體力、才幹或勇氣的人，知道他現有的一切成就都應歸功於社會，如果沒有社會，他就什麼也不是，什麼也不會；他知道社會像把他看作社會成員中最次的一員時，沒有對不起他的地方。但他同時也不會沒有意識到社會的力量和偉大之處，他對人類自願表示崇敬，承認自己只是造物主的一個工具——只有造物主才值得讚嘆和崇拜——我說，正是這種感情和意志的表白，正是這種對上帝的真誠崇敬，使人與眾不同，使之不斷向上，提高到動物所無法達到的道德的高度。海克力士為了希臘的安全，消滅許多怪獸並懲罰許多強盜，奧菲斯教育了粗野和凶蠻的皮拉斯基人，這兩個人對所做的事情都不要任何報酬，在這裡看到詩歌所創造的最高貴形象，看到正義和德性最崇高的表現。

自我犧牲的愉快是形容不出的。

如果把人類社會和古希臘的悲劇相比，那麼我會說，高尚思想和偉大精神的隊伍按照向左舞曲的節奏跳舞，卑微的群眾則按照向右舞曲的節奏跳舞。這些群眾擔負著艱苦而平凡的工作，但由於人數和職務的和諧安排，而具有無限的力量，這些人執行著別人的計畫。他們受別人的領導，並沒有對別人欠下恩情；可是他們欽佩這些人並且歌頌和讚美他們。

感激的心情使人們充滿著敬慕和熱忱。

但是平等使我內心感到喜悅，仁慈可以退化為淫暴，欽佩可以退化為屈從，友誼則是平等的產物。啊，我的朋友們，但願我能夠毫不爭勝地、毫無光榮地與你們生活在一起；但願平等把我們團結起來，由命運來指定我們的地位。但願我在去世的時候，不知道你們之中誰是我最應該敬重的人！

在人們兒女的心中，友誼是珍貴的。

寬宏大量、感激（這裡所指的只是從欽佩一種高超力量的心情中產生的感激）和友情，是單一感情的三種不同色調，我把這種感情叫做社會的公道或社會的相稱性[6]。公道不會改變正義，但是正義始終把公道作為基礎而加上敬重的心情，從而在人的身上形成一種第三級的社會性。由於公道的作用，當我們幫助需要幫助的弱者，並使他們與大眾平等時；當公正給予強者以感謝和尊敬，不致使我們成為他們的奴隸時；當我們為了即使是根據交換的權利，從鄰人、朋友和同輩接受任何東西而向他們致意時，就立刻感覺到這是我們的義務，同時也是我們的快樂。公道是被理智和正義提高到理想境界的社會性，最普通的表現就是謙恭或彬彬有禮；在某些民族中，這種態度差不多就概括了一切社會義務。

可是，這種感情在動物身上找不到，牠們愛戀、互相親暱並且表示出某些特殊的好感，但不懂得尊敬，既看不到慷慨的行爲，看不到欽佩的表示，也看不到禮貌。

這種感情不是從智慧中產生，因爲智慧從事估計、核算和衡量，但並不產生愛的感覺。正義是社會本能和思考的混合產物，同樣地，公道是正義和趣味的混合產物，我的意思是說它是我們的辨別能力和理想化能力的混合產物。

這個產物——第三和最後一級的人類社會性——是由複雜的聯合方式決定，在這種方式中，不平等，或者說得更恰當些，能力上的差異以及本質上趨向於使勞動者孤立起來的職務上專門化，要求一種更積極的社會性。

所以在實行保護的同時，起壓迫作用的力量是可惡的；所以把藝術的驚人創作和最粗糙的工業產品，等量齊觀的愚蠢無知，會引起無法形容的鄙棄。所以自鳴得意地說「我已經給你代價了，我絲毫不欠你了」的傲慢非常討厭。

社會性、正義、公道，這就是本能在三種不同程度上的確切定義。這個本能使我們和同類交往，具體的表現可以用下列公式說明：對自然財富和勞動產品有平等享受的權利。

這三種不同程度的社會性，互相支持並互爲因果：沒有正義，公道不能存在；沒有正義，社會生活是一種謬誤。事實上，如果我爲了酬報才幹，而把一個人的產品拿給另一個人，不公正地剝奪前者，我就沒有給予他的才幹應有的尊重；如果在社會生活中，我分給自己的一份東西比分給夥件的多，那我們就不是眞正的夥件。正義是在分配可以衡量的具體東西時，表現出來的社會性；公道是帶有欽佩和敬意的正義，而欽佩和敬意是無法計量的。

根據這一點，可以作出下列幾項推論：

一、雖然我們能夠在各種可能的程度上，隨意對一個人比對另一個人表示更多的敬意，我們給予他的東西卻不應超過原本應得的一份公共財富。因爲維持正義的責任，對我們的拘束力高於維持公道的責任，第一種責任永遠應當放在第二種前面。有這樣一個被古人稱道的女人，當一個暴君強迫她在殺死兄弟和殺死丈夫之間進行選擇時，她就犧牲了後者，其理由是：她可以再找一個丈夫而無法再得到一個兄弟。可是我說，這個女人在遵從公道感的時候，背棄了正義並做了一件壞事，因爲夫婦關係比姊弟關係更爲密切。

根據同樣的原則，在立法上，不能藉口才幹的不相等，而容許工資的不平等。因爲財富的公正分配，是經濟的職能而不是表示熱情的手段。

最後，關於贈與、遺囑和繼承，社會須同時照顧到個人情感和社會本身權利，永遠不應當容許愛和偏愛來破壞正義。雖然社會樂於相信，在工作中長期和父親合作的兒子，比別人更有能力繼續經營業務；相信在事業繁忙中突然死亡的公民，由於對自己工作的天然愛好，最適宜指定繼承人；雖然被幾個人指定爲繼承人的人，容許在不同的遺產上享有選擇權——可是社會不能容忍任何一種資本和事業集中在一個人的手裡，也不能容許任何對於勞動的壟斷和侵占行爲[7]。

二、公道、正義和社會關係，對於一個活著的生物來說，只能存在於個別同類的相對關係中；不能發生在不同種類之間，例如狼對山羊，山羊對人，人對上帝，更加不可能的是上帝對人。把正義、公道和愛賦予最高的上帝，這是徹頭徹尾的人神同形說；我們給予上帝性格上的形容詞，如正義的、仁慈的、哀矜的等，應該從祈禱詞句中刪去。上帝只有和另一個上帝對比時，才能被當作正義、公道和慈善。可是上帝是唯一的，因此不能有像慈善、公道和正義這些社會情感。我們能否說牧羊人以正義對待他的羊和狗呢？不能；如果他想在一隻六個月的羔羊身上，剪下和一隻兩歲羊一樣多的羊毛；如果他要求一隻小狗像一隻兇猛的老狗那樣去看護羊群，人們不會說他不合乎正義，而會說他發瘋。因爲人和動物之間沒有社會關係，雖然可能產生情感。人喜愛動物，把牠們當作東西，也可以說是當作一些有感覺的東西，而不當作人。所以，哲學在從對上帝的觀念中，把迷信歸諸上帝的人類情欲刪去以後，還須從其中把由於深厚的敬意而賦予上帝的德性一併刪去[8]。

如果上帝到地球上和我們住在一起，我們是不能愛祂的，除非祂變得像我們一樣；除非祂生產東西，否則什麼也不能給祂；除非祂能證明我們犯了錯，否則不會聽從祂。除非祂能展現威力，否則我們不會崇拜祂。我們天性的一切法則，無論是感情上、經濟上和智慧上，將使我們不像對待其他人那樣對待祂，這就是說，將不按照理智、正義和公道來對待祂。由此得出一個結論：如果上帝希望有一天和人直接發生接觸，就應該變成人。

如果君王是上帝的形象和祂意志的執行者，那麼，除非他們同意像我們這樣勞動，和我們和睦相處，按照他們消費的比例從事生產，用道理說服臣民，他們才能得到愛戴、財富、服從和榮譽。而且，如果君王只是國家的公務人員，就須看君王是否和藹可親，來衡量應該對他表示怎樣的愛戴；看他們的命令是否明智，來衡量我們對他們的服從義務；根據除以公民人數的社會生產量的總額來計算他們的王室費用。

所以，無論法律學、政治經濟學和心理學，都同意承認平等的定律。權利和義務、才幹和勞動應得的報酬、情誼和熱忱的發生，都是按照一種不變的標準規定好的，都是取決於數字和平衡，地位的平等是社會的法則；普遍的團結一致是這個法則的保障。

由於七情六欲和無知，地位的平等從來沒有得到實現；但是對於這條定律的反抗，使得平等的必要性越來越明顯。這一點歷史可以作證，歷史事實的發展會揭示出來。社會是從一個等式，走向另一個等式。在經濟學家的心目中，一些帝國的革命，有時只表現爲可以互相簡化的代數數字的約算，有時則只是由不可避免的時間作用引起的未知數的發現。數字是歷史的命運，沒有疑義，人類的進步還有其他一些因素；但是，在使各個民族動盪不安的許多隱密原因中，沒有比無產階級反對所有權的週期性爆發更加有力、經常、容易辨認了。在人口增多的條件下，透過排斥和侵占而起作用的所有權，曾經是產生一切革命的根源和決定性的原因。當宗教戰爭和征服戰爭沒有發展到消滅各種族的程度時，不過是偶然的混亂，很快就會依靠民族生活的進步過程恢復過來。社會的衰頹和滅亡，是由所有權所具有的積累力量造成的。

以中古時代的佛羅倫斯[9]為例，這是商人和經紀人的共和國，經常被有名的教皇黨和保王黨派別所分裂，這些派別追根究柢不過是互相鬥爭的老百姓和貴族地主；佛羅倫斯在銀行家的統治下終於因債臺高築而趨於滅亡[10]。以古代羅馬為例，從誕生時起，就被高利貸所吞噬，但是只要當時的世界有工作給勞動者做，總是繁榮的，在一段生息的期間以後總要發生內戰而流血，當這個民族的最後一點道德感連同向來的活力一起喪失時，就枯竭得奄奄一息了。迦太基是個商業和金融城市，不斷地被國內競爭所分裂。泰爾、西頓、耶路撒冷、尼尼微和巴比倫，也是由於商業競爭和今天所說的市場恐慌而先後崩潰。如果人民、如果法蘭西不用一種宏大聲音宣布廢除所有權的統治，上述實例還不足以清楚地表明有怎樣的命運在等待著現代國家嗎？

到此為止，我已證明了窮人的權利，已指出了富人的霸占行為。我要求審判，但判決的執行與我無關。如果有人想把不正當的特權延長幾年而強辯說：僅僅說明平等是不夠的，還必須組織平等，尤其是必須和平地建立平等。那麼我就有權答覆：被壓迫者的福利，比大臣們所感到的困難更為重要。地位平等是公共經濟和法制所依據的自然法。勞動權和平均分配財富的原則，不應當由於權力機關的憂慮不安而讓步。無產者沒有權利容忍法律的矛盾，更不必說忍受政府的錯誤了。相反地，民事和行政權力卻有責任在政治和財富平等的基礎上，自行改組。已知的禍害應當加以譴責並摧毀，立法者不能藉口對於必須建立起來的秩序的無知，而袒護明顯的罪惡，權利的歸還不能拖延。正義、權利的確認、無產者地位的恢復：法官們和總裁們，當這些事情完成以後，你們可以注意警察機關並爲共和國提供一個政府！

此外，我不相信讀者中會有人來責備我，只知道破壞而不懂得建設。在說明平等原則時，我已奠定了社會結構的基礎。我還做過更多的事情，我會舉例說明在解決政治和立法問題時，應當遵循的步驟。就這門科學本身來說，我承認只知道原理，而且目前也不知道有誰能夠比我了解得更深切。許多人在叫嚷：「如果你們到我這裡來，我願意使你們了解眞理！」這些人把所抱有的意見和熱烈的信念當作眞理，而這種東西一般說來並不是眞理。社會的科學像一切人類科學，永遠不完全，所包括的問題深度和多樣性是無窮無盡的。我們只是勉強達到這門科學的開端階段，證據就是我們還沒有超出體系的階段，且我們曾不斷地把表決中的多數權威來代替事實。某一個語言學會以多數表決的方式，決定一些語言學的問題；如果我們議會辯論的結果不是這樣有害，那麼那些辯論甚至會是更加可笑的。在現今的時代，眞正政論家的任務，是迫使大言不慚的人和江湖派啞口無言，使公眾習慣於要求證明，而不滿足於教條和綱領。在討論這門科學以前，必須確立目標，找出方法和原理。必須清除掉使之礙手礙腳的偏見。這應該是十九世紀的使命。

就我來說，已宣誓效忠於我的破壞工作，我將翻遍廢墟和垃圾，不斷地追求眞理。我討厭半途而廢的做法；且不必由我提出保證，人們可以相信，既然我敢推翻聖櫃，就不會僅以推掉櫃蓋而感到滿足。必須把庇護罪惡聖堂的祕密揭露出來，粉碎舊聯盟的會議桌，並把過去爲人信仰的一切東西徹底清除掉。人們曾經制定一個憲章，是全部政治學的概要，二十種立法的象徵；人們曾經撰寫一部法典，是一個戰勝者的驕傲，古代智慧的總結。哦，這個憲章和這部法典的條文將一條不留；現在正是博學人士選擇途徑，並準備建設的時候了。

但是，既然一個被摧毀的謬誤必然包含著一個相反的眞理，在結束這篇論文以前，就不得不去解決政治學上的首要問題，也就是所有的人都關心的問題：

所有權廢除之後，社會將採取什麼樣的形式呢？是不是共產制呢？

第二部分

第一節　我們錯誤的原因；所有權的起源

人類社會眞正形式的確定，要求解決下列這個問題：

既然所有權不是自然條件，它怎麼會找到立足點呢？社會本能在動物中還是這樣的可靠，在人類中怎麼會有失誤呢？生來就是爲了過社會生活的人，怎麼還沒有團結起來呢？

我說過人類是以複雜的方式結合的；即使這個說法不確切，它所談到的事實，即才幹和才能像齒輪那樣，互相牽制的情況卻不失爲眞實的。但是這些才幹和才能，由於變化無窮，也引起意志的無窮變化；性格、傾向以及（如果我敢這樣說的話）自我的形式也不可避免地發生變化，所以在自由方面，就像在智慧方面一樣，有多少人就有多少類型；有多少人就有多少性格，被不同觀念所改變的興趣、愛好和傾向，必然不會互相一致，這些情況誰看不到呢？人由於本性和本能，註定要過社會生活，但人不斷發生變化的個性，卻反對這樣做。

在動物的社會中，所有的個體做著完全相同的事情。相同的天性指揮著牠們，相同的意志在激勵著牠們。一個由鳥獸所組成的社會，可能是圓的、彎曲的、立體的或三角形的，但永遠完全等同的原子集合體。這些個性並不發生變化，且可以說，有一個單一的自我在支配著全體。動物無論是單獨或集體完成工作，分毫不差地反映出性格。蜂群是由本性相同和價値相等的若干蜜蜂組成；同樣地，蜂巢是由恆久不變重複著的六角形小蜂窩構成。

但是人的那種既是爲了社會的命運，同時也爲了本人的需要而準備的智慧，則屬於一種完全不同的組織形式，因此就經過一種不難想像的後果，而使人類的意志發生異乎尋常的分歧。在蜜蜂身上，意志是恆久、一致的，因爲起指導作用的本能是不變的，且構成了蜜蜂的生活、幸福和整個生命；在人身上，才幹不同，理智猶豫不定，因而意志是多種多樣且模糊。人追求過社會生活，但是又不喜歡受壓制和單調的生活；人善於模仿，但喜歡自己的觀念並熱愛自己的作品。

如果每一個人像蜜蜂那樣，生來就具有完全成熟的才幹，某些完善的專門知識，一門早已灌輸在靈魂中的科學，總之天生就了解應當完成的任務，不過缺乏思考和推理的能力，社會就會自動組織起來。我們就會看到一個人耕種土地，一個人建造房屋，一個人鑄煉金屬，一個人裁製衣服，還有人儲藏產品並主持分配。每個人不探究勞動的理由，不考慮所做的工作究竟是多於還是少於他的任務，而是會按照規定繳納產品[三]，收受工資，按時休息，且這一切不用計算，不必羨慕任何人，不用抱怨永遠不會做不公正事情的分配人。君王只是治理而不是統治，像拿破崙所說，統治就是做一個發財自肥的所有權人；且由於每個人都會堅守崗位，什麼也不用指揮，所以君王的工作與其說是權力和諮議中心，還不如說是聯繫的中心。這就會是有組織的共產制，而不是審愼地和自由地接受的社會。

但是人只有經過多次觀察和實驗才會熟練。所以他從事思考，因爲觀察和實驗就是思考；他從事推理，因爲不得不從事推理。在思考時，會產生錯覺；在推理時，會發生錯誤，卻自以爲是正確的，因而固執己見。他抱住自己的見解不放，他尊重自己而輕視別人。因此使自己陷於孤立；這是因爲，他要服從多數人的意見，就必須拋棄自己的意志和理論，即否認他自己，而這是不可能的。這種孤立狀態，這種精神上的自私，這種意見上的個人主義，在眞理還沒有經過觀察和實驗而得到說明的期間，始終存在著。

我們最後再作一個譬喻，可以使這些事實更加明顯。

如果突然之間，在一個蜂群盲目但又輻輳而協調的本能上，增加思考和推理的能力，那這個小社會就不能存在了。首先，蜜蜂就不會不嘗試採用某種新的工業方法，例如把小蜂窩造成圓形或方形，各種體系和發明都會盛行起來，直到一個長期的實踐借助於一種高明的幾何學，證明六角形是最有利的形狀爲止。再來就會發生叛亂，蜂群會要求公蜂自食其力，要求蜂后從事勞動；在雌性的工蜂之間會產生妒忌，不久每隻蜜蜂都會要求爲自己生產，蜂巢將被拋棄，蜜蜂都將死亡。禍害像一條躲在花朵下面的蛇，透過那種甚至應該被當作它們榮譽的能力，即思考力而潛入到釀蜜的共和國中。

所以，道德上的禍害，或者在例子中是社會上的混亂，可以很自然地由思考得到解釋。產生貧困、犯罪、叛亂和戰爭的原因是地位的不平等；而地位的不平等則是所有權的產物，是由自私產生，是個人的見解產生，是理智的專制統治的直接後果。人在孩童時期既不犯罪也不野蠻，只是無知和缺乏經驗罷了。人具有一些受理解力控制的不易就範本能。起初，他思考得不多，且不善於推理；後來他不經一事，不長一智，逐漸糾正觀念使理智趨於成熟。剛開始，野蠻人爲了微不足道的東西而犧牲一切，覺得懊悔且哭泣；以他長子權換取一盤小豆，後來又想毀約；文明工人在不穩定的情況下從事勞動，不斷地要求增加工資，因爲他和雇主都不懂，在缺乏平等的條件下，無論工資怎樣提高也永遠不夠。還有，拿伯爲了保衛他的產業而丟了性命；伽圖爲了不做奴隸而切腹自殺；蘇格拉底爲了保衛思想自由而喝下毒酒；一七八九年的第三等級要求歸還它的自由；不久人民將要求工資平等和生產手段的平均分配。

人生來就愛好社會生活，在所有關係中追求平等和正義，但是又愛好獨立和讚揚。同時滿足這些不同欲望的困難，成爲意志的專橫及其後果——據爲私有——的首要原因。另一方面，人不斷地需要交換產品，因爲無法比較種類不同的價值，就滿足於按照熱情和一時的好惡作出約略的估計，因此進行一種不誠實的交易，交易的結果永遠是富豪和赤貧的對立。所以人類所蒙受的最大禍害，起源於社會性的濫用，起源於人類對它感到非常自豪，但在加以應用時卻如此愚蠢無知的正義。正義的實踐是一種科學，這種科學一旦被發現和傳播之後，會使我們了解權利和義務，從而結束社會的紊亂狀態。

這種對於本能漸進而痛苦的教育，我們自發感覺這種遲緩、覺察不到地轉變，爲經過思考的認識過程，在動物身上根本看不到，牠們的本能是固定的，是永遠不會進步的。

按照把動物的本能和智慧，清楚區分開的弗雷德里克·居維埃的說法：「本能像感覺、暴躁或智慧，是一種天然和固有的力量。狼和狐狸能夠辨認跌落過的陷阱，並且懂得躲開；狗和馬能懂得人類語言中的若干詞句意義並聽從，由此表現出智慧。狗會把吃剩的食物藏起來，蜜蜂會構築蜂窩，鳥會築巢；這樣做完全是出於本能。人也有本能，剛出生的嬰孩就知道吸吮奶頭，這是出於特殊的本能。在人的方面，大多都是透過智慧，可以說智慧代替了本能。至於動物則情況恰恰相反，所賦有的本能是智慧的補充。」（弗魯倫，《弗雷德里克·居維埃的觀察結果的撮要分析》）。

「人們只有承認動物在感覺中樞裡，具有一些物象或先天、恆久的感覺，才能對本能得到一個明確的概念；這些物象和感覺像普通的和偶然的知覺所起的作用，使動物進行活動。這是一種永遠追隨著它們的夢境或幻象；在與本能有關的一切事情中，人們可以看作是夢遊病者」（弗雷德里克·居維埃，《動物界導論》）。

所以，雖然在程度上有所不同，智慧和本能是人和動物所共有，使人與眾不同的是什麼呢？按照居維埃的說法，就是思考或透過自我檢查，從理智上考察自己後天變異的能力。

這句話說得不夠清楚，需要解釋。

如果我們承認動物具有智慧，就必須在某種程度上承認牠們具有思考能力；因爲如果沒有思考能力，智慧是不能存在的，正如居維埃自己用無數實例證明過的一樣。但是必須注意，這位博學的觀察家把人類異於動物的思考能力，說成是考察我們自己後天變異的能力。這點，我將盡力闡明這位博物學兼哲學家警句的辦法來加以說明。

動物所獲得的智慧，永遠不能改變依照本能而作出的行動；這種智慧甚至只是爲了應付可能打亂行動的意外事故而獲得。相反地，在人的方面，本能的行動不斷變成深思熟慮的行動。因此，人在本能上是愛好社會生活的，且每天透過推理和選擇變得格外愛好社會生活。起初，依靠本能創造了語言[12]，由於靈感而成了詩人；今天使語法成爲一種科學，使詩歌成爲一種藝術。人對上帝和來世的看法是自發、出於本能；用以表達這個看法的方法，又是荒謬、奇形怪狀、優雅、令人感到安慰或可怕。十八世紀輕薄的反宗教情緒所譏笑的這一切不同的信仰，是宗教感情的表達方式。總有一天，人將向自己解釋所信仰的上帝是什麼，內心所嚮往的另一個世界的本性是什麼。

人輕視根據本能作出的事情；或者，如果是把它當作神的作品，而不是自己的作品。這就說明了早期的發明家其名不彰的原因，也說明了何以對宗教問題漠不關心以及宗教儀式何以有那麼多可笑的項目。人只重視思考和推理的產物，在人的心目中，本能最值得欽佩的產品不過是僥倖的意外收穫。人類把由智慧得來的東西叫作發現——過去幾乎說成是創造。本能是情欲和熱情的根源；造成罪行和德行的是智慧。

人在發展智慧時，不僅利用自己的觀察結果，還利用別人的觀察結果；他把自己的經驗記下來並保存著，所以人類的智慧逐漸進步。動物並不傳播知識，個別動物積累的經驗隨著死亡而消失。

所以，如果不把思考理解爲本能變成智慧的經常傾向，光說人類靠思考而與動物有別是不夠的。當人受本能支配的期間，不會意識到自己的行動。如果像動物一樣，本能是人唯一指導力量，那麼他就永遠不會欺騙自己，也不會由於錯誤、流弊和紛擾而感到煩惱。但是造物主賦予了人類思考的能力，爲的是使本能可以變成智慧；這種思考以及由此得來的知識經歷若干不同的階段，在開頭的時候，本能不聽從思考的指導，而是相對立；因此思考能力使人類作出違反本性和目的的活動；在欺騙自己的時候，會因做壞事而受苦，直到向善的本能和陷於邪惡的思考，被科學所代替爲止；這門科學使我們可以有把握地趨善避惡。

所以，惡或錯誤及其後果，是兩種對立的能力——本能和思考——相結合後的第一個產物；善或眞理則必然是第二個產物。或者，用譬喻的說法，惡是兩種對立能力相互私通的產物；善則遲早將是兩者神聖結合後的婚生子。

由推理能力產生的所有權是躲在比較後面實行自衛的。但是，正如思考和推理是後於自發性、觀察是後於感覺、經驗是後於本能而發生，私有制也是後於共產制而發生的。共產制或一種簡單形式的聯合，是社會性的必然目標和最初願望，而自發運動是透過它表現並建立起來，這是人類文明的最初階段。在社會的這種狀態下，即法學家稱爲消極的共產制狀態下，人和人互相接近，分享土地的果實、牲畜的乳和肉。只要人不從事生產，這種共產制就是消極的，透過勞動和生產的發展，漸漸變成積極和有組織。但是就在這個時候，思想自主的觀念以及進行推理合理或不合理的可怕能力，使人懂得：如果平等是社會的必要條件，共產制就是最初的一種奴隸制。

如果用黑格爾的公式來說明這個思想，我就要說：

共產制——社會性的最初表現——是社會發展的第一項，即正題；與共產制相反的私有制是第二項，即反題。當發現第三項，即合題時，就可以得到所要求的解答。要知道，這個合題必然是用反題糾正正題的過程中所產生，所以必須透過最後一次對兩者特點的研究，來消滅與社會性相牴觸的特徵。兩個剩餘部分的結合將給予人類聯合的眞正形式。

第二節　共產制和私有制的特徵

I. 我不應該隱瞞這樣的事實：除私有制或共產制外，誰也沒有認爲可能有其他的社會。私有制之所以存在，正是由於這個永遠可悲的謬誤。共產制的缺點這樣明顯，以致批評家為了使人們厭惡，不必施展辯才。共產制不公平行為的不可補救性，對同情心和厭惡情緒所實施的強暴，它強加在意志上的桎梏，對良心所施加的精神折磨，給社會造成的虛弱無力狀態，以及用來束縛一般人的自由、積極、通理、不屈服的個性，那種虛假和愚笨的一致性，這一切都引起一般良知的反感，且無可挽回地為共產制下了不利的判決。

人們為之辯護而舉出的權威學說和示例，反而更加不利。柏拉圖所設想的共產式理想國是建立在奴隸制上；萊克古斯[13]的共和國則是使農奴為之服務，這些農奴擔負主人生產一切的責任，才容許主人能夠專心致力於體育活動和戰爭。因此把共產制和平等混為一談的盧梭曾說過：如果沒有奴隸制，不能想像地位的平等是可能的。原始教會的共產制組織沒能持續到第一世紀末期，且不久就退化為寺院；在巴拉圭的耶穌會教士的共產制組織中，所有路過的旅行家，都以為黑人和奴隸一樣可憐；且仁慈的神父不得不用溝和牆，防止新入教的信徒逃跑，這也是事實。與其說遵從明確的信仰，還不如說是受過分憎恨財產的心理支配的巴貝夫主義者，由於他們的原理過分誇大而告失敗；把共產制和不平等合在一起的聖西門主義者，像化妝舞會那樣消逝了。現今社會所冒的最大危險就是在這個暗礁上，再造成一次覆舟的災難。

十分奇怪的是，存心否定私有制的自成體系的共產主義，卻是在所有權偏見的直接影響下孕育出來的；在所有的共產主義學說基礎上總是有所有權一詞。

一個共產主義社會的成員固然沒有自己所私有的東西，但是共產主義社會卻是所有權人，不但是財物的所有權人，而且還是人身和意志的所有權人。由於這種絕對所有制的原則，本來只應該是大自然加於人類的勞動，就變成一種人爲的誡命，就成爲可厭；具有思考能力的意志無法調和的消極服從，就被嚴格地規定下來了；對於規章制度的忠誠，就不能容忍任何反對的意見；雖然這些規章制度，無論人們以爲多麼賢明，卻永遠有缺點；人的生命、才幹和一切能力都成爲國家的財產，國家爲了公共的利益，有權任意利用；儘管存在著性質不同的好惡，個別的小社會就不得不嚴加禁止；因爲如果容忍個別小社會存在的話，就會在大的共產主義社會中，形成小的共產主義社會，因而產生私有財產；強者不得不爲弱者工作，雖然這個責任應當出於仁愛而不帶強迫性，是適宜的而不是命令的；勤奮的人不得不爲懶漢工作，雖然這不合乎正義；能幹的人不得不爲笨蛋工作，雖然這是荒謬的；最後，人拋棄了個性、自發性、天才、情感以後，就不得不在公共「法律」[14]的權威和嚴格性前，低首下心地自取滅亡。

共產制是不平等，但這和私有制的不平等意義相反。私有制是強者剝削弱者，共產制是弱者剝削強者。在私有制中，地位的不平等是暴力的結果，無論這個暴力僞裝時用哪種名稱：體力或智力；事變、意外、幸運的力量；既得的財產的力量等。在共產制中，不平等是從才能和勞動上的平庸而來，這種平庸被抬舉到與暴力相等的地位。這個侮辱人的等式引起良心的反感，使有功績的人產生怨言；因爲，強者援助弱者也許是一種責任，也寧願出於厚道而做——他們永遠不能忍受那種對比。可以給他們同等的勞動機會和同等的工資，但永遠不要讓他們互相懷疑在完成共同事業方面，有不忠實的行爲而產生猜忌。

共產制是壓迫和奴役。人很願意遵從責任的法則，爲祖國服務，幫助朋友；但希望做樂意做的工作，在樂意勞動的時候勞動，樂意勞動多少就勞動多少。希望能隨意支配自己的時間，只受必要性的支配，能夠自由選擇朋友、消遣方式和鍛鍊方式；根據判斷而不是根據命令活動；由於自愛而不是由於奴役性的義務而自我犧牲。共產制在本質上與隨意使用我們的能力、與我們最高尚的傾向、與我們最深切的感情相牴觸。人們爲了使這個制度與個人理智、意志要求，協調起來而想出的計畫，結果只能把東西加以改變而保存名稱；要知道，如果眞心誠意追求眞理，就會避免文字上的爭執。

因此，共產制侵犯了良心的自主和平等，侵犯良心就是壓制智力和情感上的自發性、行動和思想的自由；侵犯平等就是用相等的美好生活來酬報勞動和懶惰、才幹和愚蠢，甚至邪惡和德行。此外，如果私有制是由於大家競相積累而無法忍受的話，共產制不久就將由於大家爭取偷懶而變成無法忍受的了。

II.至於私有制，是透過專屬權和收益權而侵犯平等，透過專制主義而侵犯自由意志。所有權的前一種效果在前面三章中已經得到充分的闡述，這裡只求透過最終比較來證明和盜竊完全是同一回事。

盜賊在拉丁文中叫做fur和latro，前者源自希臘字*φόρ*和*φήρω*，拉丁文是fero，意思是我奪取；後者則來自ληθρω，意思是我做強盜，詞源是λανθάνω，拉丁文是lateo，意思是我躲起來。希臘人還採用從κλέπτω而來的κλεπτης，意思是我偷，它的子音字母的字根和καλύπτ的字根相同，意思是我掩蓋、我隱藏。根據這些詞源，盜賊的意思就是躲起來、不論用哪種手段，奪取或偷取別人東西的人。

希伯來人用gannab（盜賊）這個詞表示同一概念，是從動詞ganab來的，意思是放在一邊或挪用：lo thi-gnob（十誡中的第八誡），你不得偷盜，就是不得把東西保留給你自己或放在一邊。這就是一個人在參加一個社會時，答應把所有東西都交給這個社會，暗中卻保留其中一部分的行爲，像有名的信徒亞拿尼亞[15]所做的那樣。

動詞voler（盜竊）詞源的涵義更加深長。voler或fsire la vole從拉丁語vola演變來，意思是手掌，就是玩紙牌賭博時所做的一切騙術；所以le voleur（盜賊）就像一個吞沒全部或絕大部分的收益人。也許這個動詞voler的來源是出於盜賊的切口，從此就變成一般的口頭語，後來變成法律條文的用語。

盜竊行爲可以採用無數的方法，立法者按照功過的程度巧妙作出區別和分類，以便在某些情形下使盜竊行爲得到表揚，而在其他的情形則受到處罰。

盜竊是：一、在公路上殺人；二、單獨或結夥；三、闖入房屋或逾越牆垣；四、乘人不備；五、利用詐欺性的破產；六、利用僞造的公文書或私文書；七、利用僞造的貨幣。

這分類包括所有從事這種職業時，只使用暴力和公然詐欺而不求助於其他手段的盜賊：盜賊、匪徒、海盜、海陸兩幫的竊賊；古代的好漢因獲得這些值得尊敬的名義而感到光榮，並認為他們的職業既高貴而能取得厚利。甯錄、提修士、傑遜和他的阿爾戈諾特英雄們[16]；耶夫德、大衛、卡居斯、羅墨路斯、克洛維斯和他的麥羅溫王朝[17]的後裔；羅貝爾・季斯卡爾、唐克萊德・德・奧特維勒、波埃蒙德和普爾曼族大部分的英雄，都是當時的盜賊。盜賊的英雄氣概曾被賀拉斯在提起阿基里斯時，用下列詩句加以描寫：「我的權利就是我的長槍和我的甲盾。」（Jura negetsibi nata, mhil non arrogetar-mis），[18]並可以用雅各遺囑中的這些話（《創世記》第四十八章）來加以說明：他的一隻手可以和所有的人對抗（manus ejus contra omnes）；猶太人把這些話應用於大衛，基督教徒應用於他們的基督。在今天，盜賊——古代武裝的壯士——卻受到最嚴厲的究辦；按照法典的條文，他的職業可以使他受到恥辱的和肉體的刑罰，從徒刑起到上斷頭台為止。這眞是人世間見解的可悲轉變！

盜竊是：八、利用騙子的手段；九、利用詐欺行為；十、利用背信行為；十一、利用賭博和彩票。

這第二類曾為萊克古斯制定的法律所獎勵，藉以鍛鍊青年人精明的思想方法和創造力；這就是優里賽斯、梭倫和西農[19]，從雅各到段茨[20]為止的古今猶太人、波希米亞人、阿拉伯人和一切野蠻部族的做法。在路易十三和路易十四時代，人們並不因為在賭場中使用騙術而失去榮譽；在某種程度上，這是賭博的一部分，許多高尚的人並不因為曾經利用巧妙手法，糾正了反覆無常的命運而感到難為情。即使今天，有些地方還是這樣，在鄉下人中、在高級和低級的交易行為中，懂得做買賣，也就是說懂得使對方上當，是一種被重視的成就：這種行爲普遍爲人接受，因此上當的人並不懷恨對方。人們知道，政府經過多大的困難才決定取消獎券的發行；因爲覺得這是對私有制的一個大損害。騙子、詐騙者或江湖術士主要是利用巧妙手法、精明的智力、口才的魔力和豐富的虛構能力；有時他就成爲貪欲的誘餌：所以偏愛智慧甚於體力的刑法法典，認爲應該把上述四種情況規定爲第二種類型，僅處以非恥辱性的刑罰。這樣看來，人們還可以責難這個法律是唯物主義的和無神論嗎？

盜竊是：十二、用高利貸。

這種行爲自從福音書問世之後，變得非常令人憎惡，被非常嚴厲處罰，構成被禁止的盜竊行爲和被許可的盜竊行爲之間的過渡行爲。因此，由於模稜兩可的本質，在法律條文和道德學上就產生無數矛盾；法官、律師、銀行家和商人，都巧妙利用這些矛盾。因此，接受抵押品按百分之十、百分之十二和百分之十五利息出借款項的高利貸者，一經查出，即被處罰巨額的罰金；而收取同樣利息的銀行家卻不然（固然不是以借款的名義，而是透過匯兌或貼現，也就是透過買賣收取這項利息），得到帝王大權的保護。但銀行家和高利貸者純粹是名稱上的區別；像根據一筆動產或不動產而出借款項的高利貸者，銀行家憑有價證券而出借款項；高利貸者是預先扣除利息；如果擔保品無效，如果票據無法償還時，高利貸者保有向借款人訴追之權，這種情況恰巧使他成爲金錢的出借人而不是金錢的出賣人。但是銀行家的出借行爲是短期的，而高利貸者的借貸卻可能是一年、兩年、三年、九年等；不過借貸期限的差別，和法律行爲形式上的某些不同，不能改變交易的本質。至於資本家以百分之三、百分之四、百分之五的利率，對國家或商業進行投資，他們收取的利息沒有銀行家和高利貸者高，就成爲社會傑出的人物，誠實人中的佼佼者了。適度的盜竊行爲完全成了道德行爲。[21]

盜竊是：十三、透過設置年金，收取地租、房租、田租。

《外省人來信》作者[22]曾經用耶穌會教士埃斯科巴爾和莫哈特拉契約，使十七世紀誠實的基督教徒感到很大的興趣。埃斯科巴爾說：「莫哈特拉契約是這樣的一種契約，人們可以用高價和信用貸款的方式，買進布匹，然後立即以較廉價價格[23]和現款，賣給原來的出賣人。」埃斯科巴爾找出可以給這種高利貸辯護的理由。帕斯卡和所有揚遜主義[24]者都譏笑他。但是如果埃斯科巴爾神父提出如下的論據：房屋租賃契約是以高價和信用貸款，買進一項不動產，經過一定的期間後，又廉價賣給原出賣人的契約；不過，爲了簡化交易手續起見，購買人自願支付第一次和第二次買賣行爲之間的差額；那麼諷刺家帕斯卡、博學的尼古爾[25]、辯才無礙的阿爾諾[26]又能說些什麼呢？這個耶穌會教士可以作以下的申論：或者可以否認房屋的租賃契約和莫哈特拉契約的等同性，這樣就可以立即辯駁得你們啞口無言，或者如果承認那個等同性，也就應當承認我論述的正確性。否則，你們就將排斥一切租金和地租。

假如他聽了耶穌會教士的可怕言論，蒙達爾特[27]老爺就會敲起警鐘並叫喊，社會處於危急狀態，耶穌會的教士簡直在破壞它的基礎了。

盜竊是：十四、當商人透過商業得到的利潤，超過職務的正當工資時。

大家都知道商業的定義就是，用三法郎買進價值六法郎的東西，把值三個法郎的東西以六法郎的代價賣出的做法。在這種定義下，商業和美洲式盜竊行為之間，唯一的區別在於所交換價值的相對比例，總之，就在於利潤的大小。

盜竊是：十五、靠自己的產品獲取利潤，接受薪水，勒索過高的薪金。

農夫以某些數量的小麥賣給消費者，在秤好分量後，伸手抓出一把小麥，就是盜竊；教授由國家支付薪水，如果他透過書店把講課的內容再次賣出，就是盜竊；領取薪水的人利用虛名作為代價而得到很大利益，就是盜竊；公務員、勞動者，無論是誰，當所生產的僅是一，而領取的工資卻是四、一百或一千，就是盜竊。這本書的發行人和我這個作者，如果所取的代價高出此書價值一倍，就是在盜竊[28]。

扼要說：在被古代詩人稱做黃金時代的消極共產制社會以後，正義成了強者的權利。在一個力圖把自己組織起來的社會中，由於人與人之間能力的不相等，而產生功績不等的觀念；因此為了公道起見，不但要使敬重的表示與功績相稱，還要使物質待遇與個人的功績相稱；既然公認最高和幾乎是唯一的功績是體力，體力最強亦即卓越的人（aristos），就是功績最大，有權得到最優越的一份；如果不給的話，就會用強力奪取。從這裡再發展到對一切東西都擅自取得的所有權階段，僅是一步之差。

這就是英雄權，在希臘人和羅馬人的傳統中一直保存到共和國末期。柏拉圖曾在他《高爾吉亞篇》中，舉出一個名叫卡里克利斯的人，用了不少的才智強力辯護，而蘇格拉底這個平等的保衛者則嚴厲加以駁斥。人們傳說偉大的龐貝容易臉紅，有一天，他不禁說出這樣的一句話：「當我手中握有武器的時候，為什麼要尊重法律呢？」這人心中的道德感和個人野心的鬥爭，以及想用英雄主義和強盜主義來為暴力辯護的情況，都由這句話刻畫出來了。

從強權中產生人剝削人的行為，換句話說，產生奴役、高利貸或戰勝者向戰敗者索取賠款，以及種類繁多的捐稅、鹽稅、王家特權、勞役、平民捐、地租、房租等，總之就是產生了所有權。

跟著強權而來的是使用詭計的權利，這是正義的第二種表現；古代的英雄們厭惡這種權利，他們在這點上並不在行且會受到很大的損失。這始終是強力，不過從體力移轉到智力罷了。用一些詭計使敵人上當的本領，在當時也應該得到獎賞：但那時的強者總是自誇是以善意行事。在那個時代，尊重、遵守諾言與其說是合乎嚴格的邏輯，還不如說是合乎嚴格文字的意義。《十二銅表法》說：「既然說了那個話，就應該有那個權利。」（Utilmguanuncupassit, ita jus esto）。詭計，或者更確切說是奸詐的行為，差不多構成古代羅馬的全部政治學。維哥[29]和孟德斯鳩都曾提過以下例子：羅馬人曾保證迦太基人可以保全他們的財物和城市，而故意用「civitas」一字，意思是社會、國家；反之，迦太基人卻把它理解為「urbs」，意思是指具體的城市。而當他們著手鞏固城牆的時候，遭到羅馬人的襲擊，理由是他們違背了條約。當遵照強權行事的羅馬人，在這件事情上，利用模稜兩可的話語，襲擊他們的敵人時，他們並不認為進行一次非正義的戰爭。

使用詭計的權利產生，造成工業、商業和銀行業中的利潤，產生交易中的詐欺行為，以及人們用才幹和天才這些美麗名詞，加以粉飾的一切不正當主張，這些主張應該被看成最高度的奸詐和欺騙行爲；最後，產生社會上的各種不平等。

在法律所禁止的盜竊行爲中，人們公開使用強力詭計；而在被法律許可的盜竊行爲中，強力詭計是用生產效用的名義，把自己裝扮起來，用這種名義作爲奪取被害人錢財的工具。

直接使用暴力和詭計，早已受到一致的譴責；但直到現在，還沒有一個國家能夠擺脫與才幹、勞動、占有結合在一起的盜竊。這使得那門用來辨別是非、解惑的神學，發生種種不可靠性，並構成法律學上無數自相矛盾的理論。

強力詭計曾在《伊利亞德》和《奧德賽》[30]這兩部史詩中，受到吟誦史詩者的稱道；啓發了希臘人的立法，並使羅馬法充滿了其精神，後來又從羅馬法傳到我們的風俗和法典中。基督教的精神對此絲毫不能有所改變，但不應該因此而責難福音書，因爲和立法者同樣受到錯誤啓發的傳教士，從來就不能解釋和理解福音書。宗教會議和教皇對於一切有關道德學問的無知，不亞於羅馬的市議會和大法官；這種對於法學、正義、社會的嚴重無知，正在毀滅教會，並使教義永遠失去信譽。羅馬教會和其他基督教會不忠實於聖經是彰明昭著的，他們漠視耶穌基督的告誡，都在道德和學說問題上迷失了方向；那些錯誤的、荒謬的、充滿著非正義和殺人內容的教條，都應歸罪於它們。如果這個自稱爲永遠不會錯，而已經破壞了道德的羅馬教會，向上帝和人請罪；如果曾經經過革新的同宗教會謙卑反省，那麼覺悟過來但仍舊篤信宗教和寬厚的人民，就會對他們重加考慮了。[31]

權利在各種表現中，和所有權在形式中，都是遵循著同樣步驟發展；人們到處可以看到正義在驅逐面前的盜竊行爲，把這種盜竊行爲限制在越來越窄的範圍內。直到現在，正義對非正義、平等對不平等所取得的勝利，都是本能地和僅僅是由於事物的自然之理而得來的。但是我們的社會性最後的勝利將依靠我們的理智，否則就會重新墮落到另一種封建性的混亂中：如果有智慧，我們就可贏得這個榮譽，否則就會陷入苦難的深淵。

所有權的第二個效果是專制主義。可是，因爲專制主義在思想上必然和合法法權的觀念有所連結，所以在申述專制主義天然原因的同時，不得不說明這種法權的原理。

喜歡的政府是哪一種形式的政府呢？「唉！您怎麼會提這樣的問題呢？」某一位比較年輕的讀者一定會回答，「您是一個共和主義者」。「共和主義者，是的，但是這個詞不能確切說明什麼。拉丁文Res publica的意思是指公物，任何要據有公物的人，不論在哪種形式的政府之下，都可以自稱是共和主義者，甚至國王也都是共和主義者。」「那麼，您是民主主義者嗎？」「不。」「什麼！您難道是保王黨嗎？」「不是。」「立憲主義者？」「但願上帝保佑我不是！」「那麼，您贊成貴族統治？」「根本不贊成。」「您願意有一個混合政府嗎？」「更加不願意。」「那麼，您是什麼呢？」「我是無政府主義者。」「我了解了，您是在諷刺人，所諷刺的對象是政府。」「我一點也沒有這種意思，剛才所聽到的是我以嚴肅的誠意，經過深思熟慮而宣布。雖然我很愛好秩序，是一個名副其實的無政府主義者。請您聽我道來。」

在各種過著群居生活的動物中，「幼小者的孱弱，就是之所以服從強壯、年歲大的動物的原理；年歲最大的動物之所以保有權力，就是由於這個習慣，雖然這個年老者最後也變成衰弱了；這個習慣對動物們來說，是一種特殊的良知。只要那個社會由一個領袖來領導，這個領袖事實上總是群體中歲數最老的一個。我說差不多總是，因爲已經建立起來的秩序，可能由於一些激烈的情欲而被打亂，於是權力就轉移給另一個了。在透過武力重新建立新的權力之後，這個權力就同樣被習慣維持下來。野馬結隊行動，有一匹走在前面的領馬，馬群信任跟著這個領袖，領袖會發出逃避或投入戰鬥的信號。」

「我們養大的羊跟著我們走，但同樣也跟著一起生長的羊群走。不過是把人當作羊群中的領袖看待罷了……對家畜來說，人不過是其社會中的一個成員；這個人所要做的事情不外乎是讓牠們將他當作夥伴而接受他；由於人的智慧本來就比較優越，不久就成爲領袖。所以人並沒有像畢豐所說，改變動物的天然狀態；相反地，是利用這種天然狀態。換句話說，人發覺動物可以過社會生活，他在成爲夥伴和領袖的時候，就馴服牠們了。因此動物的馴服性不過是牠們社會性的一種特殊情況、一種簡單的後天變異、一種確定的後果。所有的家畜在本質上都是可以過社會生活的動物……。」（弗魯倫，《弗來德里克．居維埃的觀察結果的撮要分析》）。

社會生活的動物是本能跟著領袖，但讓我們指出居維埃所忘記說的話，就是這個領袖的任務完全是屬於智慧上的。領袖不用教育其他動物聯合起來，在其領導下團結一致，從事繁殖、逃避和自衛；

在這些事情上，領袖和部下知道的一樣多。但是領袖卻能透過積累的經驗預防意外的事故；在艱難的情況下，運用獨有的智慧來補救一般本能的不足；經過思考，作出決定，實行領導；總之，領袖爲了全體的最高利益，明智、謹慎處理全族的例行事務。

天然要營社會生活的人自然也是跟隨一個領袖的。在原始時期，這個領袖是父親、家長、老長輩，即一個謹愼而聰明的人，他的職務考量完全屬於思考和智慧方面。像其他各種各類營社會生活的動物那樣，人類具有本能、天賦的能力、一般概念、感情和理智的範疇：領袖、立法者或國王從來就不會有什麼發明，也絲毫沒有什麼推測和想像；他們只根據自己積累起來的經驗領導社會，但同時總是遵循著輿論和信仰。

把自己煽動家的怪癖帶到道德學和歷史去的哲學家們肯定說：原來，人類既未有過領袖，也未有過國王；這些哲學家對於人的本質毫無所知。王權和專制王權比起民主制度，同樣是而且更加是一種原始的政治形式。從最久遠的時代起，就有英雄、強盜、冒險的騎士贏得王冠並自立爲王，所以人們就把王權和專制制度混在一起了。但是王權從世界上一有生民的時候起就已存在，在消極共產制社會時期繼續存在著；而古代的英雄主義和其產生的專制主義，只是後來隨著正義觀念的最初表現而開始，即隨著武力的統治而開始。在比較功績以後，最有勢力的人被認爲是最優秀的人，從這時起年老者就不得不放棄地位，此時王權就變成專制了。

王權那種自發、本能，也可以說是生理上的根源，最初就具有一種超人的特徵；各個民族把王權和神連結，說最初的國王是神的後裔。這個想法產生王族的神聖家譜、天神化身說、救世主的傳說，也產生神權學說，這些學說現在還有十分奇特的擁護者。

王權最初是選舉出來的，因爲在人還不多且沒有什麼財物的時期，因財產太少，所以還沒有產生繼承觀念，也想不到要保障國王的兒子得到父親的王權；但是當人們開墾了田地，建築了城市，各個職位就像其他事物一樣被私有化，從而有了世襲的王權和祭司職位。世襲的原則甚至擴展到最普通的職業，這種情況引起階級的劃分、級位的驕傲、平民地位的低落，還證實關於財產繼承原則我所說過的話：這是由大自然所指示的補充出缺的職位，和完成一件已經開始的工作的一種方式。

由於野心，不時產生一些霸占和僭奪王位的人，因而人們就把某些國王稱做當然、合法，而把其他國王叫做暴君。但是其實不應當爲名稱所拘束，歷史上有過令人受不了的合法國王和很寬大的暴君。當王權是唯一可能的政治形式時，一切王權都可能是良好的；至於合法問題，王權永遠不合法。世襲、選舉、普選、元首的卓越性、宗教和時代的推崇，都不能使王權成爲合法；無論以何種形式出現，君主政體也好，寡頭政治也好，民主政治也好，王權或人統治人的政治是不合法和荒謬的。

爲了使他的各種需要，得到最迅速、最完善的滿足起見，人就去找尋法則：在原始時代，這個法則對他來說是生動的、見得到的和觸覺得到的；這就是他的父親、他的老師、他的國王。人越是無知，對領導人的服從和信任就越加絕對化。但是，人的本性的一條定律是遵從法則，即透過思考和推理去發現這個法則，於是人就開始研究領導人所發出的命令；可是這樣的研究過程本身，就是對於法權的抗議，一種不服從的開端。一旦人開始探究支配著領導人意志的動機，人就不是馴服的了。如果他不再是因爲國王在指揮而服從，而是因爲國王證明了他的命令合理而服從的話，那麼可以肯定從此以後，人就不再承認有任何法權了，並且可以肯定他已經把自己當作自己的國王，誰敢對他領導並爲了說明他的法律根據而只能向他提出尊重多數的理由，誰就將要遭殃；因爲少數是遲早會變成多數的，而這個不謹愼的專制君王將被推翻，一切法令將被消滅。

隨著社會逐漸覺醒，國王的權威就逐漸減弱，這是歷史可以證明的事實。在國家開始產生的時候，人們徒然進行了思考和推理。如果沒有方法，沒有原理，甚至不知道怎樣使用理智，就不能辨明是對還是錯。在這個時候，國王的權威是巨大的，沒有任何已有的知識與之對抗。但是經驗逐漸產生了習慣，習慣又發展成爲風俗；後來這些風俗就被明白地在格言中表述出來，被定爲原理，成爲法律；而作爲活法律的國王就不得不屈服於這些法律。到了一個時期風俗和法律這樣多，可以說君王的意志已被公眾的意志纏住了；在加冕的時候，他不得不宣誓將按照風俗和習慣來治理國家，並宣誓他本身不過是社會的行政權力機關，而這個社會的法律並不是由他制定。

直到這個時候，一切都是自然、不知不覺地發生；但是看一下這個致命的結局。

在受許多教育和得到很多的觀念之後，人終於獲得科學這個觀念，獲得關於與事物的實際情況相符合，並從觀察中推論出來知識體系的觀念。於是人們去尋找關於無生物的科學或體系、有機體的體系、人類思想的體系、宇宙的體系：爲什麼不也去找尋社會的體系呢？到這個時候，懂得政治的眞理或政治學，是一種完全不受君主的意志、多數的意見和群眾的信仰所支配的東西；同時國王、大臣、法官和人民，作爲意志的話，與科學毫無關係，且絲毫不值得重視。他一下子就懂得，如果人生來就是營社會生活的話，在他理智已經成熟和教育完成的那天，父親的權威就告終止，父親就成爲夥伴；眞正的領袖和國王就是獲得證明的眞理；政治是一種科學而不是一種詭計；並且懂得，立法者的職能可以變爲有條不紊、追求眞理的工作。

因此，在一個特定的社會中，人對人的權威是和這個社會所達到的文化發展程度成反比，且這種權威大致的存續期間，可以按照要求得到眞正的政府，即符合科學的政府的比較普遍願望而計算出來。正如強權和詭計權在越來越擴大的正義面前縮小，最後一定會在平等中消滅那樣，屬於意志的主權同樣也要向屬於理智的主權讓步，且最後必將在科學社會主義中消滅。自從世界開始以來，財產和王權會不斷地遭到摧毀；人在平等中尋求正義，同樣地，社會則在無政府狀態中尋求秩序。

無政府狀態就是沒有主人，沒有元首[32]，這就是一天天在接近著的政治形式，且這就是把人當作法則、把意志當作法律牢不可破的習慣，使我們把它看作紊亂的頂點和混亂的表現的政治形式。傳說，十七世紀巴黎的一個公民，聽說威尼斯沒有國王時，感到驚奇不已。初次聽到這件可笑的事情時，笑到不可抑制。這樣固執的偏見，只要活著，就要一個領袖或若干領袖。現在我手裡拿著一本書，作者——一個熱心的共產主義者——像另一個馬拉那樣夢想著獨裁制。思想先進的人物就是希望有盡量多的元首的人，最熱烈的願望是針對著國家保安隊的王權。無疑地，不久就會有一個嫉妒民兵隊的人說，大家都是國王；但當他這樣說之後，我要接口說：誰都不是國王，不管願意不願意，我們都是夥件。一切內政問題，應當根據各省的統計徹底加以解決；一切對外的政治問題，是屬於國際統計的事情。政治學應當屬於科學院的一個部門，這個部門的常任秘書必然是內閣總理；既然每一個公民可以向科學院提出研究報告，每一個公民就是立法者。但是，由於任何人的意見只能在被證實的限度內才有價值，所以誰也不能把自己的意志來代替理智，誰也不是國王。

一切立法和政治的問題，都是科學的對象而不是爭論的對象。立法的權力只能屬於被系統地認可和證明的理智。把否決權和批准權賦予某一個權力機關是虐政的頂點。正義和合法性，像數學上的眞理一樣，是不受我們意見支配的兩件事情。要使正義和合法性具有強制力，就須使它們被了解；要了解，就必須加以深思和研究。如果國民不是最高權力機關，如果立法的權力不是來自國民，那麼國民是什麼呢？國民是法律的保衛者，國民是行政權。每一個公民都可以肯定：這是對的，是合乎正義的；但是他的意見只能支配自己。如果要使他所宣告的眞理成爲法律，就必須使它得到認可。但是，什麼叫做認可一項法律呢？就是去證實一個數學的或形而上學的計算方法；就是去重複一種實驗、觀察一種現象、證明一件事實。唯有國民才有權利說，讓我們發布命令。[33]

我坦白承認，這就是推翻公認的觀念，好像我正在企圖推翻現今的政治制度似的；但是我請求讀者注意，我既然是從一個反論出發，如果我推理正確的話，那麼每前進一步就一定會遇到許多反論，最後也一定會用反論來結束。如果不把立法者的筆，而把法律的寶劍放在公民手中的話，我看不出對於公民的自由會有什麼危害。理應屬於意志的行政權不能委託給太多的代表；這就是國民的眞正主權。[34]

所有權人、盜賊、英雄、元首——這些名稱都是同義——把他的意志當作法律強加到別人身上，既不容許反對，又不接受監督；這就是說，他既要求立法權又要求行政權。因此，要用科學和眞正的法律來代替國王的意志，就非得經過一番可怕的鬥爭；除了所有權本身之外，這種不斷的取代過程，甚至是歷史最有力的因素和政治變亂的最豐富的泉源。這一類例子很多而且也很顯著，毋需一一列舉。

要知道，所有權必然會產生專制制度，產生隨意行事的政治和驕奢淫逸的統治。這與所有權的本質有著極密切關係，所以只要想什麼是所有權，再觀察四周發生的事情，就可以對此深信不疑，所有權是使用和濫用的權利。所以，如果政治就是經濟，如果以生產和消費、勞動和產品的分配爲目的，那麼存在著所有權的時候，政治地位何在？如果財物是財產，爲什麼所有權人就不應當是國王，而且是專制的國王，就是與經濟特權相稱的國王呢？如果每一個所有權人在他財產的勢力範圍內是最高的權威，是他產業的整個範圍內不可侵犯的國王，那麼一個屬於這些所有權人的政府，怎麼能夠不是一片混亂呢？

第三節　第三種社會形式的定義結論

所以，以所有權爲基礎，就不可能有政治，不可能有公共經濟，也不可能有行政管理。

共產制追求平等和法律，從理智的自主和對個人功績產生的私有制，則首先是希望求得獨立性和相稱性。

但是，共產制把一致性誤認爲法律，並把劃一誤認爲平等時，就變成暴虐的和不合乎正義。而私有制由於專制性和侵占行爲，表現出是具有壓迫性和反社會性的。

共產制和私有制的目的都是好的，所造成的結果都是壞的，爲什麼呢？因爲兩者都是排斥一切，且各自忽略社會的兩種要素。共產制反對獨立性和相稱性，私有制則不能使平等和法律得到滿足。

現在，如果想像一個建立在這四種原則——平等、法律、獨立性、相稱性——基礎之上的社會，那就可以看到：

一、平等僅僅在於地位的平等，就是在機會的平等，而不是在生活的平等；有了平等的機會，求得美好生活就應當是勞動者的任務了，毫不侵犯正義和公道；

二、從對於事實的了解中產生，因而以必要性本身爲依據的法律，永遠不會觸犯獨立性；

三、從才幹和才能的差別中產生出來，個人的獨立性或個人理智的自主，可以在法律範圍內毫無危險地存在；

四、只容許在智慧和情感的範圍內，而不許在物質對象的範圍內存在的相稱性，可以被遵守而不致侵犯正義或社會平等。

這第三種社會形式，即共產制和私有制的綜合，稱之為自由。[35]所以，在規定自由的性質時，並不把共產制和私有制不加辨別地結合，如果那樣做，就將成為荒謬的折衷主義。我們透過分析方法從二者之中尋求各自含有、眞實、與大自然和社會規律相調和的內容，除去其他元素，結果可以得到人類社會天然形式的適當表現，總之就是自由。

自由就是平等，因為自由只能存在於社會狀態中；如果沒有平等，就沒有社會。

自由就是無政府狀態，因為不容許有意志的統治，只容許有法律，即必要性的權力。

自由就是無限的多樣性，因為在法律範圍內尊重所有的意志。

自由就是相稱性，因為給予功績的進取心和榮譽的競爭心發展的自由。

現在可以像古尚先生所說：

「我們的原則是貨眞價實的，是良好的，是合於社會的，不要害怕推進到它的終極。」人的社會性經過思考而變成正義，經過才能的分類而變成公道，它把自由作為公式，它是道德眞正的基礎，是我們一切行動的原則和準則；是哲學所追求的、宗教所加強的、自私心所排擠的、純粹的理智所永遠不能替代的普遍動力。我們的義務和權利是從需要產生；如果就需要和外界生物的關係加以考慮，它就是權利；而就它和我們自己的關係來考慮，它就是義務。

飲食和睡眠，是一種需要；我們要得到爲休息和營養所必需的東西，這是一種權利；當大自然要求這樣做的時候來利用這些東西，這就是一種義務。

爲了生存，我們需要勞動，這樣做既是權利，又是義務。

愛自己的妻兒，這是需要；當他們的保護人和扶養人，這是義務；比其他人更受他們眷戀，這是權利。夫婦之間相互保持忠實是正義，通姦是一種反社會的罪行。

用我們的生產品去換取別的生產品，這是一種需要；得到等值的交換，這是一種權利。既然先消費，然後才生產，所以如果事物是由我們來決定的話，那麼在消費之後，必須立即從事生產，這是一種義務。自殺是一種詐欺性的破產。

按照理智的指示去完成任務，這是一種需要；保持自由意志，這是一種權利；尊重別人的自由意志，這是一種義務。

得到同類的重視，這是一種需要；使自己值得接受讚揚，這是一種義務；根據工作成績而得到評價，這是一種權利。

自由不反對繼承權和遺囑權，只要求保障平等，不受到侵犯。自由對我們說：在兩筆遺產中，選擇一筆，永遠不要合併承受。一切與移轉、世襲、領養和「助手關係」（如果我敢於採用這個自造名詞的話）有關的立法都需要加以改訂。[36]

自由鼓勵競賽而不加摧毀。在社會的平等中，競賽是在平等的條件下進行的，它的報酬完全在於它本身。誰也不因對方勝利而感到難受。

自由對自我犧牲的精神是歡迎的，是贊成的；但是對自由來說，這不是必需的。正義就足以維持社會的平衡，自我犧牲是分外的舉動。但是，能夠說「我做了自我犧牲」的人是幸福的。[37]

自由在本質上具有組織性，如果要在人與人之間保證平等，在國與國之間保證平衡，必須把農業和工業、教育、商業和倉庫的中心點，按照每個國家的地理和氣候的條件、產品的種類、居民的特徵和天然的才能等加以分配，分配的比例要合乎正義、明智、和諧，使任何一個地區永遠不會發生人口、消費和生產過剩，也不致發生人口、消費和生產不足的情況。公法學和私法學、眞正的政治經濟學就是從這裡開始。這要由那些從此擺脫關於所有權的錯誤原理的法學家闡明新的法則，並使人們得以建立和平。他們不是沒有學問和天才的人，我們已經給了他們一個新的出發點。[38]

我已完成自己規定的工作，所有權已被打敗，永遠不會再站起來了。只要哪裡有人讀過和討論過這篇論文，那裡就埋下使所有權死亡的種子；在那裡，特權和奴役遲早會趨於消滅；意志的專制制度將被理智的統治所接替。的確，任何詭辯、偏見（不管怎樣固執）還能在如下的命題面前站得住腳嗎？

I. 個人的占有[39]是社會生活的條件，五千年的私有制說明了這點，私有制是社會的自殺。占有是一種權利，私有制是反對權利。如果取消私有制而保留占有，那麼只須透過原則上簡單的變動，就可以改革法律、政治、經濟和制度：就可以把禍害從地球上驅逐出去。

II. 占用權既然對於所有的人都是平等的，占有就隨著占有者的人數而常常發生變動：所有權就不能形成。

III. 既然勞動的效果對於所有的人都是相同的，所有權就因其他的人的開發和租金而自行消失。

IV. 人類的一切勞動必然是一個集體生產力的結果，由於同樣的理由，一切財產就變成集體、不可分割。更精確的說，勞動毀滅所有權。

V. 從事勞動的才能既然和勞動工具一樣，是累積起來的資本，集體的財產。所以（在才能不相等的藉口下）待遇和錢財的不平等是非正義的，且是盜竊行爲。

VI. 商業上的必要條件是雙方訂約人的自由和交換品的等值性。現在，既然價值是以每件產品所耗費的時間和費用的總和來代表，既然自由不可侵犯，所以勞動者的工資正像他們的權利和義務一樣，應當平等。

VII. 只能用產品來購買產品。現在，一切交換的條件是產品的等值性，所以利潤是不可能的，且是不合乎正義的。如果遵守經濟學上的這條基本原理，那麼貧困、奢侈、壓迫、邪惡、犯罪和飢餓將逐漸消失。

VIII. 在出於他們完全同意之前，人們是由生產過程和數學上的定律結合起來的。所以，地位的平等符合正義的要求；這就是說，是符合嚴格的社會法。只有敬重、友誼、感恩、欽佩是屬於衡平法或相稱法。

IX. 僅限於在生產工具上和交換的等值性上，維持平等的自由聯合——自由——是唯一可能、唯一合乎正義和唯一眞實的社會形式。

X. 政治學是自由的科學，無論用什麼名目偽裝，人統治人的制度是壓迫，具有高度完善性的社會，存在於秩序和無政府狀態的結合中。

舊的文明已經走到盡頭，地球的面貌即將煥然一新。讓年老的詭辯家在沙漠中死去吧，神聖的土壤不會掩蓋他們的骸骨。因本世紀的腐化而感到憤怒，懷著滿腔正義的熱忱青年人，如果熱愛祖國，如果關懷人類的利益，就應當敢於贊成自由的事業。丟掉舊的私心，把自己浸淫在新生、平等的人民潮流中吧！你們再生的靈魂可以吸取前所未有的元氣和精力，你們衰竭的天才可以重新得到出奇制勝的毅力，你們已經枯萎的心會重新茁壯起來。在你們明亮的目光下，一切都會改變面貌；新的思想感情將使你們產生新的觀念；宗教、道德、詩歌、藝術、語言，將以更加崇高、美好的形式呈現在你們面前；此後你們有了堅定的信仰、經過愼思的熱忱，你們將歡呼全世界復甦的開端。

啊，自由之神！平等之神！在我的理智還沒有能夠懂得正義感以前，就把它放在我心中的神，請聆聽我的熱烈祈禱吧！使我將以上所說的話用筆寫下來的就是祢。祢形成我的思想，指導我的學習，祢使我的靈魂棄絕好奇心，棄絕牽掛，以便在奴隸主和奴隸面前發表眞理。我已經用祢所給的力量和才幹發表意見；祢完成了祢的事業。祢知道我所追求的是我的利益還有你的光榮，唷，自由之神！啊！請摧毀我的記憶力，讓人類獲得自由吧！讓我以賤微殘軀，看到人民終於獲得教育吧！讓高貴的教師使人民明白道理吧！讓大公無私的人領導他們吧！如果可能的話，請縮短考驗時間，請把驕傲和吝嗇埋沒在平等之中；請把使我們滯留在卑鄙狀態中，對光榮偶像崇拜的心理消滅掉；請使這些可憐的兒女們懂得，在自由的懷抱中沒有英雄也沒有偉人。請啓發有財有勢的人，即我在祢面前永遠不會提起姓名的人，使他對自己的罪惡懷有恐懼；讓他首先要求准許清償，讓他迅速悔改使他可以得到寬容。到這個時候，大人和小人、智者和愚人、富人和窮人就可以在難以形容的友誼中團結起來；大家合唱讚美詩的歌聲中，把祢的祭壇重新樹立起來，自由與平等之神！

◆註解◆

[1] 普魯東在一八四〇年八月十九日寫信給朋友貝爾格曼：「你對我第五章的意見是正確的，本來單是這章就需要整卷的篇幅，我只寫了概要。貝桑松的那位哲學教授和你一樣，認為第五章應該放在這本書開頭部分，但是必須注意到我的著作並不是一篇社會哲學論文，而僅是對於所有權的研究。所以第五章是隨其他各章所寫，為的是要答覆這個問題：所有權既然不能存在、不合乎正義，那麼所有權怎樣且為什麼存在呢？這樣就把這部分完全是心理學的論述和著作的其餘部分連接起來了。」——原編者

[2] 弗雷德里克·居維埃（一七七三年生於法國蒙貝利業爾市，一八三八年死於史特拉斯堡）是比較解剖學的創始人。男爵若爾日·居維埃兄弟，他自己曾發表過關於博物學的研究作品。在本書較前的篇幅中，普魯東引證弗魯倫所著《弗雷德里克·居維埃的觀察結果的撮要分析》。——原編者

[3] 德·包納德子爵（一七五四—一八四〇）。——原編者

[4] 撒瑪利亞，古代以色列王國都城，《新約路加福音》第十章中敘述一個好心的撒瑪利亞人怎樣救死扶傷。——譯者

[5] 對鄰人做一件仁慈的事，在希伯來文叫做公平對待；在希臘文中則意味著同情或憐憫（éleemosmen），法文的施捨（aumône）一詞就是由此而來；在拉丁文中則是慈愛或慈善行為，法文叫做施捨。透過這些不同的用語，可以覺察到這個原則的退化過程，第一種用語所指的是一種義務，第二種則是種同情，第三種則是一種情感，可有可無，不是義務，第四種則只是聽憑施主的高興與否。

[6] 這裡所說的公道，就是拉丁人所說的人道（humanitas），即人所獨有的社會性。對於所有的人都溫和而可親的人道，知道怎樣不讓任何人感到羞辱，而把等級、德性和才能區分開來，這就是社會同情和普遍的愛的合理分配。

[7] 正義和公道從來就沒有得到理解。「假定須在阿基里斯和埃傑克斯之間，分配從敵人那裡得來的十二個戰利品。如果這兩個人是平等的，各自應得的部分就在數字相等：阿基里斯得到六個，埃傑克斯也是六個。如果繼

續按照這個數字上的平等辦理，色西提斯可以得到和阿基里斯相等的一份，這將是非常不合乎正義和令人反感的。要避免這種非正義的現象，就應當比較那些人的價值，並按他們的價值給予應得的一份。假定阿基里斯的價值比埃傑克斯高出一倍，前者應得的份額將是八，後者將是四。那就不是數學上的平等，而是比例上的平等了。亞里斯多德所說的公平分配就是這種功績的比較，合理的計算（rationum），是按照幾何學的比例進行」（杜利埃，《按照法典上的次序講解的法國民法》）。阿基里斯和埃傑克斯是不是合夥人呢？整個問題就在這裡。如果阿基里斯和埃傑克斯不但不是合夥人，而且都是為僱用他們的阿伽門農效勞，則亞里斯多德的方法就無可非議，使喚奴隸的主人可以允許，誰做了雙倍苦役，誰就可以得到雙份酒的配給。這是專制主義的法律，這是奴役制的權利。但是如果埃傑克斯和阿基里斯是合夥人的話，他們就是平等的。不管阿基里斯的力量抵得過四個人，埃傑克斯只抵得過兩個人，有什麼關係呢？埃傑克斯永遠可以反駁說他是自由的，如果阿基里斯可以力敵四人，五個人即可以把他殺死，最後還可以說，埃傑克斯本人在效勞的時候所冒的危險和阿基里斯一樣大。同樣的論證，對於色西提斯也適用。如果他不會打仗，就讓他當炊事員、採購員或膳食管理員；如果他一無所長，就讓他住進救濟院。在任何情形下，不能對他施加暴力或強迫他遵守法律。人必須生活在兩種狀態的任何一種狀態中，在社會中或在社會之外。在社會中，地位必須平等，每個人只有受人尊敬和重視的程度可以有所不同。在社會之外，人就像一種原料、一種資本化的工具，並且往往是一件笨重而無用的家具。

【8】在男女之間可能發生愛情、熱戀、習慣上的關係等，但是不存在真正的社會關係。男人和女人不能結為夥伴，性別的不同設置了一道屏障，像族類的不同在鳥獸之間隔一道屏障一樣。所以，我不但很不贊成現今的所謂婦女解放運動，而且如果沒有其他的抉擇，寧可傾向於把婦女禁閉起來。婦女的權利以及和男子的關係還有待於明確，夫妻的立法和民事關係的立法都須重新加以規定。

【9】佛羅倫斯，義大利城市名，中古及文藝復興時為一城市國家。——譯者

【10】米歇萊在法蘭西學院說過：「科斯姆・德・美第奇的保險櫃就是埋葬佛羅倫斯自由的墳墓。」

【11】李特列（法國十九世紀有名的大學典編者）把Ordon這個詞專門作為關於冶煉和捕魚的用語，字源不可考，可以猜想是當地的農業名詞，是適用於刈草人和堆集乾草人的那利於次序的工作。——原編者

[12] 語言根源的問題，已因弗雷德里克．居維埃於本能和智慧所作出的區別，而解決。語言並不是事先經過思考、任意採用或相因成俗的手段，既不是上帝傳授，也不是上帝的啟示。語言是人一種不經思考而出於本能的創造，如同蜂巢是蜜蜂出於本能和無意識的創造一樣。在這種意義上，可以說語言不是人的作品，因為不是理智作用下的作品。而且，當語言的結構不被認為是反省的結果時，就顯得越加巧妙。這是語言學所觀察到的最稀奇、最無可爭辯的事實之一。在其他一般著作中，可以參考貝爾格曼（一八二二年二月九日出生於史特拉斯堡，語言學家，普魯東青年時代的朋友。一八三八年，他曾向史特拉斯堡大學文學院提出博士論文《詩學和語根的量及其本質的理論》。參閱附件中一八四〇年七月二十二日那封信的末段。——原編者）於一八三九年在史特拉斯堡發表的一篇拉丁文論文，在這篇論文中，這位博學的作者說明語音的根源如何從感覺中產生出來，語言如何經過三個連續階段發展，為什麼生來就具有創造語言本能的人類，在其理智發展的過程中會逐漸喪失這種本能，最後還說明語言學是一門真正的科學。如今法國擁有幾位第一流的語言學家，他們具有稀有的才幹和深刻的哲學眼光；是謙虛的博學者，深入研究於被人輕視的學問，好像想要逃避公眾讚賞的願望，如同別人想要追求這些讚賞的願望般殷切。

[13] 萊克古斯，古代斯巴達立法家，約生於西元前九世紀。——譯者

[14] 我們認為應該補充這個被抄錄員遺漏的詞。——原編者

[15] 在基督教會的原始時期，曾經達成一種慣例，就是把財物賣掉，將所得銀兩繳給使徒：亞拿尼亞和妻子撒非喇，賣了田產後，暗中商量留下一部分所得。當亞拿尼亞報到時，彼得對他說：「你不是欺哄人，是欺哄上帝。」亞拿尼亞一聽，就倒下死了。《新約使徒行傳》第四、五章。——原編者

[16] 阿爾戈諾特，古希臘神話中英雄，共五十人，以傑遜為首。——譯者

[17] 麥羅溫王朝，古代法蘭克人的第一個王朝。——譯者

[18] 德．布羅薩爾將軍曾經像阿基里斯那樣說：「用我的長槍和我的甲盾，我就可以得到醇酒、黃金和女人。」

[19] 西農是優里賽斯的同伴，故意為俘虜讓特羅亞人捉去，然後說服他們把木馬帶到他們的城裡去。——原編者

[20] 西門．段茨是猶太大教長埃馬努爾．段茨的兒子，曾以五十法郎的代價向梯也爾提供使得以逮捕貝利公爵夫人

的情報：在王政復辟時期，改信天主教並且大事炫躍，這個行為使他獲利很大。他是由教皇介紹給貝利公爵夫人的。參閱維克多．雨果的詩《給那出賣一個婦女的人》（詩集《黃昏歌集》，第十篇）。——原編者

【21】檢閱討論高利貸，或者有些人為了減輕語氣而稱之為帶息借款的著作，將是一件令人感到興趣和獲益的事情。神學家一向攻擊高利貸，但由於他們始終承認地租和房租契約的合法性，且由於租約和帶息借貸顯然是等同的，所以他們就在撲朔迷離、細致的區別中，迷失了方向，不知道應該怎樣評論高利貸。教會——如此關心學說的純潔性，並以此自豪的道德學的教師——對於財產和高利貸的真正本質，永遠停留在無知的狀態中，教皇甚至宣告了最可悲的謬誤論調。貝納蒂克圖斯十四說過「帶息借款和租約不能比較」（Non potest mutuum locatiomullopactocomparari）。照包胥埃的說法：「年金的投資和高利貸的不同有如天壤之別。」抱著這樣的觀念，怎麼會譴責帶息借款呢？尤其是怎麼會給明文禁止高利貸的福音辯護呢？所以，神學家們感到極大的苦惱：既然不能駁倒頗有理由，把帶息借貸和租金等同起來的經濟學論證，也就不敢譴責帶息借款了。因此只好說，既然福音禁止高利貸，就一定有某種構成高利貸的事實。但是什麼叫做高利貸呢？當看到各民族這些導師在認為絕不會妄言的福音書的權威，和經濟學論證的權威之間，猶疑不決的時候，沒有比這種情形更加可笑的了。據我看來，沒有比自稱是福音書博士，而多年來卻對福音書原文，表現不忠實態度這件事，更能顯示福音的光榮了。把帶息借貸和因租借行為而獲得利益等同看待的薩爾梅歇斯（註一），曾被格老秀斯、普芬道夫（註二）、柏拉馬基（註三）、沃爾規章、海奈克栖烏斯（註四）所駁斥：奇怪的是薩爾梅歇斯竟承認了他的錯誤。人們並沒有從薩爾梅歇斯上述的等同說，得出一切收益是不合法的結論；而進一步說明福音書所規定的平等，得出一個完全相反的推論，既然地租和房租是許可的，如果同意帶息借款與其沒有區別，那再沒有什麼可以被稱作高利貸了。因而就是說，耶穌基督的誡命是一種錯覺，等於零。這是人們所不肯承認的，除非是沒有虔敬心的人。如果這篇論文發表在包胥埃時代，這位偉大的神學家將會透過經典、神父們、傳統、宗教會議和教皇們，證明財產是根據神權而存在，而高利貸則是魔鬼的一種虛構，這本異端邪說的著作將被焚毀，作者將被送進監獄。

註一：克勞德．薩爾梅歇斯（一五八八—一六五三）在雷德大學繼承斯卡利傑講座。有四本關於帶息借貸的重

要著作，《論利息》（一六三八），《論貨幣》（一六三九），《論帶息的銀行貸款》（一六四〇），《論借貸》（一六四八）。以上著作是在由於把博士單位授予一個銀行家兒子，而引起爭論的期間完成。薩爾梅歇斯以帶息借貸的合法性保衛者自居，這種借貸是被神學家所譴責的。特羅普隆在所著《民法釋義》第十四冊序言中，常引證薩爾梅歇斯的文章。——原編者

註二：普芬道夫（一六三二—一六九四），德國法學家和歷史家，曾於一六七二年發表《論自然法和國際法》。——原編者

註三：柏拉馬基（日內瓦，一六九四—一七四八），二十五歲就擔任自然法和國際法教授，著有《自然法原理》（一七四七），《公法原理》（一七五一）。——原編者

註四：海奈克或少海奈克栖烏斯（一六八一—一七四一），德國法學家和哲學家。——原編者

[22] 按指法國十七世紀有名的哲學家及物理學家帕期卡《外省人來信》（一六五六—一六五七），書中以辛辣的文筆，抨擊當時的耶穌會教士。——譯者

[23]《外省人來信》第八信——在所引證的那一段末尾，正確原文是「以廉價」（à bon marche）。——原編者

[24] 揚遜主義者，荷蘭十七世紀神學家揚遜的學派。——譯者

[25]《外省人來信》一書中的人物。——譯者

[26]《外省人來信》一書中的人物。——譯者

[27]《外省人來信》一書中的人物。——譯者

[28] 在「我們」之中，自然應當加入在本版中寫作序言和註釋的人。——原編者

[29] 維哥（一六六八—一七四四），義大利的哲學家和歷史家，哲學史的首創者。著有《歷史哲學原理》（那波利，一七二五），由米歇萊譯成法文，一八二七年在巴黎出版。——原編者

[30]《伊利亞德》和《奧德賽》為古希臘詩人荷馬（大約生於西元前九世紀）兩部有名史詩。——譯者

[31] 那位使徒曾說過：「我傳布福音並依靠福音而生活。」他因而也說明他是依靠勞動而生活，天主教會則寧願依靠財產而生活。中世紀的自治市鎮反對修道院院長、大地主和封建領主主教的鬥爭是很有名的，教皇為了保衛

教會的收益，而發出驅逐出教的處分，也是名聞當世的。甚至在今天，法國教會的正式機構還主張傳教士支取的報酬，不是工資而是財產的賠款，這些財產從前為它所有而被第三等級於一七八九年所沒收。傳教士寧願生活依靠收益權而不願來自勞動。愛爾蘭所遭受的苦難的最大原因之一，就是英國教會向它所徵收巨額的收益。所以，異端派和正教教會、耶穌教會和教皇派教會，絲毫不必互相責難。它們都在正義上誤入歧途，都違背了十誡中的第八誡，你不得偷盜。

[32] 通常「無政府狀態」一詞的意思是沒有原則，沒有秩序，因此人們就把它作為「紊亂」的同義詞。

[33] 這一段是從《論星期日舉行宗教儀式的好處等等》第一章其中一段摘錄或照原文抄錄。——原編者

[34] 如果這樣的觀念有天能深入到一般人的思想，那麼代議政體和空談家的虐政就將告終。過去，科學、思想、言論由同樣的說法表述，如果要說一個人具有豐富的思想和知識，人們就說談吐敏捷和議論風生。很久以來，語言被抽象地和科學、推論分開。這種抽象作用像邏輯學家所說，逐漸在社會中獲得實現，所以今天擁有各種話說得很少的學者，和在語言學上都不是博學的空談家。因此，一個哲學家不再是學者，而是空談家了。過去的立法者和詩人是學識淵博而高尚的人物，如今是空談家了。對空談家來說，滔滔話語總是和思想的貧困成正比。空談家們統治著全世界，使我們頭暈，使我們傾心，掠奪我們，吸我們的血，並且嘲弄我們。至於那些學者，則保守緘默，如果他們想要說些什麼，就會有人來打斷。那就讓他們用筆來寫吧！

[35] 拉丁文libertaa、liberare、libratio、libra，自由、解脫、解放、平衡（斤兩）——這些詞的詞根顯然是相同的。自由是權利和義務的平衡，使一個人自由，就是使他和其他人平衡起來，也就是說，使他取得他們的水準。

[36] 請與第二章註釋[28]相對照。——原編者

[37] 有份《平等主義者》月刊（註一），在剛出版第一期中，把自我犧牲作為平等的原則。這把所有觀念都混淆了。自我犧牲本身包含著高度的不平等。從自我犧牲中去尋求平等，這就是承認平等是反自然的。平等應該建築在正義之上、嚴格的權利之上、所有人自己所引證的原理之上，不然的話，就永遠不會存在。自我犧牲高於正義，不能像法律具有強制性，因為在性質上不容許有報酬。當然，最好大家都能承認自我犧牲的必要性，而《平等主義者》的想法就是很好的榜樣。不幸的是，絲毫得不到效果。事實上，如果有人說「我不願自我犧

牲」，您將怎樣回答呢？是不是必須加以強制呢？當自我犧牲是被強制執行的時候，就叫壓迫、奴役、人剝削人。無產階級就是這樣為所有權而犧牲的。

註一：這個刊物是由德薩米在李夏爾・德・拉奧梯埃爾協助下創辦。它對民主黨人的經驗主義提出批評，這些民主黨人以為一切活動的目的就是選舉區域。參閱富爾尼埃爾，《社會主義史》第八卷第三七二頁。——原編者

【38】在所有現代的社會主義者中，我一直認為傅立葉的門徒最先進，且認為只有他們才值得這個名稱。如果他們了解自己的任務向人民說話，喚醒人民的同情心，自己所不懂的事情就閉口不談；如果他們不是如此驕傲而對於公眾的智慧表示更多的尊重——改革也許可以由於他們而開始進行。但是為什麼這些熱心的改革家會不斷屈服於權力和富豪，屈服於一切反對改革的事物呢？在運用思考的世紀中，他們怎麼不懂得世界要求用可以證明的理由，而不是用神話和寓言來進行改變呢？他們既然是文明的死敵，為什麼又採用這個文明所產生最有害的果實。所有權、錢財和等級的不平等、貪食、姘居、賣行、法術、魔術和妖法等（還有什麼）呢？為什麼要對他們所不懂的道德學、形而上學、心理學進行沒完沒了的非難，而這些學科的流弊卻構成了他們的整個體系呢？為什麼要採取把一個人當作神供奉的作風，而這個人的功績卻只是在他僅知其名稱的事物上，說前所未有的怪話呢？任何一個承認永遠不會錯的人，自己就因此而喪失教育別人的資格。任何否認自己理智的人，就會排斥自由思考。如果傅立葉主義者掌握了權力，他們少不了要這樣做的：如果他們最後甘心從事推理，採用一定的方法進行工作，給我們說明而不是啟示，我們就會很願意聽他們的話。如果他們組織工業、農業和商業，使勞動成為愉快的事情，使最卑賤的職能成為光榮的，他們就已獲得我們的讚美。特別是，但願他們放棄啟示主義，這種主義使他們所顯出的神氣，與其說是像信教者、使徒，還不如說是像騙子或傻子。

【39】一個人占有一點不會妨礙大規模的耕種和統一的開發。我之所以沒有談起把土地分成小塊的弊端，是由於我以為這麼多人已經說明之後，不必複述這個大家都已經熟知的真理。但是我沒料到，曾經清楚指出小農經濟不利之處的經濟學家，竟沒有發現這種情況的根源完全在於所有權，尤其是沒有發覺開發土地的計畫是取消所有權的開端。

附件一

向貝桑松學院提出的關於所有權的第一篇論文

因發表第一篇論文而引起的糾紛，貝桑松學院中某些院士的怒火和陰謀手段，普魯東爲了抵禦威脅著他的打擊而採取的措施，在他《通信集》第一冊中占有重要的地位。可以在當時寫給朋友和學院的信件中，更了解他的意旨。我們認爲有必要至少把他與親友來往的信件中的一封信，和在序言中所指出的情況下，寫給學院的兩封信摘錄出來。

給貝爾格曼先生的信

親愛的貝爾格曼，你應該在本月四日已經收到由郵局寄出，我的著作《什麼是所有權》。我本來希望在我抵達這裡時，能夠收到你的回信，但是現在恐怕我所說的那本書還沒寄到。

如果說這本書的內容不充實，但效應可能是大的；無論如何，這本書會讓讀者驚奇和害怕，更好的是能迫使讀者從事思考。像我事先跟你說過的那樣，雖然我曾分別把這本著作寄給記者和報紙副刊的編者，但是還沒有看到有預告、論文登載出來，且將來也不會登載；這本書的出版者、一個愚蠢的人，不肯支付在報紙上登載最小廣告的費用，還埋怨書賣不出去。可是兩百本甚或更多（因爲我不知道出版商賣出了多少），在沒有宣傳、介紹且僅由於初次閱讀，在十五天就售完。就與我有關的部分來說，台西利埃告訴我，他需要七十法郎補足應該由我付給出版商的三百法郎。這說明我所負責的二百三十本中，還有七十三本沒有賣掉。

因此，親愛的貝爾格曼，如果你的心情和經濟情況，和六個月前相同的話，我將感謝你借給我一百來法郎。最遲將在今年十月初，把餘下書本賣掉和領到獎學金後，就能將這筆錢償還。過去五月份的八十五法郎，我還無法很快把這筆款項還給你，因爲那筆錢是爲了維持生活。現在我向你要一百法郎，是爲了一筆交易。因此我應當照交易的方式償還給你。

我的書在學院方面所發生的後果，對我來說是可怕的，人們嚷嚷說是搗亂，是忘恩負義；在收到那本著作時，正是貝桑松的德羅茨神父進行哀訴式的演講，這次演講引起所有人的憤怒。我是一個吃人的魔鬼、一隻狼、一條蛇，所有朋友和恩人都遠遠離開，讓我閉門思過。從此一切都完了，我的關係都斷絕了，沒有希望了。人們迫使我收回前言，人們不讀我的書，人們譴責我。我從來沒見過對一個作家有過這樣大的敵意，也從來沒有見到有這樣多學院式的愚妄言論。人們責備我最厲害的那些事，證明被擊中要害的財產所有權人的自私和自尊心。不然的話，這些事是會令人發笑的。

不久，我就將關閉使我負債越來越多的印刷所，且最後的顧客不久將隨著教會和迷信學院的人逃跑。從此以後，我休想能在貝桑松賺取一塊麵包。由於存款已用盡，我必須回到巴黎或瑞士做校對或排字工。你覺得，在史特拉斯堡會有人給一個因爲說實話而被家鄉放逐的印刷工，提供生活的辦法嗎？從此以後，所有職缺都給我閉門羹，人們認爲保護我會牽累自己；在這裡，甚至有人偷偷地讀我的書而不願讓人知道。

不久，也許我將告訴你比這一切更壞的事情；在這以前，我希望你回信，即使是告訴我你無法借給我一百法郎，我可以再設法。這是一種優先權，你當然不一定享受，但是身爲印刷店店主的地位，使我把這優先權保留給你。

我相信你將在我的著作中，看出這本書具有與你那篇拉丁語論文內容相同的哲學；但我把你的姓名寫在書中的一個註解裡，這會不會使你不高興呢？我坦白說，如果我聽從心裡的聲音，我會在書裡把你稱做朋友，而當我在註解中說你是一個與我素不相識的人時，我感到很不舒服。我在書中引用你的話，絲毫不會使你受到牽累，貝桑松學院針對這點，本來會更加不滿，但卻只是譏笑我妄圖把這個引證和我的思想結合起來。這個學院之所以責備我，不是因爲這個引證成爲我的幫凶，而是因爲我攻擊了所有權和教會。

我請求你給我回信，那怕只是爲了告訴我，我們的交往不便再繼續下去，但是我立刻覺得好像說了一句褻瀆的話似的，我請求你原諒。

我擁抱你，一切都是你的。

皮耶—約瑟夫・普魯東

一八四〇年七月二十二日於貝桑松

給貝桑松學院各位院士先生的信

諸位先生，根據幾個朋友的私人消息，我得知關於所有權論文的發表，特別是寫在這篇論文前面，呈給貝桑松學院的那篇前言，引起你們對我的不滿，如果不是憤怒的話。所以我在這裡用簡潔、樸實的語句，向你們解釋我的行爲和意向。

首先，人們將之當作題辭的不過是一篇簡單的匯報，據我看來，身爲胥阿爾獎金得獎人的地位，和所擔負每年必須報告學習成果的義務，可以充分說明這一點。我知道題辭就是所指個人或團體贊助關係的證明，因而應當得到兩造關係人的同意，或者經過協議決定；我沒有要擅自豁免這個規則。另一方面，一個匯報的內容和形式，必然是決定於那篇必須匯報的作品的；諸位先生，這可以說明，爲什麼事先沒有告訴你們關於那篇著作和著作前的獻文。

至於該著作本身，我不打算在這裡替我所提出的主張進行辯護，我不願意以敵人的姿態或被告人的身分站在你們面前；我的信心——我說什麼呢——我對於發現的眞理所懷抱的確信是攻不破的，我尊敬你們的意見，諸位先生，所以我永遠不直接攻擊。但是，如果我對於作爲現今政治形勢基礎的所有權，提出前所未聞的反論，我是否因此就是一個毫不妥協的革命者？一個祕密的陰謀家？一個社會的敵人呢？不，諸位先生，如果人們毫無保留肯定我的學說，那麼他們所能得出的一切結論，和我從中得出的一切結論，都足以說明有一種天然、不可讓予的占有權和勞動權存在著；無產者應當準備享受這項權利[1]，正如殖民地的黑人在得到如今誰也不否認的自由權之前，應當準備過自由生活一樣。這種對於無產者的教育工作，是託付給由於智慧和財富而具有勢力的人們的一個使命，如果違背這個使命，他們遲早會被無產者的野蠻人的洪流所淹沒。

我是否要答覆另一類控告呢？人們把我對待那位我與他從來沒有交換過任何意見的、由學院給我指定的監護人的行爲看成是一種忘恩負義的舉動。

我對德羅茨先生的態度是出於一種禮貌。[2]在關於道德學和政治經濟學的討論會上，根據我的看法，應當作出的結論是宣告德羅茨先生關於道德學和經濟學的著作是不可信的，這時我能不能和這位可敬的著作家一起出席這些討論會呢？我是否應當處於一種反對他的地位和可以說是一種永久不服從他的狀態中呢？沒有人比我更愛慕、欽佩德羅茨先生的才幹，沒有人比我更敬重他的性格。可是正是這些思慮與情感讓我爲難，於此爭論又難免過於冒犯。

諸位先生，這篇文章的發表是由哲學研究工作的次序所規定。這是將來的事實能夠給你們證實的。我還要寫出最後一篇關於所有權的論文；這個工作完成以後，我將立刻繼續對語言學、形而上學和道德學的研究工作。

諸位先生，我不屬於任何黨派、任何宗派；我沒有做宣傳工作，我沒有盟友，沒有同夥。[3]我從來沒有組織宗派，即使人家給我護民官職位我也拒絕接受，唯一的理由是我不願意遭受奴役！我只有你們，諸位先生，我只對你們抱有希望，我只期望從你們那裡得到愛護和穩固的名譽。我知道你們建議譴責你們稱之爲我的見解的意見，並拒絕承認與我的思想有任何關聯。但我依然堅信，你們將來給我的讚揚，會和現在我使你們感到的惱怒一樣多。你們最初的激動將消失，對於物質上和經濟上還沒有被覺察出來的眞理，大膽說明使你們內心產生的煩惱將平息，我確信經過相當的時間和思考，你們的思想感情將清楚了解現在所沒覺察到、所攻擊、而我則加以保衛的主張。

諸位先生，我對你們的智慧和正義感，懷著充分信任，是你們最卑微、最忠誠的得獎人。

皮耶—約瑟夫・普魯東

一八四〇年八月三日於貝桑松

給貝桑松學院各位院士先生的信

諸位先生，當你們於十二月二十四日發出的公函，到達這裡時，[4]我已準備好寫信給你們的秘書，通知他關於我所有權的著作即將再版的消息，且決定趁此機會，以率直的陳明我全部的思想。所以，今天能在你們面前，說明自己的情況，並向學院公開發表內心的想法，我是引以爲快的。

人們對我的一切攻訐可以歸納爲一點：我寫了一本書，或者說得更確切些，一篇對於所有權開戰的宣言。我從現有的基礎攻擊了社會的秩序；我以一種少見的深思熟慮和空前激憤心情，否認所有權力機關的正當性；我動搖了所有的生活；總之我是一個革命者。這一切都是眞實的，也許是第一次，這一切完全合乎道德，其應得的讚揚應該多於譴責。我在這裡要說的話，既然不應當得到任何公開發表的機會，人們就不致於不公正地說我具有反抗的自豪感，或者說我像演戲般抱持著把自己裝扮成爲了自己思想而犧牲的人的愚蠢想法。所以請允許以自由和率直的態度爲我自己辯護。

是的，我攻擊了所有權；但是，諸位先生，請用眼睛環顧四周。請你們注意議會議員、長官、哲學家、大臣、教授、政論家；請你們計算由於日常的需要以公共利益的名義，對所有權所加的限制；請你們丈量已經造成的缺口；請你們估計今後社會還會造成的缺口；請你們總括所有學說中，關於所有權所包含的相同內容；請問問自己，然後告訊我，在半個世紀之後，這個古老的所有權還能剩下些什麼？在你們覺察有這樣多和我持有相同看法的人時，你們將很快就覺得我的罪責是比較輕的了。

大家所歡迎且有人認爲效力還不夠迅速的公用徵收法是什麼呢？一種彰明昭著地侵犯所有權的行爲。社會對於被剝奪財產的人給予賠償，但社會是否會把傳統的聯想、詩意的美景和伴隨著財產的家庭自豪感歸還給他呢？拿伯和桑—叔西的磨坊主，會對法國的法律，像對我們的國王的任性舉動那樣提出抗議：「這是我們祖先的遺產！」他們會叫喊說：「我們不願意賣。」在以前，個人的拒絕曾經限制過國家的權力；羅馬法曾屈服於公民的固執，有一個皇帝——康莫德斯，如果我沒有記錯的話——爲了尊重拒絕出讓的權利而放棄把公民廣場向外擴展的計畫。人在親手造成的物件上留下痕跡，烙印上自己的性格和意志的印記！人的塑造力，像現代的法學家所說，就是蓋在物件上並使這物件成爲神聖的戳記。可是，當一個行政委員會認爲，宣告公共利益需要這個物件時，所有權就必須屈從於公眾的意志。

有人會說，只有一種可以證實那個原理的例外，且給那個權利帶來有利的證據。很好；可是我將一個例外轉到另一個例外，再從這一個轉到第三個，這樣從例外到例外，直到把那條規則變成一個純粹抽象的觀念爲止。

諸位先生，你們以爲贊成倒換公債草案的人在法國有多少呢？我敢說，除了公債持有人之外，全都贊成。可是，這個所謂倒換是一次大規模的沒收，且這次沒有任何賠償。過戶的公債是眞正的不動產，所有權人十分依靠這種不動產的利息；他的權利就是借用款項的政府，按照約定利率償付公債利息，直至公債持有人要求償還債款時爲止的保證。誰可以強迫這個公債持有人不用他的金錢去買房屋或土地，而寧願存放給國家呢？所以當你們強迫資本家忍受利息減低時，他完全喪失被減少的數額，由於這個措施的普遍性及其影響，同樣有利的投資對他來說就成爲不可能了，因此就貶低了他財產的價值。

有了爲公共利益而剝奪公民的權力，但是還不滿足，還要爲了私人利益而剝奪公民。各方面都在請求修改關於抵押的法律，爲了債務人自己的利益和各種債權的利益，人們要求可以使不動產的沒收過程變得和商業的簽發拒絕償付證明書同樣迅速、簡便、有效的訴訟程序。可是，諸位先生，你們是否知道抵押制度的這種轉變，會產生怎樣的結果？就是使地產貨幣化，我敢說這就是把土地放在皮包裡，甚至把人最後一點對於家庭、民族、祖國的情感，從心中連根拔除，使他個性越來越孤獨，使他對身外的一切越來越無動於衷，越來越專注唯一的愛好；即對於金錢和鈔票的愛好。

當然，這不是我主張廢除所有權的說法。

在辦公室裡，為了工廠童工的法律忙碌著的議會議員，最近幾天做了什麼事呢？諸位先生，他們正在進行反對所有權的陰謀。因為他們的規章很可能防止工廠主使一個童工每天從事若干小時以上的勞動，但是這個規章既沒有強制工廠主增加童工的工資，也沒有強制增加童工父親的工資。今天，為了衛生的關係，人們減少窮人的生活費，明天就必須用最低工資來保障他們。但是，規定最低工資，就是強制所有權人，就是強制工廠主把工人當作夥伴加以僱用，這干涉了工業自由，使互助保險成為強制性。一旦走上這條道路，人們就停留不住了。漸漸地，政府將做起工廠主、委託商和零售商；唯有它可以擁有財產。無論在什麼時代，國家大臣們為什麼害怕觸動工資問題呢？為什麼總是不願過問老闆和工人之間的糾紛呢？這是因為他們懂得所有權有多碰不得，多麼有嫉妒心，因為在把所有權當作一切文明的要素時，他們知道插手其間就等於動搖社會的基礎。

諸位先生，使權力機關參與其事這樣不可避免的後果不是我的空想！現在，對立法權力機關所要求的不再僅是規定各工廠的廠規，而且要求自己開辦工廠。你們曾否聽到千百萬人從各方面開始提出要求建立勞動組織，開辦國營工廠的呼聲？整個工人階級開始激動，他們有自己的報紙、機構、學校、代表。如今，爲了保障工人的勞動權利，爲了維持生產與銷售之間的平衡，爲了協調工廠主起見，人們提倡——作爲一種至高無上的補救辦法——單一的領導、唯一的工廠審查委員會、唯一的製造工廠，因爲，諸位先生，這一切都包含在國營工廠觀念中。關於這個問題，我舉出一位著名經濟學家的看法，他一直是所有權的熱心保衛者。【5】

所以，那位可敬的大學教授，曾經建議：一、制止勞動者從鄉村遷入城市。可是，要使鄉下人留居在農村，就必須使他能在那裡生活下去；所以在農村開始像對工業般對農業進行改革，這個運動到哪裡才有止境呢？二、對於每種職業，確定可以按照確實根據而變動的平均工資單位。這就是說，爲了保障所有權人的利潤，人們從其中拿出一部分來給予勞動者。可是追根究柢，這一部分會逐漸增多，直到無產者和所有權人能夠得到相等的收入爲止；三、國營工廠只應在普通工業不振的期間開工。在這樣的時期，國營工廠應當像龐大的堤閘，打開宣泄勞動群眾的直流。但是，諸位先生，私營工業之所以停頓，是因爲發生產品過剩和缺乏銷售市場的情況。所以，如果國營工廠繼續進行生產，危機怎能結束呢？另一方面，政府需要資金來支付工人的工資，可是這些資金由誰來給付呢？稅捐。稅捐由誰繳納呢？財產。這就是讓所有權人的工業，爲了反對自己並用自己的錢去維持一種不可戰勝的競爭。你們認爲，在這種致命循環中，所有權結果將變成怎樣呢？

強制所有權人負擔國營工廠和公營製造廠預算的趨勢十分深刻、強烈，因此幾年以來在選舉改革的名義下，這種趨勢完全控制了輿論。

諸位先生，我相信你們不只一個人出於內心希望選舉改革。事實上，這個改革到底是什麼呢？就是人民群眾可以參與徵收稅捐的法律制定，這些法律總是以物質利益爲內容，全部或多少涉及稅收和工資問題。可是，早受到報紙、劇本、歌曲和經濟學家教育的人民，如今已經懂得，要使稅捐得到公允的分擔，應該是累進制，且主要應由富人擔負，應當從奢侈品徵收等。要考慮一旦人民成爲議院中的多數，少不了要應用這些教訓。我們已經有一個公共工程部，國營工廠將繼之而來，透過明智的推算，所有權人的收入超過工人平均工資的多餘部分，將由因稅收而被存到國家勞動者的金庫。諸位先生，你們難道看不到，在這個進程中，所有權會像過去的貴族，逐漸變成名義上的稱號，一種在本質上純粹是榮譽性的稱號嗎？

今天，沒有一個學派、一種見解、一個宗派不是想把所有權控制起來的。媒人肯坦白承認這點，沒人對此有所領會，能夠了解原因和後果、原理和推論的整體的思想家太少了，我就是想透過這個整體，試圖爲你們說明所有權快要消滅的過程；另一方面，人們對所有權所具有的觀念過於分歧而且不夠明確。因此，不了解文學和哲學問題的人，如普通人般以爲廢除所有權，就沒人能享受他的勞動果實了；沒人能保有自己所特有的東西，在家庭和自由上將建立起一種暴虐的共產制。這是在某一時期還能有著支持那個特權作用的一些妄想。

關於所有權最確切的觀念，是羅馬法給予的，這方面古老的法學家忠誠地遵循羅馬法；所有權是一個人對一件東西絕對、專屬、獨斷獨行的支配權；一種因長期占用而開始，透過占有而維持，最後得到民法批准的支配權；一種使人和物等同的支配權，以致所有權人可以說：「利用我的田地的人，就像我自己從事勞動一樣；所以他應當給我報酬」。所以包梯埃說「財產支配權」而不單純說財產，且最博學的法學家仿效承認有所有權和占有權的羅馬法，把支配權和用益權、使用權和住居權仔細區別。據我來看，用益權、使用權、住居權會排擠支配權，並終於構成全部法學。

但是，諸位先生，你們該驚嘆那些體系的粗陋，或者毋寧說是邏輯的災難。羅馬法和所有受其條文啓發的學者教導說，所有權是先占人一種經法律批准的權利，而不滿足於這個粗暴定義的新法學家，卻認爲所有權是以勞動爲基礎；立刻有人推論出這樣無可爭辯的結論，即不再勞動而使另一個人代替他勞動的人，就喪失了他的權利，並使代替勞動的人獲得這個權利。從此，所有權不再存在。司法界前輩清楚看到這一點，他們不是沒有高聲反對過這種新鮮事物；而年輕學派則嘲罵先占學說的荒謬。其他人出來企圖把兩種見解綜合以調停；他們像世界上所有主張中庸之道的人一樣失敗了，且因爲其折衷主義而受到嘲笑。現在發生恐慌的是在老派學說的陣營裡，從一切方面傳開爲所有權的辯護、對所有權的研究、關於所有權的學說，每一項既然都與其他各項矛盾，這給所有權帶來一次新的創傷。

由於法律方面的普通手段不夠用，他們已經請教哲學、政治經濟學和其他體系的擬訂者，但所有的結果都令人失望。那些哲學家不見得比在折衷學派盛行時期較爲開明；可是透過他們的神祕箴言，能夠辨別進步、統一、聯合、共同關係、團結一致、友愛這些名詞，都使所有權人感到不安。其中一位哲學家[6]寫過兩部巨著，他在書裡透過所有宗教、立法和哲學說明地位的平等是社會的定律。固然這位作家承認所有權，但由於他毫不感到爲難說明在平等中所有權是如何，所以可以大膽把他列入反對支配權的學者中。哲學家總是擁有提出困難問題卻永遠不加以解決的特權。

經濟學家們建議把資本和勞動結合，在深入到他們學說實質時，可以覺察到，在這個學說中，問題不再是把財產兼併到一個社團中去，而是兼併到一個全面和永久的公共團體。因此所有權人地位和工人地位的不同，僅在於可以領取較高的工資。這個制度加上特別的附加條款和修飾，就是關於法郎吉[7]的思想；但顯然可以看出，如果地位不平等是財產的屬性之一，也不是財產的全部。像某位哲學家（我不知道是誰）所說，使財產成爲一種可愛的東西，乃是這樣一種權力，人們利用這種權力不但可以隨意支配自己的財物，還可以支配它們的特性，任意利用來加強自己的力量，按照利害關係、情欲甚或任性去利用。占有錢幣，占有一個農業或工業、企業的股票，或者一張政府公債的債券，和一個人在自己的房屋和庭園中、在自己的葡萄藤和無花果樹下做主人翁所感到的無限樂趣比起來，又算得上什麼呢？多奇妙的改革方法！那些經濟學家不停譴責黃金欲和本世紀日益滋長的個人主義，在種種矛盾中最不可思議的是，他們準備把各種財產變成一種財產——錢幣的財產。

這個簡短的摘要遠不及包括對所有權前途起威脅作用的政治因素、立法上的一切事故、一切制度和趨勢；但是，凡是懂得概括事實和推論出事實的規律或支配事實思想的人，都應當對此感到滿意。現存的社會好像已被放棄給虛妄和傾軋的魔鬼似，正是這種悲慘的景象，使得許多處在舊時代太久以致不了解這個時代的卓越思想家，感到深刻的悲哀。現在，目光短淺的旁觀者開始對人類失望，並對不懂的事情咒罵，從而陷於懷疑論和宿命論的深淵；另一方面，眞正的觀察家則相信支配著世界的精神，力求了解並參透上帝。貝桑松學院獎金得主去年發表關於「所有權」的論文，不過是這種性質的研究罷了。

諸位先生，在這篇我不知道由於哪種無知和狡獪的慫恿，而呈給你們的論文中，我曾經做了什麼呢？我在給社會上確鑿的事實尋找不可動搖的定理時，首先把一切次要的、目前爭論得這樣激烈的意見，這樣分歧的問題，都追溯到一個唯一、根本的問題；這個問題，據我看來，就是所有權。然後，透過分析方法和形而上學的驗證過程，把所有學說彼此互相比較，並分析出共同的因素時，我找尋在所有權觀念中必要、不變、絕對的因素；我曾肯定這個觀念可以歸結到個人和可遺傳的占有觀念；這種占有可以交換，但不能出讓；以勞動爲條件，而不是以虛擬的占用或無益的空想爲條件。此外，我曾說這個占有的觀念是革命運動的結果，一切新的見解在逐漸拋棄矛盾因素以後向之集中的頂點，且我曾力圖用法律的精神、心理學、政治經濟學和歷史來證明這一點。

如果我推論錯了，就應當指出錯誤並將我從錯誤中引導出來；這種麻煩是値得的，我應當得到這種待遇，沒有加以責罰的道理。因爲，用那位不喜歡斷頭台的國民公會議員的話來說，處死不是答覆。直到現在，我依舊堅持我的著作是有用、有社會意義、値得獎賞和鼓勵。但我在這裡不想說明負責政治的人，可以從我的著作中引申出有關管理國家事務的知識。

就我來說，我知道一件事：各國人民是依靠絕對的觀念而不是依靠大致如此和片面的觀念生活；所以需要有能夠把原理明確下來，或者至少能夠在火熱的爭論中加以檢驗的著作家。法則就是這樣：首先是觀念、純粹的觀念，關於上帝的法律知識、理論；隨後是緩步前進、審愼、注意事實來龍去脈的實踐過程；在趨向這個永恆的頂點時，務必體會最高理性的指示。

因此，我由於所抱的宗旨而感到堅強，我確信對於眞實的知識有所貢獻，在這種心情之下，我耐心等待應該對我主持的正義，我輕視這個虛僞、誣蔑的控訴，說我曾經利用一種火熾的著作煽起。什麼！諸位先生，你們難道是爲了審判思想犯而被任命的嗎？你們可能因爲濫用職權而使你們失去尊嚴，但我不能承認你們的審判權，以免更加重你們的恥辱。你們可以排斥我本人和我的著作；總有一天，無論是怎樣的權力機關，會給我榮譽的。僅是我的人所共知的性格就可以爲我作保：我既沒有必要改變我的行爲，也沒有必要改變我的主義。

現在我願簡單答覆對我提出的幾點責備。

I. 人們曾經苛刻地批評我著作中的語氣。在這方面，我只後悔一件事情，且我還沒受到學院批評時就已在相關方面作了檢討。這就是曾對所有權這種特權表示一種過於激烈的惱怒，因而使頭腦簡單的人以爲我也是瘋狂的陰謀家，而那些陰謀家卻由於只應歸罪於自己邪惡的不幸而憎恨社會，且他們糊塗的仇恨，像他們不道德拒絕一切紀律一樣，威脅著所有的政府。我苛刻的諷刺，無疑是出於一時的惱怒（abirato），可能對某些和平的人，不能產生什麼效果；某一個窮困的工人從我狂熱的識諷，所受到的感動，可能勝過我的論據，他也許會得出結論，認爲所有權是政府對於被統治者永恆欺詐行爲的結果。可悲的謬誤呀！我的著作本身就是這個謬誤最好的反駁，這是我憤恨不平之餘所抱有的唯一遺憾；如果這個不平就對象來說，不是最好的話，那就根源來說，至少是可以原諒的。當一個過了三十年勤勞生活的人，仍然身處瀕於絕糧的困境，而當他突然一句模稜兩可的語言，在一個會計學的謬誤中，發現了折磨他並折磨著好幾百萬與他同樣的人的原因時，他不禁發出痛苦和恐懼的呼聲，這是難免的。你們也許會把這些感想看作是病態的想像力的結果；但是，諸位先生，請容忍我這樣說，你們不會體會到這些感想的正確性。你們沒有經過一番特別、充分的研究，所以要對有關所有權的學說發表意見，並沒有足夠的準備。

II. 其他的責難。我不僅大膽控訴了基督教會當局，而且還控訴教會在正義和道德上的不忠誠。我的答覆將是簡單而絕對的：我是故意這樣做的，且是爲了宗教的光榮；我是爲了在無數以基督教爲對象的攻擊中，爲它準備一次勝利的光彩；這一點將在第二篇論文中加以解說。

III. 人們責備我把學院和我的思想結合在一起，因而牽累學院。在這個非難中，愚妄多於惡意。我重讀了書中的前言，在其中所看見的是我在這方面很自然、對於我認爲是眞理的東西的敬意；這個敬意是向那些因爲我發現這個眞理而一定應當感謝的人所表示的。我甚至覺得這個意願在我的書中明顯地表達出來，但願你們能夠像我一樣希望平等，希望你們熱愛平等是否就是把你們當作平等主義者呢？

IV. 最後，人們埋怨我在著作上給學院的獻辭並沒有得到學院的許可。我已經榮幸地向學院說明我的序言是一篇匯報，而不是一篇獻辭。諸位先生，獻辭的文字是冗長、委婉的散文，針對獻辭對象的眞實或假定的優點而抒情歌頌。人們不是稱頌對方品格的高貴，便是誇耀他的財富，稱讚他的美麗，盛道他的天才，祝頌他的德性，特別是焚香膜拜對方對於這類獻辭文章所發揮的鑑別力。但是人們在獻辭中，何時見到一個作者談起他的研究工作、他的進步、引導他選擇論文的原因，陳述他的靈感、他的反感、他的期望呢？諸位先生，這就是我所做的一切；既然我應當和你們討論如何支配時間，以及工作的方向，我想這種作法是再也恭敬不過了。

但是人們說，爲什麼要把這篇匯報印刷出來呢？爲什麼把學院不可侵犯的名義和私人寫的文章混在一起呢？

諸位先生，當我向學院提出作品時，並沒有存著我是在對這個學院成員說話的意思。這不是對第一主席阿爾維賽先生說，不是對主席莫諾先生說，不是對法官吉約姆先生說，不是對曾任律師的克萊爾先生說，不是對醫生居拉松先生說，不是對哲學家陶奈先生說，也不是對分行行長呂埃萊先生說，最後，也不是對任何個人說。[8] 我書上的敬意並不是向四十位以高貴的人格，代表著弗朗歇—孔戴的科學、文學和藝術的公民表示；這是向他們的學院表示，是一個集體、永久、不可分、縱然不是永遠不會錯，但能每天獲得新知識並能改正暫時謬誤的單位。可是這個出於自願、絕對、沒有別的用意的敬意，我有權表示，且不能收回。而你們，諸位先生，你們不能把它當作一個罪行，否認和我的學說有關聯，這是你們的權利，也可能是你們的義務；的確，作為公民，你們可以肯定我的見解，但是身為科學團體的成員，這種接受可能太早了一些，因而可能是輕率和可以受到譴責。一般來說，由學院發動文化運動不妥當，發動政治改革也不妥當。學院的通則是觀察，等待並讓時間考驗思想；但是你們的特權只能到此為止。為了你們的榮譽，請你們考慮不要發生一次不幸的誤會；人是會消逝的，而思想則會長存於世；如果你們用多數的表決來責備我，時間——這個對形式的改革者——會給我造成一個多數的。今天責難我的學院，在十年之後，可能會給我獎賞。我認識幾位你們的後繼者。好吧！諸位先生，如果你們處罰我，他們已經給我許下願，要撤銷你們的判決。

為了我微薄的知識，我感謝貝桑松學院，我很愉快承認這點，且在我平時的思想中，我永遠懷有更多的感謝；沒有東西可以改變我對這個有名的團體，並透過它對弗朗歇—孔戴所抱有的恭敬和愛慕的情意。

你們也使我受惠很多，學院的先生們，我對此念念不忘，難道你們眞想消滅我心中的這個記憶嗎？因為，諸位先生，如果你們收回我從你們的投票選舉中所得到的名義，這就是使我免除感恩懷德的義務了。

但是，不，不，你們絕不會對我採取嚴厲的處置，諸位先生，這種處置的羞辱將回到你們身上，這你們可以不必懷疑；對於一個因遭受荒謬責罰而在良心上已能自安的人，你們不會再用公開的譴責使他丟臉。你們，處罰我！根據什麼呢？根據我的低能？我坦白說，這個理由對我將是新奇的；

根據我的品行？我在巴黎過著每年不到八百法郎的生活，我德性的價值高過於胥阿爾獎金的金額；根據我不做更幸運的事而寫出那本不幸引起你們的憤怒，以致我不敢在你們面前加以形容的著作？那麼，諸位先生，你們就是認為我的一生被折磨得還不夠，還缺少點什麼。因為你們不能取消過去，你們將剝奪我六個月的生活費，你們將盡情地窒息我的思想，你們將不公道地核定我的著作。我逃避，我拒絕其他很多人所追求的榮譽；我自審我並不純潔到足以容忍迫害的程度，在我們當今的一代，我看不出有任何人有資格被稱做殉道者。你們不要污辱這個神聖、勝利的象徵吧！我確認人人地位應當平等，在這樣做的時候，我就是推翻當前的社會嗎？諸位先生，我什麼也不去推翻；像如今的一切人那樣，我從事改革。任何對此有所懷疑的人，只能證明他對於法國的動亂絲毫沒有認識，同時也只能證明他既不了解他的時代，不了解人類的精神，也不了解歷史。

諸位先生，我等待你們的決議。

你們獎學金的得獎人

皮耶－約瑟夫・普魯東

一八四一年一月六日於巴黎

◆註解◆

【1】這裡存在著實用政治學的觀點，這個觀點在他的論文中沒有加以說明。在論文中，普魯東是站在絕對權利的觀點上。——原編者

【2】在他給朋友貝爾格曼的一封信（一八四〇年六月二十九日）中，普魯東寫道：「德羅茨神父從六月七日就已外出，並且只能在我動身之後才回巴黎。這個人是善良、誠實，對我是十分仁愛；但他的頭腦不科學，不合乎哲學，真是前所未有。我們不能互相了解。他對我失望，我看到、知道這點，他也很清楚使我體會到這一點，和永遠不了解我的思想因而永遠不會對我說公道話的人生活在一起，對我來說太難受了。」——原編者

【3】普魯東在國會的時期，的確很好地說明他不能接受團體紀律的拘束到怎樣的程度，以及他的政治手腕是怎樣的笨拙。一八四八年七月三十一日，當他提出關於減低房租、地租和債務的三分之一的法案時，只有一個人投票給他——原編者

【4】該學院用這封信請普魯東在一八四一年一月十五日，出席答覆對於他的著作所提出的問題，如果不能親自出席，就須立即說明他的辯護方法。——原編者

【5】這裡所說的是阿道夫．布朗基，參閱前言的註釋【11】。

【6】這位哲學家就是比埃爾．勒魯。——譯者

【7】見本書第四章註釋【20】。——編者

【8】一月三十一日普魯東在寫給貝爾格曼的信中說，「我和學院之間的事件，對我來說已僥倖結束，現在希望不要發生第三次的事件。省長先生、修道院院長布羅卡爾先生、圖書館館長魏斯先生和終身秘書貝爾耐先生，曾經支持我反對那個陰謀。但是人們告訴我，我的辯護比書造成更大的難堪，這只是說明了，我在那些成員之間造成了分裂，且我採用了一種迫使敵人在變得十分可笑的情況下，被指明出來的方法，使他們互相嘲笑。」——原編者

第二篇論文

給布朗基先生的一封信

先生：

在重新繼續我「關於政治和所有權的探討」工作以前，爲了使某些有地位的人感到滿意並爲了秩序的關係，我應當爲您做一番坦白、直爽的解釋，這樣做是適當的。在一個約束嚴厲的國家中，誰也不許攻擊社會的外表形式和其制度的基礎，除非他已經得到這樣做的權利——第一根據德性，第二根據才能，第三根據意向的純潔性。任何要發表關於國家組織的論文，而無法滿足這三重條件的人，就不得不去取得具有必要資格的負責保護人的贊同。

但是法國人是享有出版自由的。這個重要的權利——這把可以把有德性的公民，提升到立法者地位，並使作惡公民成爲破壞分子的思想寶劍——把我們從初步的法律責任中解放出來；但沒有給我們解除公開交代情感和思想的內部義務。我在一個重要問題上，曾經充分利用憲章授予的權利。先生，今天我把良心交給您判斷，把我淺薄的見識提出來供您敏銳的辨別力加以推究。您曾以和藹的精神——我曾說過以一種袒護作者的心情——批評過一篇著作，這篇著作提倡的是您以爲有責任加以譴責的學說。「道德和政治科學學院，」您的報告中說，「對於那位作者的各項結論，只能就它所喜愛的加以接受。」先生，我大膽希望，在您閱讀這封信之後，如果您的小心謹愼依然限制著您的話，您的正直會使您對我說句公道話。

那些在人身尊嚴上和在法律面前是平等的人，在地位上也應當是平等的——我在一篇標題為《什麼是所有權》的著作中所主張、闡述的，就是這樣的論題。

甚至在個人錢財上的社會地位平等的觀念，在各時代都曾像模糊的預兆，包圍著人類的想像力。詩人在讚美詩中歌頌它，哲學家在烏托邦中夢想它，傳教士提倡它，但只是為了靈魂的世界。被這個觀念支配著的人民對它從未有過信心，且使民政當局感到煩擾的，莫過於有關黃金時代和阿斯特萊王朝的傳說。可是，一年以前，這個觀念獲得科學上的說明，這個說明還沒有受到令人滿意的反駁，且請允許我補充一句，它將永遠不會受到這種反駁。由於它略微帶有憤激的語氣，由於它的推理方法——這種方法不同於一般所承認的權威人士採用的方法——以及由於它結論的重要和新奇，這個說明能夠引起某種的恐慌；就一般公眾來說，如果它不是——像您說得這麼好——一封密封的、僅僅投遞給有學問的人的信件，它就會有危險性。當我看到您能透過形而上學的衣裳，而辨認出作者聰明的先見時，我感到愉快，且為此向您致謝。但願上帝允許我的那些和平的意向，永遠不使我被當作叛逆犯而受到訴究！

像扔到蛇堆的石塊一樣，關於所有權的第一篇論文引起了強烈的仇恨，且喚起許多人激昂的情緒。但是，如果說某些人希望作者和其著作受到公開譴責，其他人卻只是從作者和其著作裡，找到關於社會根本問題的解決辦法；少數的人甚至把所獲得的新看法用來作為邪惡理論研究的基礎。我們不能期望，一種抽象集合在一起且更加抽象表達出來的歸納體系，在它整體和各個部分都能得到同樣確切的領會。

要在正義中而不要在仁慈和自我犧牲（它們本質上是沒有拘束力的）中，尋找平等的規律；要把職能上的平等放在人身平等的基礎上；要確定交換的絕對原理；要透過集體的力量消除個人稟賦上的不平等；要在所有權和盜竊之間劃一個等號；要更改繼承法而不必摧毀那個原理；要在一種絕對的社團體系中，維持人類人格，並從共產主義的鎖鏈下，把自由拯救出來；要把君主和民主的兩種政體綜合起來；要推翻分權制；要把行政權給予國家，使立法成爲一門具體、固定和絕對的科學——一系列多麼似是而非的理論啊！如果我不能說那是怎樣的一條眞理鎖鏈的話，那就是一連串的謬見啊！但是我不打算在這裡談起占有權的學說，我不討論教條，我唯一的目的是要證明我的見解是正當的，指出我那樣寫的時候，不僅是行使一種權利，而且是履行一種義務。

是的，我攻擊了所有權並且還要加以攻擊；但是，先生，在您因爲我服從良心和說明絲毫不爽的眞理，而要我公開認罪以前，請求您垂顧周圍所發生的事件；看看我們的議會議員、長官、哲學家、大臣、教授和政論家，考察他們在所有權問題上的做法；計算一下每天以公共利益的名義，對所有權所加的限制；丈量一下已經造成的缺口；估計一下今後社會還想要造成的缺口；總括一下所有學說中，關於所有權所包含的相同內容；查一查歷史，然後告訴我，在半個世紀之後，這個古老的所有權還能剩下什麼；如果您能答應我這些要求，那麼，在您因此覺察到我擁有這樣多相同看法者的時候，您會立刻宣告我是無罪的。

大家所歡迎且被認爲過於溫和的公用徵收法是什麼呢[1]？一種彰明昭著侵犯所有權的行爲。據說，社會對於被剝奪財產的人會給予賠償，但社會是否會把傳統的聯想、詩意的美景和伴隨著財產的家庭自豪感，歸還給他呢？拿伯和桑—叔西的磨坊主人會對法國的法律像對他們國王的任性舉動那樣，提出抗議：「這是我們祖先的田地，」他們會呼喊說，「我們不願把它出售！」在古人中，個人的拒絕曾經限制過國家的權力，羅馬法曾屈服於公民的意志，有一個皇帝——康莫德斯，如果我沒記錯的話——爲了尊重拒絕退讓的占用人權利而放棄把公民廣場向外擴展的計畫。所有權是一種實在的權利，是及物權（jus in re）——事物所固有的權利，原理在於人的意志向外的表達。人在親手造成的物件上留下他的痕跡，蓋上自己性格的戳記。人的這種塑造力，像現代法學家所說，就是蓋在物件上使這物件成爲神聖的戳記。無論是誰違反所有權人的意志，而把手放到這物件上，就是侵犯這所有權人的人格。可是，當一個行政委員會認爲應當宣告公共利益需要這個物件時，所有權就必須屈從於公眾的意志。不久以後，在公共利益的名義下，耕種的方法和享受的條件就將受到規定；將任命農業和工廠的稽查員；財產將從笨拙的人手中拿走，託付給能幹的勞動者；將設置生產總監的職位。不到兩年以前，我曾看見一個地主摧毀一片廣達五百英畝以上的森林，如果公益機關曾經加以干涉的話，這片在周圍數英里以內僅有的森林可能到現在依然存在。

但是，有人說，以公共利益爲根據的徵用，只是一種反而可以證實原理的例外，且給權利帶來有利的證據。很好！可是我將一個例外轉到另一個例外，再從這一個轉到第三個，這樣從例外到例外，直到把那條規則變成一個純粹抽象的觀念爲止。

諸位先生，你們以爲贊成倒換公債草案的人在法國有多少呢？我敢說，除了公債持有人之外，全都贊成。可是，這個所謂倒換是一次大規模的沒收，且這次沒有任何賠償。過戶的公債是眞正的不動產，所有權人十分依靠這種不動產的利息；他的權利就是借用款項的政府，按照約定利率償付公債利息，直至公債持有人要求償還債款時爲止的保證。誰可以強迫這個公債持有人不用他的金錢去買房屋或土地，而寧願存放給國家呢？所以當你們強迫資本家忍受利息減低時，他完全喪失被減少的數額，由於這個措施的普遍性及其影響，同樣有利的投資對他來說就成爲不可能了，因此就貶低了他財產的價值。

要使這措施能夠公正實行，就必須使之一般化；這就是說，那條法律必須同時規定全國各處的存款利息，以及房租或地租都減到百分之三。這個對所有收益同時實行減低的辦法，執行起來不見得比已經提出的倒換措施更加困難；且另外還提供一舉對所有反對的意見占得先機的優點，同時土地稅可以保證得到公平的稅額。請看！如果在倒換的時候，一項不動產可以產生一千法郎的收入，在新法生效之後，產生的收入只有六百法郎。現在，如果承認稅額是每項地產所產生的收入的一個分數，例如收入的四分之一，這很清楚，一方面地主不願爲了減輕負擔的稅額而低估財產的價值，因爲房租和地租由資本價值決定，而後者則是根據稅額估計，所以貶低不動產的價值就會減少收益。另一方面，顯然的是，地主不能爲了增加超過法定範圍的收益，而高估地產的價值，因爲租戶和佃戶會根據舊租約提出抗議。

先生，如此長期實行倒換公債的措施，遲早一定會發生這樣的結果；不然的話，如今所討論的財政上的措施就會是顯然不公平的措施，除非故意將其當作一種手段。後面的動機似乎是最可取的動機；因爲，雖然利害有關的各方面發生吵鬧，彰明昭著的侵犯某些權利，可是公眾的心理已經決定要使自己的願望得到滿足，且不會因爲被認爲負有打擊所有權的罪名而受到影響，正如不會因聽到公債持有人的埋怨而受到影響一樣。在這種場合，本能的正義感證明法律上的公平是假的。

當去年討論從殖民地運來的糖和本地糖的問題時，誰沒有聽到眾議院陷於難分難解的混亂狀態呢？他們不是任憑這兩造解決嗎？本地的工廠主被殖民者弄得破產了。如果要維持甜菜，就必須對甘蔗徵收稅金。爲了保護一個人的財產，就必要去侵犯另一個人的財產。這個事件中，最值得注意的特點恰好就是最沒有受到注意的事項；也就是說，無論哪種辦法，都必須侵犯到所有權。爲了保持市場上的平衡，不是對兩種工業都徵收比例稅嗎？對於不同種類的糖規定一個最高限價，且由於最高限價不同，就從兩方面打擊了財產——一方面，干涉了貿易自由；另一方面，忽視了所有權人之間的平等。他們不是透過給予工廠主賠償而禁止了甜菜嗎？他們犧牲了納稅人的財產。最後，他們不是正像種植不同種類的煙草那樣，寧可由國家花錢種植兩種不同的糖類作物嗎？就製糖工業來說，他們廢除了所有權。這個最後的辦法最合乎社會性，就是最好的；但如果所有權是文明的必要基礎的話，怎樣解釋這種根深蒂固的對立情況呢？[2]

他們為公共利益而剝奪公民的權力，但還不滿足，還要為了私人利益而剝奪公民。在很長時期內，人們吵著要修改關於抵押的法律；為了各種債權的利益，甚至為了債務人自己的利益，人們要求使不動產的沒收過程變得和商業上簽發拒絕償付證明書同樣迅速、簡便和有效的訴訟程序。眾議院在一八四一年年初曾經討論這個草案，且一致同意通過。沒有比產生這個改革的動機更正確合理，且切合哲理的了。

一、以前，小所有權人在債務已經到期而自覺無法清償時，不得不在擺脫債務之後，用剩餘下來的全部財物支付法律上的費用。今後，沒收處分的迅速解決可以使他不致於破產；二、清償方法的困難妨礙信貸，且妨礙向農業方面的投資。現在，不信任的原因既已不再存在，資本家將找到新市場，農業將得到迅速發展，首先享受到新法利益的是農民；三、最後，極不公正且荒謬的是，根據一紙拒絕償付的證明書，一個窮困的工廠主將在二十四小時內眼看著自己事業停頓、工作停止、貨品被扣押、機器被拍賣，最後自己被送入監獄，而沒收一塊小得可憐的地產，卻有時需要兩年的時間。先生，這些和其他論據是您在這學院年度最初的幾次演講中清楚陳述過的。

但是，當您說明這些卓越的論據時，您有沒有自問，抵押制度的這種轉變會產生怎樣的趨向呢？會使地產貨幣化，如果我可以這樣說的話；會使土地被積聚在皮包裡；會使農業勞動者和土地分離，人和大自然分離，成為一個流浪者；會把家庭情感、民族自豪感和愛國心從心中連根拔除；會使

他越來越孤立；會使他對一切感到無動於衷；會把他的愛好集中在唯一的對象——金錢上面；最後，透過高利貸的詐欺，會讓金融貴族的代言人壟斷土地，而金融貴族則是已經開始痛苦且感到其有害的影響工業封建主義的得力助手。因此，勞動者受制於不從事勞動者的隸屬關係，已被廢除的階級的復辟，以及貴族和平民的劃分，就會逐漸得到實現；因此，由於賦予資本家財產新特權，中小所有權人的特權就會逐步消滅，整個自由和誠實的勞動階級也就會隨著趨於消滅。當然，這並不是我廢除所有權的計畫，我不是要使土地動產化，而是想使即使純粹是智力的職能都固定，以便社會實現大自然的意向，而大自然把最初的財物、即土地給了我們。因爲，如果生產工具或生產資本是勞動者的標記，這也是他的立足點、依靠、家鄉，像讚美詩的作者所說，是他活動和休息的場所。[3]

讓我們更仔細研究最後那件關於法院拍賣和抵押法案，不可避免且即將到來的後果。競爭制度正在毀滅我們，必然的表現是掠奪和暴虐的政治；在這種制度之下，農民爲了彌補損失，永遠需要資本，並被迫借錢負債。他的債務是否能夠清償，由未定的將來所決定，他將在期望中感到失望，並將因期限的到來而驚惶失措。在空間和時間上，還有什麼比債務還款日到期更迅速、更出乎意外、更局促的呢？這個問句是我向所有被無情的涅墨西斯女神[4]所追逐，甚至在睡夢中都被煩擾著的人提出。現在，在新法之下，沒收一個債務人的財產，將比以前快一百倍執行；所以掠奪行爲的確鑿無疑也就要高出一百倍，且自由勞動者從現在的地位轉變到被束縛於土地上的農奴地位，將要提早一百倍。過去，執行扣押所需要的漫長時間，遏止放高利貸者的貪欲，給債務人起死回生的機會，在欠債者和債權人之間促成一種和解的辦法，最後結果可能是債務全部免除。現在，對於債務人不利的判決無法挽回，只能得到幾天的寬限時間。

這件像用一根頭髮懸掛這把達謨克利斯寶劍在不幸農民頭上的新生枝似的法案，所保證的是什麼樣的利益呢？據說，扣押費用將減低很多；但是所借出資本的過重利息是不是能減輕一些呢？因爲，使農民窮困並且導致財產被沒收，歸根究底就是利息。要使這個法案符合於原理，要使這個法案確實吸收本身爲之而制定的正義精神，就必須在簡化沒收過程的同時，降低金錢的法定利率。不然的話，有關抵押的改革只不過是給小所有權人設置的陷阱——一種立法上的騙術罷了。

以較低的利息借錢，像剛才所見的，就是限制所有權。在這裡，先生，您必須爲自己進行辯護。在您博學的演講中，我不只一次聽到您爲議院的魯莽而嘆息，這些議院事先沒有研究且對於那個問題沒有深入了解，就幾乎一致通過維持法蘭西銀行的章程和特權。這些特權、章程、議院的這個決議案，只說明了一點——就是貨幣在市場上百分之五或百分之六的利率並不太高，通常爲這利率的一倍的兌換、貼現和發行的條件一點也不嚴重。政府就是這樣想。由國家支付薪水的政治經濟學教授布朗基先生，卻持有相反的主張，企圖透過具有決定性作用的論據，說明有進行改革的必要。那麼，關於財產的利息，誰了解得最清楚呢？是國家呢？還是布朗基先生呢？

如果按照現行利率的半數可以借到款項的話，所有各種財產的收益也就會立即減半。例如，當建築一間房屋的代價比租賃一間房屋的費用低，當開墾一塊田地的費用比買進一塊未經開墾的土地的費用較少時，不可避免的結果是房租和地租的下跌，因為降低流動資本的利息，最妥善的辦法就是增加資本的數額。但是，生產物的增加，增大著有效資本的總數，因而就會發生提高工資並終於取消利息的傾向，這是政治經濟學上的定律。所以，所有權人對於維持銀行的章程和特權是感到興趣的；在這個問題上的改革會妨礙收益權；所以，那些參議員和眾議員比布朗基教授知道得更多。

但是，就是這些議會議員——每當一種改革的平衡作用呈現在他們智力的範圍之內，他們對於他們的特權是這樣的關心——在他們投票通過關於法院拍賣的法律案的前幾天，他們做了什麼呢？他們組織了一次反對所有權的陰謀！關於調整工廠中童工的法案，他們可以防止工廠主迫使童工每天從事若干小時以上的勞動；但是這個法案既沒有強制工廠主增加童工的工資，也沒有強制增加童工父親的工資。今天，為了衛生的關係，人們減少窮人的生活費，明天就必須用最低工資來保障他們。但是，規定最低工資，就是強制所有權人，就是強制工廠主把工人當作夥伴加以僱用，這干涉了工業自由，使互助保險成為強制性。一旦走上這條道路，人們就停留不住了。漸漸地，政府將做起工廠主、委託商和零售商；唯有它可以擁有財產。無論在什麼時代，國家大臣們為什麼害怕觸動工資問題呢？為什麼總是不願過問老闆和工人之間的糾紛呢？這是因為他們懂得所有權有多碰不得，多麼有嫉妒心，因為在把所有權當作一切文明的要素時，他們知道插手其間就等於動搖社會的基礎。私有制可悲的處境，在於非侵犯正義就不能完成善舉！[5]

諸位先生，使權力機關參與其事這樣不可避免的後果不是我的空想！現在，對立法權力機關所

要求的不再僅是規定各工廠的廠規，而且要求自己開辦工廠。你們曾否聽到千百萬人從各方面開始提出要求建立勞動組織，開辦國營工廠的呼聲？整個工人階級開始激動，他們有自己的報紙、機構、學校、代表。如今，爲了保障工人的勞動權利，爲了維持生產與銷售之間的平衡，爲了協調工廠主起見，人們提倡——作爲一種至高無上的補救辦法——單一的領導、唯一的工廠審查委員會、唯一的製造工廠，因爲，諸位先生，這一切都包含在國營工廠觀念中。關於這個問題，我舉出一位著名經濟學家的看法，他一直是所有權的熱心保衛者。【6】

所以，那位可敬的大學教授，曾經建議：

一、**制止勞動者從鄉村遷入城市**。

可是，如果要使鄉下人留居在農村，就必須使他能在那裡生活下去：如果要公正對所有的人，農村的無產者應當得到和城市的無產者同樣好的待遇。所以既然需要在工廠中進行改革，也需要在農村中進行改革；當政府進入工廠時，政府也應當拿起耕犁來！在這種逐漸的侵入過程中，獨立的耕種、專屬的土地、財產等，結果將變成怎樣呢？

二、**對於每種職業，確定可以按照確實根據而變動的平均工資單位**。

這個措施的目的是保證勞動者的生計，保證所有權人的利潤，同時迫使後者，如果不是爲了別的理由，就是爲了謹慎起見，犧牲一部分的收入。可是追根究柢，這部分會增多，直到在無產者和所有權人能夠得到平等的享受爲止。因爲像已經屢次指出的那樣，資本家的利息——換句話說就是不勞動者的收益——由於勞動者的力量、產品和交換的增多而趨向不斷減低，並透過經常的縮減而趨於消滅。在布朗基先生所主張的社會中，平等不是最初就獲得實現，而是有可能存在；因爲，雖然所有權表面上似乎是工業封建制，不再是專屬和併呑的要素，而只是一種分割的特權，不久就將由於無產階級在思想上和政治上的解放，而過渡到絕對的平等——其絕對程度至少是像世界上任何絕對事物所能達到的那樣。

爲了簡潔起見，我把那位教授所列舉的許多理由略而不提，這些理由是他爲支持他稱之爲烏托邦的社會（據我看來，他這樣稱呼過於謙遜）而舉出來的。這些理由只能用來證明，在所有大家聽得厭煩的激進主義中，沒有人能在思想的深刻和清晰方面比得上大膽的布朗基先生。

三、**國營工廠只應在普通工業不振的期間開工。在這樣的時期，國營工廠應當像龐大的堤閘，打開宣洩勞動群衆的巨流。**

但是，諸位先生，私營工業之所以停頓，是因爲發生產品過剩和缺乏銷售市場的情況。所以，如果國營工廠繼續進行生產，危機怎能結束呢？無疑地，要透過商品價格普遍下跌，以及把私營工廠改爲國營工廠才能加以結束。另一方面，政府需要資金來支付工人的工資，可是這些資金由誰來給付呢？稅捐。在什麼上面徵收稅捐呢？在財產上徵收。這樣就是要所有權人的工業，爲了反對自己並用自己的錢去維持另一種無法與之競爭的工業。您認爲，在這種致命的循環中，利潤的可能性——簡單說就是所有權——結果將變成怎樣呢？

感謝上帝！地位的平等已在公立學校中進行講授，讓我們不要再害怕革命吧！如果所有權最堅決的敵人希望消滅它的話，就不能採用一種更爲聰明和更爲有效的辦法了。所以，大臣們、議會議員們、經濟學家們，鼓起勇氣來吧！趕快抓住這光榮的主動權吧；讓那些從科學和權力的高處發出的平等口號在人民中間反覆加以背誦吧；讓它們震撼無產者的心胸，使特權最後的代表人物的行列中產生驚恐情緒吧！

有利於迫使所有權人支持國營工廠和公營製造廠的社會趨勢十分強烈，以致幾年來，在選舉改革的名義下，這種趨勢已特別成爲當代的問題。人民把這個選舉改革緊握不放，好像一個誘餌似的，並且有許多野心家或者在要求它或者加以譴責，它到底是什麼呢？它就是承認廣大群眾在稅收定額上和在法律制定上有發言權；**這些法律的宗旨總是在於保護物質上的利益，或多或少牽涉到稅收或工資的問題。可是，早受到報紙、劇本**[7]**和歌曲**[8]**教育的人民如今已經懂得，要使稅捐得到公允的分擔，應該是累進制，且主要應由富人擔負，應當從奢侈品徵收等。要考慮一旦人民成爲議院中的多數，少不了要應用這些教訓。我們已經有一個公共工程部，國營工廠將繼之而來，透過明智的推算，所有權人的收入超過工人平均工資的多餘部分，將由因稅收而被存到國家勞動者的金庫。諸付先生，你們難道看不到，在這個進程中，所有權會像過去的貴族，逐漸變成名義上的稱號，一種在本質上純粹是榮譽性的稱號嗎？**

或者選舉改革將不能滿足人們的期望，將使無數擁護的人感到失望，或者是將不可避免地產生把現在所享受的絕對權利改變爲占有權的結果；那就是，如果現在的選舉人是由財產產生的話，在改革完成之後，公民就是生產者，將成爲占有人。[9]因此，激進派說得很對，據他們看來，選舉改革不過是一種手段；但是當他們對於結局保持緘默時，就表現出完全的無知或者就是一種不必要的隱諱。不應當對人民和有權勢的人有所祕密或保留，在發表自己的見解時，誰採取閃躲和不老實的態度，就是使自己蒙受恥辱，也是不尊重他的同仁。人民在有所行動之前，需要知道全部的眞實情況。誰敢玩弄他們，誰就會遭到不幸！人民是輕信，但他們是堅強的，所以讓我們告訴他們：提出的這項改革只是一種手段——一種屢次試過且到現在爲止並未生效的手段——但選舉改革的合理目標是財產平等，這個平等本身不過是一種新的手段，具有更高和最終目標，就是挽救社會，重振道德和宗教，以及復興詩詞和文藝。

如果再進一步強調這個時代傾向平等的趨勢，會使讀者感到不耐。此外，有很多人對現今的時代加以非難說，在他們看來，把全國人民的、科學和有代表意義的趨勢暴露出來得不到絲毫好處。他們迅速承認從觀察中得出的推論的確切性，把自己侷限於對事實作出籠統的非難，且絕對否認它們是正當的。「從過去十年間人們的言行來看，」他們說，「難怪這個平等的氣氛要使我們陶醉了！……你們沒看見社會正在瓦解，我們正爲一時的迷戀精神所支配嗎？」

這些重生的希望不過是死亡的預兆，你們的勝利之歌像是臨死時的祈禱！你們的號角聲響宣告一個垂死者的洗罪儀式。文明正在崩潰中毀滅，這些最低下的人還會再墮落（Imus mus præcipites）。

這樣的人否認上帝，我可以滿足於這樣的答覆：一八三〇年的精神是維持那已被違犯的憲章的後果；這個憲章是從一七八九年的革命中產生出來的；一七八九年的革命意味著三級會議的抗議權和市鎮的自治權；這些市鎮隱含著封建制，後者又隱含著侵略、羅馬法、基督教等。

但是有必要作更進一步的觀察，我們必須徹底了解古代制度最主要的部分，深入到社會的深處，並揭露平等瀰漫於全社會不可摧毀的影響，這種影響是正義的上帝灌輸到我們的靈魂中，並自動在我們的工作中表現出來。

勞動是和人並存的，是生存的條件，所以是一種義務：「在你汗流滿面的時候，才有麵包吃。」勞動不僅是一種義務，也是一種使命：「上帝把人安置在果園中叫他加以整頓。」還要補充：勞動是平等的起因和方法。

把兩個人拋棄在一個荒島上，一個身材高大、強壯和活潑；另一個是孱弱、膽小和喜歡待在家裡，後者將會餓死。另外，則是老練的獵人、熟練的漁夫和不知疲倦的農夫，他能供應自己充足的糧食。在這種爲讓－雅克[10]所如此心愛的自然狀態中，可以想像有多麼大的不平等！但是讓荒島上這兩個人會聚、團結起來，瘦弱的人就會去料理炊事，負責管理家務，且注意糧食、床鋪和衣服；只要強壯的人不濫用優越地位去奴役並虐待他的同伴，他們的社會地位將是平等的。這樣，透過勞力的交換，自然上的不平等會互相抵銷，各人的才幹就能結合起來，力量也就可以得到平衡。只有在窮人和貴族之中，才能發現懶惰。政治經濟學的哲理就存於此，人類親如手足的友誼奧妙之處也在於此。這就是智慧（Hic est sapientia）讓我們從假設的純自然狀態進入到文明狀態中。

我願意和經濟學家們一起假定，透過出租生產工具而從事生產的地主，在社會建立起來時，每英畝可耕土地可以得到若干穀子。在勞動力薄弱和產品種類不多的期間，比起勞動者，地主是有權勢的，他所得到的東西比一個老實人所能得到的部分多十倍、一百倍。但是假使勞動由於發明的增多而增加了它的享受品和需用品，並且假使所有權人想享受新產品，他就不得不一天一天減少他的收入；原先的產品在價值上與其說趨向上升，不如說漸趨下跌——由於不斷增加的新產品可以作爲原先的產品的補充——結果就是不勞動的所有權人趨於窮困的速度，和公眾繁榮的增加一樣快。「收入，」您曾經說，「由於資本的增加而趨於消滅。一個現在擁有兩萬鎊收入的人，就不如五十年前擁有同樣收入的人那樣富有。一切財產將成爲不勞動者的負擔，並必然轉入能幹和勤勞的人手中去的時代正在到來[三]……。」（先生，我喜歡引用您的詞句，因爲對於經濟學的這些原理，要舉出太好的根據是不可能的，且因爲我不能把它們說明得更好）。

想過所有權人那樣的生活，或想消費而不從事生產，就必須依賴別人的勞動而生活；換句話說，就必須殘害勞動者。所以隨著工業的發達，各種屬於主要必需品的資本的所有權人，也以同等的速度增加他們的田租，且在這方面比爲了鞏固所有權而主張減低利息的經濟學家更關心自己的特權；而這些資本所有權人的做法，就是根據上述的原理。但是那個罪行是無用的，勞動和生產在增加；不久，所有權人將被迫勞動，並且所有權就會消失。

所有權人是一個對於生產工具握有絕對控制權，自己不使用而要求享有其生產出來的產品的人。爲了這個目的，他出租生產工具；且勞動者就因這個租約而得到交換的力量，這個力量遲早會消滅收益權。首先，所有權人不得不允許給予勞動者一部分產品，不然的話，勞動者就無法生存。不久，勞動者透過本行的發展，找到一種方法，可以收回給予所有權人產品的一大部分；所以，最後，享受的物品不斷增多，而不勞動的人收入卻始終沒有變動，於是所有權人在耗盡財源之後，就開始想要自己勞動。生產者的勝利就這樣確定了。勞動開始使天平傾向於自己那方面，並且由商業來導致平衡。

人的本能不會發生差錯，正如在自由狀態下，職能的交換必然導致人與人之間的平等，商業——或者就是與職能交換相同的產品交換——是平等的新起因。在所有權人不從事勞動的期間，無論收入如何少，總還享受著一種特權；勞動者的福利可能與他相等，但地位平等不存在。可是所有權人一旦成爲生產者——因爲他只能把他的特殊產品和租戶或受委託人進行交換——這個租戶、這個被剝削的人，如果不遭到粗暴的對待，遲早將從所有權人那裡獲得利益，並將迫使所有權人在各自產品交換中，把靠資本得到的利息歸還給他。因此，在用不公平來清算另一種不公平的時候，締約的兩造當事人就變成平等了。所以當自由占優勢時，勞動和交換可以導致財產的平等，服務的相互性可以消除特權。所以歷代和一切國家的專制君王要掌握商業的控制權，希望使臣屬的勞動不致成爲暴君貪婪的障礙物。

直到此時，一切是按照自然順序發生；沒有預謀，沒有詭計，整個進程只是被必然的規律所支配。所有權人和勞動者順從著欲望行事，因此收益權的行使對生產者進行掠奪的技巧——在這文明的第一階段——由肉體上的虐待、殘殺和戰爭決定。

但是在這個時候，進行著一個反對資本家的巨大、複雜的陰謀。被剝削者利用商業這一工具來對付剝削者所用的武器——這個商業的工具是一個奇妙的發明，起初被贊成所有權的道德學家所譴責，但無疑地也被勞動的天才和無產者的米娜瓦女神[12]所鼓舞。

弊害的主要原因在於所有資本所具有的積累作用和固定性——使被傲慢不勞動者所奴役和鄙視的勞動者，不能獲得資本的那種固定性。人們感到有必要分割財富使之成爲流動，便於攜帶，使之從占有人手中轉移到工人手中。勞動者發明了貨幣，這個發明由於兌換券和銀行而得到新生和發展。因爲這些事物在本質上相同，且從同一心理出發。第一個想出用貝殼、寶石或一定分量金屬，來代表一種價值觀念的人，就是銀行的眞正發明者。實際上，一塊錢幣是什麼呢？是一張銘刻在堅固而耐久的物質上，帶有購買其自身價格的兌換券。遭受到壓迫的平等，就可以利用這種手段來嘲笑所有權人所做的努力，且公正的天平第一次在商人的店鋪中獲得校正。那個圈套是巧妙地安排好的，目的完成得很徹底，因此在不勞動者手中，錢幣就變成一種容易消散的資產、一種虛假的象徵、一種財富的影子。一位卓越的經濟學家兼淵博的哲學家，係把下面這句話作爲座右銘的守財奴：「當金幣被交換的時候，它消失了。」所以我們可以說：「當不動產被變換成貨幣時，它就算完了。」這可以解釋歷史上經常發生的事實，那些貴族——不從事生產的地主——曾經到處被經營工商業的平民所剝奪。在義大利諸共和國形成時，尤其是有這樣的情況，它們是在中古時代從封建主的窮困中誕生。我不打算追述因這個問題而想起的有趣的事情；我只能複述歷史家的證言，陳述當今經濟學上的論證。

如今擁有土地並從事工業的貴族的最大敵人，即平均財富的提倡者，就是銀行家。因爲他，廣闊的草原被分割，高山變更了位置，公共廣場長出森林，這個半球爲另一個半球從事生產，地球的每個角落都有它的用益權。透過銀行這一工具，不斷地產生新的財富，利用這種工具（早成爲私心所不可缺少），可以把擱置的資本從不肯輕易放棄權利的所有權人手中奪走。銀行家立刻成爲最有權勢的財富創造者，同時是人造和大自然產品的主要分配者。可是，由於奇怪的矛盾現象，這銀行家就是那個永遠由惡魔所授意的贏利、利息及重利，最無情的徵收員。銀行家所執行的職務的重要性，使我們忍受著他所徵收的稅捐，雖然心裡不是沒有埋怨。可是，無論什麼事情都不能避免它的天定使命，既然一切存在著的東西，都不能規避它爲此而存在的目的，所以銀行家（現代的克利蘇斯）總有一天會變成平等的恢復者。在追隨您的腳步時，先生，我已經舉出理由，就是資本越增多，利潤就越減少，因爲資本的增加——要求更多的勞動者，如果沒有勞動者，就不能生產——永遠造成工資的提高。由此可知，銀行註定要做人類的管帳員。

錢財平等這句話，好像是談起這個塵世所不了解的另一個世界時的情況，使人們感到激動。有些人——激進派也好，溫和派也好——一提到這個觀念，就充滿著憤怒。讓這些愚蠢的貴族取消由於互助的遠見而創辦的商業公司和保險公司吧！因爲這些出於自發和不受任何要求平等的意願拘束的社會實際情況，都是平等的合法成果。

當立法者制定法律時，他其實不是在製造法律，他不是在創造法律，是在敘述法律。在從事關於公民道德、民事和政治關係的立法工作中，他不表示任何武斷的意見，他說明概括的觀念，就是支配著他所考慮的問題的較高原理；總之，他是法律的宣告者而不是發明人。所以，當兩個或兩個以上的人在他們之間透過雙方訂約，而組成一個工業或保險的社團時，他們認識到過去在自私和獨立不羈的謬誤精神支配下，孤立的利益都是透過內在本質相互的牽連關係，而緊密聯繫著。他們實際上不是出於私願的行爲約束自己，他們宣誓從今以後要遵照早已存在，卻一向被忽視的社會法則。這是由下列事實所證明：同樣這些人只要能夠避免聯合在一起，他們就不會聯合起來。在他們能夠被引導去把利益結合起來以前，他們必須充分認識到競爭和孤立的危險性；所以有關禍害的經驗是使他們發生交際的唯一事情。

現在我要說，爲了在人與人之間樹立平等，確實必須把保險、農業和商業的社團所依據的原則加以普遍化。競爭、利害關係的孤立狀態、壟斷、特權、資本的積累、獨占的享受、職能居於從屬地位、個體生產、利潤或收益的權利、人剝削人，或者把這種種情況匯總在一個名稱之下，就是所有權，是苦難和罪惡的主要原因。因爲已經得出這個打擊所有權和反所有權的結論，我就成爲一個遭人痛恨的惡人；激進派和保守派指責我是應該受到迫害的人；許多大學把譴責像驟雨似的潑灑在我身上，最尊貴的人把我當作瘋子，僅說我是傻子的人太寬大了。唉，爲了履行一種義務而說老實話的作家多不幸啊！如果指望得到朋友的誇獎，如果以爲貪婪和自私，在對他表示欽佩時，就不爲自己打算；如果忽略把自己用三層厚的老麵皮裹起來的話——他就會在他自私的事業中遭到失敗。不公正的批評、重大的挫折、對於他的錯誤野心所感到的失望，會把他殺死的。

但是，如果不許我在這個關於社會平衡的有意義問題上，發表個人見解的話，至少要讓我說明老師們的思想，並闡述以政府名義提倡的學說。

先生，雖然您爲了學院，對錢財平等的學說發表了強烈的批評，我卻從來不想反駁您並與您相對抗。在傾聽您的意見時，我深深地自慚形穢，不容許我參加這樣的討論。因此——如果必須說明的話——無論您的語言與我的語言如何不同，我們相信同樣的原理，我們所有意見是共同的。先生，我不打算藉此暗示：您擁有一種（用學院的用語來說）祕密傳授的學說和一種公開傳授的學說——您內心相信平等，您只是出於審愼的動機和由於命令才爲所有權進行辯護。我不致於魯莽地把您看作是我革命計畫的同事，且我對您十分尊敬，絕不疑心您有任何虛僞。我不過是要說，嚴格的調查研究和形而上學的理論研究，艱苦地給我指明的眞理，在您這方面是由您對於政治經濟學的深刻了解和長期經驗所給予的啓示。如果我是經過長時期思考，且幾乎違反了我的願望而得到我對於平等的信念的話，那麼，先生，您的這個信念是以全部忠誠的熱忱——以全部自發的天才——謹守不渝。所以您在工藝學院的演講教程是對於所有權和錢財不平等的不斷鬥爭，以您最爲博學的研究，您最爲巧妙的分析以及您無數的觀察結果，歸結爲關於進步和平等的公式；最後，您最受欽佩和讚揚的時刻，是在您被科學的翅膀帶起來達到崇高眞理的感悟時刻；這些眞理引起平民的心熱情的衝動，同時使懷有邪惡意向的人因恐怖而發抖。有多少次，從我飢渴聆聽著您雄辯話語的座位上，我內心默默地感謝上蒼使您免去聖保羅對於他同代哲學家所下的判斷——「他們知道了眞理，可是沒有把它宣布出來」！有多少次，當我在您的每次演講中找到爲自己辯護的理由時，我感到快樂！不，我既不希望也不要求得到任何不是經您講過的事理。我向您爲數眾多的聽眾請求，如果在詮釋您的理論時，我曲解了您的意思，讓他們來證明我是虛僞的吧！

身爲薩依的門徒，在您心目中，還有什麼比那些海關——或者像您稱之爲由壟斷機構樹立在國與國之間的柵欄——更加反社會的呢？關稅壁壘制度強迫我們在法國要付四十個蘇的代價，才能買到在英國或比國只要十五個蘇就可買到的東西，還有什麼比這種制度更加可惱、更加不公正或者更加荒謬的呢？您曾經說過，[13]阻礙各種工業專門化，阻止文明發展的就是海關；使百萬公民貧窮而使一百壟斷者發財致富的，就是海關；在豐產的年景中，造成飢荒；由於禁止互易，而使勞動不能從事生產，以及把生產窒息在死亡擁抱中的，就是海關。使各國互相嫉妒、敵對的就是海關；歷代五分之四的戰爭根本上都是海關造成。在您的熱忱達到頂點時，您曾高呼：「是的，如果爲了結束這種可恨的制度，有必要使我流盡最後一滴血的話，我只要求能有足夠的時間感謝上帝認爲我配得上殉道，就可以愉快跳到那個裂口！」

於是，在那個莊嚴的時刻，我心裡想：「如果在法國每一個省都任命一位這樣的教授，革命就可以避免了。」

但是，先生，透過這種主張商業自由的宏偉學說，您就使得軍事上的榮譽成爲不可能了——您就使外交機關無事可做了；在您完全廢止利潤的同時，甚至消除了征服的意願。的確，如果敘利亞人、埃及人和土耳其人可以自由選擇主人，願意和誰交換產品就可和誰交換的話，那麼由誰來收回君士坦丁堡、亞歷山大里亞和聖讓達克，又有什麼關係呢？如果問題僅存於由我們還是由英國人去提高東方文化——教導埃及和敘利亞學習歐洲的技藝，使他們懂得製造機器、挖掘運河和建築鐵路，那麼爲什麼歐洲要對這小小的蘇丹和年老的巴夏自尋煩惱呢？因爲如果民族獨立再加上貿易自由，這兩個國家的外國勢力此後就只能透過生產者與生產者之間，或學徒與職工之間的自願交往的關係，發揮它的作用。

在歐洲的列強中，獨有法國愉快接受使東方文明化的任務，開始在其性質上完全是使徒式的侵入行爲——高尚的思想使我們的國家變得歡樂和自豪！但是外交上的爭勝、民族的自私心、英國人的貪婪和俄國人的野心妨礙前程。爲了要實現計畫很久的霸占行爲，有必要壓倒一個過於寬大的同盟國。神聖同盟的強盜們，組成一個聯盟反對不怕威嚇和無可責備的法國。因此，在聽到這個有名的條約的消息時，在我們之中就出現對所有權原理異口同聲的詛咒；那時這個原理是在舊的政治體系的虛僞公式下起作用。所有權的喪鐘從敘利亞開始響起；從阿爾卑斯山脈到海洋，從萊茵河到比利牛斯山脈，人民的良心激動起來。整個法蘭西唱著戰歌，同盟在聽到下列令人發抖的喊聲時，驚慌失色：「起來對想做舊世界的所有權人的專制君王作戰！起來對發出虛僞誓言、呑噬印度、毒害中國、虐待愛爾蘭的英國人——法國的永恆敵人——作戰！起來對陰謀反對自由和平等的同盟國作戰！作戰！作戰！對所有權作戰！」

天意使那些國家的解放推遲了，法國不用軍隊而用以身作則的榜樣來戰勝。全世界的理智還沒了解這個偉大的等式，這個等式從廢除奴隸制開始，在貴族及王權的廢墟上前進，最後必須歸結爲權利和錢財的平等。但是這個眞理像出身平等的眞理，成爲眾所共知的日子已經不遠了。大家好像已經懂得東方問題不過是一個海關的問題，難道輿論眞的很難使這個觀念普遍化，並終於了解如果海關的取消牽涉到國家所有權廢止的話，也就必然牽涉到個人所有權的廢止嗎？

事實上，如果取消海關，這個行爲本身就宣告各國之間的聯盟；它們之間的連帶關係就得到確認，同時也宣告它們之間的平等。如果取消海關，聯合的原則從政府達到省、從省達到城市，並從城市達到工廠的過程就不會太慢。但是到這個時候，作家和藝術家的特權將變成怎樣呢？發明、創作、改革、改進執照和專利證還有什麼用處呢？如果議會議員制定把海關打開寬大裂口的法律同時，又制定一條著作權法律，事實上就自相矛盾，就是用一隻手推翻另一隻手建設起來的東西。如果沒有海關，著作權就不存在了，那些挨餓作家的希望也就消失了。因爲，您一定不會和善良傅立葉的意見一樣，期望著作權將有利於一個法國作家而在中國發生效力；也不會期望拉馬丁的一首短詩，由於享有在全世界出售的專賣權，而給作家帶來成千百萬的金錢！詩是詩人生活的地方所特有，在其他任何地方，他作品的翻版，既然沒有市價，就應當是免費和免稅。難道各國有必要爲了那些詩句、雕像和藥酒的緣故，而把自己放在互相監視的情況下嗎？那麼永遠有國產稅、城市通行稅、進口稅和通過國境稅，以及海關；作爲對獨占的一種反作用，還會有走私。

走私，這個詞使我想起所有權最可怕的形式。「走私，」您說過，[14]先生，「是從政治創造出來的罪行；是天然自由權的行使，在某些場合由君主意志界說爲一種犯罪行爲。走私者是一個豪俠，一個剛強的人，高興地忙著爲鄰居用低價買進一件珠寶、一條圍巾或者任何必需品或奢侈品；國內的專賣使得這些物品變得非常昂貴。」然後，您在寫了一篇關於走私者很有詩意的專論之後，又補充了這個憂鬱的結論——說走私者是屬於曼德林[15]家族的，他家應該在帆槳並用的划船上。

但是，先生，您沒有叫人注意以所有權名義進行的可怕剝削行爲。

據說——我舉出這個傳說是作爲一個設想和一種例證，因爲我對它並不置信——當今財政大臣的錢財是靠走私得來，史特拉斯堡的許曼先生從法國運出大量的糖，爲此得到政府所答應給予的出口獎勵金；然後，他把這批糖私運回來，重新輸出，得到第二次出口獎勵金，這樣反覆下去。請注意，先生，我不是把這段話當作事實陳述，我是複述坊間傳聞，不加肯定甚至還不相信。我是想用以上例子把這個觀念在思想上確定下來。如果我相信一位大臣犯了這樣的罪行，如果我罪證確鑿知道他做過這樣的勾當，我一定向眾議院告發財政大臣許曼先生，要求把他逐出內閣。

對於許曼先生來說，這無疑是捏造的事件；但對於和他一樣富有，在榮譽上不比他低的其他人來說，這是眞實的事。那些大規模組織的走私，是他們輕率的犧牲者冒著艱難困苦和生命危險，爲了少數巴夏的利益而進行的。懶惰的所有權人拿出商品來出售，實際的走私者，則把自由、名譽和生命孤注一擲。如果事情成功，勇敢的僕人就可以得到該趟旅行的費用；利潤則落進儒怯的人的腰包。如果厄運或叛賣把這可惡的運貨工具送到海關官員手中，走私的主使人所受的損失不久就可從另一次比較幸運的航行中得到補償。被告爲壞人的代理人則被扔進監獄和強盜作件；與此同時，他光榮的保護人——一個審查員、選舉人、議會議員或大臣——卻正在制定關於沒收、專賣和海關的法案！

這封信的開頭，我曾表示將毫不留情抨擊所有權，唯一目的是舉出一般的互相攻訐向公眾證明我的意見是正確的。但我不能不斥責這樣可憎的剝削方式，我相信這段短短的題外話會被原諒。我希望所有權不會因走私所受的損害而進行報復。

反對所有權的密謀是普遍的，是彰明昭著的，占據全部的人的思想，激勵了一切法律；是一切理論的根源。這裡，無產階級在街上追逐所有權，立法者對所有權設置禁令；如今，一位拿了報酬爲所有權辯護的政治經濟學或工業立法的教授[16]，以重重的打擊暗中破壞所有權；一個學院把所有權交付討論[17]，或者考察廢止過程的發展情況[18]。今天，沒有一種思想、沒有一種見解、沒有一個宗派不夢想控制所有權。誰也不肯坦白承認這點，因爲沒有人對所有權有所領會，沒有人能夠自發抓住這個原因與後果、原理與推論的整體。我試圖根據這個整體來說明所有權不久將消失；另一方面，一般對於這種權利所具有的觀念過於分歧，且界說不嚴密，以致不容易很快就認可相反的學說。因此，在文學和哲學的中下層，正如在普通人民中間那樣，以爲廢除所有權就沒有人能享受自己勞動的果實，沒有人能保有專屬自己的東西；在家庭和自由的廢墟上將建立起一種專橫的共產制了——這是一些在某一個時期內還能起支持那種特權作用的妄想。

但是，在確切界說所有權觀念以前，在從種種學說的矛盾中，找出應當成爲新權利基礎的共同要素以前，讓我們匆匆瀏覽所有權在歷史上不同階段所遭遇到的變遷，各國政治體制就是這些國家信條的表現。這些體制的易變性，它們的變革和毀滅，都是重大的經驗，給我們指出種種觀念的價值，並且可以從變化無窮的風俗習慣中逐漸找出絕對、永恆和不變的眞理。現在將要看到各種政治制度必然趨向使地位平等，且違背這個趨勢就會滅亡；無論何時何地，境遇的平等（像權利的平等一樣）一向是社會的宗旨，不論是平民階級力圖利用所有權去取得政權，或者是他們——已經成爲統治者——利用政權去推翻所有權。總之，根據社會的進步，將看到正義的實現存於消滅個人所有權。

爲了簡潔起見，我不提宗教史和基督教神學的記述，這個主題值得一篇單獨的論文，我打算以後再談這個問題。摩西和耶穌基督曾在高利貸和不平等[19]的名稱之下，排斥各種盈利和利息。教會在其最純潔的教義中始終譴責所有權，當我不僅攻擊教會當局而且還攻擊其對正義的不忠實時，是爲了宗教的光榮。我要引起一個斷然的答覆並給基督教勝利鋪平道路，儘管現在已成爲無數攻擊的對象。我希望能有辯解者立即出現，根據《聖經》古代基督教著作家的著述、教會法典以及教皇主持的會議和憲章，來說明教會一向是維護平等的學說，並把教會教規中自相矛盾之處歸於暫時的必要性。這樣的努力可以給宗教運動效勞，也可以給平等運動效勞。遲早會知道基督教是否能夠在教會中或在教會之外得到革新，教會是否接受對它所施的憎恨自由和反對進步的責備。在這以前，將暫時不加判斷，安心於把歷史的教訓放在傳教士面前。

當萊克古斯著手爲斯巴達制定法律時，他發現這個共和國是在什麼情況下呢？在這一點上，所有歷史家的意見都一致，人民和貴族失和。那個城市處於混亂的狀態，並分裂爲兩派——窮人派和富人派。社會幾乎還沒擺脫英雄時代的野蠻狀態，就很快衰微了。當時的無產階級反對所有權，而所有權又反過來壓迫無產階級。萊克古斯怎麼辦呢？他採取的第一個措施是有關一般安全的措施，現今的立法者一想到這種措施就要發抖。他免除一切債務，然後他反覆說服和強制法律勸導貴族放棄特權，重新建立平等。總之，萊克古斯在沒有別的辦法可以調和自由、平等和法律時，就把所有權從拉棲代孟的境內驅逐出去。我當然不希望法國將斯巴達當榜樣；但是值得注意的是，希臘最年長的立法者因爲徹底了解人民的本性和需要，而比任何人更能評價在行使絕對權力時，所廢止的那些債務是否合法；他曾比較當時的立法制度，一個神諭曾經宣揚他的智慧——我說，值得注意的是，萊克古斯居然斷定所有權與自由制度不相容，且居然認爲有責任透過摧毀錢財一切差別的改變，來開始他的立法工作。

萊克古斯完全懂得，由所有權所產生的奢侈愛好享受和錢財上的不平等，都是社會的禍根；不幸的是，他用來維持共和國的方法是由政治經濟學上捏造的觀念，和對於人心的膚淺了解所給的提示。

因此，這位立法者錯誤地把財富和所有權相混淆，所有權又和他力圖排斥的無數邪惡重新進入城市；這一次斯巴達徹底地腐化。

「財富的輸入，」巴斯托雷先生說，「是他們經歷到的不幸的主要原因之一。但是，法律對於這些不幸採取了異乎尋常的預防方法，其中最好的就是反覆進行傾向於克服欲念的道德教育。」

一切預防方法中最有效的方法，應該是預先使欲望得到滿足。占有是對於貪欲至高無上的救藥，一種對於斯巴達來說危險性最小的救藥，因爲在那裡錢財是平等的，地位也差不多相同。大體上，持齋和戒酒是適度行爲的不良教師。

「當時有一條法律，」巴斯托雷先生又說，「禁止富有的人穿比窮人好的衣服，吃較美味的食物，並擁有較爲優雅的傢俱、花瓶、地毯、精緻的房屋等」。所以萊克古斯希望採用使財富無用的方法來維持平等。如果他按照軍事紀律把工業組織起來，並教育人民用自己的勞力，獲得他白費氣力地企圖使他們不得享受的東西，那他就比原來聰明得多。在這種情況下，公民由於享有中肯的思想和愉快的情感，除了由於立法者努力啓發的欲望——對名譽和光榮的愛好、才幹和德性的優勝——之外，就不會再有其他的欲望了。

「婦女們不許佩戴金飾和各種裝飾品。」荒謬！萊克古斯死後，他的制度就敗壞了；西元前四〇〇年間，過去的樸素精神就已一點痕跡也不留了。奢侈和對於黃金的渴望，早就在斯巴達有了發展，其強烈的程度，根據他們被迫的窮苦生活和不嫻於工藝的情況來看，完全可以想像到。歷史家責備坡舍尼亞斯、萊桑德、亞吉西老斯和其他人，由於把戰爭中獲得的財富運入國內而敗壞祖國的道德，那是一種誹謗。拉棲代孟人的窮苦一旦和波斯人的奢侈和雅典人的風雅相接觸，斯巴達人的道德就必然立刻敗壞。所以，萊克古斯在試圖強制人們過一種徒有其表、自以爲榮的樸素生活，來啓發寬厚和謙遜的精神時，鑄造了大錯。

「萊克古斯對於懶惰並不感到害怕！當雅典（這個地方，懶惰是禁止的）的公民被認爲有罪而被判處刑罰的期間，有一個偶然在那裡的拉棲代孟人，請求去訪問由於行使自由人的權利而被處罰的雅典人……萊克古斯實行了幾百年的原理之一，是自由人不應當從事營利的職業……婦女們厭惡家務勞動，她們不像其他希臘人自己紡織羊毛（據荷馬的記載，她們不是這樣做的！），她們讓奴隸縫製衣服。」（巴斯托雷，《法制史》）。

能有什麼事比這更矛盾的嗎？萊克古斯剝奪所有權，把所有權最惡劣的形式——用暴力得來的所有權——作爲維持生計的基礎。由於這樣，一個不從事實業的懶惰城市，變成一個貪婪盛行的地方，那有什麼奇怪呢？斯巴達人由於聽憑自己粗鄙習性的擺布，比較容易受到奢侈和放蕩淫樂的引誘。當軍事上的成就把羅馬人帶到義大利境外的時候，他們也發生同樣的事情——法布里西烏斯寓言的作者所不能解釋的事情。使道德敗壞的不是技藝的培養，而是由他們懶惰和奢華的富裕所引起的墮落。財產的本性是使台達留斯的勤奮和菲迪亞斯的才幹，有助於自己荒唐的怪想和可恥的歡樂。毀滅斯巴達人的是所有權而不是財富。

當梭倫出現的時候，雅典共和國中由財產所造成的無政府狀態已達到頂點。「阿提卡的居民關於政體的意見頗多分歧。住在山嶽地區的人（窮人）喜歡平民政治的體制，住在平原上的人（中產階級）喜歡寡頭政治，住在沿海地帶的人則喜歡寡頭和民主的混合制。由於錢財的不平等，也發生了其他的爭執。窮富相互之間的對立狀況變得十分緊張，以致單獨一個人的政權，似乎是唯一可以防止當時威脅著共和國安全的革命的辦法。」（巴斯托雷，《法制史》）。

貧富之間的爭吵成爲平民政治的生活狀態，而在君主政治下，難得發生，因爲一個很穩固的權力可以消除爭論。亞里斯多德曾注意到這點，對受制於土地法或過重捐稅的財富壓迫；下層階級對上層階級的憎恨（上層階級永遠有被控誹謗罪因而被判處沒收財產的危險）——這些就是雅典政治的特色；特別使亞里斯多德感到厭惡，因此贊成有限度的君主政體。如果亞里斯多德活在這個時代，他會擁護立憲政體。但是儘管對這位斯塔基拉[20]人懷有崇高敬意，一個爲了所有權人的生活而犧牲無產者生活的政府，和一個爲了支持無產者而劫奪所有權人的政府，同樣不合理；兩者中都不會得到自由人的支持，更不會得到哲學家的支持。

梭倫仿效了萊克古斯的榜樣，他用廢除債務——就是破產——慶祝他立法工作的開始。換句話說，梭倫把政府機構當作鐘錶使用，上發條時按利率的多寡調整時間的長短。因此，當彈簧鬆弛和鏈條脫開時，共和國不免覆滅或是用第二次破產來恢復自己的力量。所有的古人都採用這種獨特的政策。在占領巴比倫之後，尼赫邁——猶太民族的領袖——廢除了債務，萊克古斯廢除了債務，梭倫廢除了債務，羅馬人民在把國王趕走之後直到皇帝即位爲止，一直爲了爭取廢除債務而和元老院進行鬥爭。後來，在共和國快要滅亡時，以及在帝國建立以後很長一段時間，農業被拋棄，由於過高的利率，各省人口都減少了，因而皇帝就把土地無償贈送給願意耕種的人——也就是說，他們廢除了債務。除了走到另一極端的萊克古斯之外，誰也不曾覺察到，重要的問題不在於用政變來使債務人免除債務負擔，而在於防止將來負債。相反地，最民主的政府則始終專門以個人所有權爲基礎；因此，所有共和國的社會因素是公民之間的鬥爭。

梭倫曾經下令調查所有的錢財，根據結果調整政治上的權利，給予大所有權人以較大的勢力，建立了權力的平衡。總之，把紛爭最積極的因素規定在憲法中；彷彿他不是人民選舉出來的立法者，而是人民最大的敵人似的。事實上，把平等的政治權利給予地位不平等的人們，豈不是魯莽到極點嗎？如果一個製造商把全體工人結合在合股公司裡時，把諮詢權和審議權給予每一個人——就是說使他們全都成爲工廠的主人——那麼，這個主人地位的平等會保證使工資不平等的情況繼續下去嗎？那就是用最簡單的說法表述梭倫的整個政治體系。

「在給予所有權公正的優勢時，」巴斯托雷先生說，「梭倫盡其所能補救最初職務上的行爲——債務的廢除……。他認爲他是依靠治安才能在既得權利和天然的公平方面作出這種重大的犧牲。但是，侵犯個人所有權和書面契約的行爲，是公法一篇不好的序言。」

事實上，這樣的侵犯行爲總是受到很大的懲罰的。在一七八九和一七九三年，貴族和教士的財產被沒收，聰明的無產者發了財；如今，這些人成為貴族之後，正在使我們對於祖先的劫掠行為付出昂貴的代價。現在該怎麼辦呢？我們不應該侵犯權利，應該恢復權利。現在，如果剝奪某一個人的財產而贈送給別人，且事情就到此為止，那是一種侵犯正義的行為。我們應當逐步降低利率，組織實業，使勞動者和職能結合起來，並對巨額的錢財進行調查登記，目的不是為了給予特權，而是為了讓我們可以採用給予所有權人一筆終身年金的辦法來贖買這些錢財。我們應當大規模應用集體生產的原則，給予政府支配一切資本的優越地位，使每個生產者負起責任，廢除海關，把各行各業轉變為一種公共的職能。這樣，巨額的錢財就不必透過沒收或暴力而消失；個人占有制就可不必經過共產制而自動地在共和國的監督之下建立；地位的平等將不再單純由公民的意志決定。

在從事寫述羅馬人的作者中，包胥埃和孟德斯鳩在第一流的行列中占有卓越的地位；前者被認為是哲學史的創始人，而後者則被認為是法學和政治學方面最淵博的作家。但是應當指出，這兩位偉大的作家，由於沾染著同時代和職位上的偏見，完全沒能說明羅馬人興衰的原因。

只要包胥埃限於描述，他總是值得欽佩的：例如，除其他篇章外，他描述了波斯戰爭以前的希臘情況，這段文章曾使台萊馬克斯得到啓發；雅典和斯巴達之間的對比，這從包胥埃以來已經作過二十次了；關於古羅馬的風俗和特性的敘述；最後是結束《論世界史》那篇高超的結論。但是，當這位著名歷史家在論述原因時，理論是錯誤的。

「護民官始終贊成把掠取的土地或由出賣這些土地的所得分給公民，元老院則堅決反對使國家遭受損失的法案，要把土地的代價撥歸國庫。」

這樣，按照包胥埃的說法，受到內戰最早和最大禍害的乃是人民；這些快餓死的人民要求把流血掠取的土地分給他們耕種。把買來的土地交給奴隸的貴族，對於正義和公共利益卻較爲重視，對人們見解的影響多麼渺小呀！如果把西塞羅和格拉古兄弟所扮演的角色調換過來，那不是由護民官的叫嚷而是由那偉大演說家的雄辯，喚起其同情心的包胥埃，就會用完全不同的目光來看待土地法。他就會懂得，國庫的利益不過是藉口，當掠得的土地拍賣時，貴族趕快買進，以便從這些土地的收益中得到好處，而且確信遲早可以收回付出的代價，以換取他們供給共和國的糧食，或者換取群眾只能向他們購買的生活必需品，而這些群眾有時是由於所提供的勞務，有時由於窮困而獲得國家的酬勞或貼補。因爲一個國家並不從事積蓄；相反地，公家的資產總是回到人民手中。所以，如果某部分人是主要必需品唯一出賣者，結果就是國庫在他們的手中來回時，就會把不動產在那裡儲存和積累起來。

當米尼聶烏斯爲人民講述關於四肢和胃的寓言時，如果有人對講故事的人說，胃無償地把營養物質給予四肢，而貴族卻只肯在支付現金的條件下，才把東西給予平民，只肯在高利貸的條件下才借錢給平民，那麼，他無疑地會使詭計多端的元老啞口無言，且會把人民從巨大的負擔下拯救出來。元老院的元老只是自己系統的元老；至於普通人民都被當作血統不純的族類，可以加以剝削，可以徵收捐稅，可以聽憑主人的高興從事勞動。

按一般的情況，包胥埃對人民不怎麼關懷。他的君主政治和神學的本能，只知道權力、順從和在慈善名義下的施捨。這種不幸的氣質經常使他把眞相誤認爲原因；他深受讚揚的淵博知識，是抄襲他的作家，沒有什麼了不起。例如，當他說「共和國的紛爭以及最後的崩潰，是由公民的嫉妒和他們對於自由的愛好發展到了不可容忍的極點所造成」的時候，我們不禁要問他這種嫉妒是什麼造成的呢？什麼東西使人民激發起對自由極端的不能容忍的愛好呢？如果回答說，這是由於道德的敗壞，由於不顧過去的窮困，由於放蕩、奢侈和階級嫉妒，由於格拉古兄弟反叛性格等，那是不中用的。爲什麼道德會敗壞呢，貴族與平民之間永恆的紛爭是從哪裡產生的呢？

在羅馬，像在其他地方一樣，富人與窮人之間的紛爭，並不是直接由於對財富的欲望造成（就一般的情況來說，人們並不垂涎認爲不應當得到的東西），而是由於平民天然的本能，這種本能使他們在共和國的憲法中，尋求苦難的原因。這就是我們正在做的事情，我們不是要求變更公共經濟，而是要求選舉上的改革。羅馬人民希望恢復社會契約制度，要求改革，請求修訂法律和設置新的官職，但絲毫不感到不滿的貴族，則反對任何革新。財富總是保守的，可是人民克服元老院的抵抗，選舉權得到很大的擴展，平民的權利得到增加——他們有自己的代表、自己的護民官和自己的執政官；但是縱然有這些改革，共和國沒能得救。當一切政治上的應變方法已經用盡，當內戰使人民陷於枯竭，當羅馬皇帝把他們染有鮮血的外衣脫下來，掩蓋正在毀滅帝國的毒瘤時——由於積累的財產始終受到尊重——因爲戰火永遠不熄，所以國家就不得不在火焰中滅亡。皇權是一種妥協的辦法，保護富人的財產，並從非洲和西西里運進小麥來養活無產者；它是一個雙重的謬誤，因爲它靠多血症摧毀了貴族，並用飢餓摧毀了平民。最後只剩下一個眞正的所有權人——皇帝，每一個公民都變成他的臣屬諂媚者、奴隸；且當這個所有權人崩潰的時候，那些從他桌子底下拾取麵包碎屑、當他放聲笑謔時陪著他歡笑的人也就隨著滅亡了。

孟德斯鳩在探索羅馬衰亡的原因時，所得的成就並不比包胥埃好；事實上可以說這位審判長只是發展了主教的觀念。如果羅馬人在征掠行動中較有節制，對他們的同盟軍較爲公正，對戰敗者較爲人道；如果貴族的貪心小一些，皇帝的不法行爲少一些，人民的猛烈性格差一些，各階級的腐化程度淺一些等，帝國的尊嚴也許可以保全，羅馬也許可以保持世界的王座！這就是從孟德斯鳩的學說中所能推斷出來的全部內容。但是歷史的眞實情況不在這裡，世界的命運不是由這些不重要的原因決定。人們的熱情像時間的偶然性和氣候變化一樣，可以用來維持推動人類前進並產生歷史變革的力量，但是那種熱情不能說明這些力量。帕斯卡說一粒沙子只能造成一個人的死亡，如果先前的行動沒有規定由這個死亡作爲先導事件的話。

孟德斯鳩博覽群書，精通羅馬歷史，十分熟悉他所講到的民族，清楚知道爲什麼他們能戰勝敵人並統治世界。在閱讀他的文章的時候，我們讚美羅馬人，但是並不喜歡他們；我們看到他們的勝利並不感到高興，我們看到他們的衰亡並不感到悲哀。孟德斯鳩的著作像所有法國作家的著作，是精巧地組織起來的——生氣勃勃，妙語如珠，充滿著有見識的解說。他令人喜悅，使人感到興趣並獲得教益，但是沒能發人深思；他不是用深奧思想取勝，他不是用高超理智或懇切情感提高思想。如果我們要在他的著作中尋求古代知識、原始社會的特徵，或者關於其風俗和偏見，直到共和國末期還存在的英雄時代的記述，那是徒勞的。維哥在描述具有可怕特徵的羅馬人時，說他們可以原諒；因爲他指出，他們的一切行爲都是受原先存在的思想和習慣支配，他們可以說是受地位較高的神靈慫恿；羅馬人的殘忍引起孟德斯鳩的反感，但是沒有得到解釋。所以，身爲一個作家，孟德斯鳩給法國文學帶來光榮；身爲一個哲學家，敵不過維哥。

在羅馬，財產原來是國有的，不是私人的。努馬透過分配那些由羅墨路斯掠得的土地而建立個人財產的始作俑者。努馬所實行的分配實數多少？對於個人規定了哪些條件，國家保留了哪些權力？什麼都沒說明。存在著錢財的不平等，共和國放棄對公民財產優越的支配權——這就是努馬分派土地的初步結果，公正地說，他可以被當作是羅馬歷次革命的發起人，正是他規定對於台爾米努斯神——私有財產的保護者和義大利最古老的神之一——的崇拜。正是努馬把財產放在朱匹忒的保護下；他模仿伊特魯里亞人，希望使土地測量員充當祭司，他爲地籍工作創制了一套禮拜儀式，爲劃定地界的工作規定供奉的儀式——總之，他造成一種財產的宗教。[21]如果這個神聖的國王沒有忘掉一件主要的事情，即確定每個公民能夠占有的數量和根據什麼條件才能夠占有，那麼，所有這些異想天開的想法就會利多於弊。因爲，既然財產的本質是透過附加和利潤而不斷增加，既然出租人將利用各種機會來應用財產所固有的這條原則，由此可以推斷，所有權利用它們天然潛力和保護著它們的宗教外貌而趨向互相兼併，錢財有無限度地增減的趨勢——一種必然導致人民破產和共和國崩潰的過程。羅馬的歷史不過是這條規律的產物。

塔爾昆王族剛被逐出羅馬，君主政體剛被廢除，階級之間便開始爭吵。西元前四九四年，平民脫離其他階層到聖山，這導致護民官職位的設立。平民感到不滿的是什麼呢？他們所不滿的是：他們窮困，他們由於償付所有權人——高利貸者（faeneratoribus）——的利息而弄得精疲力盡；爲了貴族的利益而管理國事的共和國絲毫不給人民做事；平民被交給債權人隨意處置，這些債權人可以出賣他們本人和他們的子女，且他們既沒有爐灶又沒有家，他們維持生計的要求遭到拒絕，同時利率則保持在最高點等。有五個世紀之久，元老院的唯一政策就是迴避這些合理的控訴；雖然有護民官的毅力，雖然有格拉古兄弟的雄辯，雖然有馬里烏斯的暴力和凱撒的勝利，但這種可惡的政策竟然大獲成功。元老院一味延宕，護民官提出的措施是好的，但是不合時宜的。大家一致承認應當要有所作爲，但首先人民必須重新開始履行責任，因爲元老院不能對暴力讓步，且武力只能根據法律來行使。如果人民由於尊重法治而採納這美麗的勸告，那麼元老院就憑空製造困難；改革的措施被擱置，從此沒有下文。相反地，如果無產者的要求變得過於迫切的話，元老院就對外宣戰以維持羅馬貴族，鄰邦也就被剝奪了自由。

但是，戰爭的陰謀不過使平民流於窮困的過程停止一下，從被征服的國家沒收的土地立即被列爲國家的地產，即作爲國有土地（ager pubhcus），且這樣的土地是爲了國庫的利益而進行耕種，或者被拍賣，沒有一塊土地是給無產者。這些無產者和貴族及騎士不同，他們不能依靠勝利得到買土地的款項。戰爭從來沒有使士兵發財，大規模掠奪一向都是將軍們幹的事。奧什羅和其他二十個將軍的先鋒隊在軍隊中是聞名的，但是從來沒有聽說有一個士兵發了財。在羅馬，最司空見慣的控訴是：侵占公款、勒索、挪用款項、掠奪，這些行爲由軍隊帶領發生，還有在其他公職發生。這些控告都是由於法官的舞弊、受賄，或者由於原告放棄訴追而沉寂。到最後，罪犯總是被允許平安享受贓物，他的兒子只是由於父親的罪行而受到更多的尊敬，且事實上也不能不是這樣。如果每一個議會議員、上議院議員或公職人員可以被傳喚說明錢財來源的話，將產生什麼結果呢？

「貴族們擅自獨占享受國有土地，像封建主把部分土地贈送給下屬——贈與人隨意可以收回的一種完全不穩固的讓與物。相反地，平民則僅有權享受留給他們公用的一小塊牧場，一種極不公平的情況，因爲，由於這樣的結果，窮人所擔負的捐稅——戶口捐（census）——比富人來得重。事實上，貴族總是豁免本應繳納作爲國有土地出讓的代價和憑證的什一稅；另一方面，如果只有公民的財產才被課稅（我們有充分理由這樣相信），貴族的占有物卻不納稅。」（拉布賴，《財產史》）。

爲了徹底了解上面這段引文，我們必須知道，只有公民的地產——就是說，無論是在努馬分地時買到，或是從財務總管手中賣出與公共土地無關的地產——被當作財產；對於這些財產，徵收稅捐，即戶口捐。相反地，由於公共土地租讓，而得到的地產（須付一筆輕微的租金）則被叫做占有物。因此，羅馬人有所有權和占有權約束著全部地產的管理。現在，無產者的願望是什麼呢？他們認爲應當利用公共土地，不是私人的財產來把占有權利——單純占有權——擴展到他們身上。無產者要求成爲在征戰中得來的土地的租戶，貴族由於貪婪始終不同意這個要求，他們在買進這樣的土地之後，還想方設法取得其餘土地作爲占有物。在這些土地，他們使用奴隸進行耕作。由於富人的競爭，人民既買不到土地，又租不起土地，因爲——用自己的雙手去耕種——他們不能保證提供一筆與土地在奴隸耕種下所產生的收益相等的租金，所以人民永遠得不到占有物和財產。

內戰在某種程度上減輕了群眾的痛苦。「人民投筆從戎到野心家麾下，以便用武力得到法律所拒絕給的東西——財產。一塊殖民地就是得勝兵團的酬報，已不再是國有土地；整個義大利都處於兵團的任意處置之下。國有土地幾乎完全消失了……但是禍害的根源——積累起來的財產——卻比以前更有力。」（拉布賴，《財產史》）。

我所援引的作者沒有說明，爲什麼內戰之後分割土地的過程，沒有制止積累起來的財產併吞現象；這個遺漏是容易補充的。從事耕種所必需的東西不僅是土地，流動資本也是必要的——牲口、工具、馬具、房屋、一筆墊款等。從獨裁者手裡得到報酬，被解散出來的殖民者，從哪裡得到這些東西呢？從高利貸者的手中，也就是從貴族的錢袋中；最後，由於高利迅速增加和地產被扣押，所有土地都回到貴族手中。薩魯斯在關於卡提利納密謀的陳述中，告訴我們這個事實。參加密謀的人都是蘇拉部下的老兵，他們從他那裡得到座落在阿爾卑斯山脈以南的高盧地區、托斯卡那地區和那半島上其他地區的土地，作爲報酬。自從這些從債務中解放出來的殖民者離開隊伍，並開始從事耕種起不到二十年，就已經被高利貸弄得焦頭爛額，幾乎破產。由債權人的勒索所造成的窮困，就是這次密謀的起因。這次密謀幾乎煽動了整個義大利，如果有一個比較卓越的領袖和比較充足的財力，本來可能成功。在羅馬，人民群眾是贊助密謀者的——平民都贊成卡提利納的密謀（Cuncta plebes Catuhn），「證明我們拿起武器既不是爲了反對祖國，也不是爲了攻擊任何人，而是爲了保衛我們的生命和自由。我們大部分人悲慘、窮困，失去故鄉，由於高利貸者的殘忍，我們都被剝奪了名譽和錢財，我們沒有權利，沒有財產，沒有自由。」

卡提利納的壞名聲，以及他凶狠的計策、同謀者的魯莽、幾個人的叛變、西塞羅的策略、伽圖的發怒和元老院所造成的恐怖，破壞了這個計畫。這個計畫作爲向富人進軍的先例，本來可以拯救共和國並給予世界和平。但是羅馬躲避不了命運，從來沒有國家能夠透過突然、意外的轉變而避免應受的懲罰。要知道，「永恆的都市」長期不斷的罪行不能單憑屠殺幾百個貴族就了結。卡提利納阻礙了神所安排的報應，所以他的密謀失敗了。

大的所有權人藉助高利貸、田租和種種利潤併吞小的所有權人的行爲，在帝國是常有的事。誠實的公民以高額的利率來投放他們的金錢。[22]伽圖、西塞羅、布魯土斯，所有以節儉聞名的斯多噶派，儉樸的人（vri frugi）——塞奈卡，有德性的老師——都在外省以高利貸名義徵收巨額租稅；值得注意的是，共和國最後的保衛者，即豪邁的龐貝家族，都是放高利貸的貴族和對窮人的壓迫者。但是僅僅殺死了一些人的法爾薩魯斯戰役，沒有觸動那些制度，產業的併吞行爲一天比一天活躍。從基督教存在時起，神父們一直竭力反對這種侵占。他們的著作充滿對高利貸罪行的憤激咒罵，可是基督教徒在這種罪行上並不總是無辜。聖西普里安控訴過同時代的某些主教，因爲專心致力於買賣證券的交易，放棄了教堂，到各省用詭計和欺騙手段取得土地所有權，同時出借金錢，利上滾利。在這種累積財產的狂熱中，爲什麼公共土地的占有沒有像私有財產一樣集中在少數人手裡呢？

按照法律，國有土地不能出讓，因而占有權可以收回；但是執政官的指令把這種占有權無限延續下去，所以貴族的占有物終於變成絕對的財產，雖然占有物這名稱依然適用。這種由元老院的貪婪所促成的轉變，之所以能順利實現，是由於可悲、輕率的政策。提貝留斯・格拉古想把每個公民占有的國有土地限制在五百英畝之內，如果在那時把占有的數額按照每戶所能耕種的面積確定下來，並在租予土地時明文規定，占有人必須自己耕種，不得出租，帝國就不會被大地產弄得滿目荒蕪；這種占有不但不能增加財產，反而把財產兼併掉。在那個時候，地位和錢財平等的建立和維持是由什麼來決定呢？取決於國有土地較爲公允的分割和占有權較爲明智的分配。

我強調這點是至關重要的，因爲這讓我們有機會考察這種個人占有的歷史，曾在第一篇論文很多地方提過這種占有，而讀者似乎還沒有人懂得這一點。羅馬共和國——確實具有完全支配土地和對占有人規定條件的權力——比之後的國家都更爲接近於自由與平等。如果元老院是明智和公正的——如果向聖山隱退的時候，不是由米納尼烏斯・阿格里巴扮演那齣可笑的滑稽戲，而是由每個公民在得到一份占有時，做放棄取得所有權的嚴正聲明——那麼，以占有物平等和勞動義務爲基礎的共和國，在獲得財富時，就不致於發生道德上的退化；法布里西烏斯就不必控制擅長技藝的人而享受到技藝的好處；古代羅馬人的征服就會成爲散播文明的手段，而不是像實際所發生的那樣，成爲一系列的殺戮和掠奪了。

但是，具有積聚和出租的無限權力的財產，由於新的占有物增加而與日俱增。從尼祿那個時代起，僅僅六個人就擁有半個屬於羅馬的非洲。在第五世紀，有些富有的家族竟有兩百萬以上的收入，甚至有多至兩萬名的奴隸。所有作家論述羅馬共和國衰亡的原因，意見是一致的。埃克斯地方的奇洛先生[23]引證西塞羅、塞奈卡、普盧塔克、奧林比奧道羅斯和福蒂烏斯的證言，在維斯帕西安和蒂塔斯兩個朝代，博物學家普利尼曾經感嘆：「巨大的地產已使義大利破產，並且正在使各省破產。」

但是，從來沒有人了解到，像今天一樣，在那個時代財產的擴張是在法律保護之下並根據憲法而實現。當元老院把奪取的土地交付拍賣時，是爲國庫和公共福利打算；當貴族買進占有物和財產時，是實現元老院的命令；當他們以高額租率出租時，他們利用了法律所規定的權利。「所有權」放款人說，「是甚至可以達到濫用程度的享受權，使用和濫用的權利（Jus utendi et abutendi）；也就是說，借貸時可以收取利息的權利——租借、買進，然後再出租和放貸」。但是所有權也是交換、移轉和出賣的權利。所以，如果社會是那樣的情況，被高利貸導致破產的所有權人被迫出賣財產、謀生手段；而依靠法律，積累起來的財產——貪婪的和吃人的財產——就會確立起來。[24]

所以羅馬人衰微的直接和次要原因是共和國內部兩個階級——貴族和平民——之間的紛爭，這些紛爭引起內戰、排斥和自由的喪失，且導致了帝國；但是他們衰微的主要和間接原因則是努馬建立起來的財產制度。

有一本著作我已經引證好幾次，是最近在道德和政治科學學院得獎的作品；我摘錄其中一段結束這部分的論述。

拉布賴先生說：「財產的集中，在造成極端窮困的同時，迫使皇帝養活和安慰人民，以便使他們忘卻自己的苦難。麵包與馬戲（panem et circenses），是對於窮人的羅馬法；無論在哪裡，只要存在著擁有土地的貴族階級，就會產生可怕的、也許是必然的禍害。」

「爲了養活這些飢餓的人口，穀物從非洲和各省運來，無償分配給貧民。在凱撒時代，有三十二萬人受這種供養。奧古斯都看到這樣措施會直接導致農業的破產；但是取消這些配給就等於把武器放在搶先覬覦政權的人手裡。皇帝想到這裡就害怕了。」

「當穀物是無償發放時，就不可能維持農業。耕種讓位給畜牧，這是人口減少的另一個原因，甚至在奴隸之中也是如此。」

「最後，日益發展的奢侈，使義大利土地上蓋滿精美的別墅，占用整個的村莊。花園和苑林代替了田地，自由的人民群眾到城市去。農業幾乎完全絕跡，和農業一起絕跡的是農民。非洲供應小麥，希臘供應葡萄酒。提貝留斯悲哀地訴說著這個禍害，因爲這讓羅馬人民的生命聽憑風浪的擺布；那就是他的憂慮。不久，三十萬飢民走上羅馬市的街道；那是一次革命。」

「義大利和各省的這種衰微沒有停止。在尼祿朝代之後，像在安提烏姆和泰崙都姆那樣有名的城市中，人口也開始減少。在貝爾蒂納克斯當政時期，有許多荒蕪的土地，以致皇帝把這些屬於國家的土地，給所有願意耕種的人，另外還免除農民為期十年繳納租稅的義務。元老被迫把他們三分之一的錢財投資於義大利境內的地產中，但這個措施只加重所要加以救治的禍害。強迫富人在義大利境內購置財產，就是增加使國家破產的巨大地產。最後，我是否必須說，奧雷利安希望把俘虜送到伊特魯里亞荒蕪的地方去，以及華倫蒂尼安被迫把阿勒曼尼族安置在波河兩岸的富饒土地呢？」

如果讀者在匆匆瀏覽這本書的時候抱怨說，書中見到的只是從別人著作中引證的文字、報紙和公開演講的摘要、關於法律的註解和釋義，那麼我要提醒他，這篇論文的目的本身就在於證明我關於所有權的見解與人們普通主張的見解相符合；我的主要研究工作不是要提出似是而非的論據，而是聽從全世界人士的意見；最後唯一的要求是把一般的信念清楚表述出來。我不能過分頻繁重複這點——我以引以為豪的心情坦白承認——我絕對不提倡任何新的東西；如果有誰能言之成理批駁我所提倡的學說，我會根本否定我的學說。

現在探討「野蠻人」中所有權的變革。

在日爾曼部落住在森林裡的時期，他們沒有想到要分割土地並據為己有。土地是共有的，每一個人都可以犁耕、播種和收穫。但是，當帝國一旦被他們侵入之後，就想起要分享土地，正像在勝利之後分享戰利品那樣。「因此」，拉布賴先生說，「就有了布爾戈尼哥特族的份地（Sortes Burgundiorum Gothorium）和汪達爾人的土地等用語；因此德語中有自主地（allod）和地皮（loos）這兩個詞，在現代的語言中都是用來指命運所贈給的禮物。」

當時，自由地財產對於廣大的共有人來說，份額相等；因爲所分配的收穫相等，或者至少等價。這種財產，像羅馬人的財產，完全是個人的、獨立的、專屬的、可以移轉的，因而可以積累和侵占。但沒有像在羅馬人那樣成爲巨大的財產，這種巨大的財產透過利息和高利貸使小型財產處於從屬地位並加以兼併；在野蠻人中間──他們愛好戰爭甚於財富，熱衷於對人的支配而不熱衷於對物的占有──奴役其敵人是以武力的優勢爲憑藉的戰士。羅馬人要的是物品，野蠻人要的是人。因而，在封建時代，租金差不多等於零──只是由一個小女孩送來的一隻兔子、一隻鷓鴣、一塊蛋糕，幾品脫[25]的酒，或在宗主勢力所及的地區內插上慶祝節日的花竿，作爲報答；臣僕或供職人員必須跟隨主人打仗（幾乎每天發生的事，且必須用自己的錢來裝備自己和養活自己）。「日爾曼部落的這種精神──結夥和聯合的精神──像支配個人般支配著土地。土地像人一樣，透過互相保護、互相忠實的紐帶而附著於一個首領或一個封建主身上。這種臣服狀況就是日爾曼時代產生封建制度的費力工作。每一個不能當首領的所有權人，被迫用正當或不正當的手段做一個封臣。」（拉布賴，《財產史》）。

每個不能當師傅的技工，必須用正當或不正當的手段做一個工匠；每個不從事侵占的所有人權會受到侵占；每一個不能透過剝削別人而提供低於其眞正價値產品的生產者，會失去工作。公會和工頭制是所有權競爭主義的必然結果，受到深刻的憎恨，但是如果不當心的話，會重新出現。它們的組織過去是模仿封建階級制的組織，階級制是人和財物隸屬作用的結果。

給封建制的出現和大所有權人重現鋪平道路的時期，就是屠殺和最可怕的無政府狀態時期，殺戮過去從來沒有對人類造成這樣的破壞。如果我沒記錯的話，第十世紀被稱爲殘酷的世紀。小所有權人的財產、生命和他的妻子、兒女的榮譽，永遠處於危險狀態；他急於向領主表示敬意，並把某些物品贈送給他自由保有的不動產所在地的教會，以期獲得保障和安全。

「事實和法律都證實，從第六到第十世紀，一些小的自由不動產所有權人逐漸受到掠奪，或者由於大所有權人和伯爵們的侵害而降到臣屬或納貢者的地位。法令中充滿著限制性的條款，但這些威脅不斷重複只能說明那禍害的頑強性和政府的軟弱無力。此外，壓迫的方法沒有改變。自由所有權人的訴苦與格拉古兄弟時代平民的呻吟完全一樣。據說，只要一個窮人不肯把他的地產給予主教、伯爵、法官或百人隊隊長，這些人就立即找尋機會使他破產。他們讓他去服兵役，直到徹底破產以後，被誘放棄他自由保有的不動產爲止。」（拉布賴，《財產史》）。

有多少小所有權人和工廠主沒被大所有權人和大工廠主透過詭計、訴訟和競爭，而弄得破產呢？計謀和高利貸——這些就是所有權人掠奪勞動者的方法。

因此，可以看到財產在任何時代和任何形式下，都根據它的原則在相反的兩端擺動著——極端的分散和極端的積聚。

在一端，財產幾乎無足輕重。當財產爲私人所利用時，不過是潛存著的財產。在另一端，十分完善地存在著，這時才是眞正的財產。

當財產被廣泛分配時，社會就繁榮、進步、成長並很快上升到勢力的頂點。所以，猶太人跟著愛斯德拉斯和尼赫邁一起離開巴比倫之後，不久就變得比在他們的國王統治下更加富裕和更有權勢。萊克古斯死後的兩三百年間，斯巴達顯出一片強大和繁榮的景象；雅典最美好的日子就是波斯戰爭中的那些日子；羅馬居民一開始就分爲兩個階級——剝削者和被剝削者——他們不知道和平是怎麼回事。

當財產被集中的時候，那個糟蹋自己，也可以說是墮落的社會就逐漸腐化，日趨衰竭——我將如何說明這種可怕的觀念呢？沉浸在長期不斷的和致命的奢侈中。

當封建制度被建立起來的時候，社會不得不亡於在羅馬皇帝統治下，使社會遭到毀滅的同樣禍害——我是指積累起來的財產。但是，爲了永恆的命運而被創造的人類是不會滅亡的，使人類騷擾不安的種種革命是起淨化作用的危機，隨後總是產生精力比較旺盛的健康局面。在五世紀，蠻族的入侵恢復世界部分地區爲天然平等的狀態。在十二世紀，普及到整個社會的新精神把自由還給奴隸，並透過正義把新的生命注入到各民族心中去。人們曾說過並且屢次重複說，基督教使世界得到了重生，這是眞實的；但據我看來，好像在時間上弄錯了。基督教對於羅馬社會沒有發生影響，當蠻族來到時，社會已經滅亡。因爲上帝就是這樣譴責財產；以人剝削人爲基礎的政治組織都得滅亡；奴隸勞動是暴君之輩的致命傷。羅馬貴族像封建家族，像一切的貴族所必然般絕滅了。

在中世紀時代，當反抗的運動開始暗中破壞積累的財產時，首先充分發揮作用的是基督教的影響。封建制度的摧毀，農奴轉變成爲平民，自治市鎮的解放，以及第三階級容許參加政權，都是基督教單獨完成的事業。我指的是基督教而不是教會，因爲神父和主教本身就是大的所有權人，並且以這種身分對農奴進行迫害。沒有中世紀的基督教，現代社會的存在是無法得到解釋的，且也是不可能的。這個主張的眞實性已由拉布賴先生所援引的事實說明，雖然這位作家具有相反見解的傾向。[26]

「解雇你年老的工人吧」，擁護所有權學說的經濟學家說，「辭退有病的僕人、已經沒有牙齒衰老的女僕吧。休掉已經不中用的美人，把那些飯桶送到收容所去吧！」

「在皇帝的時代，這些可憐蟲的狀況改善得不多；安東尼烏斯的長處充其量不過是禁止不能容忍的殘忍行爲，認爲那是對於所有權的濫用。蓋雅斯說，任何人不得濫用所有權這一規定，符合於共和國的幸福（Expedit reipublicae, ne quis re sua male utatur）。」

「當教會召開教宗會議時，立即詛咒曾對奴隸行使可怕生殺之權的奴隸主。奴隸由於教會的庇護權和他們自身的窮困，難道不是宗教最親愛的被保護人嗎？把基督教偉大理想體現在法律中的君士坦丁，把奴隸的生命看得和一般人生命一樣重，宣布故意處死奴隸的奴隸主要負殺人的罪責。這條法律與安東尼烏斯的法律之間，在道德觀念上發生了徹底的革命；奴隸過去是一件物品，宗教使他成爲一個人。」

請注意最後一句話：「福音的法律與安東尼烏斯的法律之間，在道德觀念上發生了徹底的革命；奴隸過去是一件物品，宗教使他成爲一個人。」所以，那次使奴隸變爲公民的道德革命是在蠻族踏上帝國國土前，基督教就已完成。我們只需就社會人員方面，探索這次道德革命的進步意義。「但是，」拉布賴先生說得對，「事物的情況不是頃刻之間就可以改變，人的情況也一樣；在奴隸制和自由之間，有一個不是一天就能填平的深淵，過渡的步驟是勞役制。」

什麼是勞役制呢？和羅馬的奴隸制有什麼不同呢？這種區別的根源是什麼呢？讓同一位作者來回答吧。

一、羅馬人之間的奴隸制——「羅馬的奴隸在當時法律觀點上，不過是一種物品——正如一頭牛或一匹馬一樣，既沒有財產、家庭，也沒有人格；對於主人的殘暴、荒唐和貪婪，奴隸無法抵禦。『把已經沒有用處的牛賣掉吧』，伽圖說，『把你的小牛、羔羊、羊毛、獸皮、舊犁、廢鐵、年老和有病的奴隸，以及一切沒用的東西賣掉吧。』當奴隸主無法賣出因疾病或年老而變得衰竭的奴隸時，就聽任他們挨餓。克勞第烏斯是這可恥習慣的第一個辯護人。」

二、關於勞役制——「我在領主莊園中看到負責家務的奴隸，有些伺候主人本人，其他負責家庭事務。婦女紡織羊毛，男人研磨穀子、烘製麵包或爲了封建主利益，從事他們懂得不多的工藝。主人想懲罰就可懲罰他們，可以殺死他們而不受處罰，可以像對付家畜那樣賣出他們和他們的一切。奴隸沒有人格，因而也沒有自己所獨有的傷亡罰款[27]：他是一件物品。傷亡罰款是作爲財產上的損害賠償，而歸奴隸主所有的。無論奴隸被殺死或被偷走，賠款不變，因爲所受的傷害一樣；但是這種賠款可以按照農奴的價値或增或減。在這些方面，日爾曼人的奴隸制和羅馬人的奴役制相類似。」

這個相似之處値得注意，無論在羅馬人的別墅或者在蠻族的農莊中，奴隸制總是一樣，像牛和驢一樣，是牲畜的一部分；可以規定一個價格，奴隸是沒有良心的工具、沒有人格的動產、既無權利又無義務的、無罪的、不負責任的存在物。

他的地位爲什麼改善呢？

「就在某一年……」（究竟什麼時候？）「農奴開始被當作一個人了，正因爲這樣，在基督教思想的影響下，西哥特人的法律對於任何使農奴成爲殘廢或殺死他的人，處以罰款或驅逐出境的刑罰。」

脫不了基督教，脫不了宗教，雖然我們只想提到法律。西哥特人的博愛精神初次出現是在福音傳播以前，還是以後呢？這一點必須弄清楚。

「在征服以後，農奴散布在蠻族的大地產上，每一個人有房屋、一份土地和個人財產，作爲報答，他繳納地租並服勞役。當他們的土地被出賣時，他們很少和他們的住處分開；他們和他們所有的一切都成爲買主的財產了。法律不許把農奴出賣到外鄉的規定，有利於變賣農奴的方式。」

什麼事引起這種不僅摧毀奴隸制，而且還摧毀財產本身的法律呢？因爲，如果奴隸主不能從領地上把曾經安置在那的奴隸遷走的話，結果是奴隸就會像主人一樣，成爲所有權人了。

「蠻族」，拉布賴先生又說，「是首先承認奴隸的家庭權和所有權——這兩種權利和奴隸制不相容。」

但是，這種承認是在各日爾曼民族改信基督教前，已流行的勞役制的必然後果呢？還是和宗教一起傳進來的正義精神的直接結果呢？根據這種精神，領主不得不尊重農奴具有和自己相平等的靈魂，不得不把農奴當作由於受同樣洗禮而得到滌罪，由於「上帝之子」以人的形式作出同樣的犧牲，而得到贖罪的耶穌基督名義下的弟兄。因爲我們不應當無視於這樣的事實：雖然蠻族的倫理學以及他們的領主（這些領主主要是忙於戰爭和打仗，很少或完全不注意農業）的愚昧無知和輕率，可能對農奴的解放很有幫助；但是，這種解放的主要原則基本上是基督教的。假定蠻族仍然是異教世界中的異教徒，他們沒有改變福音，也就不會改變多神的風俗，奴隸制就會保持原狀，就會繼續殺死渴望自由、家庭和財產的奴隸；所有的民族就會降低到斯巴達人的奴隸的地位；現世的舞臺上除了演員之外，什麼也不會改變了。蠻族不像羅馬人那樣自私、傲慢、荒淫和殘忍，這就是在帝國崩潰和社會革新之後基督教所要影響的自然狀態。但是，這種自然狀態過去是建立在奴隸制和戰爭的基礎上，依靠自己的活力，可能除了戰爭和奴隸制之外，什麼也不會產生。

「逐步地，農奴得到按照和他們主人同樣的標準接受審判的權利……。」

他們是在什麼時候、怎樣和以什麼名義獲得這項權利的呢？

「逐步地，他們的義務被規定下來了。」

這些規定從哪裡來的呢？誰具有引用這些規定的權力呢？

「奴隸主使用農奴部分的勞力——例如三天——其餘的日子留給農奴自己。至於星期日，是屬於上帝的。」

如果不是宗教，星期日怎麼會規定下來呢？由此推斷，擔當起暫時休戰並減輕農奴義務的權力，也就是爲奴隸規定司法審判並創制一種法律的權力。

但是這個法律是以什麼爲根據呢？原則是什麼呢？當時的宗教會議和教皇對於這個問題的哲學是什麼呢？由我單獨對這些問題作出答案不會被信任。拉布賴先生的權威將爲我的話帶來信任，這種神聖哲學讓奴隸們在很多事情上都曾深受其惠，這種對福音的祈求，就是對於所有權的詛咒。

零星自由保有不動產的所有權人，是中間階層的自由民，他們由於貴族的虐政而墮入比佃戶和農奴更惡劣的境地。「農奴所負擔的戰爭費用比自由民來得輕，至於法律上的保障，由農奴的同輩來對他進行審判的領主法庭則遠勝過村議會。與其由貴族來當法官，還不如由他來做領主。」

同樣地，與其讓擁有大資本的人成爲競爭對手，還不如讓他成爲合夥人。誠實的佃戶——每星期可以獲得一筆有限但經常工資的農業勞動者——的地位，要比一個獨立的但是小的農民或者一個獲有許可證的窮苦技工值得羨慕些。

在那個時候，所有的人不是領主便是農奴，不是壓迫者就是被壓迫者。「在修道院或領主塔樓的保護下，形成了新的社會；它們的人手使土地變得肥沃，它們就在這土地上不聲不響地散布開；它們從消滅自由階層的過程中取得權力，並把這些階層吸收到自己這來。作爲佃戶，對於他們爲懶惰、掠奪成性的主人耕種的土地，一代一代地取得了神聖的支配權。社會上的騷動平息得越快，就越有必要尊重這些農奴的結合和繼承財產，因爲他們用自己的勞動，已經確實爲自己的利益而規定了土地的時效。」

請問，這裡既然已經存在著相反的權利和占有，怎樣才能取得時效呢？拉布賴先生是一個律師，他在哪裡看過奴隸的勞動和佃戶的耕種，可以損害每天起著所有權人作用公認的主人，而爲他們自己的利益來規定土地的時效呢？不要隱瞞事實，佃戶和農奴越是累積財富，就越加希望取得獨立和自由；他們開始聯合舉起地方自治的旗幟，蓋造了鐘樓，在他們的市鎮建築防禦工事，拒絕向他們的領主償付欠款。他們完全有理由這樣做的；因爲，他們的景況確實是不能忍受的。但是在法律上——我是指羅馬法和拿破崙的法律——他們拒絕服從主人並拒絕向這些人繳納貢稅是不合法的。

可是，平民這種覺察不出來的霸占財產行爲，是由宗教所鼓動。

領主使農奴束縛在土地上，宗教則答應農奴享有支配土地的權利。領主向農奴徵收捐稅，宗教則確定稅捐的範圍。領主可以殺死農奴而不受懲罰，可以奪取他的妻子、強姦他的女兒、掠奪他的房屋並搶劫他的積蓄；宗教則遏制領主蠻橫的行爲，把領主驅逐出教。宗教是粉碎封建所有權的眞正原因，爲什麼如今沒有足夠的勇氣堅決譴責資本主義的所有權呢？中世紀以來，社會的經濟制度除形式外沒有變更，它的種種關係始終沒有改變。

農奴解放的唯一結果是所有權易手，說得更恰當些，造成新的所有權人。權利的擴大非但不能匡救弊害，遲早作出不利於平民的行動。可是，新的社會組織並不在所有的地方都遇到同樣目的。例如在倫巴迪亞，人民因爲工商業很快變得富裕，不久就獲得可以把貴族排斥在外的權力——最初是貴族變窮了，地位降低了，並且不得不爲了生活和維持他們的信用而爭取加入行會；後來，由於所有權一貫使人屈服的作用，導致了錢財的不平等、富裕和窮困、嫉妒和憎恨，那些城市迅速地從最繁茂的民主，變成少數野心領袖所控制的地方。這就是倫巴迪亞地區大部分城市——熱那亞、弗洛倫斯、波倫亞、米蘭、比薩等——的命運；後來這些城市的統治者常常更換，但從此一直沒有朝向有利於自由的方向發展。人民容易避免暴君的虐政，但是不懂得怎樣擺脫他們暴虐的後果；正如在我們躲開兇手鋼刀的同時，我們卻死於一種體質遺傳病那樣。一個國家一旦成爲所有權人，就必然趨於滅亡，或者必然有一次外來的侵略迫使它重新開始迂迴的進化路程。[28]

「自治市鎮一經組織，國王就將它們看作高級的藩臣一樣。可是，正像下級臣屬除非透過直屬藩臣，否則不能和國王往來一樣，平民除非透過自治市鎮，否則不能提起申訴。」

「同樣的原因產生同樣的結果。每個自治市鎮成爲由少數公民統治著的單獨小國家；他們力求擴展自己的權力來支配其他公民，後者跟著就向沒有公民權的不幸居民進行報復。在沒有得到解放的國家中的封建主義，和自治市鎮中的寡頭政治，造成同樣的損害。在自治市鎮中，存在著一些分區協會、聯誼會、商人協會，在大學中存在著各學院。壓迫很重，自治市鎮的居民請求取消自治市鎮的事情，在當時並不稀奇……。」（梅伊埃，《歐洲的司法制度》）。

在法國，革命緩和得多。庇蔭於國王保護之下的自治市鎮，發現這些國王是主人而不是監護人。當封建主義在黎塞留手中受到致命的打擊時，自治市鎮的自由早就喪失，或者可以說解放已經停頓。於是自由停止不前，擁有藩屬的諸侯掌握著獨占的完整權力。貴族、教士、平民、議會，總之除了少數表面上的權利之外，一切都受國王的控制；這個國王像以前的祖先，經常且幾乎總是透支地消耗著領土上的收益——那個領土就是法國。最後，到了一七八九年，自由重新開始前進，曾經用了一個半世紀才使封建所有權的最後形式——君主政體趨於衰落。

法國的革命可以界定爲物權代替了身分權，也就是說，在封建主義時代，財產的價值是由所有權人的身分決定，在革命之後，對於人的尊重是按照財產的比例而定。現在，已從上文所陳述的內容看到，對於勞動者權利的承認曾經是農奴和自治市鎮堅定的目的，是種種努力的內心動機。一七八九年的運動只是長期叛亂的最後階段，在我看來，好像沒有充分注意到這樣的事實：由同樣的原因所鼓動，由同樣的精神所鼓舞，透過同樣的鬥爭而得勝的一七八九年革命，義大利早在四個世紀以前就已完成。義大利是第一個對封建主義發出作戰信號的國家，法國已經跟上，西班牙和英國正在開始行動，其餘的國家還在睡覺。如果眞要給世界作出偉大的榜樣，就該把苦難的日子縮短。

請注意下列從羅馬帝國時代，直至現今的歷次所有權革命的簡表：

一、五世紀——蠻族入侵；帝國土地分成獨立的部分或自由保有的不動產。

二、五到八世紀——自由保有的不動產逐步集中，或者小塊的、自由保有的不動產轉變爲采地、封地、從屬的采地等。巨大的所有權，小型的占有。查理曼（七七一—八一四）通令規定一切自由保有的不動產都從屬於法國國王。

三、八到十世紀——國王與高級侍從之間的關係發生破裂，後者成爲自由保有不動產的所有權人，同時較小的侍從不再承認國王而依附於最近地區的藩主。封建制度。

四、十二世紀——農奴爭取自由的運動；自治市鎮的解放。

五、十三世紀——在義大利，身分權和封建制度的廢除。義大利的各共和國。

六、十七世紀——在法國黎塞留內閣時期封建制的廢除。專制政治。

七、一七八九年——出身、階級、省區和公會等一切特權廢除；人身平等和權利平等。法國的民主政治。

八、一八三〇年——個人所有權所固有的集中原則受到注意。社團觀念的發展。

我們對這一系列的轉變和變遷思考得越多，就越加清楚看到，這些轉變和變遷在原則上、表現上和結果上都是必然的。

渴望得到自由、缺乏經驗的征服者，把羅馬帝國分成無數像自己一樣自由和獨立的領地，那是必然的。

這些愛好戰爭甚至比愛好自由更甚的人將順從他們的領袖，且由於自由保有的不動產所代表的是人，因而財產會侵犯財產是必然的。

在不作戰時經常閒蕩的貴族的統治下，會產生許多勞動者，他們依靠生產力以及財富的分配和流通，逐漸贏得對於商業、工業和一部分土地的控制權，當他們成爲富人時，也會渴望得到權力和權威，這是必然的。

最後，當獲得了自由與權利平等，而由劫掠、窮困、社會不平等和壓迫等伴隨個人所有權依然存在時，就會有人探究這個弊害的原因，並產生普通聯合的觀念，因而在勞動條件下，所有的利益都會得到保障和鞏固，那也是必然的。

扼要地重複說。

「當弊害達到過分嚴重的程度時，」一個博學的法律家說，「會自行矯正，而旨在增加國家權力的政治革新，最後會屈服於本身工作的效果。日爾曼人爲了要獲得獨立，曾經推選了領袖，不久就受到他們的國王和貴族壓迫。君王爲了要控制自由人，用志願兵把自己包圍起來，覺得自己是從屬於他們的傲慢侍臣。欽使（Missi Dominici）是爲了維持皇帝的權勢和保護人民不受貴族壓迫而被派到各省去；他們不但在很大程度上篡奪了皇權，而且對待居民更加嚴酷。自由人爲了避免兵役和法院方面的義務而去充當侍臣，就立即被牽涉到領主的個人糾紛中，被迫在這些領主的法庭中履行陪審的義務……。國王保護城市和自治市鎭，希望使它們不受高級侍臣的支配，並使自己的權力更爲絕對化；把立憲政權在歐洲的一些國家中建立起來的就是這些自治市鎭，它們現在使王權受到遏制，且引起普遍要求政治改革的願望。」（梅伊埃，《歐洲的司法制度》）。

什麼是封建主義？大領主反對農奴和反對國王的聯盟。[29]什麼是立憲政府？資產階級反對勞動者和反對國王的聯盟。[30]

封建主義是怎樣滅亡的呢？是在自治市鎭和國王權力的結合中滅亡。資產階級的貴族將怎樣滅亡呢？將在無產階級和主權的結合中滅亡。

自治市鎮和國王反對封建主的鬥爭的直接結果是什麼呢？就是路易十四的君主統一。無產階級和主權結合，反對資產階級的鬥爭，結果將會是什麼呢？國家和政府的絕對統一。

還須注意到單一和最高的國家在行政機關和中央的權力機關中，是否由一個、五個、一百個或一千個人來代表；也就是說，還須注意到，設了防柵的王權是否想依靠人民維持自己，還是不想依靠人民，且路易－菲利浦是否願意他的王朝成爲有史以來最著名的王朝。

我曾盡可能簡略也盡可能確切地作了這個說明，把事實和細節略去不提，以便可以更注意社會的經濟關係。研究歷史猶如研究人體構造，正像人體構造具有可以分別研究的組織、器官和機能，歷史同樣具有其整體、工具和原因。當然，我並不硬說貧困的原則概括了一切社會力量；但是，像在稱之爲身體的奇妙機器方面，整體的協調容許從研究單獨的機能或器官的過程中，得出概括的結論；在討論歷史原因時，同樣能夠從單獨一類的事實，進行絕對正確的推理工作，因爲我確信在這個特殊種類和世界史之間，存在著完善的相互關係。一個國家有怎樣的所有權，就有怎樣的家庭、婚姻、宗教、民政和軍事組織以及立法和司法制度。從這個觀點看來，歷史是十分重要和崇高的心理研究。

那麼，先生，在我撰文反對所有權時，我是否只是引述歷史的語言呢？我曾對現代的社會——以前各種社會的女兒和繼承人——說過，做你所做的事情吧（Age quod ages），去完成六千年來在上帝的啓發和命令下，一直在做的工作吧！趕快走完你的路程吧！既不要向右轉，也不要向左轉，順著面前的這條路前進！你尋求理性、規律、統一和紀律，但是從今以後，只有把你童年的面紗扯掉，不再遵循本能的指導，你才能找到它們。喚醒你那睡著的天良吧！睜開眼睛去看看沉思和科學純潔的光芒吧！看清楚在夢寐中驚擾著你，長期使你處於難以形容的痛苦狀態的鬼怪吧！認識你自己吧！啊，你這長期受騙的社會！認識你的敵人吧！我已經抨擊了所有權。

我們往往聽到土地所有權的辯護人，在爲他們的見解作辯護時，援引各國和歷代的證據。我們可以根據剛才所說的話，來判斷這個歷史的論證、眞正的事實和科學的結論，符合到怎樣的程度。

爲了完成這個辯解，必須考察各種不同的學說。

如果沒有具體學說確立政治、立法和歷史原理並揭示規律，總之，如果沒有一種哲學，就不能說明、了解這些政治、立法和歷史。要知道，至今使全世界注意力分散的兩個主要學派，都不能滿足這個條件。

第一種學派在性質上主要是實踐，限於說明事實，由於埋頭學習，很少注意到人類是根據什麼規律而發展。對這派學說而言，這些規律是萬能上帝的奧祕，如果沒有上天的委託，誰也不能探測其究竟。在把歷史事實應用到政治時，這個學派沒有推理，沒有任何預測，不把現在和過去作比較來預言將來。按照學派見解，經驗給予的教訓只是重複舊的錯誤，認爲哲學在於永久不變追溯古代的證跡，而不是永遠按照這些證跡所指出的方向勇往直前。

第二種學派可以稱爲宿命論或泛神論。對這個學派來說，帝國的運動和人類的革命都是萬能上帝的表現和體現。與神本體相一致的人類在出現、形成和毀滅所構成的循環中旋轉著；這個循環必然是排斥絕對眞理的觀念和摧毀天道及自由。

相當於這兩種歷史學派，存在著兩種相反且具有相同特徵的法律學派。

一、實踐和傳統的學派，對於這個學派來說，法律永遠是立法者的創造、意志的表示、恩賜的特權，總之，法律被看作明智而合法的斷言，不問所宣告的是什麼。

二、有時被稱爲歷史學派的宿命論和泛神論的學派，反對第一種學派的專制主義，主張法律像文學和宗教，是社會的表現——社會的表示、形式、精神和不斷變更著的靈感的外部實現。

這兩種學派都否認絕對，都拒絕承認一切實證和先驗的哲學。

現在，顯然可以看出，無論對於這兩個學派的理論採取怎樣的看法，都完全不能令人滿意；因爲如果把這兩種學派對立起來，不能形成一個兩端論法——這就是說，如果其中一個是錯誤的，我們不能因此說另一個是正確的；如果將兩者聯合起來，又不能構成眞理，因爲在兩者中都沒有絕對，而沒有絕對就沒有眞理。這兩者分別構成正題和反題，所以還需找尋的是合題，這個斷定有絕對存在的合題，可以辯明立法者的意志正當，可以說明法律的變化，消滅人類循環運動的學說，並證實人類的進步。

法律學家雖然抱有固執的偏見，卻由於他們所從事的研究工作性質，曾經不可抗拒地表示懷疑，法學上的絕對是否像一般人所設想的屬於空想；這種懷疑是從他們對於立法者有責任加以調整的各種關係進行比較時產生。

得到學院很高榮譽的拉布賴先生，用以下面這段話開始他《財產史》這本著作。

「如果只是規定人與人之間相互利害關係的契約法，幾世紀以來沒有變動（除非在涉及證據較多，而涉及義務性質較少的某些形式下），而規定公民相互關係，關於財產的民法卻發生過幾次劇烈的改變，並在改變的過程中和社會所有的變遷採取同一的步調。契約法在本質上堅守著深入人心的永恆正義原則，所以正義是法學不變的因素，在某種意義上也就是法學的哲學。相反地，財產則是法學的可變因素，是法學的歷史、政策。」

了不起！在法律上，因而在政治上，存在著某種可變的東西和某種不變的東西。不變的因素是義務，正義的約束，責任；可變的因素是財產——就是法律的外部形式，契約的主題。由此可以推斷，法律可以改變、變更、改革和判斷財產。如果可以的話，請把這種說法與一種永恆、絕對、永久和完整無缺的權利觀念調和一下。

可是，當拉布賴先生又說出下列的話時，就和自己的心意完全一致了：「土地的占有，在社會著手加以處理前，一直是以暴力為根據，且結合占有人的主張。」[31]他又說：「所有權不是天然的，而是社會的。法律不僅保護財產，還產生財產。」要知道，法律可以廢除所規定的事項，尤其是按照拉布賴先生——歷史學派或泛神論學派的一個公開成員——的意見，法律不是絕對的，不是一種觀念，而只是一種形式。

但是，爲什麼財產是可變且和義務不同，不能明定意義和加以澄清呢？在大膽肯定說在權利上沒有絕對原理（難以想像的最危險的、最不道德的、最專橫的——總之是最反社會的——斷言）以前，應該使所有權受到徹底的查考，以便證明所有權是可變、專斷和偶然的因素以及其永恆、正當和絕對的因素；於是，在完成這手續之後，就容易解釋法律並糾正所有的法典了。

現在，我聲明已對所有權做了這種研究，且十分詳盡；但是，是由於公眾對沒有經過推薦和不動人的作品不感興趣，或者——這點更有可能——由於說明的軟弱無力以及缺少可使作品具有特色的天才，所以第一篇關於所有權的論文沒有得到重視，只有極少數的共產主義者在翻閱之後肯惠予非難。只有您，先生，不計較我對您的經濟學前輩過於嚴格批評的怠慢態度，只有您對我作了公正的判斷；雖然我不能，至少逐字逐句地，接受您第一次的判斷，但是對過於模稜兩可而不能認爲是最後的裁決，我還是只有向您提起上訴。

我不打算現在就開始討論原理，我將滿足於從這個簡單明瞭、絕對的觀點評價這一代所產生關於所有權的學說。

關於所有權最確切的觀念是羅馬法給予，在這方面古老的法學家忠實遵循羅馬法。所有權是一個人對一件東西絕對、專屬、獨斷獨行的支配權——一種由於長期占用而開始、透過占有而維持、最後藉助於時效而在民法上得到批准的支配權；一種使人和物等同的支配權，以致所有權人可以說：「凡是使用我田地的人實際上就是強迫我爲他勞動；所以他應當給我補償。」

我把可以獲得所有權的次要方式——傳統、出賣、互換、繼承等略過不提，因爲這些和所有權的起源毫無共同之處。

因此，包梯埃說財產支配權而不單純說財產。最博學的法學著作家——仿效承認有所有權和占有權的羅馬大法官——曾把支配權同用益權、使用權和住居權仔細區別開。後面這三種權利歸結到其自然範圍，就是正義的表現；按照我的看法，這三種權利會排擠掉支配權，並終於構成全部法學的基礎。

但是，先生，您該驚嘆那些體系的粗陋或者毋寧說是邏輯的災難！羅馬法和所有受其啓發的學者教導，所有權按其根源是被法律批准的先占權；另一方面，不滿足於這個粗暴定義的現代法學家卻斷言所有權是以勞動爲基礎。他們推論，一個不再勞動而使另一個人代替他勞動的人，就喪失享受勞動者收入的權利。根據這原則，中世紀的農奴要求取得對於財產的合法權利，並因而要求享受政治權利；一七八九年教士們被剝奪巨大的地產，得到一筆補助金作爲交換；在復辟時期自由主義的議會議員，反對十億法郎的賠款。「國家」，他們說，「經由二十五年的勞動和占有，取得移民們由於放棄和長期怠惰而被沒收的財產；爲什麼貴族應該受到比教士更爲有利的待遇呢？」[32]

一切不是從戰爭中產生的霸占行爲，都是由勞動造成。從羅馬帝國滅亡起直到今天，全部現代史都證明了這點。且好像是要給予這霸占行爲合法的核准似的，破壞所有權的勞動學說就在羅馬法中，在時效的名稱下講解得十分詳盡。

據說，從事耕種的人可以使土地變成自己的，因而所有權不再存在。舊的法學家清楚看到這點，他們不是沒有高聲反對這種新鮮事；在另一方面，年輕的學派則嘲罵先占學說的荒謬；其他人企圖把這兩種見解綜合起來調停，但他們像所有主張中庸之道的人一樣失敗了，且因爲他們的折衷主義而受到嘲笑。現在發生恐慌的是在老派學說的陣營裡，從一切方面傳開了爲所有權的辯護、對所有權的研究、關於所有權的學說，每一項都與其他各項矛盾，這給所有權帶來新的創傷。

的確，不妨看看魯莽的所有權辯護人這樣輕率地使自己陷入不可救藥的困難、矛盾、謬誤和奇怪的胡說。我看中了折衷主義者，因爲把這些人殺死了，其他人也就活不長了。

法學家特羅普隆先生在《法學》期刊的編輯心目中，被當作是一個哲學家。我告知《法學》期刊的先生們，根據哲學家們的意見，特羅普隆先生不過是一個律師，我可以證明這點。

特羅普隆先生是一位進步的保衛者。「法典上的話，」他說，「是十八世紀古典作品中洋溢著的有益精華。想要取消它們……就是侵犯進步的規律，就是忘記前進的科學是成長著的科學。」[33]

現在，像我們已經看到的，那部分容易變動和進步的法律，是關於財產的部分。如果問起在所有權方面應該採取哪些改革，特羅普隆先生沒有答覆；希望得到什麼樣的進步？沒有答覆；在全世界連成一體時，財產將遭到什麼樣的命運？沒有答覆；在財產方面，什麼是絕對和什麼是偶然，什麼是眞實和什麼是虛假？沒有答覆。關於財產，特羅普隆先生贊成不動和維持原狀。在一個進步哲學家的思想中，還有什麼比這更非哲學的呢？

可是，特羅普隆先生想過這些事情。「在現代作家關於所有權的學說中，」他說，「存在著許多缺點和過時的思想；杜利埃和杜蘭東兩位先生的著作可以作證。」於是，特羅普隆先生的學說就給出諾言，要提供有力的論點，先進和進步的思想。讓我們來查看、研究一下：

「人在面對著可以滿足生活需要的物體時，就感到對於這個物體的權力。人身爲無生命、無智慧的萬物之王，覺得具有一種改變、支配物體並使之適合於人的用途的權利。從這裡就產生所有權的主體，只有在對事物行使時才正當，如果對人行使，就永遠不正當。」

特羅普隆先生沒有多少哲學家的氣息，因此他甚至不了解他所賣弄的哲學用語的涵義。他把物體說成所有權的主體，應當說是客體。特羅普隆先生使用解剖學家的語言，因爲解剖學家把主體一詞用來代表在實驗中所採用的人類肢體。

我們的作家在後面又重複了這個錯誤：「自由，制勝了物體，所有權的主體等。」所有權的主體是人，客體是物體。但是這一點不過是很小的煩惱，我們將要受到某些大的苦難。

因此，按照剛才所援引的文字，所有權的原理必須到人的良心和人格中找尋。這個學說有沒有新的創見呢？顯然，從西塞羅和亞里斯多德以至更早的時代起，主張物件屬於先占者的人從來沒有想到，占用可以由缺乏良心和人格的生物來實行。人性雖然像物體是財產的客體那樣，可以是財產的要素或主體，但不是條件。現在最需要知道的就是這個條件，到此爲止，特羅普隆先生沒有比他的老師告訴我們更多事理，他用來修飾文體的詞藻，也沒有使舊思想增加新的內容。

那麼，財產包含三項：主體、客體和條件。前兩項沒有什麼困難，至於第三項，即財產的條件，直到現在對於希臘人也像對於蠻族一樣，曾經是先占行爲的條件。博士，現在您對這一點有什麼高見呢？

「當一個人第一次把雙手放在一件無主物品上時，他完成了一次在人與人之間極爲重要的行爲。這樣取得和占有的物體就成爲持有它的人的一部分人格，就像自身一樣神聖了。要把該物品拿走，就不能不侵犯他的自由；或者要把物品搬走，就不能不粗暴地侵犯他的人身。當第歐根尼斯說『別擋住我的光線！』時，他不過表示了這種直覺的眞理。」

很好！但是這位犬儒學派的巨擘，這位很會批評人、很傲慢的第歐根尼斯，因爲另一個犬儒主義者占據了陽光之下的同一塊地方，是否就有權向他索取一塊錢地租，作爲占用二十四小時的代價呢？造成所有權人的就是這點，您沒有能夠辯明的也是這點。從人格和個性推究到所有權時，您不知不覺地構成一個三段論式，在這個論式中，和亞里斯多德所規定的定律相反，結論所包含的內容多於前提。人類個人的個性可以證明，與「集體占有」（communio）相對立的叫做「獨有」（proprietas）的個人占有。這產生你的和我的之間的區別，這兩個詞是眞正的平等符號，絲毫不含任何隸屬的意義。「從模稜兩可的話到模稜兩可的話」，米歇萊先生說，[34]「所有權會慢慢走到世界末日，如果人自身不是其範圍的話，他就不能限制它。人和所有權在哪裡發生衝突，那裡就是所有權的界限。」總之，生物的個性摧毀了共產主義的假設，但並不因此而產生所有權——根據這個所有權，一樣東西的持有人對於代替他的地位的人，可以行使要求付款和宗主的權利，這種權利向來被當作和所有權本身是同一的。

此外，對於正當取得占有而不損害任何人的人，不得撤銷他的占有，否則不免是彰明昭著的非正義行爲，這不是特羅普隆先生所說的直覺眞理，而是和財產毫無關係的內在感覺眞理。【35】

還有，特羅普隆先生承認占用是所有權的一個條件。在這點上他和羅馬法一致，也和杜利埃、杜蘭東兩位先生一致；但是按照他的意見，這個條件不是唯一，在這點上他的學說超出了那兩位先生的學說範圍。

「但是，不論從單獨占用得來的權利具有怎樣的專屬性，當人已經用勞動塑製了物品，當他已經在物品中放進自己的一部分，用他的勞力加以改造並在上面蓋上他智慧和努力的印鑑時，上述權利的專屬性是不是更濃厚呢？在所有的獲得行爲中，這是最正當的一種，因爲它是勞動的代價。誰要是使一個人不能享受這樣改造、賦予人性的物品，他就會侵犯這個人本身，就會使他的自由受到最深重的創傷。」

特羅普隆先生在討論勞動和勤勉時，炫耀了他豐富的辯才，我把這些解說略過不提。特羅普隆先生不僅是一個哲學家，也是演說家、藝術家，他善於向良心和熱情呼籲。如果要詳細批評的話，我可以把他的詞藻批駁得體無完膚；但是目前，我只限於談他的哲學。

如果特羅普隆先生在拋棄占用這一事實並大談其勞動學說以前，懂得如何思考和思索的話，他會自問：「占用是什麼呢？」他也許會發現：占用不過是一般的名稱，可以用來表示各種占有方式——強占、暫駐、永居、居住、耕種、使用、消費等；因而勞動不過是占用的一千種方式中的其中一種。他也許終於會懂得，從勞動中產生的占有權，像簡單掌握物品的行爲所產生的占有權那樣，受同樣的一般法則支配。在他應該推理時，卻進行狡辯，不斷地把他的譬喻誤認爲法律上的定理，他甚至不知道用歸納法求得一種概念並形成一個範疇，他這樣是什麼樣的法學家呢？

如果勞動與占用相等的話，使勞動者所能得到的唯一利益，就是對於他勞動對象的個人占有權；如果與占用不同，就產生一種只能與它本身相等的權利——這就是說，和占用人的勞動一起開始、繼續和終了的權利。正由於這個緣故，用法律上的用語來說，人們不能單靠勞動而獲得對於一件東西的合法權利。他還必須在一年零一天的期間內保有該物品，才能被當作是該物品的占有人；或者占有該物品滿二十年或三十年，才能成爲其物品的所有人。

這些初步說明一經確立，特羅普隆先生的整個結構就崩潰了，他試圖作出的論斷也就消失了。

「財產一旦由於占用和勞動而被取得之後，用同樣的手段，還由於持有人不肯放棄權利，自然而然保存下來；因爲根據財產已經升到一個權利高度這一事實來看，就具有永久保持並在不定時期內繼續存在的性質……從理想的觀點來考慮，權利是不滅和永恆，只能對偶然事件發生影響的時間，像不能傷害上帝本身一樣，不能對這些權利有所妨礙。」令人驚奇的是，這位作家在談到理想、時間和永恆時，語句中沒有運用在現今哲學著作中，非常時髦的柏拉圖風格。

除了謊話之外，在世界上的一切事物中，我最恨無意義的謬論。財產一旦被取得之後！好吧，如果財產是被取得的話；但是，既然財產不是被取得，就不能被保存下來。權利是永恆的！不錯，在上帝的眼光中，正像柏拉圖主義者的原型觀念一樣。但是在地球上，權利只能在主體、客體和條件面前才能存在。如果去掉這三者的任何一種，權利就不再存在。所以個人占有在主體死亡時、在客體毀滅時或者在交換或放棄時，就不再存在。

但是，姑且同意特羅普隆先生的意見，承認所有權是絕對和永恆的權利，除非根據契約和所有權人的意願，否則不能被毀滅。隨著這種見解而來的後果是什麼呢？

為了說明時效的正當和效用，特羅普隆先生假設一個被人遺忘久已甚或人們所不知道的所有權人想排除一個實際占有人的占有情況。「在開始時，占有人的錯誤可以原諒，但不是無法補救。在占有繼續進行和年代逐漸久遠之後，當占有全身穿上標誌著眞實的鮮艷衣服，高聲講著正義的語言，並包含許多可靠的利益，因此我們可以問，回復到眞實情況是否會比准許占有（這無疑是一種錯誤）一路散布的虛構造成更大的混亂呢？當然會造成更大混亂；我們必須毫不猶豫承認，醫療的辦法會比疾病更糟，如果加以採用，勢必會導致對權利最粗暴的侵犯。」

從什麼時候起功利成為法律的一個原則呢？當雅典人根據亞里斯泰提斯的意見，拒絕一個對他們的共和國非常有利，但是十分不公正的建議時，他們比特羅普隆先生表現了更為敏銳的道德感和更大的賢明。財產是一種永恆的權利，不受時間的影響，除了所有權人的行為和意願之外，不為任何事物所破壞；而現在，人們卻從所有權人那裡奪走這個權利，是根據什麼理由呢？我的老天爺！根據人不在這個理由！法學家在爭奪權利的時候，難道不是眞的受任性支配嗎？當這些學者高興的時候，懶惰、不相稱或人不在，就可以使一種權利失效，而在完全類似的情況下，勞動、居留和德行又不足以取得這個權利。法學家拒絕承認絕對，這不足爲奇。他們最大的樂事就是法律，他們亂七八糟的想像，是法學方面發生演變的眞正原因。

「即使名義上的所有權人說不知道，他的主張也不見得更爲有效。事實上，他的不知道可能是無可原諒的疏忽等所造成。」

哎喲！爲了透過時效而使剝奪行爲合法化，就假定所有權人有過失！譴責他人不在——這種情況可能出於無奈；譴責他的疏忽，卻不知道造成這個疏忽的原因；譴責他漫不經心——這是您毫無根據的假設！這是荒謬的。只要簡單的觀察，就可以摧毀這種理論。他們說，社會爲了秩序對占有人另眼相看而不利於原先的所有權人，所以應當給予所有權人賠償；因爲時效的特權只不過是爲了公共福利而實行的沒收。

但是這裡有一些較爲強烈的語句：

「在社會中，一個地位不能一直空著。原來的人失蹤或外出，在他的地位上來了一個新人；他把生存帶到此，全神貫注地致力於這個他發現被拋棄的崗位。這時，難道那個逃兵可以來和這個爲了他認爲是正當的事業，而汗流滿面從事戰鬥，並負起日常重任的兵士，爭執勝利的榮譽嗎？」

當一個律師的舌頭開始轉動，誰知道哪時才停止？特羅普隆先生承認在所有權人不在的情況下，所發生的霸占行爲，並假定所有權人犯有疏忽的過失，而爲這種霸占行爲辯護。但是，當疏忽是有憑據爲證時，當拋棄行爲被嚴肅、自願表明在一紙契約中的時候，當所有權人說「我不再耕種了」，但是仍要分享一份產品」的時候，那個不在的人的所有權卻得到了保障；占有人的霸占就是一種犯罪的行爲；田租成爲懶惰的報酬。這種法律的正義性（我姑且不說一致性）在哪裡呢？

時效是民法的產物，立法者的創造。爲什麼立法者不以其他方式確定那些條件呢？爲什麼要規定二十年或三十年，而不規定僅一年就可以發生時效呢？爲什麼不把故意不在和自承的怠惰，看作非故意的不在、無知或漠不關心一樣，是剝奪的有效根據呢？

但是，如果要求哲學家特羅普隆先生告訴我們時效的根據，是徒勞的。關於法典，特羅普隆先生並不作任何推論。「解釋者」，他說，「必須就事論事，就社會目前情況理解社會，就法律被制定的情況來觀察法律；這是唯一合理的出發點。」好了，那麼您可以不必著作更多書了；您可以不再責備前輩的落後了——因爲他們像您一樣，目的只在於解釋法律；您不必再多談哲學和進步了，因爲謊話梗在您的喉嚨裡。

特羅普隆先生否認占有權的現實性，否認占有曾經被當作一個社會原理而存在過，他引證德・沙維尼先生的言論，而沙維尼先生恰巧是持相反見解，對於這種見解，特羅普隆先生寧可不加答辯。有一個時候，特羅普隆先生主張占有和財產是同時存在，這意味著所有權是以占有的事實爲根據——一個顯然是荒謬的結論；在另一個時候，他否認占有在歷史上先於財產而存在——這個斷言與下列事實相矛盾：許多民族按照習慣，在尚未使土地私有化的情況下從事耕種，羅馬法把占有和所有權區別得很清楚，我們的法典本身規定二十或三十年的占有是取得所有權的條件。最後，特羅普隆先生甚至主張，所有權與占有毫無共同之處（Nihil commune habet proprietas cum possession）這句羅馬成語——這句成語很明顯含有指國有土地的占有而言的意義，且遲早會再度無條件被接受——在法國法律上，僅僅表達一個審判的原則，一條禁止把請求占有之訴與請求確認所有之訴，合併提起的簡單規定，一種既是退步又是非哲學的見解。

在討論請求占有之訴時，特羅普隆先生非常爲難，他由於不能理解經濟的意義，而肢解了經濟。「正像財產引起請求返還之訴一樣，」他寫道，「占有——占有權（Jus possesslonls）——同樣是提起關於占有抗辯的根據。……以前有兩種關於占有的抗辯權，請求恢復占有的抗辯權（Interdict recuperandæ possessionis）和請求保留占有的抗辯權（Interdict retinendæ possessionis）——它們相當於現行關於永佃土地的占領或新土地占有行爲提出異議之訴（complamte enc as de saisineetnovellete）。還有一個第三種的關於占有的抗辯權——取得占有的抗辯權（interdict adipiscendæpossessionis），這在羅馬的法學著作中，是在涉及其他兩種關於占有的抗辯權時提起的。但實際上這種抗辯權是不屬於占有權的，因爲想要透過抗辯權而取得占有的人，現在並不占有，且以前也沒有占有過；而已經取得的占有，是行使占有抗辯權的條件。」爲什麼不能像恢復占有的抗辯權一樣，想像有一種取得占有的抗辯權的存在呢？當羅馬的平民請求分割從征戰中得來的土地時，當里昂的無產者提出口號「在勞動中生存，否則就在鬥爭中死亡」（vivre en travaillant ou mourir en combattant）時；當現代經濟學家中，最開明的人士主張人人都有勞動和生存的權利時，他們不過是提出這種取得占有的抗辯權，這種抗辯權卻使得特羅普隆先生感到非常狼狽。我從事反對所有權的辯論，其目標如果不是爲了得到占有，又是爲什麼呢？既然這種占有的抗辯權是另外兩種的必要補充，且這三者結合就構成一個不可分割的三位一體——恢復、維持、取得，那爲什麼身爲法律家、演說家、哲學家的特羅普隆先生就看不出，從邏輯上講，非承認這種占有的抗辯權不可呢？打破這個系列就是造成空白，破壞事物的天然綜合，也就是試圖只用長與寬構想一個立體的幾何學家的榜樣。但是，當我們想到特羅普隆先生拒絕承認占有的本身時，他拒絕承認第三種的占有抗辯權就不足爲奇了。在這方面，他完全受偏見的控制，所以不知不覺把關於請求占有之訴和請求確認所有權之訴等同起來，而不是結合起來（在他看來，這會是可怕的）。這不難證明，如果它不是過於煩瑣而一味賣弄這些形而上學、令人費解的詞句的話。

特羅普隆先生作爲一個哲學家沒有什麼成就，作爲一個法律的解釋者，同樣也沒有什麼成就。只要舉出他在這方面才能的例子，就夠了：

《民事訴訟法》第二十三條：「只許根據不能被取消的權利而占有至少已有一年之久的人，在糾紛開始起的一年內，提起請求占有之訴。」

特羅普隆先生註釋：

「當一個既不是所有權人，也不是一年以上的占有人，被一個對該項地產沒有權利的第三者驅逐出去的時候，是否應該——像杜帕爾克、普蘭和朗奇耐要我們做的那樣——維持那條「被剝奪者應優先恢復權利」（Spoliatus ante omnia restituendus）的法則呢？我以爲不然。《法典》第二十三條的規定是一般性的，絕對要求提起請求占有之訴的原告，具備至少已占有一年的條件。那是一個不變的原則，無論如何不能被變更。爲什麼要把它撇開呢？原告沒有占領土地，沒有優先的占有，他只有一種暫時性、不足以保證有利於推定他有所有權的占用；這個推定使一年以上的占有變得非常寶貴。現在，他已喪失這個事實上的占用，另一個人卻取得了它；占有操在新來的人手中。對於這種情形，不就可以適用「兩造的理由相等時，應當認爲占有人的主張更爲有力（In pari causa possessor portiorhabetur）的原則嗎？實際的占有人不是比被逐出的占有人，更應該獲得優先權嗎？他不是可以用下面的話來應付對方的控訴：『你應當證明你在我之前曾經是一個滿一年的占有人，因爲你是原告。就我來說，不必告訴你我是怎樣占有，也不必告訴你占有多久。占有權就是由占有而來（Possideoquia possideo）。我沒有別的答覆，沒有別的答辯。當你證明了你的起訴是可以被受理的時候，我們將看到你是否有權揭開那塊掩蓋著我的占有起源的布幕。』」

這就是被稱爲法律學和哲學的東西——強權的復辟。什麼！當我已經「用我的勞動塑製物品」〔我引證特羅普隆先生的話〕；當我已經「在物品裡面放進自己的一部分」〔特羅普隆先生〕；當我「用我的勞力改造並蓋上我智慧的戳記」〔特羅普隆先生〕——根據我沒有占滿一年爲理由，一個陌生人就可以剝奪我的占有，且法律也不給我保護！如果特羅普隆先生是法官的話，他就會判決我敗訴！如果我反抗我的對方——如果，爲了這一小塊可以稱之爲我的田地，他們要想從我手中奪走的泥地，在兩個敵手間爆發一場戰爭的話——立法者將嚴肅等待著，直到較爲強大的一方殺死另一方後，再完成一年的占有爲止！不，不，特羅普隆先生！您不了解法律的文字，因爲與其懷疑立法者的公正，還不如懷疑您的智慧。在您應用「兩造理由相等時，應當認爲占有人的主張更爲有力」這原則時，您錯了；在這裡，與占有的現實性有關的是糾紛發生時的占有人，而不是控訴時的占有人。當法典規定占有不滿一年的情況下，不得受理請求占有之訴時，意思不過是：如果在一年的期間屆滿以前，持有人放棄占有且實際上不再親自（In propria persona）占用的話，就不能利用機會對他後繼人提起請求占有之訴。總之，法典對待不滿一年的占有的態度，和對待一切占有的態度一樣，無論已經存在多久——也就是說，所有權的條件應該不僅是一年爲期的占領，而是永久的占領。

我不打算更進一步分析，當一個作者把其兩冊曲解法律的著作，安置在這樣不可靠的基礎上時，可以大膽地說，無論裡面炫耀著多少學問，這個作品是不值得批評家注意、毫無意義的大雜燴。先生，我好像聽見您在責備我這種自大的獨斷之論，這種無理的傲慢態度，不尊重任何事物，要求壟斷正義和正確的見解，擅自當眾謾罵任何敢持相反意見的人。他們告訴我，這個對作家來說，比任何其他缺點都更爲可憎的缺點，曾是我第一篇論文中十分突出的特徵，我應當好好加以糾正。

根據這個譴責來爲自己辯白，是我的辯護獲得成功的關鍵；因爲我雖然覺察到自己有著其他性質不同的缺點，但這件事我還是堅持喜歡爭論的格調，所以我應當提出之所以這樣做的理由。我是根據必要而不是根據我的癖好行動。

因此我說，像現在這樣對待那些作家，有兩種理由，道理方面的理由和意向方面的理由。

一、道理方面的理由。當我宣傳錢財的平等時，並不提出一種或多或少是大致如此的意見、一種或多或少是異想天開的烏托邦、一種只是依靠想像力而孕育在我腦子裡的觀念。我寫的是絕對的眞理，關於這個眞理，遲疑不決是不可能的，謙遜是多餘的，懷疑是可笑的。

您或許會問，什麼可以保證我所發表是正確的呢？什麼能保證，先生？就是我所採用、透過先驗的推理已證明其爲正確的邏輯和形而上學的方法；我擁有一種爲作家們所不熟悉、不會發生錯誤的調查和驗證方法這個事實；最後，對於一切有關所有權和正義的事項，我已找到一個公式，可以解釋所有立法上的變遷，並提供解決一切問題的線索這個事實。可是，杜利埃先生、特羅普隆先生和這一群像法典一樣缺乏理智和是非之心的註釋家，有一些可以稱爲方法的影子嗎？難道您能把按照字母順序排列起來、年表式、類推式或者僅僅是名稱上的主題分類法叫做方法嗎？難道您能把這些羅列在任意決定的題目下的幾段文章的一覽表、這些詭辯的空想、這些自相矛盾的引證和見解、這種令人作嘔的語調、這種在律師界十分普通但在別處難得見到的誇張詞藻，叫做方法嗎？難道您把這種空談、這種用少許學者的裝飾品打扮起來不能容忍的手法當作哲學嗎？不，不！一個有自尊心的作家絕不願意去和誤稱爲法學家的法律竄改者比較；就我來說，反對作任何比較。

二、意向方面的理由。就人們准許我洩露這個祕密這點來說，我是龐大革命的同謀者。這次革命使江湖騙子和暴君、剝削窮人和老實人的剝削者、領取薪水的懶漢、政治上的萬應膏藥和寓言的販賣者、總之是思想和見解的暴虐統治者感到恐怖，我努力把個人的理智鼓動起來背叛當局者的理智。

我是社會成員之一，根據這個社會法則來看，一切加害於人類的邪惡都是從相信膚淺的歉誨和對於權力的順從中滋生出來，不必到自己的世紀外去找尋，譬如法蘭西被掠奪、嘲弄和壓制，難道不就是因爲它是在群眾中而不是個人發表意見的嗎？法國人民被分爲三、四群關著，他們從領袖那裡接受信號，與領導人的言論相呼應，且正像領導人所說的那樣進行思考。據說，某家報紙擁有五萬個訂戶，假定每戶有六個讀者，就有三十萬在同一個飼草架吃草的綿羊。如果把這計算方法應用到所有定期刊物上，就會發現象在自由、明智的法蘭西就有兩百萬個生物，每天早晨從報刊上接受精神牧草。兩百萬！換句話說，整個的民族讓一、二十個小人物牽著鼻子領導。

先生，我絕不否認新聞記者的才幹、學問、對於眞理的愛好、愛國心等。他們是很優秀的聰明人，如果有機會認識他們的話，無疑的我願意效法他們。我所不滿以及使我成爲同謀者的是這些先生不是啓迪我們，而是命令我們，把信條強加在我們頭上，且不經過說明或驗證。例如，我問巴黎的城防要塞是爲什麼，過去在某些偏見的影響下，以及爲了論證的緣故而假定其存在的非常情況的湊合，這些要塞也許可以保護我們，但是後代將來是否用得著，是有疑問的——又如問起，他們根據什麼理由把將來和一種假設的過去看成同一回事，他們回答，具有偉大智慧的梯也爾先生會對這個問題寫一篇風格優美、異常明晰的報告。聽到這回答，我發怒了，反駁說梯也爾先生不懂得自己說些什麼。爲什麼七年以前我們不要那些孤立的要塞，今天卻又要了呢？

「唉！去你的吧，」他們說，「是有很大區別的；先前的要塞距離我們太近，有了這些，我們就可以受不到炮轟了。」你們受不到炮轟，但是你們可以被封鎖，只要你們動，你們就將受到封鎖。唉唷！爲了從巴黎人那得到封鎖的要塞，只要使他們對炮轟的要塞產生偏見就夠了！且他們想要哄騙政府！啊，人民的主權！

「去你的吧！比你更聰明的梯也爾先生說，認爲政府會對人民作戰，且會不顧人民的意願而用武力維持自己那是荒謬的，是荒謬的！」這種事情發生過不只一次，也許還會發生。而且，當專制制度強大時，看起來總是合法。無論如何，用炸彈來威脅我們的人，在一八三三年撒過謊，在一八四一年又撒了謊。因此，如果梯也爾先生對於政府意向很有自信，爲什麼不在範圍擴大以前就希望建築要塞呢？如果政府和梯也爾先生之間沒有策劃陰謀，爲什麼會產生懷疑政府的氣氛呢？

「去你的吧！我們不希望再受到一次侵略。如果巴黎曾在一八一五年建有防禦要塞的話，拿破崙不致於被打敗！」但是，我告訴你們，拿破崙不是被打敗而是被出賣；如果巴黎在一八一五年已經設防，這些要塞也會發生像打仗時受到迷惑的格魯希的三萬人一樣的情況。放棄要塞比起領導兵士更加容易，自私和卑怯的人們還會找不到投降敵人的理由嗎？

「但是你沒看到外國專制政府對我們的要塞感到憤怒嗎？這是它們並不抱有你那種想法的證

據。」就我來說，我相信這些政府對於那件事，實際上是完全漫不經心的；如果它們似乎是在取笑我們的大臣的話，那麼它們這樣做不過是爲了給這些大臣拒絕的機會。專制政府對待立憲君主政治的態度，總比我們的君主對待我們的態度要好些。基佐先生不是說，法國對內和對外都需要加以防衛嗎？對內！反對誰？反對法國。唉！巴黎人啊！自從你們要求戰爭以來，只是過了六個月，而現在你們只想在街道上設置防禦工事。當你們連自己都控制不住時，那些聯盟者爲什麼要害怕你們的學說呢？……當你們爲了一個女演員的缺席而流淚時，你們怎能經得起一次圍城的戰役呢？

「但是，最後，難道你不懂得，由於現代戰爭的規律，一個國家的首都總是進攻者的目標嗎？假定我們的軍隊在萊茵河畔被打敗，法國被入侵，沒有設防的巴黎陷落在敵人的手中，行政權力就會垮臺。首都被占領，國家就非屈服不可。對於這一點，你有什麼可以說的呢？」

答覆很簡單，爲什麼社會要按照這樣的方法來構成，以致國家的命運決定於首都的安全呢？如果我們的國土受到侵犯，巴黎受到包圍，爲什麼立法、行政和軍事的機構不能在巴黎以外行使職權呢？爲什麼法國全部的生命力要侷限於一個地力呢？請你們別再大嚷大叫地反對地方分權，這種陳腐的斥責只會使你們的智慧和誠意喪失信用。這不是地方分權的問題，我所攻擊的是政治上的偶像崇拜，爲什麼要把全國統一維繫於某一個地點、某一些公務人員呢？爲什麼要使莫貝爾廣場和杜勒里宮成爲法國的保障呢？

現在讓我來作一個假設。

假定在憲章上載明，「萬一祖國遭侵犯，巴黎被迫投降，政府覆滅，國民議會遭解散，則選舉團體可以不經其他正式通知而自動重新召集，以便指定新的議會議員，這些議員得在奧爾良組織臨時政府。如果奧爾良失守，政府就應透過同樣程序在里昂自動重新組成；然後在波爾多；然後在貝榮訥，直到法國全部淪陷或敵人被趕出法國爲止。因爲政府可以覆滅，但民族永遠不會滅亡。國王、上議院議員和下議院議員可以被屠殺，法蘭西萬歲！」

你是否認爲在憲章上加上這條條文，比在巴黎四周修築城牆和碉堡更能保障國家的自由和完整？此後在行政、實業、科學、文藝等方面，就應當實行憲章對於中央政府和一般國防所應當規定的事項。與其努力使巴黎成爲堅不可破的城堡，還不如設法使巴黎的陷落成爲無關重要的事件。與其把專門學校、大學各院系、一般學校以及政治、行政和司法的中心聚集在一處；與其由於這種致命的凝聚而阻止各省文化的發展，並削弱它們的愛國心——難道你不能在保持國家統一的前提下，把社會的職能分配給各個地方和各個個人嗎？這樣一種體系——即允許各省都參加政權和政治活動，使實業、智慧和力量在祖國各地得到平衡——可以同等地確保人民的自由和政府的穩定，以反對國內外的敵人。

那就請你區別職能的集中和機構的集中，區別政治上的統一和實質上的表徵吧。

「哦，這辦法看起來合理，但不可能！」——這就意味著巴黎市不打算放棄特權，且意味著這還是所有權的問題。

廢話！由於祖國處在被巧妙造成的恐慌狀態中，曾經要求建立要塞，我敢肯定國家已經放棄主權，所有黨派都應當對這個自殺行爲負責——保守黨人。由於他們同意政府的計畫，因爲他們希望不要反對那使他們感到高興的事情，且因爲人民的革命會把他們消滅掉；民主黨人希望接下來由他們統治[36]。大家都樂意得到的是將來鎮壓的工具，至於保衛祖國，他們並不對此操心。暴虐的觀念在大家的思想中生了根，且把各種形式的自私心一起帶到陰謀中。我們希望社會更新，但是我們使這個願望服從於思想和便利。因爲我們快要舉行婚禮，因爲我們的事業可以獲得成功，因爲我們的見解可以占據上風，就把改革拖延下去。偏狹和自私的心理給自由戴上了鐐銬；且因爲我們不能迎合上帝所有願望，如果決定權操在我們手裡，我們寧可使天命停止運行，而不願犧牲自己的利益和利己主義。這不正是一個可以引用所羅門所說「邪惡欺騙了它自己」這句話的實例嗎？

由於這個緣故，先生，我投入到爲反對任何形式的統治群眾的權能而作的鬥爭中，作爲無產階級的哨兵，我與當今著名人物，以及間諜和騙子交鋒。可是，當我正在與一個有名的敵人交戰時，我難道應當像臺上的演說家那樣，每句話之後要停頓一下，說一聲「博學的作家」、「流利的寫作家」、「淵博的政論家」以及其他用來嘲弄人的陳腔濫調嗎？在我看來，這些禮貌對於被攻擊的人是一種侮辱，對於攻擊者也同樣不光彩。但是，當我譴責一個作家，對他說「您的學說是荒謬的，如果能證明我的說法是對您的一種攻擊，我就罪有應得了」時，他立刻耳聰目明、全神貫注，且如果我沒有能夠說服他的話，至少可以觸動他的思想，給他樹立敢於懷疑和進行自由檢查的有益榜樣。

所以，先生，請您不要以爲我在挑您那博學和可尊同事特羅普隆先生哲學中的毛病時，沒有重視他身爲一個作家的才能（在我看來，他身爲法學家是遊刃有餘的）；也不要以爲我不重視他的學識，雖然他的學識過於侷限在法律條文和舊書的閱讀上。在這些方面，特羅普隆先生所犯的錯誤與其說是不足，還不如說在於過分。此外，請不要以爲我是因爲對他有什麼私怨而激動，或者以爲我有想傷害他的自尊心的任何願望。我是透過特羅普隆先生《論時效》這篇文章了解他。至於我的批評，無論特羅普隆先生或者任何我重視其意見的人都不會過目的。再說一遍，我唯一的目的是盡可能向這不幸的法國證明：那些制定法律的和解釋法律的人，都不是具有一般、不涉及個人、絕對理性、永不錯誤的機體。

您在工藝學院中的同事沃洛夫斯基先生，最近發表了爲所有權辯護的半官方性言論，我曾決定有系統的批判這言論，抱著這個目的，我開始蒐集爲了解他每次演講所必要的文件；但不久我就覺察到那位教授的思想不連貫，他的論據自相矛盾，一個斷言總是被另一個斷言所推翻，並且在沃洛夫斯基先生精心作出的論證中，好的總是和壞的混雜在一起。由於天性多疑，我突然想起沃洛夫斯基先生是一個僞裝的平等提倡者，他不由自主地落入兩頭落空（Interduasclitellas）的境地，也就是大主教雅可布用來形容他的兒子所處的境地。用比較愼重的話來說，我看出沃洛夫斯基先生處於一方面是他的深刻信念，另一方面是他職責之間的左右爲難的境地；且爲了要維持他的地位，不得不有某種偏頗。所以，當我看到一位本來應當清晰而精確地講授理論的法制學教授，經常被迫採取保留的態度、婉轉的語言、譬喻和諷刺的時候，我就感到十分痛苦；我就開始咒罵不讓誠實人坦率說出想法的社會。先生，您從來沒有想過有這樣的苦痛，我好像是在給一位思想家的殉道行爲作證。我在下文要使您了解這些驚人的演講或者毋寧說是悲哀的場面。

一八四〇年十一月二十日，星期一——那位教授簡短地說，一、所有權不是以占用而是以人的印跡爲基礎；二、每個人對於物品都有天然的和不可奪取的使用權。

現在，如果物品可以據爲私有，如果所有的人都保留使用這種物品的不可奪取的權利，那麼財產是什麼呢？如果物品只有靠勞動才能據爲私有，這個私有化的作用將持續多久呢？這些問題會使無論哪一類的法學家都感到困惑和混亂。

於是沃洛夫斯基先生引證權威人士的話。我的老天爺！他提出來的是怎樣的證人啊！首先是特羅普隆先生，就是曾經討論過的那位偉大形而上學者；然後是路易・勃朗先生，《進步評論》的編輯，因爲發表《勞動組織》而受到陪審官的審訊，且他用了魔術家的手法[37]，才沒有被檢察官抓住；科里納——我指的是德・斯塔埃爾夫人——她用一首短詩把陸地和波浪、田間的犁溝和水面上的船跡，作了頗有詩意的對比後說：「只有在人留下痕跡的地方，才存在財產。」這就使財產從屬於適合生存的境界的穩固性；盧梭，是自由和平等的提倡者，但是按照沃洛夫斯基先生的說法，盧梭只爲了指出一個自相矛盾的理論才攻擊所有權；羅伯斯比爾，他禁止分割土地，因爲他認定這種措施是財產的更新，且他在等待共和國確定組織的期間，把全部財產放在人民的監督管理之下——這就是把最高支配權從個人移轉給社會；巴貝夫，他要把財產給予國家，把共產主義給予公民；孔西台朗先生，他贊成把地產分成許多份——也就是說，他希望使財產變成名義上和假定的：這一切都混雜著戲謔和俏皮話，以譏笑那些反對所有權的人（無疑是打算轉移人們的敵對的批評）！

十一月二十六日——沃洛夫斯基先生假設這個反對的論據：土地像水、空氣和日光一樣，是生活所必需，所以不能被據爲私有；且他回答不動產的重要性隨著工業力量的增大而減低。

好啊！這個重要性減低了，但是並沒有消失，且這本身就說明不動產是不合理的。這裡，沃洛夫斯基先生假裝認爲反對財產的人所涉及的僅僅是不動產，同時他們只是把它當作進行比較的一個項目；在他異常清楚指出這些反對者所處的荒謬境地時，他找到一種把聽眾的注意力移轉到另一主題而不違背他應加以否認的眞理的方法。

「所有權」，沃洛夫斯基先生說，「是使人有別於禽獸的東西。」這可能是對的；但我們要把這話看作是頌揚？還是諷刺呢？

「穆罕默德，」沃洛夫斯基先生說，「曾經用命令規定了所有權。」成吉思汗、鐵木兒以及所有蹂躪各國的人都是這樣，他們是什麼樣的立法者呢？

「所有權從人類的原始時期起就一直存在。」是的，還有奴隸制專制政治，還有多妻制和偶像崇拜。但是這種古代的制度能夠說明什麼呢？

以波爾塔利斯先生爲首的參政院議員，在關於法典的討論中沒有提起所有權正當性的問題。

「他們的沉默」，沃洛夫斯基先生說，「是支持這種權利的先例」。既然意見是我提出的，我可以把這個答覆當作直接對我個人發出的。我回答「只要一個見解能夠得到普遍的承認，信念的普遍性本身就可以用來作爲論據和證據。當這同樣的見解被攻擊時，以前的信條就什麼也不能證明了，我們必須依靠理智。不論愚昧無知有多久的歷史，也不論怎樣可以原諒，永遠不能勝過理智。」

沃洛夫斯基先生坦白承認，所有權有種種流弊。「但是，」他說「這些流弊正在逐漸消失。今天，原因已被得知，都是從一種虛假的所有權學說中滋生出來。在原則上，所有權是不可侵犯的，但是可以而且必須加以抑制和受到懲戒。」這就是那位教授的結論。

當一個人仍然這樣停留在雲端的時候，用不著擔心他會說出模稜兩可的話。雖然如此，我還願意他把所有權的流弊明確指出原因，解釋這個無從產生流弊的正確學說；總之，我願意他告訴我，用什麼辦法可以不必摧毀所有權，而使之爲了全體人民最大幸福而受到支配。沃洛夫斯基先生在談到這個問題時說：「我們的民法法典，有很多要修改的地方。」我以爲這個法典把每件事情都置諸不理。

最後，沃洛夫斯基先生一方面反對資本的集中和由此而產生的兼併現象；另一方面他又反對土地的極端分散。我在第一篇論文中已經說明，大規模的積累和微細的分散，是經濟學上三位一體的兩個論題——正題和反題。但是，如果說沃洛夫斯基先生對於第三題，即合題什麼話也沒有說，從而聽任那個結論空著，那麼我曾經指明，這第三題就是協會，意味著所有權的消滅。

十一月三十日——著作權。沃洛夫斯基先生承認，同意才能享有某些權利（這和平等毫不牴觸）

是合乎正義的，但他竭力反對使著作者的繼承人獲得利益、天才作品的永久和絕對的著作權。他主要的論據是，社會對於各種精神方面的創造，擁有集體生產的權利。我在《什麼是所有權》中所闡明的，就是這種集體力量的原理，我曾在這個原理上建立起一個完整的新社會組織。就我所知，沃洛夫斯基先生是第一個把這條經濟的定律應用到立法的法學家。不過，在我把集體力量的原理擴展到各種產品上的同時，沃洛夫斯基先生卻比我一向所持的審慎態度更為謹慎，把這個原理侷限於中間範圍。所以，對於我十分大膽就其整體來說明的問題，他只是滿足於肯定其中一部分，讓聰明的聽眾自己去填補空白。雖然如此，他的論證卻是深刻和嚴密的。人們會覺得，這位教授由於自己感到只涉及所有權的一個方面可以比較安心，已經讓他的智力自由發揮，並正在向著自由突進。

一、絕對的著作權會妨礙別人的活動力，並阻礙人類的發展。那就會是進步的滅絕，那就會是自殺。如果最初的發明——犁、水平儀、鋸子等——被私有化的話，會發生什麼情況呢？

這就是沃洛夫斯基先生的第一個論題。

我回答：在土地和工具方面的絕對所有權，妨礙人類的活動力，阻礙進步和人的自由發展。在羅馬和一切古老的國家發生了什麼事情呢？在中世紀發生了什麼事情呢？今天在英國，由於生產資源的絕對所有權的結果，看到的是什麼情況呢？人類的自殺。

二、不動產和動產和社會利益相符合。由於著作權的緣故，社會利益和個人利益就永遠發生矛盾。

這個論題的說明中，含有爲那些不能充分和完全享有言論自由的人所共有的修辭上的詞藻。這種詞藻就是說反話（anti-phrasis）或故意把眞話反過來說（contre-vérité）。按照杜馬爾賽和優秀人類學家的看法，這種詞藻在於說一件事情的時候意思是指另一件事情。沃洛夫斯基先生的論題，如果自然而然地說出來的話，就可以作如下的理解：正像不動產和動產在本質上與社會相敵對，同樣地，由於著作權的緣故，社會利益和個人利益也就永遠發生矛盾。

三、德・蒙達朗貝爾先生在上議院裡怒氣沖沖的抗議著作家和機器發明家等同，他認爲這種視爲同一體的辦法對著作家有妨害。沃洛夫斯基先生回答說，如果沒有機器，著作家權力就等於零；如果沒有造紙廠、鑄造鉛字的冶煉廠和印刷廠，就不會有詩和散文的出售，許多機械學上的發明——例如指南針、望遠鏡或蒸汽機——具有和一本著作同樣的價值。

在德・蒙達朗貝爾先生之前，沙爾・孔德先生曾經嘲笑合乎邏輯的思想一定會從著作家所享有的特權中，推論出來的那種偏袒機械發明的論斷。孔德先生說：「首先想出把一塊木頭變成一雙木屐，或把一張獸皮變成一雙涼鞋的念頭的人，本來可以因此而獲得爲人類做鞋的專利權！」在私有制的體系下，無疑是這樣的。因爲事實上，你們這樣挖苦的木屐是製鞋匠的創造、他的作品、他的思想表現，對他來說，這雙木屐是他的一首詩，正像《國王取樂》是維克多・雨果先生的劇本一樣，應當公正地對待一切相類的事情。如果你們拒絕給予製鞋匠一張專賣的特許證，就等於拒絕把特權給予詩人。

四、使一本書占有重要地位的是作者和作品以外的一件事實。如果沒有社會的智慧，沒有社會發展以及那些作者之間在思想上、感情上和利害關係上的某種共同性，作家的作品就會一文不值。一本書之所以有交換價值，與其說是由於書中所展示出來的才能，還不如說是由於社會條件。

的確，我好像在抄寫自己的話語似的，沃洛夫斯基先生的這論題含有對於概括而絕對的思想的特殊措辭，一種反對所有權最強烈和最明確的措辭。為什麼藝術家能夠像技術人員那樣找到維持生活的方法呢？因為社會曾使美術像最粗陋的工業，成為消費和交換的對象，因而它們是受商業和政治經濟學的定律所支配。而這些定律的第一條就是職能之間的平衡關係，也就是同事之間的平等關係。

五、沃洛夫斯基先生常常喜歡諷刺著作權的請願者。「有一些著作家，」他說，「渴望得到作者的特權，為了這個目的而指出音樂劇的威力。他們談到高乃依[38]的侄女在一個靠她伯父的作品發財的戲院門口求乞……為了滿足著作界的貪婪，就會有必要確立著作權的繼承辦法，並制定整套例外的法典。」

我喜歡這種善良的諷刺。但是沃洛夫斯基先生並沒有把問題所牽涉到的困難發揮無餘。首先，國家花錢請來發表演說的古尚、季佐、維葉門、達米容各位先生和他們的同行，將透過書商再獲得第二次的報酬，這難道公平嗎？我既然有權報告他們的演講，難道就不應當有把演講內容印刷出來的權利嗎？諾埃爾和夏普沙爾兩位先生是大學的督察，他們利用自己的勢力選出一些著作，賣給由他們兩位收受薪金而奉命監督其學業的青年，這是不是公平的呢？如果是不公平的，就不應該拒絕把著作權給予任何身居公職和領取年俸或乾薪的作者嗎？

此外，作家的特權是不是應當擴展到只想腐化人心和模糊理解力的反宗教作品和不道德的作品呢？如果給予這種特權，就等於用法律來許可不道德的行徑；如果加以拒絕，就是挑剔作家。在社會不完善的狀況之下，既然不可能防止一切侵犯道德的行為，就有必要設立審定書籍和道德的頒發許可證的辦事處。但是，在這個時候，將有四分之三的著作被迫進行登記；且此後根據他們自己的供認而被認為是賣淫者，將必然屬於公眾。我們把度夜資付給娼妓，我們並不給她特權。

最後，剽竊行為是否應列入偽造行為的一類呢？如果你回答「是的」，就是預先把書上所討論的一切主題據為己有；如果你說「不」，就是把整個的問題交給法官作決定。除了祕密翻印的情形之外，法官將怎樣從援引、模仿、抄襲甚或巧合中辨別出偽造呢？一位學者花兩年的時間計算並印出一張具有九位或十位小數的對數表，兩星期之後，他的書就以半價出售；這就無法說明這種結果是由於偽造還是由於競爭。法院能做些什麼呢？如果發生疑問，法院是否應當把著作權判給先占人呢？這等於是用抽籤來解決問題。

不管怎麼樣，這些都不值得多加考慮，但有沒有看到，當把永久性的特權給予作家和其繼承人時，實際上是對他們的利益給了致命的打擊呢？我們打算使書商從屬於作家——這豈不是夢想？書商會聯合起來反對著作和著作所有權人的。反對著作的辦法是拒絕推廣，用拙劣的模仿作品來代替，用上百種間接的方法來翻印；誰也不知道剽竊和巧妙模仿的手法可以達到怎樣的程度。還有反對著作所有權的人，難道我們不知道這樣的事實，即十幾本的銷路能夠使一個書商賣出一千，用五百冊一版的書籍能供應一個王國三十年的需要嗎？在書商徹底的同盟面前，可憐的作家能有什麼辦法呢？我願意把可能的出路告訴他們，他們會受雇於現在視同海盜的人；爲了保證得到利益，他們會變成工資勞動者。這是對於卑鄙的貪婪和不知滿足的驕傲的適當報酬[39]。

六、反對的意見——占用的土地所有權可以移轉給占用人的繼承者。作家們說，「爲什麼天才的作品就不應該以同樣的方式傳給他的繼承者呢？」沃洛夫斯基先生回答：「因爲先占人的勞動是由他的繼承人接續下去，而作家的繼承人卻永遠不會對該作品有所更改或增添。在不動產方面，勞動的繼續性說明了權利的繼續性。」

是的，如果勞動是繼續下去的話；但如果勞動沒有繼續下去，權利就停止了。沃洛夫斯基先生所承認的以本人勞動爲基礎的占有權就是如此。

沃洛夫斯基先生決定贊成讓作者對其作品享有若干年的著作權，從作品第一次發表的那一天算起。

以後幾次關於發明專利權的演講，雖然混雜著一些爲了要使有益的事實更加動聽而插入的可怕矛盾言論，卻同樣有教育意義。簡練的必要性迫使我不無遺憾地就在這裡結束這項考察。

由此可見，在那兩位試圖爲所有權辯護的折衷主義法學家中，一個陷入一套沒有原則或方法的教條，並經常說沒有意義的話；另一個則有計畫地放棄所有權的主張，以便在相同的名稱下提出個人占有的學說。當我斷言在法學家之間普遍存在著混亂狀態時，難道錯了嗎？我曾指出，他們的這門科學以後犯有虛妄之罪，光榮被掩蔽了起來，難道我就因此應該受到法律上的迫害嗎？

由於法律方面的普通手段不再夠用，他們請教了哲學、政治經濟學和各種體系的擬訂者，所有被求助過的先知，始終令人失望。

哲學家在今天不見得比在折衷學派盛行時期較爲明朗；可是，透過他們神祕的箴言，可以辨別進步、統一、聯合、團結一致、友愛這些名詞；這些名詞當然都使所有權人感到不安。這些哲學家之一，比埃爾·勒魯先生寫過兩部巨著，在這些書裡他自稱要透過宗教、立法和哲學的體系來說明，既然人們互相負責，地位平等就成爲社會的最終定律。固然，這位哲學家承認一種所有權；但是由於他讓我們想像所有權在平等面前會變成什麼樣子，我們可以大膽把他列入收益權的反對者之類。

在這裡，我必須坦率聲明——爲了避免暗中縱容的嫌疑，而暗中縱容和我的天性不相容——我十分同情勒魯先生。這並不是因爲我信從他的準畢達哥拉斯派的哲學（關於這個問題，倘使一位戴著臂章的老兵不輕視一個新兵的意見，我就有很多意見可以向他提出），也不是因爲我對這位作家反對財產的主張有任何特殊的體恤而感受到他的約束。依照我的意見，勒魯先生能夠且甚至應當更加清楚和更加合乎邏輯地來說明他的立場。但是我喜歡、欽佩勒魯先生是哲學方面受人崇拜的人物的反對者，是不負其實的名望清除者，是對於因其古老而受人尊重的一切事物的無情批評家。這就是我對勒魯先生懷有高度敬意的理由，這就是在這盛行結社的時代，我願意組織唯一的作者協會的原則。我們需要像勒魯先生這樣的人來非難社會原理——不是去散布關於這些原理的懷疑心理，而是使原理加倍可靠；我們需要能以大膽的否定來刺激思想，並以滅絕的理論使良心感到震動的人們。勒魯先生叫道：「既沒有天堂，也沒有地獄；惡人不會受到處罰，好人也不會獲得獎賞。人類啊！不要再存什麼希望和畏懼吧！你們在現象的圈子裡轉圈；人類是一棵不朽的樹，先後枯萎的樹枝用碎片滋養著永遠年輕的樹根！」有誰聽見這種叫喊而不發抖呢？有誰聽到這種關於信心的淒涼自白，而不驚惶發問：「這樣說來，我難道眞的不過是一個由未知的力量造成的元素聚合體，一個被人在短暫的時刻中體會的概念，一個發生和消失的形式嗎？難道我的思想眞的不過是一個諧音，我的靈魂不過是一個漩渦嗎？什麼是自我？什麼是上帝？什麼是社會的制裁？」

在從前，勒魯先生會被當作是一個大罪犯，只配被處死刑（像瓦尼尼[40]）和受到全世界的唾罵。今天，勒魯先生正在完成一件救世的使命，無論他會說什麼，他將因此而獲得獎賞。心境很壞的病人經常嘮叨著快要死亡，當醫生證實他們確實有死亡的可能性時，他們就會暈倒。和這種情形一樣，當唯物主義的社會聽信了哲學家這種令人震驚的命令「你非死不可！」的時候，社會就會產生動搖並驚慌。因此應當把榮譽歸諸於將伊壁鳩魯派的卑怯揭露出來的勒魯先生；榮譽應該歸諸使哲學上的新解答成爲必要的勒魯先生！榮譽應當歸諸於這位反折衷主義者，歸諸於這位平等的提倡者！

在勒魯先生《論人道》的著作中，他開頭就斷定財產的必要性：「你們希望廢除財產，但是你們沒有看到會因此而消滅人且甚至消滅人的名稱嗎？……你們希望廢除財產，但是沒有身體能夠生存嗎？我並不是要告訴你們必須支持這個身體，……我要告訴你們的是這個身體本身就是一種財產。」

爲了清楚了解勒魯先生的學說，我們必須記住有三種必然和根本的社會形式——共產制、私有制和今天可以正當稱之爲社團制的制度。勒魯先生首先否定共產制並盡其所能地反對。人是一種有人格和自由的生物，因而需要一個獨立和個人活動的範圍。勒魯先生在強調這一點時補充：「你們既不希望有家庭，又不希望有國家，也不希望有財產；所以就不再有父親，不再有兒子，也不再有弟兄了。這就是你們所尋求的處境，在時間上和任何生物不發生關係，因而沒有姓名；這就是你們所尋求的處境，在地球上十億人中孑然獨處。你們怎能期望我在空間、在這許多人中間把你們辨別出來呢？」

如果人無法加以辨別的話，就等於零。現在，只有透過專門歸他使用的某些事物——像他的身體、官能和所使用的工具——他才可以被辨別，才能與其他人區別開。「由此也可以看出，」勒魯先生說，「私有化是必要的；總之，所有權是必要的。」

但是是在什麼條件下的財產呢？這裡，勒魯先生譴責了共產制後，接著又斥責了財產所有權。他整個的學說總括在這個單純的論題中，所有權可以使人變成一個奴隸或暴君。

這一點確定後，如果要求勒魯先生告訴我們在怎樣的財產制度下，人既不致成爲奴隸又不致成爲暴君，而只是一個自由、公正的公民，勒魯先生在《論人道》著作第三卷中回答：

「有三種辦法可以摧毀人和同類以及和宇宙的通同關係……一、在時間上把人隔離開；二、在空間上把他隔離開；三、分割土地或者按照一般的用語來說，分割生產工具；使人依附於物品，使人類屬於財產，使人成爲所有權人。」

坦白說，這番話所帶有的極端形而上學（這位作者往往達到這種地步）和古尙學派的氣息未免太濃厚了一些。在我看來，這十分清楚地說明，勒魯先生反對生產工具被專屬私有化；不過他把生產工具的這種非私有化叫做建立財產的新方法，而我按照以前所說的話，將之稱做財產的毀滅。事實上，如果沒有工具的私有化，就不稱其爲財產。

「直到現在爲止，由於單純考慮所有權，我們已經侷限於指出所有權的專橫特色並和它們進行鬥爭。我們沒有看到，所有權的專橫性與人類的劃分有相互關係，……所有權不是按照可以使人便於和他的同類以及和宇宙發生無限通同關係的那種方法加以組織，而相反地卻已被用來反對這種通同關係了。」

把這一段文字譯成商業上的措辭，爲了摧毀專橫和地位的不平等起見，人們應當停止競爭並且應當把利益結合起來。讓雇主和雇員（現在他們是敵人和對手）成爲夥伴。

現在，不妨問問任何工業家、商人或資本家，如果他要把收益和利潤與他的夥伴、廣大工資勞動者一起分享，他是否還願意認爲自己是一個所有權人。

「家庭、財產和國家都是有限的東西，應當爲了無限而把其組織起來。因爲人是一種渴望達到無限境界的有限生物。對他來說，絕對的有限性是壞事，無限是他的目的，無定限是他的權利。」

如果把這些經文式的話語輕輕帶過而不加解釋，恐怕讀者不會懂這些話語。勒魯先生要用這個公式說明，人類是單一、龐大的社會，這個社會在集體的統一中代表著無限；每一個民族、每一個部族、每一個自治區鎮和每一個公民，在不同程度上都是這個無限社會的片段或有限的成員；在這個社會中，禍害完全是由個人主義和特權造成——換句話說，是從無限隸屬於有限而產生出來的；最後，爲了達到人類的目的和意向，每一部分都擁有一種無定限地逐漸發展的權利。

「所有加害於人類的禍害都是從社會的等級中產生。家庭是一種幸福，家庭的等級（貴族）是一個禍害；國家是一種幸福，國家的等級（最高者、專權者、戰勝者）是一個禍害；財產（個人占有）是一種幸福，財產等級（包梯埃、杜利埃、特羅普隆等的財產所有權）是一個禍害。」

因此，按照勒魯先生的說法，存在著財產和所有權——一種是好的，另一種是壞的。可是，由於我們理應用不同的名稱來稱呼不同的事物，如果把「財產」這個名稱保留給前面那種，就必須把後面那種叫做盜竊、掠奪、劫掠。相反地，如果把「所有權」這個名稱保留給後面那種。我們就必須用占有這名稱或其他某個相等的名詞來稱呼前面那種；不然的話，我們會爲了一個不愉快的同義詞而感到煩惱。

如果哲學家們在傾吐想法時，肯用普通人的話語來表達，那該多好！各個國家和統治者就可以從中得到大得多的益處，且在把同樣的名稱應用於同樣的概念時，就可以互相了解。我大膽聲明，關於財產我的見解就是勒魯先生的見解，但是如果我用哲學家的語氣跟著他重複說：「財產是一種幸福，但是財產等級——財產的現狀——是一種禍害。」那麼我一定會被所有爲刊物寫稿的學士捧爲天才

[41]。相反地，如果我寧願採用羅馬人的古典語言和民法法典的用語，並因此說「占有是一種幸福，但所有權是竊盜」，那些人就會立即大叫大嚷反對想像中的怪物，法官也會來恫嚇我。啊，語言的力量多大呀！

在叩問到他們的時候，經濟學家們建議把資本和勞動聯合起來。先生，您知道那是什麼意思。如果深入到那個學說的實質中，不久就可以發現其結果是財產的兼併，而這種兼併不是透過公有，而是透過一種全面和永久的股份公司，因此所有權人地位與工人地位的不同就僅僅在於可以領取較高的工資。這個制度加上一些特別的附加條款和修飾，就是關於法郎吉的思想。但顯然可以看出，如果地位的不平等是所有權的屬性之一，也不是所有權的全部，像某位哲學家（我不知道是誰）所說，使所有權成爲一種可愛的東西，乃是這樣一種權力，人們利用這種權力不但可以隨意支配自己的財物，而且還可以支配財物的特性，任意加以利用，把財物收藏和封閉起來，像比埃爾·勒魯先生所說的，把人類排斥在外。總之，就是可以按照情欲、利害關係甚或任性的利用財物。占有錢幣，占有一個農業、工業、企業的股票，或者一張政府的公債，與在自己的房屋和庭園中、在自己的葡萄藤和無花果樹下，做主人翁所感到的無限樂趣比起來，又算什麼呢？特羅普隆先生所引證的一位作家說，「占有財產是多麼幸福啊！」認眞說來，這句話能應用到一個在世界上除了市場和他口袋中的錢幣之外，別無所有的人的身上去嗎？這好像是說一個飼料槽就是一片養牛場似的。多奇妙的改革方法！那些經濟學家不停譴責本世紀日益滋長的個人主義，在種種矛盾中最不可思議的是，他們準備把各種財產變成一種財產——錢幣的財產。

此外，我必須談一談最近花了一點心血提出一個關於所有權的學說：我指的是孔西台朗先生的學說。

傅立葉主義者並不是爲了要明確一種學說是否和他們的體系有牴觸，才研究這個學說的人。相反地，每逢敵手沒有看見或注意到他們從旁經過的時候，他們總是非常欣喜唱起勝利的歌曲。這些人需要直接的駁斥，因爲如果他們吃了敗仗，至少可以拿曾被提起這一點聊以自慰。好吧，讓他們如願以償吧。

孔西台朗先生對於邏輯學具有最高傲的自負。他的方法總是大前提、小前提和結論，也許他情願在帽子上寫，「三個全稱肯定的命題組成的三段論」（Argumentator in barbara）。但是他過於聰明和機警，所以不易成爲一個好的邏輯學家，像他顯然曾把三段論法當作邏輯學這一事實所證實的那樣。

凡是對哲學上的珍品發生興趣的人都知道，三段論法是人類思想上第一個永久詭辯——虛妄所喜愛的工具、科學的絆腳石、罪行的鼓吹者。三段論法造成所有曾被寓言作家這樣雄辯譴責的禍害，且絲毫沒有做過好事或有益的事情；三段論法缺乏眞理，也缺乏正義。我們大可以引用聖經的話來形容：「信任它的人就將滅亡。」所以，最優秀的哲學家們早已加以譴責，如今除了理性的敵人以外，誰也不願把三段論法作爲武器。

然而，孔西台朗先生已經把關於所有權的學說建立在三段論法之上，他是否願意像我準備把整個平等學說孤注一擲地放在我對傅立葉主義的駁斥上那樣，把這個體系作爲他論據的賭注呢？這樣的決鬥應該與孔西台朗先生好戰和騎士式的興趣相稱，且公衆將因此而得到好處。因爲，兩個敵手其中一個倒下去的時候，就不會再有人提到他，世界上也就會少一個愛發牢騷的人。

孔西台朗先生的學說具有這個顯著的特色，就是在設法同時滿足勞動者和所有權人雙方的要求時，同樣侵犯了前者的權利和後者的特權。這位作家提出下列各點作爲原則：一、土地的使用權屬於人類的每一個成員，是一種天然和不因時效而消滅的權利，在各方面都類似取得空氣和陽光的權利；二、勞動權同樣是根本、天然和不因時效而消滅的。我曾經指出，承認這雙重權利就意味著所有權的滅絕。我向所有權人揭發孔西台朗先生。

但是孔西台朗先生卻硬說勞動權創造了所有權，下面就是他的推理方法：

大前提——「每個人可以正當占有他的勞動、他的技能——或者以一般的用語來說，他的行爲——所創造的東西。」

對於這句話，孔西台朗先生用註解的方式補充：「當然，土地不是人所創造的，由此可以推論，根據所有權的根本原則，即土地是給予人類所共有，就決不能成爲並非這個價值的創造者某某人的專屬和正當的財產。」

如果我沒有弄錯的話，沒有人不覺得這個命題乍看起來，和其整體而論完全無可辯駁。讀者，請不要相信這個三段論法。

首先，我覺得「正當占有」這個詞，在作者的思想上表示成爲正當的所有權人；不然的話，目的在於證明財產的合法性的論證就沒有意義了。我也許可以在這裡提出所有權和占有之間的差別問題，要求孔西台朗先生在進一步論述前，先把這兩者劃分清楚；但是我讓它過去算了。

這第一個命題是雙重虛妄的，因爲：一、它肯定了創造的行爲是財產的唯一根據；二、它認爲這個行爲在一切情況下都是足以授予所有權的。

並且，如果人可以成爲並不是他創造而只是他殺死的獵物的所有人；成爲並不是他創造而只是採集得來的果實的所有人；成爲並不是他創造而只是他種植的蔬菜的所有人；成爲並不是他創造的而只是他豢養的禽獸的所有人，那麼不難設想，人們也同樣可以成爲並不是他創造的而只是他加以開墾和施肥的土地的所有人。所以，創造的行爲對於取得所有權來說並不是必需的。我可以更進一步說，單是這個行爲永遠不夠，我可以利用孔西台朗先生的第二項前提來加以證明：

小前提——「假定在一個孤島上，在一個國家的土地上，或者在地球的地面上（行爲的場面大小並不影響對於事實所作的判斷），有一代人類第一次致力於工業、農業、製造業等。這一代人依靠他們的勞動、智慧和活力，創造了產品，發展了在未經耕種的土地上，以前所不存在的價值。如果把那由人的活動生產出來的價值或財富，按照各人在總財富的創造中，所貢獻的力量，分配給生產者，這勤勞的一代的財產不是十分明顯地將以權利爲基礎嗎？這是不成問題的。」

這完全成問題的。因爲這個由人的活動所生產出來的價值或財富，根據創造過程本身，是集體的財富，這種財富像土地一樣，是可以分割使用的，但作爲財產則始終沒有分割。爲什麼說這個所有權是沒有分割的呢？因爲從事創造活動的社會本身是不可分割的——一個永久、不能化成許多零碎部分的單位。並且，使土地成爲共有財產的，以及像孔西台朗先生所說的那樣，使每一個個人對它的使用權不因時效而消滅，正是社會的這種統一性。事實上，假如在一個特定時間要平均分割土地，這種分割如果授予所有權的話，立刻就會變成不合法的。萬一在移轉的方法上稍有不規則的情況，人們即社會的成員，亦即不因時效而喪失權利的土地占有人就可能一下子讓人把所有權、占有權和生產手段都剝奪掉。總之，成爲資本的財產是不可分割的，因而也不能出讓，這並不一定在資本還沒有被創造時是如此，而且在資本是共有的或集體的時候也是如此。

我利用孔西台朗先生三段論法的第三項來證實上述反對他的理論：

結論——「這一代人所完成的勞動成果可以分爲兩類，把這兩類清楚加以區別是重要的。第一類包括屬於這第一代人的土地產物，這第一代人對於土地具有用益權人的資格，而土地則由於他們的勞動和經營得到增加、改進和改良。這些產物不是消費品就是勞動工具。顯然，這些產品都是透過活動把它們創造出來的人的合法財產……第二類——這一代人不但創造了剛才提到的那些產品（消費品和勞動工具），而且還透過耕作，造房屋，透過一切被完成的、能產生持久後果的勞動，在土地的原始價值上有所增添。這項附加的價值顯然就成爲一種產品的本質——一種由第一代人的活動所創造的價值；並且，如果這種價值的所有權不論透過何種方法公允地——就是說按照每個人所提供的勞動的比例——分配給社會的成員，每個人將合法占有所得到的部分。於是他就可以按照他認爲合適的方式，支配這個合法的私有財產——交換、出讓或移轉；另一個個人或其他個人的集體——即社會——都不能對這些價值提出任何要求。」

由此可見，每個同夥或者根據自己的權利或者根據祖先的權利，都擁有一種可以使用集體資本不因時效而喪失和不可分割的權利，而由於這種集體資本的分配，在法郎斯特爾中，像一八四一年的法國，就存在著窮人和富人；有些人生活奢侈，他們像費加羅[42]所說的那樣，只要想辦法被誕生下來就萬事大吉。還有其他人，對於這些人來說，人生的境遇只是有機會生活於不斷的窮困中；遊手好閒的人擁有巨額的收入；而工人的幸運永遠寄望於不可知的未來；一些人由於出身和社會地位享有特權，而社會底層的人民所享有的公民權和政治權則只是勞動權和土地權。我們不應該受到欺騙，在法郎斯特爾中，每件事物像今天的情形一樣，都是所有權的對象——機器、發明、思想、書籍、藝術品、農產品和工業品；牲畜、房屋、柵欄、葡萄園、牧場、森林、田地——總之，除了未經耕種的土地外的一切事物。現在，你們是否想知道，按照提倡所有權的人的說法，未經耕種的土地有多大的價值？沙爾・孔德先生說：「一平方利格的土地還不足以維持一個野蠻人的生活。」如果把這野蠻人可憐的生活費用估計爲每年三百法郎，就可以發現，他生活所需的一平方利格土地，對他來說十足可以用十五法郎的地租來代表。在法國有二萬八千平方利格的土地，根據估計，地租總額應該是四十二萬法郎，這些法郎分給大約三千四百萬人口，每個人可以得到一又四分之一生丁的收入。這就是傅立葉這偉大天才替法國人民所發明，他的第一個門徒希望用以改革世界的新權利。我向無產階級揭發孔西台朗先生。

如果孔西台朗先生的學說實際上可以保障這項他所十分關愛的所有權的話，我也許會原諒他的三段論法（這確實是他生平所能列出最好的三段論法）中的缺點。但是，不，孔西台朗先生認為是所有權的，不過是享有額外報酬的權利。在傅立葉的體系中，無論是創造出來的資本或是土地增加的價值，都沒有以任何有效的方法來加以分割和私有化。勞動工具，無論是創造出來的或者不是創造出來的，都還保留在法郎吉的手中；那個徒負虛名的所有權人只能支取利息。對於他的那份股份，不論是怎樣的性質，既不能加以變賣，不能加以占有，也不能加以管理。會計員把股息付給所有權人，而所有權人如果辦得到的話，就只有把它全部吃掉！

傅立葉主義不會使所有權人感到滿意，因為它取消所有權最令人喜愛的特色——自由支配自己的財物。但傅立葉主義也不會使共產主義者感到愉快，因為該主義包含地位的不平等。由於它透過取消占有、家庭和國家——人類人格的三重表現——而抹殺人類的特徵和個性的傾向，它也是被贊成自由聯合和平等的人所厭棄的。

在所有活躍的政論家中，我覺得沒有人比孔西台朗先生具有更豐饒的機智、更充裕的想像力、更豐富多采的風格。不過，我懷疑他是否會著手重建他關於所有權的學說。如果他有這種勇氣，我想對他說：「在寫您的答覆以前，請仔細考慮您的行動計畫，不要掃蕩鄉間，不要依靠您任何普通的權宜辦法，不要埋怨文明，不要諷刺平等，不要頌揚傅立葉主義。請您別打攪傅立葉和已經去世的人，而只努力重新整理您三段論法的各個部分。爲了這個目的，您首先應仔細分析您敵手的每一個命題；第二，用直接的駁斥或者用反證的辦法指出錯誤；第三，用論證來反對論證，以便在異議和答辯迎面相對時，較強的一方可以壓倒較弱的一方，將之粉碎。只有用這種方法，您才能自誇已經獲勝，並迫使我承認您是道地的理論家。」

如果我所承擔的清整責任和維護我作家尊嚴的必要性，沒有叫我對於《法郎吉》記者對我而發的責備置之不理，那麼再容忍傅立葉主義的這些怪想就會是不可原諒的了。「我們最近才看出，」這位記者說[43]，「雖然普魯東先生一向對傅立葉所創立的科學非常熱心，他無論現在或將來還會熱烈宣傳其他任何學說。」

如果宗派主義者有權責備別人改變自己的信念，這個權利一定不屬於傅立葉的門徒，因爲他們總是急切想給各黨派的叛離分子舉行傅立葉主義洗禮。但是，如果他們是誠懇的話，爲什麼要把它當作罪行呢？一個人對於永遠不變的眞理是否堅定，有什麼關係呢？與其教導人們固執自己的偏見，還不如啓發他們的思想來得好些。難道我們不知道人是脆弱和易變，心中充滿著謬見，嘴上充滿著妄言嗎？人人都會說謊（Ommsbomomendax）。不論我們願意與否，我們都有一個時候充當我們每天感到它的勢力的這一眞理的工具。唯有上帝是不變的，因爲他是永恆的。

這就是在通常的情況下，一個誠實人經常作出，也許應當把它作爲辯解而提出的答覆，因爲我不比我的先輩更好。但是，在一個充滿著懷疑和變節的世紀中，當我們有必要在發言上給予弱小者一個堅強和誠實的榜樣時，我不應該讓我作爲一個公開攻擊所有權者的名譽受到污辱。我敘述一下我以前的見解。

因此，在我就有關傅立葉主義的指責而檢查自己，並努力想起以往的事情時，我覺得既然在我的研究工作中曾和傅立葉主義者有關聯，我就有可能在不知不覺中成爲傅立葉派的一員。祈羅姆・拉朗德[44]曾把拿破崙和耶穌基督列在他的無神論者的名單中。傅立葉主義者和這位天文學家相像，如果有誰偶然對現有的文明表示不滿，並承認傅立葉主義者的批評意見有些是對的，他們就不管他是否願意，立即把他登記在他們的學派中。雖然如此，我並不否認我曾經是個傅立葉主義者。因爲，既然他們這樣說，當然就可能是這樣。但是，先生，我舊日的夥伴所不知道且無疑將要使您吃驚的是，我曾有過很多別的關係——在宗教方面，我曾經是新教徒、天主教徒、阿里烏斯教徒和半阿里烏斯教徒、摩尼教徒、神授派教徒、亞當派教徒，甚至是前亞當派教徒、懷疑論者、庇雷傑厄斯派教徒、索西奴斯派教徒、反三位一體論者和新基督教徒[45]。在哲學和政治學方面，我曾先後是唯心主義者、泛神論者、柏拉圖主義者、笛卡兒主義者、折衷主義者（即一種中庸主義派）、君主主義者、貴族政治論者、立憲派、巴貝夫的信徒和共產主義者。我曾漫遊過形形色色的體系。先生，在所有體系中，我曾短時期是傅立葉主義者，您以爲這是值得驚奇嗎？就我來說，完全不感奇怪，雖然我現在想不起有這回事。有件事情是肯定的，就是我的批評家們以責難的口吻認爲我一生中信仰傅立葉主義的時期，也正是我的迷信和輕信達到頂點的時期。現在我抱有的是一些與此完全不同的見解。我的內心不再承認用三段論法、類推法或譬喻等傅立葉主義的方法所作的論證，而是要求可以排除錯誤的概括和歸納的方法。對於我過去的見解，我絲毫不加保留，我已經獲得一些知識，我已不再相信，或者是知道或者就是不知道。總之，在尋求事理時，我知道我曾是唯理主義者。

無疑地，從我已經結束的地點開始，本來是比較簡單的。但是，如果人類的思想規律就是這樣的話；如果六千年來整個社會除了陷於錯誤以外毫無作爲；如果人類依然埋沒在信仰的黑暗中，被偏見和情欲所欺騙，只受領導人本能的支配；如果控訴我的人本身沒有從宗派主義（因爲他們自稱傅立葉主義者）中解放出來——那麼難道單單我一個人，因爲在我自己的內心中，在我良心的祕密審判中，曾經重新開始可憐人類的旅程，就成爲不可寬恕嗎？

當然，我不想否認我的謬誤；但是，先生，使我有別於忙著把作品出版的人的地方，在於這樣的事實：雖然我的思想有了很多變化，我的著作卻沒有什麼改變。即使是今天，在無數的問題上，我也被上千種過高和矛盾的見解所纏繞；但是我沒有把我的見解刊印出來，因爲公眾和這些見解毫無關係。在我發表意見以前，我要等待光明在我紛亂的思想上突然出現的時刻，以便使我所能說的話，雖不是全部眞理（這是誰也無法知道的），也純粹是眞理。

我的思想具有一種奇特的傾向，起初爲了更好了解一個體系而使自己和這體系合而爲一，然後爲了檢驗其是否合理又進行反覆的思考；也就是這種傾向使我厭棄傅立葉並使我不再看重這個社會主義學派。事實上，要成爲忠實的傅立葉主義者，就必須拋棄理智，從老師那裡接受一切東西，包括學說、解釋和應用。孔西台朗先生過分偏狹的心理排斥所有不服從他至高無上決定的人，因此他對傅立葉主義就沒有別的想法。他不是已被任命爲傅立葉在世間的代表和一個教會的教皇了嗎？不幸的是，這個教會對使徒來說，永遠不屬於這個世界。被動的信仰是一切宗派主義者、特別是傅立葉主義者的神學上的德性。

不錯，這就是我所遭遇到的事情。在研究傅立葉期間，當我試圖用論證證明我已成爲其信徒的宗教時，透過推理，我逐漸不相信，對於信條的每一條款，我的理智都和信仰發生矛盾，且我六星期的勞動全部自費。我看到，傅立葉主義者——儘管他們有無盡無休的嘮叨和想要決定一切的自負態度——既不是學者，又不是論理學家，甚至也不是有信念的人。他們是科學方面的江湖醫生，指導他們爲宗派的勝利而工作的是利己心理而不是良心；對他們來說，只要能達到目的，一切手段都是好的。於是我懂得了，他們爲什麼對享樂主義者答應給予女人、醇酒、音樂和無限的奢華；對嚴肅的人就答應保障婚姻、道德的純潔性和節制；對勞動者就答應給予高額工資；對所有權人就答應給予巨大的進款；對哲學家就答應給予只有傅立葉本人才知其奧祕的解決方案；對傳教士就答應給予費用浩大的修道生活和壯麗的節日；對學者就答應給予難以想像的學問；事實上就是答應給予每個人他所希望得到的東西。一開始，我認爲這是可笑的，到了最後，我覺得這是極端的無恥。不，先生，還沒有人知道傅立葉主義體系所含有的愚蠢和醜惡。這是我決意在結束對於所有權的論述後，立即要加以討論的問題。[46]

謠傳傅立葉主義者想要離開法國到一個新世界去創辦法郎斯特爾。當一所房屋快要倒塌的時候，老鼠就逃跑了，那是因爲它們是老鼠。至於人們會把這所房屋重新建造起來。不久以前，聖西門主義者由於他們的國家不注意他們而感到失望，傲慢地撣去腳上的塵土，動身到東方去爲婦女的自由進行鬥爭。驕傲、剛愎、狂妄的自私！眞正的仁慈，像眞正的信仰那樣，是不會發愁，也永遠不會絕望的，它所追求的既不是自己的榮譽，不是自己的利益，也不是絕對統治權；所做的每一件事都是爲了大家，欣然地訴諸理智和意志，希望只用勸導和犧牲來制勝。傅立葉主義者，如果你們所關懷的是人類的進步，就請留在法國吧！這裡比新世界有著更多的事情可做；如果不是這樣的話，就請走吧！你們不過是說謊者和僞善者！

以上的說明決不包含對所有權的前途起威脅作用的一切政治的因素、一切見解和趨勢；但是，凡是懂得怎樣分清事實和怎樣推論出事實的規律或支配事實的思想的人，都應當對此感到滿意。現存的社會好像已被放棄給虛妄和傾軋的魔鬼似的，正是這種悲慘的景象使得許多在舊時代所處的時間太長，以致不了解這個時代的卓越思想家感到深刻的悲哀。現在，目光短淺的旁觀者開始對人類失望，變得心煩意亂，並對不懂的事情發出咒罵，從而陷於懷疑論和宿命論的深淵；另一方面，眞正的觀察家則相信支配著世界的精神，力求了解並參透上帝。貝桑松學院的獎金獲得者去年發表的關於「所有權」的論文，不過是這種性質的研究罷了。

現在由我來敘述這篇不幸的論文的歷史，因爲這篇論文已經使我深感懊惱並使我失去眾望。但是，就我來說，當時寫這篇論文並非出於本意，也不是考慮周詳，所以我敢肯定，沒有一個經濟學家、哲學家、法學家不比我罪大百倍。在導致我攻擊所有權的途徑上，存在著某種十分奇特的情況，所以，先生，如果您聽了我這段傷心的歷史之後，仍要堅持您的譴責的話，我希望您至少可憐一下我。

我從來沒有妄想成爲一個大政治家；相反地，我對於政治性質的爭論始終抱有極大的反感；在我《什麼是所有權》文章中，我有時譏笑我們的政治家，那麼先生，請您相信，當時支配我的心情，與其說是我對自己淺薄知識的驕傲，還不如說是我對政治家無知和極端空虛所懷有的深切感覺。由於我對上帝的信賴超過對人們的信賴，起先不懷疑政治學像其他科學一樣，含有絕對眞理，同樣贊成包胥埃和讓—雅克．盧梭的意見——因此我曾順從地接受人類苦難中我的一份，甘願祈求上帝賜給我們善良的議會議員、正直的大臣和誠實的國王。由於性之所好，同時也由於審愼和對於我的力量缺乏信心的關係，我當時正在語言學上進行一些平凡的研究，還摻雜著研究一些形而上學，在這個時候，我突然碰到歷來哲學家所研究過最重大的問題；我指的是確實性的標準問題。

在我的讀者中，凡是不熟悉這個哲學術語的，一定會高興聽到我用幾句話告訴他們這個標準是什麼，因爲這在我的著作中有很大的作用。

按照那些哲學家的意見，確實性的標準一經發現，將成爲確定一個見解、判斷、理論是眞是僞顚撲不破的方法，就像用試金石辨識黃金，用鐵接近磁石，或者說得更確切些，像應用證明證實數學的運算。對社會來說，到現在爲止，時間是被用來作爲一種標準。所以，原始的人們看出他們在體力、外貌和勞動上並不都是相等的時候，曾經正確地斷定有些人是天生要去履行簡單、普通的職能；但是他們決定，而這就是錯誤的所在，同樣這些智力較差、天資比較有限和個性較爲軟弱的人，都註定要侍候別人；這就是說，當別人休息的時候，他們必須勞動，必須以別人的意志爲意志；從這種人與人之間天然存在著隸屬關係的觀念，就產生了家務操作，而原先是自願接受的工作，不知不覺中就變成可怕的奴役了。時間使這個錯誤比較容易爲人所覺察，因此引起正義的呼聲。各國在付出代價之後，懂得人對人的馴服是錯誤的觀念、謬誤的理論，對奴隸主和奴隸都是有害的。可是，這種社會制度已經存在了幾千年，有名的哲學家都曾爲它辯護，甚至今天，在比較緩和的方式下，各種各樣的詭辯家還在支持並稱讚這種制度。但是經驗正在使它趨於滅亡。

所以時間是各種社會的標準；如果從這方面看，歷史就是根據歸謬法的論證，確證人類的謬誤。

形而上學的學者所探求的標準，可能具有立刻辨明每一個見解究竟是眞是僞的優點。所以，例如在政治上、宗教上和道德上，眞實和有益的東西既然可以立即加以辨識，我們就不必再等待時間的慘痛經驗了。顯然，這樣的一種祕密會致詭辯家於死命——那群可惡的傢伙，他們在不同的名義下引起各國的好奇心，由於很難分清他們巧妙構成的學說中的眞理和謬誤，就把那些國家導入致命的冒險行動，擾亂其和平，使其充滿著異乎尋常的偏見。

直到今天爲止，確實性的標準依然是一種不可思議的東西，這是由於接二連三地提出來的標準很多。有些人把感官的證明當作絕對和確定不移的標準，其他人則認爲直覺是標準，這些人看中證據，那些人看中論據。拉梅內先生[47]斷言，除了一般的理智外，沒有別的標準。在他以前，德・包納德先生[48]認爲他已經在語言中發現標準。最近，布歇茲先生提出道德；還有，折衷主義者爲了把各種說法調和起來，就說有多少特殊種類的知識就有多少標準，要想尋求一個絕對標準是荒謬的。

關於所有這些假設，可以看出感官的證明不是標準，只能使我們和現象發生關係的感官不能提供觀念；直覺則需要外部的證實或客觀的確實性；證明需有證據，而論據則需驗證；一般的理智已經不止一次地發生錯誤；語言可以用來同樣表達眞或僞；道德像所有其他的項目一樣，需要證明和定律。最後，折衷主義的想法最不合理，因爲如果一個標準也提不出來，那麼說存在著幾個標準是沒有用處的。我非常擔心人們會像看待點金石那樣來看待標準，擔心它將被認爲不僅是無法兌現且是妄想的，因而終於被放棄掉。所以，我並不抱有已經找到的希望，可是我不能斷言某一個比較有本領的人不會發現它。

不論關於一個標準或許多標準有怎樣的說法，總還存在著一些證明的方法，當這些方法被應用於某些問題時，可以導致一些未知眞理的發現，闡明一些至今還沒有想到的關係，且可以把一種似非而是的論據提高到確實性的最高度。在這種情況下，要判斷一個體系，就不能根據它的新奇，甚或不能根據它的內容，而是要根據它的方法。因此，評論家應該仿效最高法院，對於所審詢的案件，絕不研究事實，而只是研究訴訟程序的形式。那麼，訴訟的形式是什麼呢？就是一種方法。

於是我注意去查考，哲學在沒有標準時藉助於特殊的方法曾獲得怎樣的成就，我必須說，雖然有人虛張聲勢地大聲宣揚，我卻找不出它曾產生任何有價值的東西；最後，在我對哲學的廢話感到厭煩時，就決定重新探求標準。我坦白承認，結果使我感到羞愧的是這個愚蠢的行爲持續了兩年之久，到現在我還沒有完全擺脫掉。這好比大海撈針似的。我浪費了很多時間一再考慮三段論法，像爬到一個歸納過程的頂點，把一個命題插進兩難論法，好像我能用篩子篩分抽象概念似的，從事分解、區別、析離、否定、肯定、確認，而這時間我本來可以用來學習中國語或阿拉伯語。

我選擇了正義作爲實驗的題材。最後，經過一千次的分解、重新合成和雙重合成的過程之後，我所找到的不是確實性的標準，而是一篇形而上學政治經濟學的論文，它所得出的結論的性質使我不去考慮用較爲藝術、或者也可以說是較爲明瞭的方式發表。這本書在各階級的思想上所產生的反應，使我認清這個時代的精神，並沒有使我對於自己的文體所具有的愼重和科學的晦澀感到遺憾。今天，當我的行爲具有崇高德性的明顯特徵時，我怎麼會不得不爲了我的意向進行辯護的呢？

先生，您閱讀過我的著作，您也了解我那本令人生厭的迂闊著作的要旨。在考慮到人類的歷次革命、帝國的興亡、所有權的變遷以及正義和公理不可勝數的形式時，我問道：「我們身受的禍害是作爲人的處境所固有的？還是從一個錯誤中產生出來的呢？大家公認爲社會上種種困難的根源的錢財不平等，是像有些人斷言的那樣，應歸諸大自然的影響呢？抑或在勞動產品和土地的分配上可能發生某種計算上的錯誤呢？每個勞動者所得到的，是否是他應得的全部和純粹是他應得的部分呢？總之，在現今的勞動、工資和交換的情況下，難道沒有人受到不公正的待遇嗎？帳目都是算得清清楚楚的嗎？社會的平衡沒有問題嗎？」

於是我著手進行辛苦的調查工作，必須整理簡略的筆記，討論互有矛盾的權利，答覆吹毛求疵的斷言，駁斥荒謬的主張，描述虛構的債務、不誠實的交易和欺詐的帳目。爲了戰勝詭辯者，必須否認習慣的權威，查考立法者的論據，使科學反對科學本身。最後，所有事情做完之後，還必須作出公平的判斷。

因此，我把手放在心上，向上帝和人們聲明，社會不平等的根源有三：一、集體財富無償地私有化；二、交換過程中的不平等；三、利潤或收益權。

既然這三重的勒索方法就是財產所有權的本質，我就否認所有權的合法性，宣告它和竊盜是同一回事。

這就是我唯一的罪過。我曾對所有權進行研究，我曾尋找正義的標準，我曾證明的不是錢財平等的可能性而是它的必要性；我沒有進行人身攻擊，也沒有打擊政府，因爲我比其他任何人都更加是政府的臨時皈依者。有時我使用所有權人這個名詞，是把它用來作爲一個形而上的存在物的抽象名稱，這個存在物的現實性生存在每一個人身上——不僅是在一小撮享有特權的人身上。

可是，我承認——因爲我希望我的坦白自承是誠懇的——我的那本著作的一般語氣曾經受到嚴厲的譴責。他們所不滿意的是一種與一個誠實人不相稱的、對於討論這樣一個重要問題完全不相當的狂熱和謾罵的氣氛。

如果這個責備有很好的根據（我既不可能否認它，也不可能承認它，因爲在自己的案件中，不能做裁判員）的話，我說如果，我應當受到這種責備的話，我就只能低首下心，承認自己犯了一個無心的過錯；因爲我所能提出的唯一辯解理由，在性質上不能公諸於世。我所能說明的是，我比任何人更懂得不公正所造成的憤怒，可以使作者在批評中變得多麼粗暴和激烈。當一個人在二十年的辛勤勞動之後，發現自己仍處於飢餓的邊緣，且這時突然在一句模稜兩可的話語中、在一個計算的錯誤中，發現使他和千百萬同胞同受折磨禍害的根源時，他是難以抑制自己不發出悲哀和驚愕的呼聲的。

但是，先生，雖然我的粗魯可能冒犯了驕傲，我卻不是向驕傲道歉，而是向那些也許已經被我誹謗的無產者、向那些天眞的人道歉。我憤怒的辯論可能對某些平和的人產生了不良的影響。某一個窮苦的勞動者（我的譏刺比我論證的力量更使他受到感動）也許已經得出結論，所有權是統治者對被統治者不斷玩弄權術的結果，這是我的著作本身就已痛加駁斥的一個可悲錯誤。我曾用兩章來表明所有權是怎樣從人類的個性和從個人與個人之間的比較中產生出來。然後，我說明了所有權永久性的限制；在貫徹同樣的思想時，我預言了所有權即將滅亡。因此《民主評論》的編輯們既然在其所寫的經濟學論文中，全部內容差不多都是從我這裡抄襲去的，怎麼敢說「那些握有土地和其他生產工具的人，或多或少是大規模盜竊行爲中蓄意的幫凶，他們是專門收受和分享贓物的人」呢？

所有權人蓄意犯了盜竊的罪行？

這種殺人的語句從來沒有見諸我的筆墨，我的心裡從來沒有想過這種可怕的念頭。謝天謝地！我不知道怎樣去中傷我的同胞，我具有探求事理的強烈願望，因此決不願意相信犯罪的共謀。百萬富翁並不比每天爲了錢而工作的勞動者更受到所有權的腐蝕。在兩方面，錯誤是相等的，意向也是相等的。以後果來說，在前者是積極的，在後者是消極的，但也沒有什麼不同。我譴責了所有權，我沒有指摘所有權人，因爲這樣做是荒謬的。我感到難過的是，在我們中間存在著如此邪惡的意願和如此紊亂的思想，以致他們只注意有助於他們實行奸計的事實。這就是我對於我的憤怒所感到僅有的遺憾，這種憤怒發洩得也許過於厲害，但至少是誠實的，從根源上看也是正當的。

可是，在這篇自願遞交給倫理學學院的論文中，我曾經做些什麼呢？在我從社會上那些不確實知道的事情中尋找定則時，我曾把一切次要、目前爭論得這樣激烈，和意見這樣分歧的問題，都追溯到一個基本的問題。這個問題就是所有權。

然後，在把所有現行的學說相互比照並從中析解出共同點時，我曾努力發現在所有權觀念中是必要、不變的和絕對的因素；在經過可靠的驗證之後，斷言這個觀念可以歸結到個人和可以遺傳的占有的觀念；這種占有可以交換，但不能出讓；以勞動爲基礎而不是以虛擬的占用或無益的空想爲基礎。

此外，我曾說，這個占有的觀念是革命運動的結果——所有的見解在逐漸拋棄矛盾因素以後向之集中的頂點。我曾力圖用法律的精神、政治經濟學、心理學和歷史來證明這一點。

教會中一個神父在寫完關於天主教義博學的詮釋文章時，懷著滿腔信誠的熱情喊道：「如果我的宗教是虛妄的，就應該由上帝負責。」（Domine, si error est, a tedeceptisumus）。完全像這個神學家一樣，我可以說「如果平等是無稽之談，那麼，我們的行動、思想和存在所依憑的上帝，用永恆的法律統治著社會的上帝，獎賞公正的國家並責罰所有人的上帝——就只有上帝是作惡者：上帝說了謊。不能把錯誤歸罪於我。」

但是，如果我推論錯了，就應當指出錯誤，把我從錯誤中引導出來。這種麻煩是值得的，我認爲應當得到這種待遇。沒有剝奪權利的理由，因爲用那位不喜歡斷頭台的國民公會議員的話來說，處死不是答覆。直到現在，我還堅持把我的著作看作是有用、有社會意義、對於國家的官員充滿著教育意義的——總之，是值得獎賞和鼓勵的。

因爲有一個我所深信不疑的眞理——各國人民是依靠絕對觀念而不是依靠大致如此和片面的觀念生活；所以需要有一些人確立原理，或者至少能夠在火熱的爭論中加以檢驗。法則就是這樣——首先是觀念，純粹的觀念，關於上帝的法律知識、理論；隨後是緩步前進、審慎、注意事實來龍去脈的實踐過程。在趨向這個永恆的頂點時務必體會最高理性的指示、理論和實踐的合作可以在人類中得到秩序的實現——絕對眞理。[49]

只要還活著，每個人都被要求按力量的大小從事著崇高的工作。我們擔負的唯一責任，就是不要隱瞞眞理，使眞理適應時代的風氣，或者爲自己的利益而加以利用等辦法，來把眞理據爲己有。我經常想到這如此重要和簡單的良心原則。

先生，請您確實想一想我本來可以做到而不願去做的事情，我是根據最正當的假設推理的。當時什麼東西阻止我在此後幾年中把有關錢財平等的抽象學說隱瞞起來，同時阻止我批評憲法和法典；阻止我指出在現今或過去的法律中，所存在絕對和偶然的因素、不變和暫時的因素、永恆的和轉瞬即逝的因素；阻止我建立一個新的立法體系，並把這屢毀屢建的社會建立在堅固的基礎之上呢？在我提出詭辯家的種種定義時，也許我沒有清楚指出他們的矛盾和不可靠性的根源，並同時補充他們結論的不足吧？也許我沒有用大量的歷史闡述來肯定這種工作吧？在這種闡述中，財產的專屬作用和積累作用的原理、集體財富的私有化以及發生在交換中的根本弊害，本來可以被表明是暴政、戰爭和革命的經常的根源。

您會說：「這本來是應該做的。」請您不要懷疑，先生，這樣的工作所需要的不是天才而是耐心。既然有了我已經加以分析的社會經濟的原理，我本來只要動手耕地並順著畦溝前進就行了。法律的評論家覺得最難辦的事情是確定正義的涵義，單是這件工作就需要較長的時間。啊，如果我曾遵循這種燦爛的方向，並曾像燃燒灌木林裡的人一樣，有一天滿臉興奮地用深沉而莊嚴的口氣，獻給自己很多新的食物，就會找到愚人來崇拜我，蠢物來讚美我，懦夫來把獨裁者的職位奉獻給我；因爲，在群眾癡迷的狀態下，沒有什麼事情辦不到。

但是，先生，在做了這種充滿著傲慢和驕傲的業績之後，據您看來我在上帝的法庭上和自由人的判斷中會受到什麼獎賞呢？先生，死亡和永恆的斥責！

所以，當我看到了眞情實況，就立即說了出來，只是爲了能適當表達才耽擱了一段時間。我指出了錯誤，以便讓每個人自行改正並使自己在工作上作出更大的貢獻。我曾說存在著一個新的政治因素，以便我的夥伴們在改正的過程中同心協力地加以發展時，能夠更迅速地達到原理的統一，而只有這種統一才能保證社會過更美好的日子。我當時希望，即使不是爲了我的著作，也至少爲了我值得表揚的行爲，可以得到共和主義者一次小小的熱烈歡呼。可是，您瞧！新聞記者攻擊我，學院的院士咒罵我，政治冒險家（唉唷！）認爲只要表明他們與我不同就可以爲人所原諒！我列出一個可以據以科學改造整個社會的公式，可是最果斷的人責備我只能從事破壞；其餘的人輕視我，因爲我是一個無名小卒。當那篇《什麼是所有權》的文章落到革新派陣營的時候，有人問道：「誰的言論？是阿拉哥嗎？是拉梅內嗎？是米歇爾・德・布爾奇呢？還是加爾尼埃—巴傑斯呢？」當他們聽到是一個新人的姓名時，他們回答：「我們不認識他。」這樣，思想的壟斷，理智的所有權，不但壓迫著資產階級，也壓迫著無產階級。對於惡人的崇拜甚至在猶太神堂的臺階上也是占著優勢的。

但是，我在這裡說的什麼呀？如果我責備那些可憐蟲，就讓上帝叫我遭殃吧！啊！讓我們不要輕視那些宅心仁厚的人；他們在愛國熱情的激動下，總是匆忙地把他們領袖的言論和眞理等同起來的。讓我們寧可鼓勵他們天眞的輕信，愉快和溫和啓發他們可貴的眞誠，將箭射向自以爲了不起的人們，那些人總是誇獎自己的天才，用各種不同的話來籠絡人民，爲的是好去統治他們。

僅僅是由於這些原因，我不得不對《人民報》（一八四〇年十月十一日出版）關於所有權問題所得出奇特而膚淺的結論提出反駁。因此，我撇開那位記者而只對他的讀者發言。我希望，如果在群眾面前我不提起某一個人的話，那個作者的自尊心不致受到冒犯。

你們《人民報》的無產者說，「就是因爲存在著人和物品的緣故，所以總會有一些願意占有物品的人；因此什麼東西都摧毀不了所有權。」

在這樣說的時候，就不知不覺完全按照古尙先生的方式進行辯論，因爲他總是從占有推論到所有權，可是這個巧合並不使我驚奇。古尙先生是一位頗有才智的哲學家，而這些無產者，則具有更多的智力。當然，即便是對於一個哲學家來說，成爲你們犯錯誤的同伴也是榮幸的。

所有權一詞原來是特有或個人占有的同義詞，表示每個人使用一件物品的特殊權利。但是，當這種對於其他享有用益權的人來說，雖然是不起作用的（如果我可以這樣說的話）權利，卻變得活潑和居於首要地位的時候——也就是說，如果享有用益權的人把親自使用物品的權利，變成由他鄰人的勞動來利用該項物品的權利——那麼所有權就改變了性質，概念也變得複雜了。法學家對於這點知道得很清楚，但他們不是理所當然的反對這種利潤的積累，卻全盤加以接受和承認。由於租佃權必然包含著使用權——換句話說，根據大者包括小者的原則，利用一個奴隸的勞動來耕種土地的權利，包括一個人自己加以耕種的權力——所有權這個名稱就專門被用來代表這種雙重的權利，而占有這名稱則被用來代表使用權。由此，所有權便開始叫做完善的權利、支配的權利、高超的權利、英雄或羅馬公民的榮譽權利——拉丁文是Jus perfectum. jus optimum, jus quiritarium, jus dominin——同時占有則與田地的租賃相同化了。

現在，所有哲學家都承認，個人占有是根據正義，或者更確切說是根據自然的必要而存在，且不難加以證明；但是當模仿古尙先生的說法，而認爲占有是所有權的基礎時，就陷入所謂含糊，模稜兩可的詭辯（sopismaamphiboliæ vel ambiguitatis）。這種詭辯在於用一種雙關語來改變那個意義。

人們往往自以爲十分淵博，因爲藉助於具有極度概括性的詞句，就好像上升到絕對觀念的頂點，從而欺騙沒有經驗的人。更糟糕的是，這就是普通所說檢驗的抽象概念。但是透過相同事實的比較而形成的抽象概念是一回事，從同一個名詞的不同意義推論出來的抽象概念卻完全是另一回事。前者提供普遍的觀念、定理、定律；後者則表示各種觀念產生過程的次序。一切謬誤都是由於經常混淆這兩種抽象概念而造成。在這方面，語言和哲學都同樣有缺點。一個成語越不普通，措辭越是晦澀，就會成爲產生錯誤的豐富源泉。一個哲學家詭辯的程度與他對於可以消滅語言中這種缺點的方法的無知成正比。如果有天能發現用科學方法糾正語言謬誤的技巧，那麼哲學就找到確實性的標準了。

現在，既然所有權和占有之間的區別已得到很好的證明，根據剛才舉出的理由，前者必然會消滅這點也已得到解決，爲了恢復一個語源微不足道的利益，難道最好是把所有權這個詞保留下來嗎？我認爲這樣做很不聰明，我願意說明理由。我從《人民報》摘錄下列這段文字：

「限制所有權，規定取得、占有和遺傳財產條件的權力屬於立法機關……無可否認，繼承、查定稅額、商業、工業、勞動和工資需要極重要的修正。」

無產者們希望限制所有權，就是希望摧毀所有權，將之變爲占有權。因爲，未經所有權人的同意就限制所有權，就是否認所有權；使雇員和所有權人聯合起來，就是摧毀高超的權利；取消甚或一般地限制田租、房租、收入和收益，就是消滅完善的所有權。那麼，當你們爲了建立平等而以這種值得讚揚的熱忱辛勤工作時，你們爲什麼要保留這樣一個詞句，其模稜兩可的意義永遠會是你們成功道路上的障礙的詞句呢？

從這裡就可以看出之所以不但要拋棄財產這個東西，還要拋棄其名稱的第一個理由——一個完全是哲學上的理由，這就是政治的理由，亦即最高的理由。

每一次社會革命——古尚先生會告訴你們——都是爲了要實現政治、道德或宗教的思想而發生。當亞歷山大征服亞洲時，他的思想是爲希臘的自由對東方的專制制度的侮辱，進行報復；當馬里烏斯和凱撒推翻羅馬貴族時，他們的思想是把麵包給予人民；當基督教在世界進行革命時，其思想是解放人類並用對上帝的崇拜來代替伊璧鳩魯和荷馬的許多神祇；當法蘭西在一七八九年起義時，其思想是在法律面前的自由和平等。古尚先生說，眞正的革命都是有其思想內容。所以，凡是在沒有思想甚或不能正式表達思想的地方，就不可能發生革命。這種地方會有亂民、謀叛者、暴徒、弒君者，但不會有革命家。缺乏思想的社會只會在原地旋轉和打滾，並在無益的努力中趨於滅亡。

可是，你們都覺得革命就將來到，覺得單是你們本身就能完成革命。那麼，支配著你們的是什麼樣的思想呢？十九世紀的無產者？因爲我實在不能把你們叫做革命家。你們想些什麼？你們相信什麼？你們需要什麼？請小心答覆。我曾誠心誠意閱讀你們所喜愛的報刊，你們最尊敬的作家的作品。我只看到空虛和幼稚的實體，而找不到一種思想。

我要解釋一下實體這個詞的意義——對於你們大部分人來說，這無疑是個新詞。所謂實體，一般都了解爲一種想像力所能理解但非感官和理智所能辨認的東西。因此，斯加納列爾所說的鴉片麻醉力和古代醫學上病態的黏液都是實體。實體是不願自承無知的人的支柱，是不可思議的；或者像聖保羅所說的，是不明瞭的論證（Argumentum non apparientium）。在哲學上，實體往往只是對思想內容毫無增益的一些字眼的重複。

例如，當比埃爾・勒魯先生——他曾說過許多美妙的話，但在我看來，他過分喜歡柏拉圖式的公式——向我們斷言，人類的禍害是由於我們對生活的無知時，比埃爾・勒魯先生就說出一個實體，因爲很明顯的如果我們是邪惡的，那是因爲我們不知道怎樣生活；但是了解這個事實，對於我們是沒有價值的。

當埃德加・基內[50]聲稱，法國之所以遭受苦難和衰微，是因爲人與人、利益與利益之間存在著對立狀態，他所宣告的是一個實體，因爲問題是要去發現這個對立狀態的根源。

當拉梅內先生大聲宣傳自我犧牲和愛時，他宣告了兩個實體，因爲我們需要知道在什麼條件下自我犧牲和愛能夠產生和存在。

同樣地，無產者們，當你們談論自由、進步和人民的主權時，你們也就把這些當然可以懂得的東西在空間造成這麼多的實體；因爲一方面，一七八九年關於自由的定義已經不再滿足需要，就需要關於自由的新定義；另一方面，我們必須知道社會應該朝著什麼方向前進，才能求得進步。至於人民的主權，那是比理性的主權更大的實體，是實體中的實體。事實上，既然在人民之外和理性之外都不能設想有主權，那麼還必須加以確定的是，在人民之中應該由誰來行使主權；並且，在許多思想中，哪些應該是最高的。說人民應當選舉他們的代表，就等於說人民應當承認他們的元首，這絲毫沒有把困難消除掉。

但是，假定在出身上平等了，在法律上平等了，在人格上平等了，在社會職能上平等了，你們也會希望得到地位上的平等。

假如在看出無論從事生產、交換或消費的人們，一切相互關係都是彼此公平相待的關係——總之，就是社會關係；假如你們在看出這點的時候，想給予這個天然的社會一種合法的存在，並用法律來確定這一事實，那麼我說，你們就需要對於整個思想有一個清楚、具體和確切的表達方式，能立刻說明原則、手段和目的的表達方式。而我要補充說明的是，那個表達方式就是聯合。

人類的聯合可以說從世界開始時就存在，且曾經不斷拋棄奴隸制、貴族制、君主專制、特權政治和封建制等這些消極因素，逐步把自己建立起來並趨於完善，那麼我說，爲了消滅社會最後的消極因素，提出最後的革命思想，你們必須改變舊日號召的口號，把廢除專制、廢除貴族、廢除奴隸！變爲廢除所有權！

但是，我知道使你們驚愕的是什麼，你們這些被窮困之風所摧殘、被你們恩人的傲慢所壓倒的可憐蟲，這就是其後果使你們感到害怕的平等。我們怎麼——你們在你們的報紙上說——我們怎麼可以「夢想一種既然是不自然的、因而就是不合乎正義的劃一地位呢？我們該怎樣償付一位科爾默南[51]或一位拉梅內的勞動日呢？」

平民們，請你們聽著！在薩拉密斯海戰[52]之後，雅典人集會討論給予勇士獎賞，在把選票蒐集起來之後，發現每個士兵都得一票頭獎的選票，西米斯托克利斯[53]得到全部二獎的選票。米娜瓦女神的人民是用自己的手來加冕的，眞正英勇的人們！他們都有資格得到橄欖枝，因爲他們都敢於爲自己要求得到它。古人讚美了這種崇高的精神，無產者們，請學會尊重自己並重視自己的尊嚴。你們希望得到自由，但不懂得怎樣做一個公民。現在，無論誰說「公民們」，必然就是說平等的人們。

如果我名叫拉梅內或科爾默南，並且某個報紙在提起我時採用無可比擬的天才、高超的智力、完美的德性、高貴的性格這些誇張的語句，我會對此感到不快。首先，因爲這樣的頌辭永遠不相稱；其次，因爲這提供了壞的榜樣。但是，爲了使你們相信平等的原則，我願意爲你們衡量一下這個世紀在著作方面最偉大的人物。如果我，一個平等的保衛者，按其本身的價值來估量普遍受到欽佩的、我比任何人都懂得怎樣加以認識的才幹，那麼，無產者們請不要責備我是出於嫉妒。一個矮子總是能夠丈量一個巨人，因爲只要一把尺就行。

你們已經看到《一種哲學的概要》這本書自以爲了不起的預告，信以爲眞嘆賞了這本著作；因爲你們可能沒有讀過，或者就算讀過也沒有能力判斷。所以請自己熟悉一下這個輝煌卻不是可靠的空論；在嘆賞作者熱忱的同時，不要再去憐惜單是習慣和參加人數的眾多就使之成爲不足掛齒的有用的工作。我將說得很簡略；因爲儘管主題很重要，作家也確有天才，但我所要說的話沒有什麼了不起。

拉梅內先生是從上帝的存在開始講起。他是怎樣論證的呢？根據西塞羅的論據——也就是根據人類的贊同，這裡面絲毫沒有新的內容。我們還須找出人類的信念是不是合理的，或者像康德所說，我們還得找出上帝存在的主觀確實性，是否與客觀眞理相符合。可是，這點並沒有使拉梅內先生感到爲難。他說，如果人類相信了，就是因爲他們有相信的理由。所以，拉梅內先生在宣告上帝這個名字後，唱了一首讚美詩；這就是他的論證。

在肯定這個假設之後，拉梅內先生接著提出第二個；即上帝有三位。但是，如果說基督教僅以啓示爲根據來傳授三位一體的教義，拉梅內先生就是主張單純靠論據達到這個目的；他沒有看出他所謂的論證徹頭徹尾是神人同形同性論——也就是說，把人類精神上的能力和自然的權力歸屬於神體。一些新的歌曲、新的讚美詩！

這樣論證上帝和三位一體之後，這個哲學家進而談到創造——第三個假設，這位永遠雄辯、多彩和卓越的拉梅內先生，用這假設來論證上帝既不是憑空，不是用某種東西，也不是用他自己來創造世界；他可以自由創造，然而他卻不得不創造；在物質中存在著一種不是物質的物質；在神的意念中，關於世界的原型觀念透過劃分而彼此分開；這個劃分不鮮明、難以理解，然而又是實在和眞實的，它含有可理解性等。關於邪惡的根源，我們遇到一些同樣的矛盾。爲了解釋這個問題——哲學上最深奧的問題之一——拉梅內先生在一個時期否認有邪惡，在另一個時期使上帝成爲邪惡的製造者，又在另一個時期在上帝之外尋求一個不是上帝的造物主——一堆多少有些不相連貫的實體混合物，這是從柏拉圖、普羅克魯[54]、斯賓諾莎，甚至可以說是從一切哲學家那裡抄襲來的。

拉梅內先生在建立三個一組的假設之後，就用一條不怎麼連貫的類推鎖鏈，推論出他的整套哲學。特別是在這裡，我們注意到他所獨有的諸說混合主義，拉梅內先生的學說包括所有體系且支持所有的見解。您是一個唯物論者嗎？您可以把上帝的三位作爲無用的實體而加以取消；然後直接從熱、光、電磁出發——按照那位作者的意見。這三者是三種本源的流體，就是意志、智慧和愛三種根本、外部的表現——您就可以得到一種唯物論的和無神論的宇宙形成說。相反地，您是堅定的唯靈論者嗎？那麼抱定物體的非物質性的學說，您就能夠到處只見到神靈。最後，如果您是傾向泛神論，您將在拉梅內先生那裡得到滿足。因爲他以前教導，世界不是從上帝發散出來的東西——這純粹是泛神論——而是上帝的洋溢。

可是，我並不想否認《概要》含有某些出色的成分；但是，根據作者的聲明，這些並不是他的創見，只有體系才屬於他。無疑是由於這個緣故，拉梅內先生才如此輕蔑地談論他的哲學前輩，不屑指出他所引據的原文出處。他以為既然《概要》包含著全部眞正的哲學，如果那些老哲學家的姓名和著作不再存在，世界上也不會有絲毫的損失。拉梅內先生雖然用美麗的歌曲歌頌上帝，卻不知道如何以同樣公正的態度對待同行。他的嚴重錯誤是把知識據為己有的行為，這就是神學家所說的哲學上的罪過或者冒犯聖靈的罪過——一種既不會使你們這些無產者、也不會使我受罰的罪過。

總之，《概要》作為一種體系來加以判斷，以及拋開其作者從先前體系中抄襲得來的之外，是一部平庸的著作，其中的方法在於不斷用未知的東西來解釋已知的東西，拿實體代替抽象概念，拿無謂的重複代替證據。它全部的神正論是不屬於天才而是出於想像的作品，是新柏拉圖思想的一件補綴品。心理學的部分等於零，因為拉梅內先生公開嘲笑這種性質的工作；可是沒有這種工作，形而上學是不可能的。這本書在討論邏輯學和邏輯學方法方面沒有力量、含糊和膚淺。最後，在拉梅內先生從他三位一體的宇宙形成說推論出來的物理學和生理學的理論中，發現一些嚴重的謬誤，即蓄意使事實適應理論和差不多在每種情況下都用假設來代替實際。第三卷討論工業和藝術，讀起來最能使人產生興趣，也是最好的部分。的確，拉梅內先生除了他文章的風格之外，沒有什麼可以誇耀。身為一個哲學家，他對前輩哲學家的思想沒有絲毫補充。

那麼，為什麼被當作思想家的拉梅內先生會有這種平庸的性格，一種在發表《論對宗教問題的漠不關心》時就已流露出來的平庸性格呢？這是因為（好好地記住這點，無產者們！）大自然並不創造眞正十全十美的人，某些才能的發展總是排斥相反才能的同等發展。因為拉梅內先生顯然是個詩人，一個多愁善感的人。看他的文筆——華麗、響亮、生動、熱情，充滿著誇張和謾罵——就可以相信，具有這種文筆的人絕不會是眞正的形而上學理論家。這種誰都讚美的豐富表達方式和例證，變成拉梅內先生在哲學上虛弱無力、不可救藥的病根。他那流暢的語言和容易感動的天性，使他的想像力誤入歧途，因此，當他不過是在重複自己的話語時，卻認爲他在推理，把描寫當作是邏輯上的推論。他對於具體觀念的厭惡，分析能力的薄弱，他對空泛的類推、文字上的抽象描寫、假設的廣泛應用，總之對於各種實體十分明顯的愛好，也是由這方面產生。

此外，拉梅內先生的一生就是他非哲學天才的確鑿證明。他信奉神祕主義，成爲熱烈的教皇全權論者、偏狹的神權政治論者；起初，他受到盛行於本世紀初期的宗教反動和文學理論的雙重影響，接著又退回到中世紀和格雷戈里七世的時代；然後他突然變成進步的基督教徒和民主主義者，逐漸傾向於唯理主義，最後陷入於自然神論。現在，人人都在活板門等待著。就我來說，雖然我不能保險，卻傾向認爲已經被懷疑論所迷惑的拉梅內先生將在漠然無動於衷的狀態中死亡。他對自己早期發表的論文之所以有這種贖罪的舉動，是由於個人的理由和有計畫的懷疑。

有人曾經認爲，拉梅內先生雖然有時提倡神權政治論，有時提倡普遍的民主政治，但始終前後一致；又說，他在不同的名義下，始終一貫地尋求同一東西——統一性。這是替一個在自相矛盾的行爲中當場被拆穿的作者所做的可憐辯解！一個先後充當過路易十六專制政治下的臣僕、和羅伯斯比爾在一起的煽動家、皇帝的朝臣、復辟時期十五年中的頑固分子、一八三〇年以來的保守分子，竟敢說自己只希望一件事——公共秩序，對於這樣的人能夠有什麼想法呢？難道不應該把他當作是一切黨派的叛徒嗎？公共秩序、統一、全世界的福利、社會的和諧、各國之間的團結——關於這些事項中的任何一項，不可能有不同的見解。人人都希望取得這些事項，政論家的身分只是決定於他為了取得這些事項而提出的方法。但是為什麼希望拉梅內先生具有一種他自己所否認的見解的堅定性呢？他不是說過「思想沒有法律，我今天所相信的東西就是我昨天所不相信的；我不知道明天我會不會相信它」這類的話嗎？

不，既然所有的才幹和才能永遠不會結合在一個人身上，在人們之間就不會有眞正的優越性。這一個人具有思考的能力，那一個人具有風采和想像力，另一個人則具有工業和商業上的才幹。由於我們的本性和所受的教育，我們不過只擁有一些相當有限的特殊才能，這些才能在深度和強度上增加得越大，就越加必要。才能像機能一樣互為補充，誰敢把它們分等級呢？根據存在和發展的規律來看，天才越是優秀，就越加仰賴於把他創造出來的社會。誰敢使光榮的兒童成為一個神呢？

市集上的一個大力士對著驚奇的觀眾說：「造就人的不是力氣，而是性格。」那個只有體力的人輕視力氣。無產者們，這是一個很好的教訓，我們應當因此而有所收穫。造就人的不是才幹（這也是一種力），不是知識，不是美。這是精神、勇氣、意志、德性。現在，如果在使我們成為人的方面是平等的話，次要才能的偶然分配情況怎能毀損我們的人格呢？

請你們記住，特權自然地和不可避免地是弱者的命運，不要被伴隨著某些才幹的聲名所欺騙；這些才幹的最大價値在於稀有性，以及長期和辛苦的學習過程。對於拉梅內先生來說，背誦一篇攻擊別人的演說，或者按照柏拉圖風格吟詠一首人道主義的短詩，比發現一個有用的眞理較爲容易；對於一個經濟學家來說，應用生產和分配的規律，比寫出十行具有拉梅內先生風格的文章較爲容易；對於雙方來講，說比做容易。那麼，既然你們用雙手從事勞動，只有你們是眞正的創造者，爲什麼你們希望我來承認你們的劣等性呢？但是，我在說什麼呀？是的，你們是劣等的，因爲你們缺乏德性和意志！你們雖然準備從事勞動和進行鬥爭，但當自由和平等成爲問題時，你們既沒有勇氣又沒有性格！

在拉梅內先生《國家和政府》的序言中，以及他在陪審團面前所作的辯護中，坦白承認自己是財產的擁護者。由於體恤那位作者和其不幸，我將不描述這個聲明且不研究這兩篇可悲的作品。拉梅內先生好像只是準激進黨的工具，這個黨派爲了利用他而恭維他，並不照顧一個榮譽但從此失去力量的老年人。這種信仰的表示有什麼意義呢？從《前途》第一期到《一種哲學的概要》之間，拉梅內先生始終贊成平等、聯合，甚至含糊和不明確的共產主義。拉梅內先生在承認所有權時，和他過去的事業發生矛盾，否認他最濃厚的傾向。那麼在這位曾經受到過於粗暴待遇，但也太容易被人籠絡的人身上，財力的壽命就眞的已經超過意志力的壽命嗎？

據說，拉梅內先生曾經拒絕幾個朋友試圖爲他得到從輕處理的建議，拉梅內先生寧可服滿他的刑期。這不會是與他承認所有權同一來源產生的虛假堅忍主義的矯揉造作吧？當印第安的休倫族人被俘時，他就對征服者辱罵和恐嚇——這是野蠻人的英勇氣概，殉道者則爲他的行刑人進行祈禱，願意從他們那裡得到他的生命——這是基督教徒的英勇氣概。爲什麼愛的提倡者變成憤怒和復仇的提倡者呢？難道《效法耶穌》的譯者已經忘記了，冒犯仁慈的人不會重視德性嗎？雖然伽利略跪在宗教法庭面前收回關於地球運動的邪說，並以這種代價重新得到自由。在我看來似乎要比拉梅內先生高出百倍。什麼！如果爲了眞理和正義而受苦，難道在報復時必須把迫害者推出人類社會的範圍之外嗎？當我們被判處不公正的刑罰時，如果有人提出可以免除，難道因爲少數卑鄙的幫閑喜歡稱之爲饒赦，就必須加以拒絕嗎？這不是基督教的智慧。但是我忘記了，在拉梅內先生面前，已經不再提出這個名稱了。但願《前途》的那位預言家不久就恢復自由，重新和朋友們在一起；但最主要的是，但願他從此以後只從他的天才和勇氣中得到靈感吧！

啊，無產者們，無產者們！這種報復和不共戴天的仇恨精神，要使你們犧牲多久呢？這種精神是由你們虛僞的朋友所煽動，給革新觀念的發展造成的損害，也許比政府的腐敗、無知和惡意所造成的還要多。請相信我，現在人人都應當受到譴責。的確，在意向上或者在範例上，大家都被發現是不夠的，你們沒有責備任何人的權利。國王本身（上帝饒恕我！我不想給國王辯護）——國王本身，像他的祖先那樣，不過是觀念的化身，並且無產者們，這還是一種支配著你們的觀念。國王最大的錯誤在於希望這個觀念能夠全部實現，而你們則希望部分實現。因此，國王最大的錯誤在於他的政治是合理的；而你們呢，則在於你們的埋怨根本不合理。你們嚷著要求再來一次殺死國王的行動，凡是你們之中沒有罪過的——讓他來對百萬富翁投擲第一塊石頭吧！

如果，爲了影響人們，你們曾經打動人們的自尊心；如果，爲了改變組織和法律，你們曾經使自己處於組織和法律的範圍之內，那麼你們本該得到多大的成就！據說，五萬條法律構成政治上和民事上的那些法典。在這五萬條的法律中，兩萬五千條是保障你們的，兩萬五千條是反對你們的。豈不是顯而易見，你們的責任是用前者反抗後者，從而利用矛盾的論證使特權陷於絕境嗎？這種行動方法是唯一合乎道德和合乎理性的方法，也是今後唯一有效的方法。

就我來說，雖然我不想在未來的共和國起領導作用，但如果能引起我由於出生和偏愛而深感眷戀的祖國注意，我將指導勞動大眾透過規章制度和法律訴訟去征服所有權；到社會的最上層的等級中，尋找幫凶和同謀者，利用一切特權階級所共有對於權力和聲名的欲望而使之消滅。呼籲改革選舉的請願書已經得到二十萬人簽名，有名的阿拉哥預告會有一百萬人簽名。當然，那將是很好的收穫；但是，從這一百萬個既願意投票贊成平等，又願意投票贊成皇帝的公民中，能不能挑選一萬個簽名——我指的是忠誠的簽名呢？這些簽名的人要能夠閱讀、寫字、書寫阿拉伯數字，甚至還稍能思考，並且在文字和口頭上對他們作適當的解釋之後，可以請他們在下面這樣的請願書上簽名：

「致內政部大臣閣下：

大臣先生，當國王宣布創辦模範國營工廠的敕令在《通報》披露的那天，下列爲數一萬的簽名人都願前往杜伊勒里王宮，並在那裡用他們肺部的全部力量，高呼『路易—菲利浦萬歲！』

在《通報》告知公眾這個請願書遭到拒絕的那一天，下列爲數一萬的簽名人將在他們的內心悄悄地說：『打倒路易—菲利浦！』」

如果我沒有弄錯的話，這樣的請願書會產生一些效果。[55]因人民的歡呼而感到愉快是值得犧牲幾百萬法郎。他們之所以不負眾望，是頗有淵源的！所以，如果這個民族，在恢復一八三〇年的希望之後，覺得有責任來遵守它的諾言——我說，它是會遵守的，因爲這個民族所說的話，像上帝的話一樣，是神聖的。如果這個民族用這一行動和那具有愛國心的君主政體達成和解，從而把歡呼和誓願帶到王座跟前，並且在那莊嚴的時刻推舉我去以它的名義發言，那麼下面就是我發言的內容：

「陛下，這是全國人民願意向您陛下所說的話：

啊，國王！您知道要贏得公民們讚揚必須拿出多大的代價。您是否願意我們今後把『如果我們幫助國王，國王會就會幫助我們』作爲口號呢？您是否希望人民高呼『國王和法蘭西民族』呢？那就拋棄這些貪婪的銀行家、這些愛好爭吵的律師、這些卑鄙的資產階級、這些醜惡的作家、這些可恥的人吧！陛下，這些人都恨您，他們不過是因爲懼怕才繼續支持您。完成君王的事業吧！掃除貴族和特權吧！徵求這些忠實的無產者和全國的意見吧！只有他們能夠尊崇一個君王並誠懇地高呼，『國王萬歲！』」

先生，其餘我要說的話是專對您個人，別人不會了解我。我知道您不但是個經濟學家，還是一個共和派，並且您一想到要向當局提出默認路易—菲利浦政府的請願書，您的愛國心就會感到厭惡。「國營工廠！最好能設立這樣的機構，」您想道，「但愛國人士絕不願意從一個貴族政府，也絕不願意透過國王的恩典而接受它們的。」無疑地，您舊日的偏見又死灰復燃了，您現在只把我當作詭辯家，認爲我隨時準備向當權者獻媚，正像隨時準備把平等和博愛的原則推向極端，從而使它們遭到污辱一樣。

我該向您說什麼呢？由於我居然這樣輕率地損害那些學說的前途，這種歸諸於我的巧妙的詭辯，實際上是完全無足輕重的事，或者就是我的信念是十分堅定，以致剝奪了我的自由意志。

但是，不必再進一步強調在行政權和人民之間有妥協的必要，在我看來，先生，您在懷疑我的愛國心時，在推理上完全沒有定見，您的判斷也極其魯莽。先生，您固然表面上爲政府和所有權進行辯護，容或仍是共和派、改革家、傅立葉主義者等。相反地，當我只要求在公共經濟方面稍稍有一點改革時，就被判定是保守分子和當今政府的朋友。我不能給自己解說得更清楚了。我十分堅定地相信既成事實和現有政府形式的原理，因此我認爲與其摧毀現存的東西，把過去的事情重新做起，還不如糾正每一件事情而使之合理化。的確，我所建議的糾正措施雖然注意形式，卻有助於改變所糾正事情的本質。誰能否認這點呢？這正是構成我維持現狀說的資本，我不和象徵、表象或幻象開戰。我尊崇稻草人並屈服於嚇人的東西。一方面，我要求讓所有權原樣不動，但各種資本的利息必須逐步減低，最後加以廢除；另一方面，我要求讓憲章保持現狀，但方法必須應用到行政部門和政策。可是，在服從現存的一切時，雖然我並不對此感到滿足，卻力求遵從已經建立的秩序，並把屬於凱撒的東西歸還給凱撒。比如說，難道可以認爲我喜歡所有權嗎？很好；我有一些債權人，每年要忠實向他們償付一大筆利息，這一事實就證明自己是一個所有權人並對收益權表示敬意。對政治學來說也是一樣。既然我們是君主國，我就寧願高呼「國王萬歲」，而不願受到死亡的痛苦；可是這不能使我不提出要求，全國人民一定不移、不可侵犯、世襲的代表應當和無產者採取一致行動來反對特權階級；總之，國王應當成爲激進黨的領袖。這樣一來，無產者就可以得到一切；且我確信以此爲代價，路易－菲利浦也許可以爲他的家族獲得共和國永久的總統職位。這便是爲什麼我要這樣思考的緣故。

如果在法國只存在一個重大的、職能上的不平等，而公職人員的責任是一年到頭在客滿的宮廷中接待學者、藝術家、軍人、議員、監察官等，那麼顯而易見，他們任上的開支就應該是國家的開支；並且，由於把宮廷的費用轉變爲由消費群眾來享受的費用，我所說的那種重大的不平等就會和全國人民構成一個等式。對於這一點，沒有一個經濟學家需要加以論證。因此，既然不可能再規定新的不平等，就不必再害怕宗派、弄臣和親王的采地了。作爲國王來說，這位國王就會有一些朋友（從未聽到過的事情），但是不會有家族。如果他的親屬或親戚——直系親屬和其他的血親（Agnats et cognats）——是愚蠢的，那麼他們對國王來說無足輕重；除了法定繼承人之外，在任何情況下，甚至在宮廷中，他們也不會比其他人享受更多的特權。不會再有族閥主義，不會再有偏私，也不會再有卑鄙的行爲了。除非是由於職務上的需要或由於特殊榮譽而有此必要，誰也不能到宮中去；既然所有地位都是平等的，所有的職務都同樣受到尊敬，所以除了功勛和德行的競賽外，不會再有別的競賽。我希望法國國王能夠毫無愧色地說：「我的兄弟是園丁，我的嫂子是擠牛奶的，我的兒子是太子，我的兒子是鐵匠。」他的女兒可以是一個藝術家。這會是美好的，先生，這會是高貴的；除非是一個小丑，誰也不會不理解這點。

這樣，我已經開始想到，王權的種種形式可以使其與平等的要求相符合，並且已經給共和主義精神賦有君主政體的形式。我已經看出，法國絕沒有像一般人所想像有那樣多民主派，我已經和君主政治妥協了。可是我並不是說，如果法國需要一個共和國的話，我就不能使自己適應得一樣好，甚或更好些。從本性上，我討厭特殊榮譽的標記、十字勛章、金綬帶、制服、禮服、爵位等，尤其是檢閱儀式。如果能完全按照自己的心意去做，那就沒有一個將軍應該和士兵有所區別，也沒有一個法國參議員可以和農民有所區別。為什麼我從來沒有參加過檢閱典禮呢？因為我可以愉快地說，先生，我是國家保安隊的兵士；世界上除了這個之外我沒有別的東西了。因為檢閱典禮總是在我所不喜歡的地方舉行，因為他們派了蠢材來充當我不得不唯命是從的軍官。您知道，這不是我們歷史上最出色的，雖然我具有保守見解，但我的一生是對於共和國永久的犧牲。

可是，我不知道這種愚直的作風是否能迎合法國人的虛榮心，以及使法蘭西民族成為世界上最輕浮的民族對於榮譽和諂媚的過度愛好。拉馬丁先生在《對波拿巴的考察》這部巨著中，把法國人叫做布魯土斯之流的民族。我們不過是納爾西蘇斯之流的民族。在一七八九年以前，我們具有貴族的血統，那時每個資產階級分子都看不起平民，都希望自己成為貴族。後來，特殊榮譽就以財富為基礎，資產階級由於羨慕貴族階級並對自己的錢財感到驕傲，便利用一八三〇年來提高有錢的貴族階級而不是自由的地位。當透過事變的力量和社會的自然規律（對於這些規律的發展，法蘭西提供了充分自由活動的餘地），平等得以在職能上和錢財上建立起來的時候，美男子和美女、學者和藝術家就會組織新的階級。在這高盧族的國土中，存在著追求名聲和榮譽的普遍和固有的欲望。我們必須有一些特殊的榮譽，不論它們是什麼——貴族階級、財富、才幹、美貌或衣著。我疑心阿拉哥和加爾尼埃—巴傑斯先生具有貴族的風度，並且我想像到偉大的新聞記者在專欄中固然對人民非常客氣，卻在印刷所裡對排字工人拳打腳踢。

《國民報》在談到卡勒爾時曾說：「這個人我們已經宣告爲第一執政！」君主政治的原則依然盤踞在民主派的心中，他們需要普選是爲了使自己成爲國王，這難道不是實情嗎？既然《國民報》因爲比《辯論日報》抱有更確定的見解而感到自豪，我可以推斷，由於阿爾芒·卡勒爾已經去世，現在該由阿爾芒·馬拉斯特先生當第一執政。加爾尼埃—巴傑斯先生當第二執政了。在無論什麼事情上，議會議員必須對新聞記者讓步。我不談阿拉哥先生，因爲我相信，儘管有人誹謗，從學問上說他充任執政遊刃有餘。這樣也好，雖然我們擁有執政，我們的地位沒有改變多少。倘使那兩位指定的執政，阿爾芒·馬拉斯特和加爾尼埃—巴傑斯先生，在開始就任時宣誓廢止所有權並絕不高傲的話，我準備把自己那一主權讓給他們。

老是許多諾言！老是許多誓約！當國王們發假誓的時候，爲什麼人民要信任呢？唉！像在約翰王時代那樣，君王們的嘴裡再也沒有眞話和實話了。整個上議院已經犯了重罪，並且由於某種不可理解的原因，統治者的利益永遠和被統治者的利益相衝突，所以議會連綿不絕，而全國人民則死於飢餓。不，不！再也不要保護者了，再也不要皇帝了，再也不要執政了。與其透過代理人，還不如自己處理自己的事務。與其向壟斷者乞求，還不如把各種工業聯合起來。既然共和國不能缺少德性，我們就該爲改革而努力。

所以，這就是我行爲的方針，我對無產者宣傳解放，對勞動者宣傳聯合，對有錢的人宣傳平等。我不遺餘力地用一切手段——言語、筆墨、印刷品——透過行爲和榜樣，把革命推向前進。我的一生是繼續不斷的宣傳者的生活。

是的，我是一個改革者，這話我是老實地從內心說出來，且我希望改變世界，免得以後再由於自負而受到責備。這個空想可能從一種也許已經變成癲狂熱烈的自豪感中產生出來，但至少可以承認，我有很多同伴，我的瘋狂不是一種偏執。今天，人人都願意被當作是貝朗熱[56]筆下狂人的其中一個。且不說充斥在街道上和工廠中的巴貝夫之流、馬拉之流和羅伯斯比爾之流，古代一切偉大的改革家都在這個時代最著名的人物身上復活了。一個是耶穌基督，另一個是摩西，第三個是穆罕默德，這個是奧菲斯，那個是柏拉圖或畢達哥拉斯。格雷戈里七世同福音傳道師和使徒們，都一起從墳墓中出來了。結果可能發現，連我都是從主人家逃出來，立即由聖保羅任命爲主教兼改革家的奴隸。至於貞女和聖女，她們天天被盼望著，目前我們卻只有阿斯貝夏[57]和娼妓。

在各種疾病方面，病的徵候隨著體質而發生變動；同樣地，我的瘋狂也有獨特的情況和與眾不同的特徵。

一般來說，改革家們愛惜他們的地位，不能容忍競爭對手，他們不要夥伴，有門徒而沒有協作者。相反地，我卻希望把我的熱情傳給別人，並盡量使熱情帶有傳染性。我希望大家都成爲像我這樣的改革家，爲的是可以不再產生宗派，同時希望基督、非基督和僞基督都互相了解和取得一致的意見。

每個改革家是魔術師，或者至少希望成爲魔術師。所以摩西、耶穌基督和信徒們都用奇蹟來證實他們的使命。穆罕默德在努力完成一些奇蹟之後，對這些奇蹟加以嘲笑。狡猾的傅立葉答應在地球上布滿法郎斯特爾時給予奇蹟。至於我，我對奇蹟像對權威一樣，抱有重大的厭惡心情。我的目的只在於邏輯，所以不斷探求確實性的標準，努力從事思想的改造。如果他們覺得我枯燥而嚴肅，沒有關係；我立意要透過勇敢的鬥爭克敵致勝，或者在攻擊中死亡；無論誰要爲所有權辯護，我發誓要迫使他像孔西台朗先生那樣來進行辯論，或者像特羅普隆先生那樣來用哲理推究。

最後，這就是我和那些同行大相徑庭的地方，我不相信爲了達到平等，就有必要把事情都顚倒過來。據我看來，主張只有一次徹底毀滅才能導致改革的這一意見，乃是構造一個三段論法，在未知的領域中尋找眞理。我贊成概括、歸納和進步，我認爲一般的剝奪所有權不可能，從那一點著手，普遍聯合的問題在我看來似乎難以解釋。所有權像希臘神話中大力士海克力士所殺死的龍，要摧毀它，必須抓住尾巴而不是抓住頭——也就是說，要抓住利潤和利息。

我就此打住。我所說的話足以使任何能夠閱讀和了解的人感到滿意。政府能夠用來挫敗陰謀和解散黨派，最可靠的辦法就是占有科學，在一個已經可以覺察出的距離上，給全國人士指出正在升起的平等旗幟；對演講臺和報紙上的政客（他們無益的爭論已經使我們付出昂貴的代價）說：「你們雖然對於廢除所有權盲無所知，卻在向前猛衝；但政府是睜著眼睛前進的。你們用蠻橫無理和不誠實的爭論促進未來；但政府知道這個未來，用一種巧妙和和平的轉變引導你們到那裡去。在身爲各文明國家的指導者和模範的法國重新獲得地位和合法勢力以前，目前這代人還不會凋零。」

但是，唉！政府本身——應該由誰去開導呢？對於平等的學說，甚至最豁達的人都不敢承認可怕但明確的公式，誰能誘導政府接受這個學說呢？我想到有三個人——是的，這三個人以教導和解釋爲己任——就足以使輿論活躍起來，就足以改變信仰和確定命運的時候，我感到渾身發抖。那三個人是否能找到呢？

我們能否抱有希望呢？對於統治著我們的人，應該有怎樣的想法？在無產者所活動的傷心世界裡，在對當權者的意向毫無所知的地方，我們可以說絕望的情緒占著優勢。但是您，先生，由於職務上的關係您屬於官方，人民認爲您是他們最高尚的朋友，而把所有權看作他們最狡黠的敵人——對於議會議員、大臣和國王，您將說些什麼呢？您相信當局對我們是友善的嗎？那就讓政府來表明立場吧！如果政府表示相信平等，我就無話可說了。不然的話，我將繼續作戰，對方表現得越加固執和越加懷有惡意，我一定會越加再接再厲提高毅力和膽量。我曾說過，我現在再重複聲明，我沒有對著短劍和骷髏，在墓窟的恐怖環境中，在血肉模糊的人們面前發誓；但是我對著我的良心宣誓，我一定要追擊所有權，既不讓它得到安寧，也不讓它得到休息，直到我看見它受到詛咒為止。關於所有權，我已經發表的話還不到要說的一半，且最精彩的部分也還沒有發表。如果有誰不是用退卻而是用其他方法戰鬥的話，就讓所有權的隨從武士，準備每天經受一次新的示威和控訴吧！讓他們不是披掛著詭辯而是武裝著理智和知識，走進決鬥場中，因為最後總會得出公平的判斷。

「我們必須享有自由，才能明白事理，單有自由就夠了，但必須是對一切公共事務能運用理智的自由。」

「可是我們還從各方面聽到各種各樣、各級的當權者在叫喊：不要講道理！」

「如果要求有區別的話，這裡就是。」

「理智用之於公，永遠應該是自由的；但用之於私，則永遠應當加以嚴格的限制。所謂用之於公，是指用在科學和文學方面而言；所謂用之於私，是指可能被民政官員或國家公務員利用的理智而說。既然政府機器必須使之運轉，以保障統一和達到目的，我們就不應進行推理，我們必須服從。但是，根據這觀點而必須消極服從的同一個人，有權以公民和學者的資格發言。他可以訴諸公眾，把對於四周或上面等級中所發生事件的看法向公眾提出，但要注意避免應該受到懲罰的冒犯行為。」

「所以，你願意怎樣推理就怎樣推理吧！但是必須服從。」（康德，《略論思想自由和出版自由》，狄索譯文）。

那位偉大哲學家的這些話，概括說明了我的義務。我曾把《什麼是所有權》這本著作的再版工作拖延下來，以便把辯論提高到哲學的高度，而可笑的吵鬧已經把它從這個高度拉下來了；同時也希望透過一種對問題新的提法，可以打消善良公民們的疑懼。現在我重新開始把理智用之於公，並使眞理得到充分的發揮。關於所有權第一篇論文的第二版將在這封信發表之後立即付印。在另外發表其他東西以前，我將等待評論家的批評以及人民和平等的朋友們的合作。

到現在爲止，我的言論是以自己的名義和在個人負責的情況下所發表。這是我應盡的義務。我曾力求促使人們注意古人所不能發現的原理，因爲古人對於揭露這些原理的科學——政治經濟學——毫無所知。所以我已經就事實做了證明；總之，我已經做了一個證人。現在我的任務改變了，我得推斷已經宣布的事實的實際後果。檢察官的職位是我今後宜於擔當的唯一職位，我將以人民的名義來總結這個案件。

先生，我懷著對您的才幹和聲望所應有的一切敬意。

您的很卑微的和最忠誠的僕人

皮耶—約瑟夫・普魯東

貝桑松學院得獎人

一八四一年四月一日於巴黎

附啓——在四月二日會議期間，眾議院以絕大多數否決了著作權法案，因爲不了解這種權利。可是，著作權不過是大家所要了解的所有權的一種特殊形式。讓我們希望這個立法上的先例不致對平等的運動毫無益處，議會表決的結果是資本主義所有權——不可思議、自相矛盾、不可能和荒謬的所有權——的廢除。

◆註解◆

【1】在眾議院一八四一年一月五日的會議上，杜福爾（阿爾芒·杜福爾，一七九八—一八八一，法國律師和政治家，任多屆內閣閣員，並兩度擔任法國首相）先生提議根據公共利益修改徵收法案。

【2】《什麼是所有權》第四章第九個論題。

【3】Tu cognovisti sesionem meam er resurrectionem meam。我坐下，我起來，你都曉得。《舊約詩篇》第一三九篇。

【4】涅墨西斯，主管報應、復仇等事的希臘女神。——譯者

【5】最近，沙皇尼古拉強制帝國內所有的工廠主，在廠中維持收容患病工人的小型醫院，費用自己負擔，每個醫院中的病床數要和工廠的勞工人數成正比。「你們因人的勞動而得到利益，」沙皇可能向所有權人說，「所以你們應該對人的生命負責。」布朗基先生說過，這樣的措施在法國辦不到。這將是對於所有權的攻擊——即使在俄羅斯、西蒂亞或在哥薩克人之間也難以想像的事情，可是在我們之間，在文明的最年長的兒輩之間，我深怕這種年齡上的特性，追根究柢可以證明是一種衰老的徵象。

【6】布朗基先生的教程，一八四〇年十一月二十七日的演講。

【7】在《馬札尼埃羅》劇中，波利的漁民在樓廂內觀眾的鼓掌聲中，要求對奢侈品徵收捐稅。

【8】播種田地吧，無產者，將來前來收割的卻是那個不勞而食者。

【9】「在某些國家中，某些政治權利的享受是由財產數量來決定。但是在這些國家中，就行使這些權利所需具備的資格而言，與其說財產是具有賦予性，還不如說是表明性的。與其說財產是這些資格的原因，還不如說是這些資格可以揣測的憑證。」（勞西，《刑法論》）。

勞西先生的說法不能由歷史加以證實。財產是行使選舉權的根據，不是資格的推定——一種直至最近才流行的、極端荒謬的觀念——而是忠實於現行秩序的保證。選舉團體是希望維持財產的人，為了反對不希望維持財產的人而結成的同盟。如果有必要的話，可以有成千文件、甚至是官方的文件來證明這一點。至於其餘的事情，現行制度不過是地方自治制的繼續，這種地方自治制在中古時代的產生與封建制度有關——一種壓迫性、

惡作劇、充滿偏狹感情和卑鄙手段的制度。

【10】這是盧梭的名字，作者和他熟識，不呼其姓。——譯者

【11】十二月二十二日的演講。

【12】羅馬女神，手藝和藝術、學校教師和醫生的保護神，人們常把她與希臘女神雅典娜混為一談。雅典娜是戰爭和勝利的女神，也是智慧、知識、藝術和技藝的女神，被推崇為雅典城的守護神。——譯者

【13】一八四一年一月十五日的演講。

【14】一八四一年一月十五日的演講。

【15】曼德林，十八世紀法國有名的盜首。——譯者

【16】布朗基先生和沃洛夫斯基先生。

【17】那個學院——道德和政治科學學院——四年級所提出的命題。「按照現代社團的觀念，勞動組織對於工人階級會產生什麼影響？

【18】貝桑松學院提出的命題：關於子女平分遺產的立法，迄今在法國經濟和道德上所產生的後果，以及將來在這些方面可能產生的後果。

【19】*Πλεονεξία*——較大的所有權。《聖經》拉丁文本譯成貪婪（Avaritia）。

【20】斯塔基拉，亞里斯多德的誕生地。——譯者

【21】同樣或類似的風俗在各國都曾有過。除其他著作外，可參考米歇萊所著《法國法律的起源》和格林姆所著《德國法律的古制》。

【22】百分之五十、六十和八十——布朗基的教程。

【23】《對於羅馬人的所有權的研究》。

【24】「它貪得無厭的本性，利用法律的麻痹迅速活動著，它準備立刻兼併任何東西。請看那個關於牛皮有名的雙關語，當牛皮被割成皮條的時候，大到可以把迦太基原址全部圈進去的程度。自從狄多之後，這個傳說一再出現。人對於土地就有這樣的愛好。受墳墓所限制的、用人體的四肢、用大姆指、腳和手臂來丈量的土地，盡可

能與人的大小相符。人還不以為滿足。他請上帝來證明那塊土地是他的，力圖給土地定出方位，使它具有天堂的形式。在極度陶醉的心情下，他使用用來形容萬能上帝的語句來形容財產——物產無限豐饒（fundus optimus maximus）。他將使它變成他的臥榻，彼此永不分離——"*και εμιγνύντο φιλότητι*—米歇萊，《法國法律的起源》。

【25】品脫，英美液體量詞，一品脫等於零點五六升。——譯者

【26】基佐先生認為奴隸制的取消不應單純歸功於基督教，「達到那個結果，」他說，「許多原因是必要的，即文明的其他思想和其他原理的演變。」這樣一般化的論斷無法駁斥。他本來應該指出其中的思想和原因，使我們可以判斷根源是否是基督教抑或至少是基督教的精神沒有深入，因而也就沒有使它們開花結果。大部分的解放憲章開頭都是這句話：「為了對上帝的愛慕和我們靈魂的得救。」可是，我們卻是在福音公布後才開始愛慕上帝，並想到我們的得救。

【27】賠償金（Weregild），因為殺死一個人而須償付的罰款。殺死伯爵是多少，男爵是多少，一般人是多少，傳教士是多少，但是奴隸什麼也得不到，奴隸的賠償是付給主人的。

【28】鼓舞著自治市鎮的暴虐和專權的精神沒有躲開歷史家的注意。「平民團的組織」，梅伊埃說，「不是從真正的自由精神出發，而是從想要免除領主所加的負擔的願望，從個人利益和對於別人福利的羨慕……生長出來。每一個自治市鎮或公會，都反對創立任何一個別的自治市鎮，這種精神增強到這樣一種程度，以致於英國國王亨利五世於一四三二年在岡城創辦一所大學，巴黎和巴黎大學都反對這個敕令的註冊。」

【29】在精神上和天意的命定上，封建主義是人類的個性對於歐洲在中世紀時代，就已蔓延的僧侶共產主義的長期反抗。在異教徒狂歡作樂之後，利己主義被基督教引導到相反的極端——用無限的克己精神和對於世間歡樂的絕對漠視，來冒自己生命的危險。封建主義起著平衡作用的力量，這種力量曾把歐洲從宗教公社和摩尼教派結合的勢力下挽救出來。摩尼教派自四世紀起，就以不同的名稱在不同的國家中萌芽。現代的文明，在關於人身、婚姻、家庭和國家等觀念的確立上，應當歸功於封建主義（關於這個論題，參閱基佐，《歐洲文明史》）。

【30】在一八三〇年七月和之後的歲月中，這點變得明顯，在這個時期，擁有選舉權的資產階級，為了要控制國王而完成了一次革命，為了約束人民而鎮壓了叛亂。資產階級利用陪審官、地方長官、在軍隊中的地位和市政機關

中的專制主義，統治著國王和人民。比其他階級更為保守和退化的就是資產階級，製造內閣和推翻內閣的就是資產階級，摧殘上議院的勢力並在不滿時即推翻國王的就是資產階級。國王正是由於想取得資產階級的歡心，才使自己失去民心。對於人民的希望感到煩惱並阻礙改革的，就是資產階級。資產階級的報紙是向我們宣傳道德和宗教，同時卻又為自己保留著懷疑主義和冷淡態度的報紙；它們攻擊個人負責的政府，並且贊成不讓沒有財產的人享有選舉權。資產階級寧可接受任何事情，就是不願無產階級解放。一旦認為自己的特權受到威脅，就立即團結王權；誰不知道，就是在這種時刻，這互相對立的兩方面才停止爭吵的呢？這是一個所有權的問題。

【31】最近，一位值得尊敬的議會議員高奇埃先生，發表了同樣的見解。他說：「大自然，沒有把地產給予人們。」如果把只能指明一個種類的形容詞土地的，改為可以說明整個屬類的形容詞資本主義的，那麼高奇埃先生就變成平等主義者的信徒了。

【32】一位比較法的教授勒米尼埃先生更趨極端。他竟敢說，國家拿走教士的全部財產，不是因為懶惰，而是因為不相稱。「你們曾使世界文明，」這位平等的提倡者在對教士講話時高聲說，「就是為了這個緣故你們得到財產。在你們手中，財產立即成為一種工具和一種報酬。可是現在你們不應當得到財產，因為你們早就不再使任何事物文明了。」這個立場和我的原理完全符合，我衷心贊成勒米尼埃先生的憤怒，但是我不知道曾否有過一個所有權人確實因為是不相稱而被剝奪財產。儘管這件事情似乎很合理、合乎社會性、甚至很有益處，但卻是和財產的用途和慣例完全相反。

【33】《論時效》。

【34】《法國法律的起源》。

【35】尊敬自己的父母，感激自己的恩人，既不殺人也不偷竊，這都是內在感覺的真理。服從上帝勝於服從人，使人各得其所應得，整體大於部分，直線為兩點間最短的途徑，這些都是直覺的真理。前者是良心所感覺到，且只意味著心靈的單純動作；後者則是理智所覺察到，意味著比較和關係。總之，前者是情感，後者是觀念。

【36】阿爾芒·卡勒爾可能贊成首都設防。《國民報》曾經一再把老編輯和拿破崙以及服邦的姓名並列起來。這種把

一個反人民的政客從墳墓裡挖掘出來的做法說明什麼呢？說明阿爾芒・卡勒爾希望使政府成為一種個人的和不能移動的，但透過選舉產生財產，並且說明他希望這個財產不是由人民而是軍隊選舉產生。卡勒爾的政治體系不過是羅馬執政官軍隊的改組，卡勒爾也憎惡公民。在七月革命中感到悲哀的，據說不是人民的叛亂，而是人民戰勝兵士。這就是為什麼卡勒爾在一八三〇年之後，永遠不肯支持愛國者的緣故。他曾問道：「你們是不是用幾個旅團來回答我？」阿爾芒・卡勒爾把軍隊——軍權——當作法律和政府的基礎。這個人無疑地在內心有道德感，但是肯定沒有正義感。如果他還活在世上，我也敢大膽指出這點。自由不會有比卡勒爾更大的敵人了。據說，在關於巴黎設防的問題上，《國民報》的編輯部不同意。這可以證明，如果需要證明的話，一家報紙可以造成錯誤和撒謊，誰也沒資格控告編輯人員。一家報紙是一種抽象的存在，實際上沒有一個人對它負責，這個概念應當使有地位的公民感到害怕，他們因為抄襲報上的意見，認為他們是屬於一個政黨的，而絲毫沒有懷疑他們實際上並沒有首腦。

[37] 在沃洛夫斯基先生所宣讀的一篇很短的文章中，路易・勃朗先生實質上是說他不是一個共產主義者（這是我不難相信的），攻擊所有權的人一定是瘋子（但他沒有說明理由），謹防把所有權和弊害混淆起來是很必要的。當伏爾泰推翻基督教的時候，他曾經一再公開說，他對宗教沒有憎惡而只是反對其流弊罷了。

[38] 比埃爾・高乃依（一六〇六—一六八四），法國傑出的劇作家十世紀古典主義劇作的創始者，著有悲劇《西得》、《賀拉西》、《龐貝之死》等。——譯者

[39] 在作家和藝術家之中，所有權的狂熱達到了頂點，奇怪的是，立法者和文人竟以心安理得的態度來關愛這種毀滅性的熱情。一個藝術家出賣一幅畫，在交貨以後說在出賣該畫作時沒有出賣他的圖案，擅自阻止購買人賣出雕版。在玩賞者和藝術家之間，事實和法律就產生了爭執。人們向教育部大臣維葉門先生徵求關於這個特殊案件的意見時，他認為畫家有理，不過在契約中應當特別保留圖案的所有權：所以實際上維葉門先生承認藝術家有權出讓他的作品同時又有權防止它傳布。這與法律的定理相矛盾：一個人不能同時讓與和保留。維葉門先生是一個奇特的理論家。一個含糊的原理導致謬誤的結論。維葉門先生不是放棄那個原理，而是趕快承認那個結論。在他看來，歸謬證法（reductio ad absurdum）是一個令人信服的論證。這樣，他就成為著作權的官方辯護人，確實可以得到一幫遊手好閒者的諒解和支持，而這些人則是著作界的恥辱和公共道德的禍患。那麼，維葉

門先生為什麼如此熱衷於充當著作界的領袖，在參政院中為了著作界的利益扮演特里索旦的角色，並成為一幫自稱為文人的敗類的助手和同夥呢？這些敗類十多年來費盡心機破壞公眾的精神，並透過歪曲思想腐蝕人心，而獲得可悲的成就。矛盾中的矛盾，「天才是世界上偉大的平等論者，」德・拉馬丁先生高呼說，「所以天才應該是一個所有權人，著作權是民主政治的財富。」這不幸的詩人，當他不過是亂說一通時，卻自以為淵博。他的辯才不過是把互相衝突的概念結合在一起，圓的方形、黑暗的太陽、墮落的天使、傳教士和愛情、思想和詩文、天才和財富、公平和所有權。讓我們告訴他，他的心是一個黑暗的發光體；他的每一篇演講是雜亂無章的配合，無論是在詩篇或散文中，他所有的成就全靠採用非常的事物來處理最普通的命題。《國民報》在答覆德・拉馬丁先生的報告時，力求證明著作權具有與不動產迥然不同的性質；好像所有權的性質是以它所影響的對象，而不是以它行使的方式和存在的條件為轉移似的。但是《國民報》的主要目的是要取得一部分所有權人的歡心，這些人對於所有權的擴張感到煩惱。這就是為什麼《國民報》反對著作權的緣故。它是否願意斬釘截鐵說出到底是贊成平等還是反對平等呢？

【40】留契里奧・瓦尼尼（一五八五—一六一九），義大利哲學家，由於他具有唯物主義和反宗教的思想，且抨擊封建制度，在圖盧茲受宗教裁判，處以火刑。他最重要的著作《論大自然的神奇祕密——世人的女王和女神》（一六一七年）公開宣傳無神論。——譯者

【41】勒魯先生曾為財產進行辯護，因而在一個刊物上受到崇高的讚美。我不知道這位辛苦、涉獵頗廣的學者，是否對那頌揚感到高興。但是我清楚知道，如果我處於他的地位，我會為理智和真理悲嘆。另一方面，《國民報》嘲笑勒魯先生和他關於財產的觀念，用無謂的重複和幼稚等語加以指摘。《國民報》不願了解，它沒有權利嘲弄一位固執己見的哲學家，因為報紙本身沒有學說。《國民報》根本是陰謀家和叛徒的養成所，屢次堅持要警告讀者。這張民主主義的報紙與其悲嘆其沒有盡到職責的地方，還不如對自己進行譴責，坦白承認自己理論的膚淺。這個宣傳人民利益和選舉改革的機關報，什麼時候才不再僱用懷疑者和散播疑惑呢？我不必詳加推論就可以打賭，那位批評勒魯先生的萊翁・杜羅歐先生是某一個資產階級甚或貴族階級報紙的匿名或用假名的編輯。

【42】費加羅（一八〇九—一八三七），西班牙諷刺作家、劇作家和雜文作家，里亞諾・何塞德・拉爾臘的筆名。——譯者

【43】貝桑松的《公正報》。

【44】約瑟夫・祈羅姆・勒・弗朗賽・德・拉朗德（一七三二—一八〇七），法國天文學家，曾任法國人文臺臺長，研究行星理論，著有《天文字專論》、《法國人文史》以及多種關於航海的論文。——譯者

【45】阿里烏斯教徒否認基督是神。半阿里烏斯教徒和阿里烏斯教徒之間，只有若干微妙的不同之處。比埃爾・勒魯先生把耶穌基督看作是一個人，但認為在耶穌身上已注入了上帝的精神，因而他是一個真正的半阿里烏斯教徒。摩尼教徒承認有兩個並存和永恆的主體——上帝和物質、精神和肉體、光明和黑暗、善和惡，但是與妄圖把兩者調和起來的傅立葉主義者不同的地方是，摩尼教徒對物質進行鬥爭，並竭盡合力透過譴責婚姻和禁止生殖來摧毀肉體——可是這並不妨礙他們耽溺於最強烈的欲念所能想像到的一切淫樂；在這最後一點上，傅立葉主義者在道德上的傾向完全和摩尼教派一樣。神授派教徒和初期的基督教徒沒有區別。像他們的名稱所表明的那樣，把自己看做具有靈感。傅立葉對於夢遊病者的視覺持有獨特的見解，相信有可能把催眠術的力量發展到能使我們與看不見的存在物相交談的程度。如果他還活著的話，他也可能被當作神授教派的教徒。亞當派教徒出於貞潔的動機，舉行完全裸體的禮拜儀式。讓—雅克・盧梭把感官的靜止狀態當作貞潔，認為樸實不過是歡樂的一種淨化的表現，他傾向於亞當派。我知道有這樣一種宗派，成員通常穿著女神維納斯的出浴服裝慶祝他們的聖餐禮。前亞當派的教徒相信在亞當以前人就已經存在。我曾遇到一個前亞當派的教徒。老實說，他是一個聾子且是傅立葉主義者。庇雷傑厄斯派教徒否認天惠，把善行的全部功績歸諸自由。傅立葉主義者教導人的本性和情欲是善良的。這和庇雷傑厄斯派的說法相反，他們把一切歸功於天惠而絲毫不歸功於自由。索西奴斯派教徒在其他方面是自然神論者，承認有一次原始的啟示。如今很多人是索西奴斯派，但他們並不知道自己是這種教派，以為他們的見解是新的。新基督教教徒是一些因為基督教擁有鐘鐸和教堂，而對它表示崇拜的腦筋簡單的人。新基督教徒具有卑鄙的靈魂、頹廢的精神、放蕩的思想和情感，特別追求外表上的形式，像他們愛慕女人那樣讚揚宗教的自然美。他們相信即將到來的啟示和天王教教義中基督的變貌。他們將在法郎斯特爾的

偉大場面中歌唱彌撒。

[46] 應當了解的是，上面只談到傅立葉的道德和政治學說——這些學說像所有哲學和宗教的體系那樣，是從社會本身獲得它們根源和存在的理由，因此值得加以研究。我把傅立葉和他宗派關於宇宙進化論、地質學、博物學、生理學和心理學的特殊理論，留待那些認為有責任認真駁斥「藍鬍子」和「驢皮」等荒唐故事的人去注意。

[47] 費利西泰·羅貝爾·德·拉梅內（一七八二—一八五四），法國教士兼哲學家，《前途》和《人民制憲報》報刊的創辦人，提倡在宗教問題上可以自由討論的政策，遭到教士們的反對和譴責。他的卷帙巨大的哲學著作是《論對宗教問題的漠不關心》（共四卷）。——譯者

[48] 路易·加布里埃·德·包納德子爵（一七五四—一八四〇），法國政治家兼哲學家。法國革命時期逃亡國外，一八〇六年回國，一八〇六年在拿破崙手下任教育部長，主張極端的保守政策。——譯者

[49] 一位為激進派報刊寫稿的作者，路易·雷博先生，在他《當代改革家研究》著作序言中說：「誰不知道道德是相對的呢？除了少數很顯著是出於本能的偉大思想感情之外，人類行為的衡量尺度是隨著國家和氣候的不同而發生變化，只有文明——種族的進步教育——能夠導致普遍的德性，絕對存在不是因事而異和有限的本性所能理解，絕對存在是上帝的祕密。」願上帝使路易·雷博先生能夠躲開邪惡。但是我不禁要指出，政治上一切變節者都是以否認絕對存在為出發點，這種否認實際上就是否認真理。一個表示相信懷疑論的作家和激進的見解有什麼共同之處呢？他對讀者有什麼話可說呢？他有什麼權利給當代改革家作出判決呢？雷博先生以為模仿法學家由來已久的傲慢態度就顯得更加聰明，並且以為可以用來作為辯解的理由。我們全都有這些弱點，但是使我感到驚奇的是，像雷博先生這種研究各種體系，絕頂聰明的人居然看不到他應當首先認識的事情——即，那些體系是人類的思想向絕對存在的邁進。

[50] 埃德加·基內（一八〇三—一八七五），法國作家兼政治家，曾在德國研究哲學，並廣泛遊歷希臘、義大利和西班牙等國。著有《義大利革命》、《奴隸們》、《一八一五年戰爭史》、《新精神》等。——譯者

[51] 德·拉厄·科爾默南（一七八八—一八六八），法國律師兼政論家，著有《行政法》、《村治問題》等。——譯者

【52】西元前四八〇年在薩拉米斯島附近，古希臘艦隊（三百五十艘）和波斯艦隊（八百艘）之間的海戰。希臘人利用自己軍艦的機動性採取衝撞和接舷戰的戰術，使波斯人遭受重大損失。這一戰役對於希臘人獲得最後勝利具有巨大意義。——譯者

【53】西米斯托克利斯（西元前五二七？—四六〇？），雅典政治家兼將軍，曾勸使雅典人增強海軍力量，西元前四八〇年指揮雅典艦隊在薩拉米斯島附近戰勝了波斯人。——譯者

【54】普羅克魯（四一〇—四八五），古希臘神祕主義哲學家，晚期新柏拉圖主義的代表人物。——譯者

【55】人們不斷地說，選舉的改革不是目的，而是手段。這沒有疑問，但是目的是什麼呢？為什麼不對目標提供毫不含糊的解釋呢？如果人民事先不知道他們選舉代表的宗旨以及他們委託給那些代表的任務目標，他們怎能選擇自己的代表呢？但是，據說那些被人民選舉出來的人的工作本身就是找出改革的目標。這是一種詭辯。什麼東西會阻礙將來可能當選的人首先去尋求這個目標，然後在他們找到以後，又使他們不能讓人民知道這個目標呢？改革家們說得好，如果改革選舉的目標仍然不明確的話，這種改革不過是把權力從小暴戶手中移轉到另外一些暴君手中的手段。我們已經知道，一個民族由於貿然相信它只是遵從自己的法律，可能受到怎樣的壓迫。在一切國家中，普選的歷史就是自由權被群眾和在群眾的名義下受到限制的歷史。還有，如果選舉改革在其目前形式下合理、可以行得通、可以為純潔的良心和正直的思想所接受的話，那麼支持的人即使對它的目標無用，或許還是可以原諒的。但是，不，那個請願書的原文什麼也沒有確定，沒有作出任何區別，也不要求條件和保證，它確定了沒有義務的權利。「每一個法國人是選舉人和公職候選人，」好像就是說，「每一把刺刀都是有智慧的，每一個野蠻人都是文明的，每一個奴隸都是自由的。」以空泛的概論來說，那個改革的請願書是抽象概念中最薄弱的，或者可以說是最高形式的政治背叛。因此，開明的愛國者們彼此互不信任。當今最激進的作家——他的經濟學說和社會學說都無可比擬是最先進的——勒魯先生採取反對普選和民主政府的大膽立場，並且寫了一篇批評盧梭的極深刻文章。這無疑說明了勒魯先生何以不再成為《國民報》哲學家的緣由。這個報紙像拿破崙一樣不喜歡思想家。可是，《國民報》應當懂得誰反對思想、誰就會被思想所消滅。

【56】比埃爾・貝朗熱（一七八〇—一八五七），法國抒情詩人，在政治見解上同情自由派。——譯者

【57】西元前五世紀的希臘美女。——譯者

皮耶—約瑟夫・普魯東年表

年代	生平記事
一八〇九年	•生於法國貝桑松。
一八三七年	•遷居巴黎。
一八四〇年	•出版《什麼是所有權》。
一八四六年	•發表《貧困的哲學》，企圖以政治經濟學來論證自己的改良主義思想，反對工人階級的革命鬥爭。
一八四八年	•開始從事實際的社會改革活動，曾任《人民代表》報和《人民之聲》報主編。 •被選為國民制憲議會議員。
一八四九年	•因著文反對路易·拿破崙·波拿巴被捕入獄，被判三年徒刑和三千法郎罰款。 •在獄中寫成《一個革命家的自白》和《十九世紀革命的總觀念》。
一八五二年	•獲釋。
一八五八年	•在《論革命與教會的正義》一書中激烈抨擊天主教會，在再次被捕的威脅下流亡比利時。
一八六二年	•遇赦返國。
一八六五年	•逝世於法國巴黎帕西。

譯名對照表

三劃

上帝本身Ab Jove principium

上帝的兒子Ego dixiDiiestis et filiiExcelsiomnes

土地humus

四劃

不可缺的sine qua non

不可動搖的東西ahquidinconcussum

公民權利civil right

公物Res publica

分而治之Divide et impera

及物權jus in re

天父Gloria Patri

戶口捐census

以廉價à bon marche

五劃

布朗基Blanqui

平衡（斤兩）libra

六劃

名義所有權naked property; *nudapropiedad*

地皮loos

自主地allod

自由libertaa

自然權利natural right

七劃

貝桑松學院Academy Besançon

八劃

具體的城市urbs

卓越的人aristos

所有權property

物的使用權和濫用權jus utendi et abutendi re su

物權jus in re

社會、國家civitas

九劃

為人作嫁Sic vos non vobis

相對物權jus ad rem

十劃

時效取得usucapio

十一劃

國有土地ager pubhcus

國際公法Jus gentrum

貪婪Avaritia

十二劃

喪失Res peritsolventi

惱怒abirato

智慧Hic est sapientia

欽使Missi Dominici

無因之果an effect without a cause

盜賊gannab

盜賊le voleur

盜竊voler

貴族家庭的神Du majorumgentium

集體占有communio

十三劃

意圖nudoanimo

意願nudoanimo

解放libratio

解脫liberare

道德la morale

十四劃

說反話anti-phrasis

說謊Ommsbomomendax

十五劃

儉樸的人vri frugi

數字支配著世界mundumregunt numeri

確認所有之訴pétitoire

請求占有之訴possessoire

十六劃

獨有proprietas

錢sous

二十劃

觸碰manus, habent et palpabunt

經典名著文庫 164

什麼是所有權

Qu'est-ce que la propriété?

作　　者 —— 皮耶－約瑟夫・普魯東（Pierre-Joseph Proudhon）
譯　　者 —— 蕭育和
發 行 人 —— 楊榮川
總 經 理 —— 楊士清
總 編 輯 —— 楊秀麗
文庫策劃 —— 楊榮川
副總編輯 —— 劉靜芬
責任編輯 —— 林佳瑩、游雅淳
封面設計 —— 姚孝慈
著者繪像 —— 莊河源
出 版 者 —— 五南圖書出版股份有限公司
地　　址 —— 台北市大安區 106 和平東路二段 339 號 4 樓
電　　話 —— 02-27055066（代表號）
傳　　眞 —— 02-27066100
劃撥帳號 —— 01068953
戶　　名 —— 五南圖書出版股份有限公司
網　　址 —— https://www.wunan.com.tw
電子郵件 —— wunan@wunan.com.tw
法律顧問 —— 林勝安律師事務所　林勝安律師
出版日期 —— 2022 年 5 月初版一刷
定　　價 —— 620 元

國家圖書館出版品預行編目資料

什麼是所有權 / 皮耶 - 約瑟夫・普魯東 (Pierre-Joseph Proudhon) 著；蕭育和譯 . -- 初版 -- 臺北市：五南圖書出版股份有限公司，2022.05
面；公分 . --（經典名著文庫；164）
譯自：Qu'est-ce que la propriété?
ISBN 978-626-317-739-0(平裝)

1.CST: 所有權　.CST: 社會學

584.21　　111004149